天學初函

（四）

刻幾何原本序

唐虞之世自羲和治歷暨司空后稷工虞典樂五官者非度數不為功周官六藝數與居一焉而五藝者不以度數從事亦不得工也襄曠之於音般墨之於械

豈有他謬巧哉精于用法爾已矣

嘗謂三代而上爲此業者盛有元

〻本〻師傳書習之學而畢表於

禎龍之欲漢以來多任意揣摩

如齊人射的雲蒸無效或依擬

形似如持螢燭象得首失尾至

於今而此道盡廢有不得不廢者矣、幾何原本者度數之宗所以窮方圓平直之情盡規矩準繩之用也利先生從少年時論道之暇留意藝學且此業在彼中所謂師傳曾習者其師

丁氏又絕代名家也以故極精其
說而與不佞游久講譚餘晷時
〻及之因請其象數諸書更以
華文獨謂此書未譯則他書
俱不可得論遂共飜其要約六
卷既卒業而復之由顯入微從

疑得信蓋不用為用衆用所基
真可謂萬象之形圖百家之學
海雖實未竟然以當他書既可
得而論矣私心自謂不意古學
廢絶二千年後頓獲補綴唐
虞三代之制典遺義其裨益

當世定溪不小因偕二三同志刻
而傳之先生曰是書也以當百家
之用〻庶幾有羲和般墨其人乎
猶其小者有大用於此將以習人之
靈才令細而確也余以謂小用大
用寔在其人如鄧林伐材棟梁

榱桷恣所取之耳顧惟先生之
學略有三種大者脩身事
天小者格物窮理物理之一端別
爲象數一〻皆精實典要洞無
可疑其分解擘析亦能使人無
疑而余乃亟傳其小者趨欲先

其易信、使人繹其文、想見其意理、而知先生之學、可信不疑、大槩如是、則是書之為用更大矣、他所說、幾何諸家藉此為用、略具其自叙中、不備論、吳淞徐光啓書

譯幾何原本引

夫儒者之學亟致其知致其知當由明達物理耳物理眇隱人才頑昏不因旣明累推其未明吾知奚至哉吾西陬國雖褊小而其庠校所業格物窮理之法視諸列邦爲獨備焉故審究物理之書極繁富也彼士立論宗旨惟尚理之所據弗取人之所意蓋曰理之審乃令我知若夫人之意又令我意耳知之謂謂無疑焉而意猶兼疑也然虛理隱理之論雖據有眞指而釋疑不盡者尚可以他理駁焉能引人以是之而不能使人信其無或非也獨實理者明理者剖散心疑能强人不得不是之不復有理以疵之其

所致之知且深且固則無有若幾何一家者矣幾何家者
專察物之分限者也其分者若截以爲數則顯物幾何衆
也若完以爲度則指物幾何大也其數與度或脫于物體
而空論之則數者立算法家度者立量法家也或二者在
物體而偕其物議之則議數者如在音相濟爲和而立律
呂樂家議度者如在動天迭運爲時而立天文曆家也此
四大支流析百派其一量天地之大若各重天之厚薄日
月星體去地遠近幾許大小幾倍地球圍徑道里之數又
量山岳與樓臺之高井谷之深兩地相距之遠近土田城
郭宮室之廣袤廩庾大器之容藏也其一測景以明四時

之候晝夜之長短日出入之辰以定天地方位歲首三朝
分至啓閉之期閏月之年閏日之月也其一造器以儀天
地以審七政次舍以演八音以自鳴知時以便民用以祭
上帝也其一經理水土木石諸工築城郭作爲樓臺宮殿
上棟下宇疏河注泉造作橋梁如是諸等營建非惟飾美
觀好必謀度堅固更千萬年不圮不壞也其一製機巧用
小力轉大重升高致遠以運芻糧以便泄注乾水地水乾
地以上下舫舶如是諸等機器或借風氣或依水流或用
輪盤或設關捩或恃空虛也其一察日視勢以遠近正邪
高下之差照物狀可畫立圓立方之度數于平版之上可

遠測物度及其形盡小使目視大盡近使目視遠畫圖使目視球畫像有均突畫室屋有明闇也其一為地理者自輿地山海全圖至五方四海方之各國海之各島一州一郡僉布之簡中如指掌焉全圖與天相應方之圖與全相接宗與支相稱不錯不紊則以圖之分寸尺尋知地海之百千萬里因小知大因邇知遐不悞觀覽為陸海行道之指南也此類皆幾何家正屬矣若其餘家大道小道無不藉幾何之論以成其業者夫為國從政必熟邊境形勢外國之道里遠近壤地廣狹乃可以議禮賓來往之儀以虞不虞之變不爾不妄懼之必悞輕之矣不計算本國生齒

出入錢穀之凡無以謀其政事自不知天文而特信他人
傳說多爲僞術所亂熒也農人不豫知天時無以播殖百
嘉種無以備旱乾水溢之灾而保國本也医者不知察日
月五星躔次與病體相視乖和逆順而妄施藥石針砭非
徒無益抑有大害故時見小恙微疴神藥不效少壯多夭
折蓋不明天時故耳商賈懵于計會則百貨之貿易子母
之入出儕類之衰分咸晦混或欺其偶或受其偶欺均不
可也今不暇詳諸家借幾何之術者惟兵法一家國之大
事安危之本所須此道尤最亟焉故智勇之將必先幾何
之學不然者雖智勇無所用之彼天官時日之偶豈良將

所留心乎良將所急先計軍馬芻糧之盈詘道里地形之遠近險易廣狹死生次計列營布陣形勢所宜或用圓形以示寡或用角形以示衆或爲却月象以圍敵或作銳勢以潰散之其次策諸攻守器械孰者便利展轉相勝新新無已備覽列國史傳所載誰有經營一新巧機器而不爲戰勝守固之藉者乎以衆勝寡強勝弱奚貴以寡弱勝衆強非智士之神力不能也以余所聞吾西國千六百年前天主教未大行列國多相并兼其間英士有能以寡少之卒當十倍之師守孤危之城禦水陸之攻如中夏所稱公輸墨翟九攻九拒者時時有之彼操何術以然熟于幾何

之學而已以是可見此道所關世用至廣至急也是故經
世之儁偉志士前作後述不絕于世時時紹明增益論撰
綦爲盛隆焉乃至中古吾西庠特出一聞士名曰歐几里得
修幾何之學邁勝先士而開迪後進其道益光所制作
甚衆甚精生平著書了無一語可疑惑者其幾何原本一
書尤確而當曰原本者明幾何之所以然凡爲其說者無
不由此出也故後人稱之曰歐几里得以他書踰人以此
書踰已今詳味其書規摹次第洵爲奇矣題論之首先標
界說次設公論題論所據次乃具題題有本解有作法有
推論先之所徵必後之所恃十三卷中五百餘題一脉貫

通卷與卷題與題相結倚一先不可後一後不可先累累交承至終不絕也初言實理至易至明漸次積累終竟乃發奧微之義若暫觀後來一二題旨即其所言人所難測亦所難信及以前題為據層層印證重重開發則義如列眉往往釋然而失笑矣千百年來非無好勝強辯之士終身力索不能議其隻字若夫從事幾何之學者雖神明天縱不得不藉此為階梯焉此書未達而欲坐進其道非但學者無所措其意即教者亦無所措其口也吾西庠如向所云幾何之屬幾百家為書無慮萬卷皆以此書為基每臨一義即引為證據焉用他書證者必標其名用此書證

者直云某卷某題而已視爲幾何家之日用飲食也至今世又復崛起一名士爲竇所從學幾何之本師曰丁先生開廓此道益多著述竇昔游西海所過名邦每遘顓門名家輒言後世不可知若今世以前則丁先生之于幾何無兩也先生于此書覃精已久既爲之集解又復推求續補凡二卷與元書都爲十五卷又每卷之中因其義類各造新論然後此書至詳至備其爲後學津梁殆無遺憾矣竇自入中國竊見爲幾何之學者其人與書信自不乏獨未睹有原本之論既闕根基遂難創造即有斐然述作者亦不能推明所以然之故其是者已亦無從別白有謬者人

亦無從辨正當此之時遽有志翻譯此書質之當世賢人君子用酬其嘉信旅人之意也而才既菲薄且東西文理又自絕殊字義相求仍多闕畧了然于口尚可勉圖肆筆爲文便成艱澁矣嗣是以來屢逢志士左提右挈而每患作輟三進三止嗚呼此游藝之學言象之粗而齟齬若是允哉始事之難也有志竟成以需今日歲庚子竇因貢獻僑邸燕臺癸卯冬則吳下徐太史先生來太史既自精心長于文筆與旅人輩交游頗久私計得與對譯成書不難于時以計偕至及春薦南宮選爲庶常然方讀中秘書時得晤言多咨論

天主大道以脩身昭事爲急未遑此土苴之業也客秋乃詢西庠擧業余以格物實義應及譚幾何家之說余爲述此書之精且陳飜譯之難及向來中輟狀先生曰吾先正有言一物不知儒者之恥今此一家已失傳爲其學者皆闇中模索耳既遇此書又遇子不驕不吝欲相指授豈可畏勞玩日當吾世而失之嗚呼吾避難難自長大吾迎難難自消微必成之先生就功命余口傳自以筆受焉反覆展轉求合本書之意以中夏之文重復訂政凡三易稿先生勤余不敢承以怠迄今春首其最要者前六卷獲卒業矣但歐几里得本文已不遺旨若丁先生之文惟譯注首

論耳太史意方銳欲竟之余曰止請先傳此使同志者習之果以為用也而後徐計其餘太史曰然是書也苟為用竟之何必在我遂輟譯而梓是謀以公布之不忍一日私藏焉梓成輒為撮其大意弁諸簡端自顧不文安敢竊附述作之林蓋聊敘本書指要以及譯因起使後之習者知夫創通大義緣力俱艱相共增脩以終美業庶俾開濟之士究心實理于向所陳百種道藝咸精其能上為

國家立功立事即竇當數年來旅食大官受

恩深厚亦得藉手以報萬分之一矣

萬曆丁未泰西利瑪竇謹書

幾何原本雜議

下學工夫有理有事此書爲益能令學理者袪其浮氣練其精心學事者資其定法發其巧思故舉世無一人不當學聞西國古有大學師門生常數百千人來學者先問能通此書乃聽入何故欲其心思細密而已其門下所出名士極多

能精此書者無一事不可精好學此書者無一事不可學凡他事能作者能言之不能作者亦能言之獨此書爲用能言者即能作者若不能作自是不能言何故言時一毫未了向後不能措一語何由得妄言之以故精心此

學不無知言之助

凡人學問有解得一半者有解得十九或十一者獨幾何之學通即全通蔽即全蔽更無高下分數可論

人具上資而意理疎莽即上資無用人具中材而，思縝密即中材有用能通幾何之學縝密甚矣故率天下之人而歸於實用者是或其所由之道也

此書有四不必不必疑不必揣不必試不必改有四不可得欲脫之不可得欲駁之不可得欲減之不可得欲前後更置之不可得有三至三能似至晦實至明故能以其明明他物之至晦似至繁實至簡故能以其簡簡他

物之至繁似至難實至易故能以易易他物之至難易生于簡簡生于明綜其妙在明而已

此書爲用至廣在此時尤所急須余譯竟隨偕同好者梓傳之利先生作敘亦最喜其亟傳也意皆欲公諸人人今當世亟習焉而習者蓋寡竊意百年之後必人人習之即又以爲習之晚也而謬謂余先識余何先識之有有初覽此書者疑奧深難通仍謂余當顯其文句余對之度數之理亦無隱奧至于文句則爾日推敲再四顯明極矣倘未及留意望之似奧深焉譬行重山中四顧無路及行到彼蹊徑歷然請假旬日之功一究其旨即知

諸篇自首迄尾悉皆顯明文句

吳淞徐光啓記

題幾何原本再校本

是書刻于丁未歲板留京師戊申春利先生以校正本見寄令南方有好事者重刻之累年來竟無有矣本留寘家塾暨庚戌北上先生没矣遺書中得一本其別後所自業者校訂皆手跡追惟篝燈函丈時不勝人琴之感其友龐熊兩先生遂以見遺庋置久之辛亥夏季積雨無聊屬都下方爭論歷法事余念牙絃一輟行復五年恐遂遺忘因偕二先生重閱一過有所增定比于前刻差無遺憾矣續成大業未知何日未知何人書以竢焉

吳淞徐光啓

考訂校閱姓氏

雲間許樂善

錫山周炳謨

南海張　萱

齊安黃建衷

檇李姚士慎

幾何原本第一卷之首

界說三十六 求作四 公論十九

泰西利瑪竇口譯

吳淞徐光啓筆受

界說三十六則

凡造論先當分別解說論中所用名目故曰界說

凡歷法地理樂律筭章技藝工巧諸事有度有數者皆依賴十府中幾何府屬凡論幾何先從一點始 自點引之為線線展為面面積為體是名三度

第一界

點者無分

無長短廣狹厚薄如下圖凡圖十干為識十干盡用十二支支盡用八卦八音

第二界

線有長無廣

試如一平面光照之有光無光之間不容一物是線也

真平真圓相遇其遇處止有一點行則止有一線

線有直有曲

第三界

線之界是點凡線有界者兩界必是點

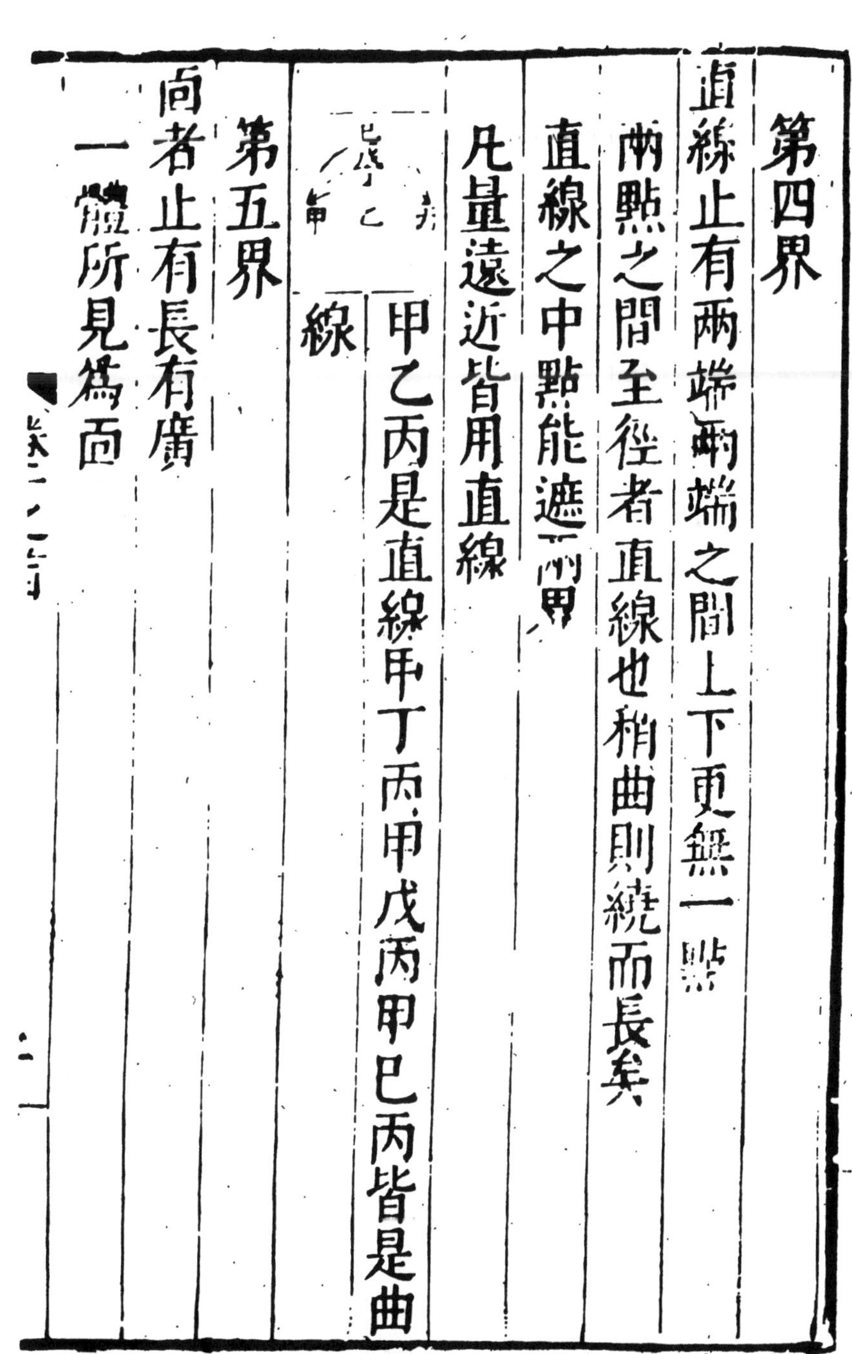

第四界

直線止有兩端兩端之間上下更無一點

兩點之間至徑者直線也稍曲則繞而長矣

直線之中點能遮兩界

凡量遠近皆用直線

甲乙丙是直線甲丁丙甲戊丙甲巳丙皆是曲線

第五界

面者止有長有廣

一體所見為面

凡體之影極似于面 無厚之極

想一線橫行所留之迹即成面也

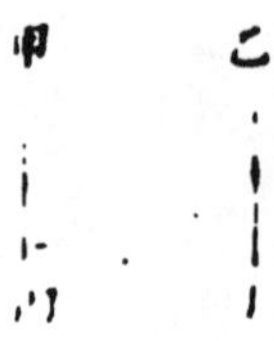

第六界

面之界是線

第七界

平面一面平在界之內

平面中間線能遮兩界

平面者諸方皆作直線

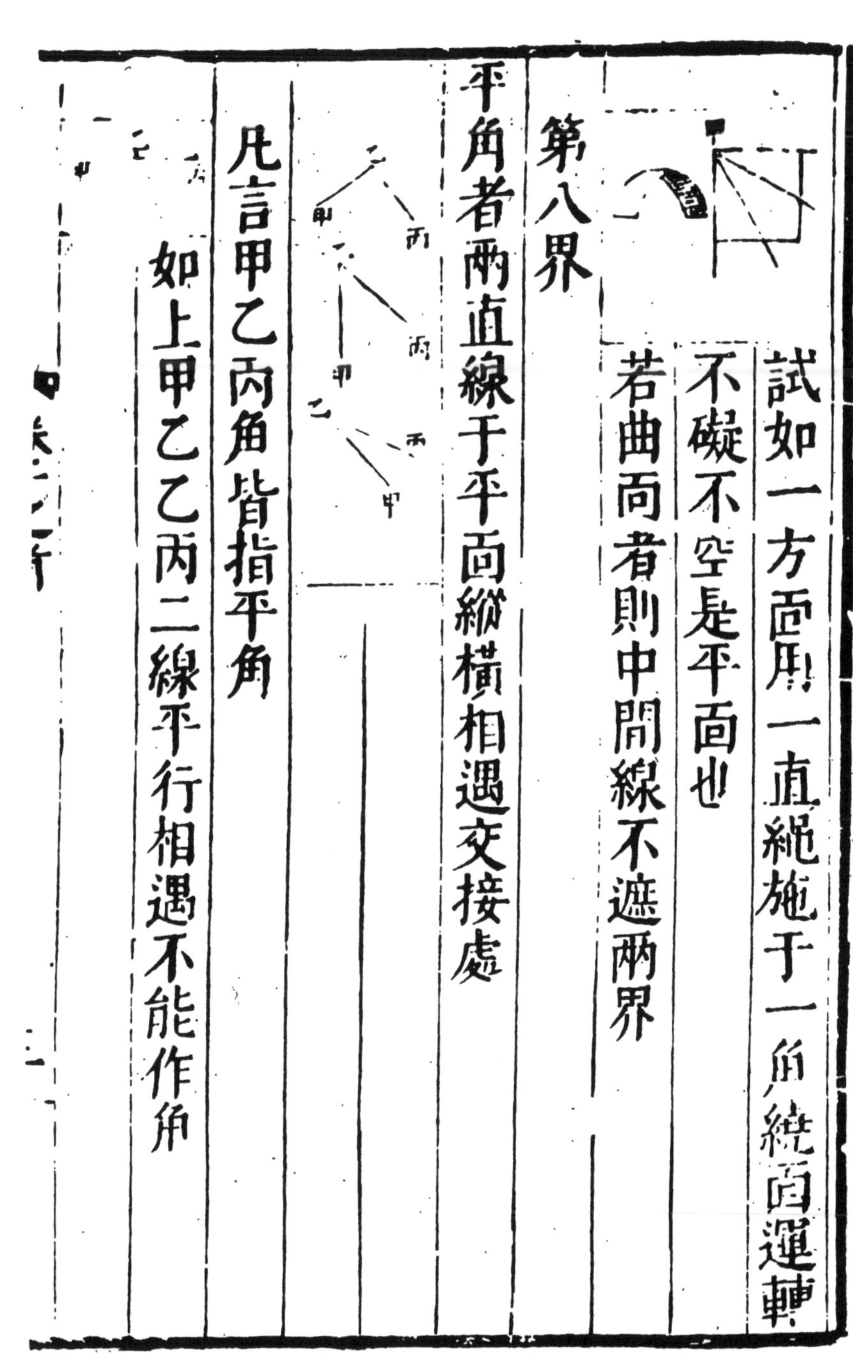

試如一方面周一直繩施于一角繞面運轉

不礙不空是平面也

若曲面者則中間線不遮兩界

第八界

平角者兩直線于平面縱橫相遇交接處

凡言甲乙丙角皆指平角

如上甲乙乙丙二線平行相遇不能作角

如上甲乙乙丙二線雖相遇不作平角爲是曲線

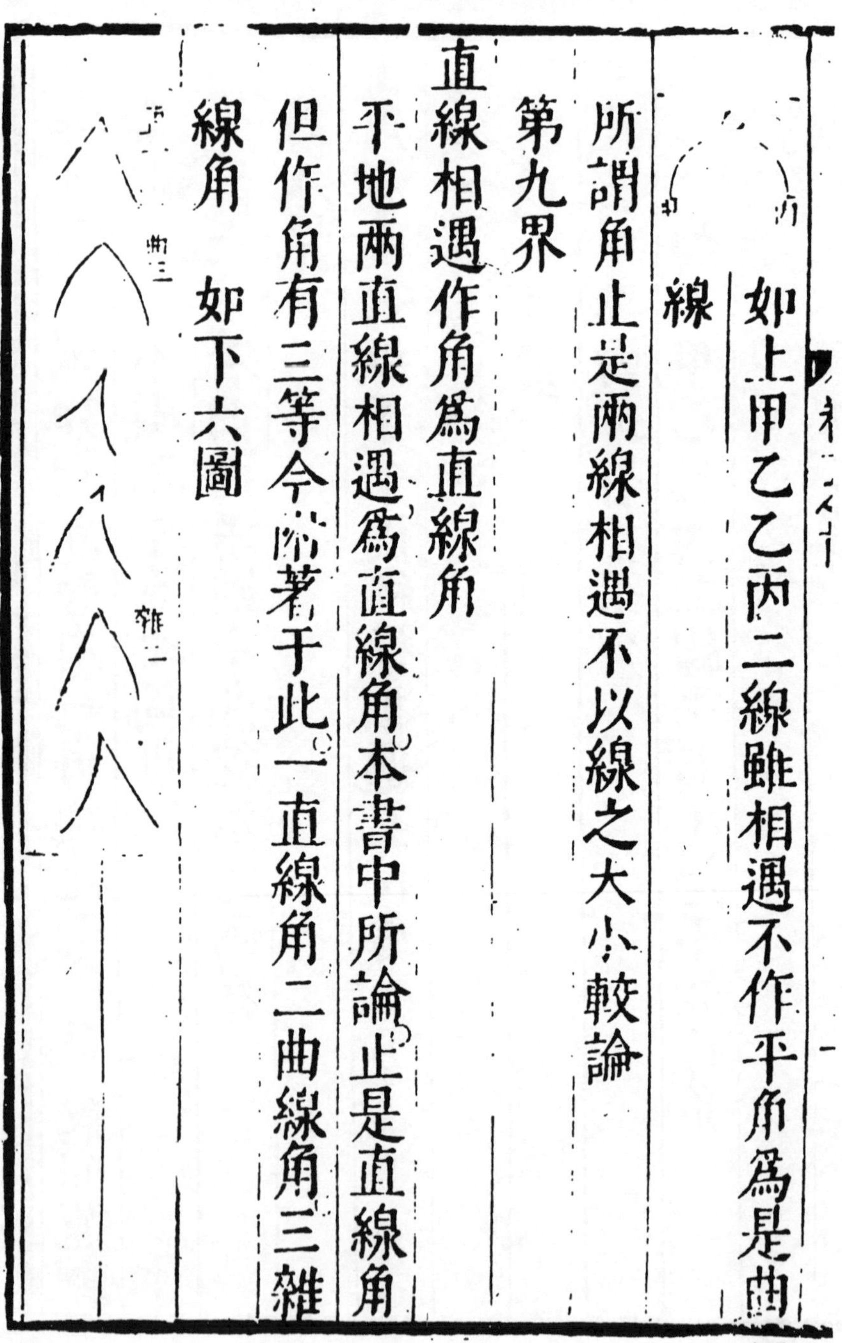

所謂角止是兩線相遇不以線之大小較論

第九界

直線相遇作角爲直線角

平地兩直線相遇爲直線角本書中所論止是直線角

但作角有三等今附著于此一直線角二曲線角三雜線角　如下六圖

第十界

直線垂于橫直線之上若兩角等必兩成直角而直線下垂者謂之橫線之垂線

量法常用兩直角及垂線垂線加于橫線之上必不作銳角及鈍角

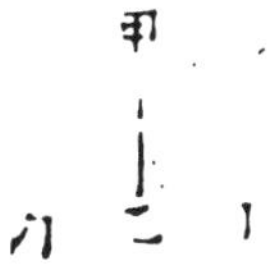

若甲乙線至丙丁上則乙之左右作兩角相等為直角而甲乙為垂線

若甲乙為橫線則丙丁又為甲乙之垂線何者丙乙與甲乙相遇雖止一直角然甲線若垂下過乙則丙線上下定成兩直角所以丙乙亦為甲乙之垂線[illegible]今用然人以縱一

横立相爲垂線
亦相爲垂線

凡直線上有兩角相連是相等者定俱直角中間線爲垂線

反用之若是直角則兩線定俱是垂線

第十一界

凡角大于直角爲鈍角

甲 乙 丙 丁

如甲乙丙角與甲乙丁角不等而甲乙丙大于甲乙丁則甲乙丙爲鈍角

第十二界

凡角小于直角爲銳角

如前圖甲乙丁是

通上三界論之直角一而已鈍角銳角其大小不等乃至無數

是後凡指言角者俱用三字爲識其第二字即所指角也　如前圖甲乙丙三字第二乙字即所指鈍角若言甲乙丁即第二乙字是所指銳角

第十三界

界者一物之始終

今所論有三界點爲線之界線爲面之界面爲體之界體不可爲界

第十四界

或在一界或在多界之間爲形

一界之形如平圜立圜等物多界之形如平方立方及

平立三角六八角等物　圖見後卷

第十五界

圜者一形于平地居一界之間自界至中心作直線俱等

若甲乙丙爲圜丁爲中心則自甲至丁與乙

至丁丙至丁其線俱等

外圓線爲圜之界內形爲圜

一說圜是一形乃一線屈轉一周復于元處所作如上

圜甲丁線轉至乙丁乙丁轉至丙丁丙丁又至甲丁復于一處其中形即成圜

第十六界

圜之中處爲圜心

第十七界

自圜之一界作一直線過中心至他界爲圜徑徑分圜兩平分

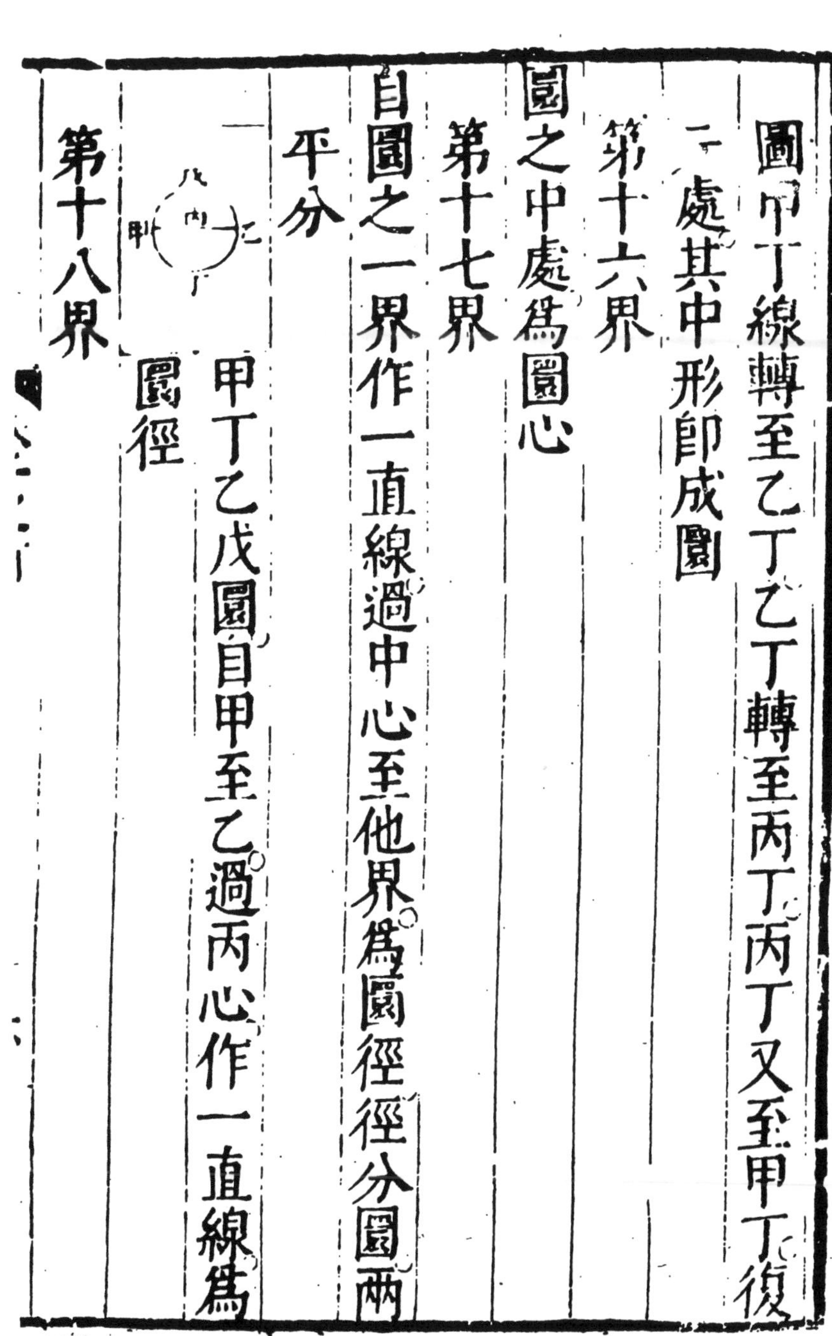

甲丁乙戊圜自甲至乙過丙心作一直線爲圜徑

第十八界

徑線與半圜之界所作形爲半圜

第十九界

在直線界中之形爲直線形

第二十界

在三直線界中之形爲三邊形

第二十一界

在四直線界中之形爲四邊形

第二十二界

在多直線界中之形爲多邊形（五邊以上俱是）

第二十三界

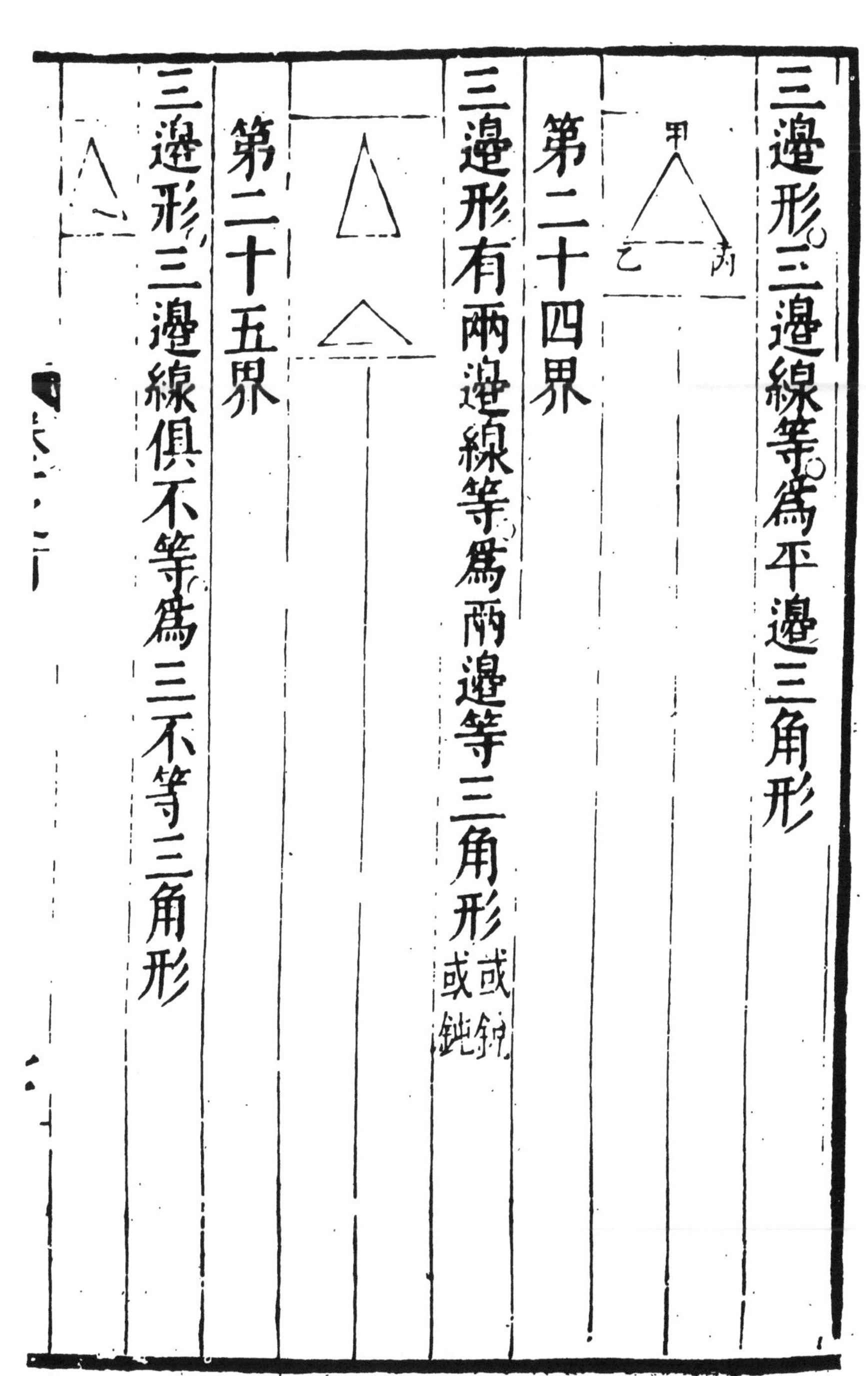

三邊形三邊線等爲平邊三角形

第二十四界

三邊形有兩邊線等爲兩邊等三角形或銳或鈍

第二十五界

三邊形三邊線俱不等爲三不等三角形

第二十六界

三邊形有一直角爲三邊直角形

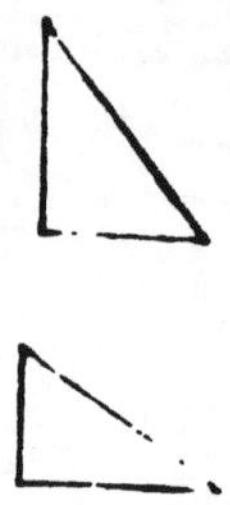

第二十七界

三邊形有一鈍角爲三邊鈍角形

第二十八界

三邊形有三銳角爲三邊各銳角形

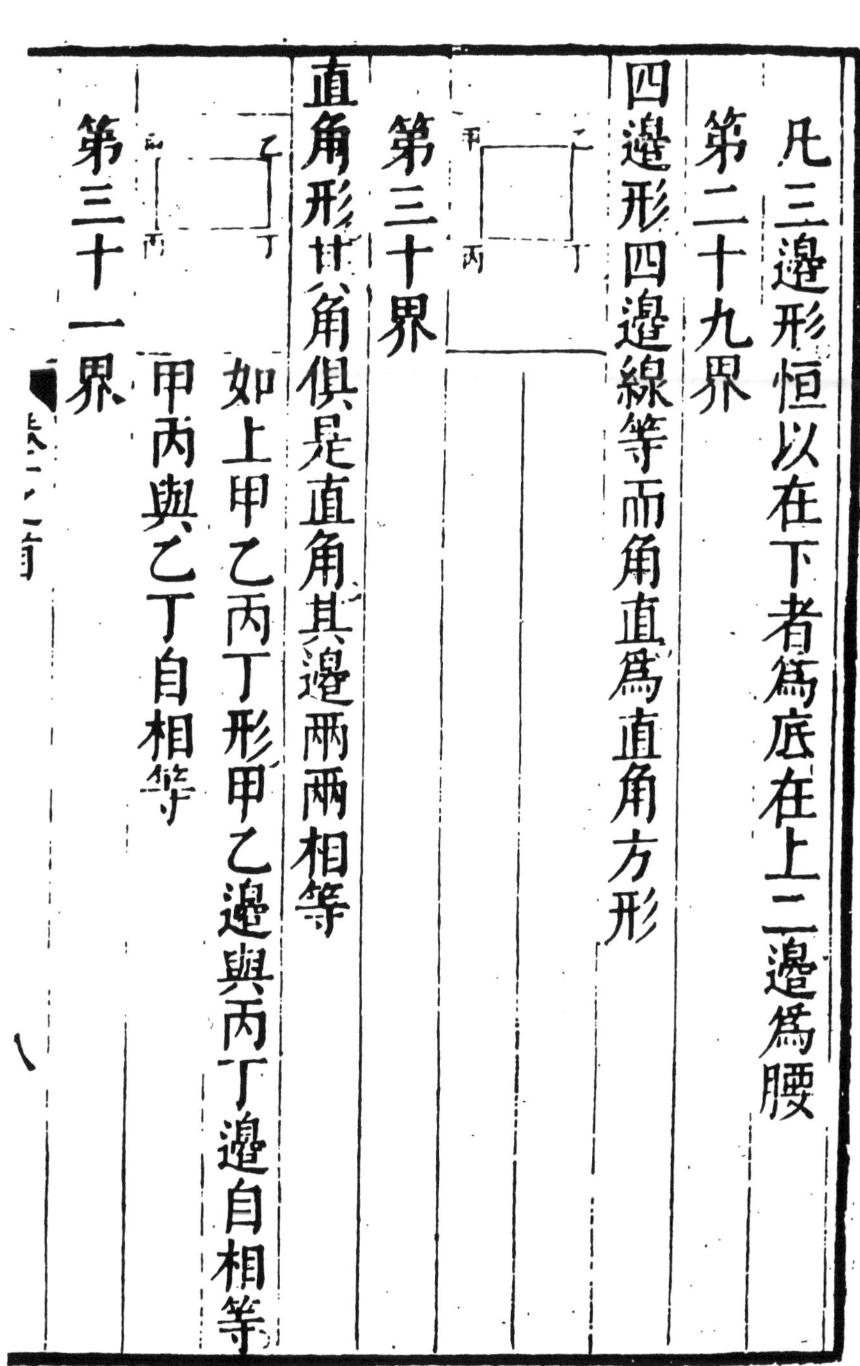

凡三邊形恒以在下者為底在上二邊為腰

第二十九界

四邊形四邊線等而角直為直角方形

第三十界

直角形其角俱是直角其邊兩兩相等

如上甲乙丙丁形甲乙邊與丙丁邊自相等

甲丙與乙丁自相等

第三十一界

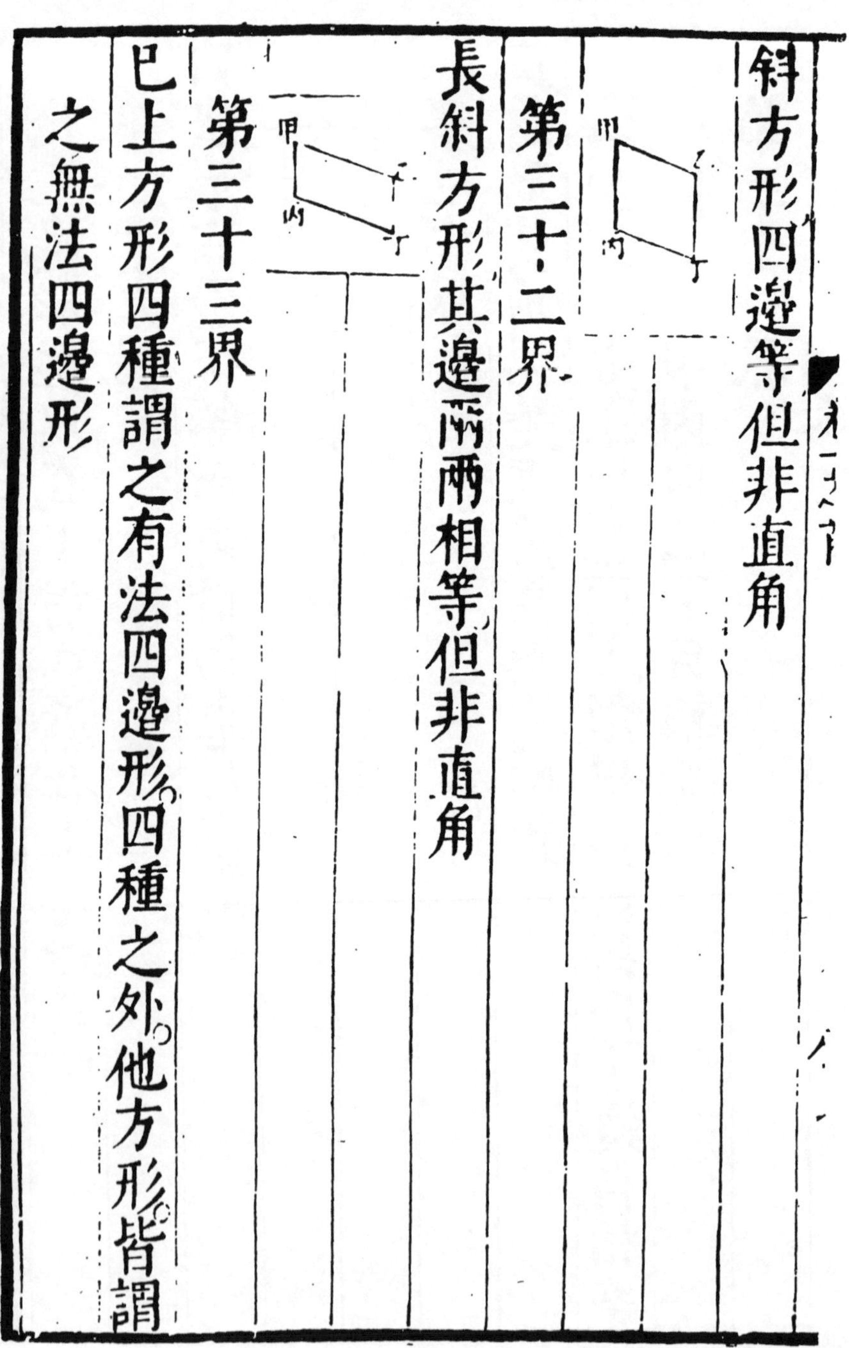

斜方形四邊等但非直角

甲 乙 丙 丁

第三十二界

長斜方形其邊兩兩相等但非直角

甲 乙 丙 丁

第三十三界

巳上方形四種謂之有法四邊形。四種之外。他方形。皆謂之無法四邊形

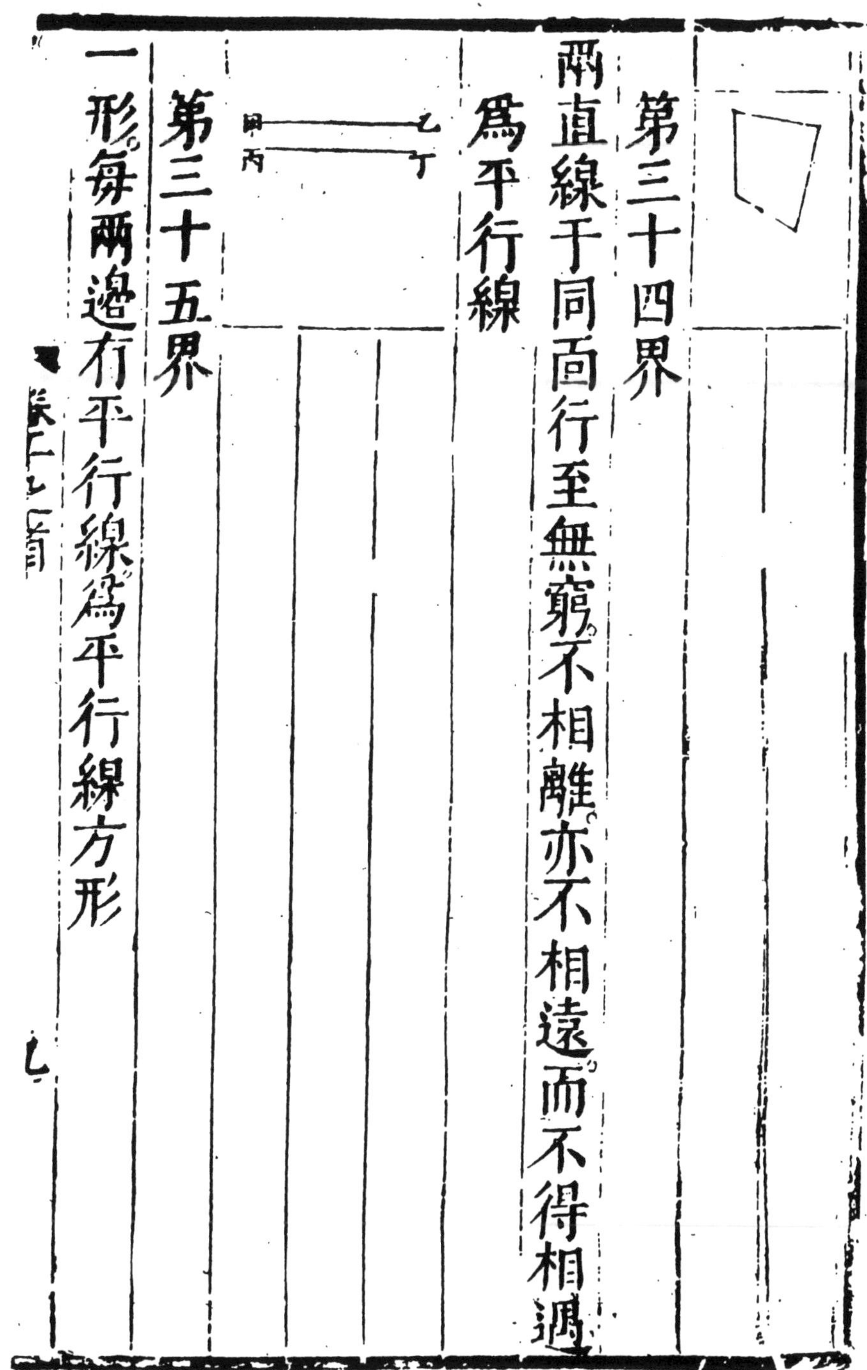

第三十四界

兩直線于同面行至無窮。不相離。亦不相遠。而不得相遇。為平行線

第三十五界

一形。每兩邊有平行線。為平行線方形

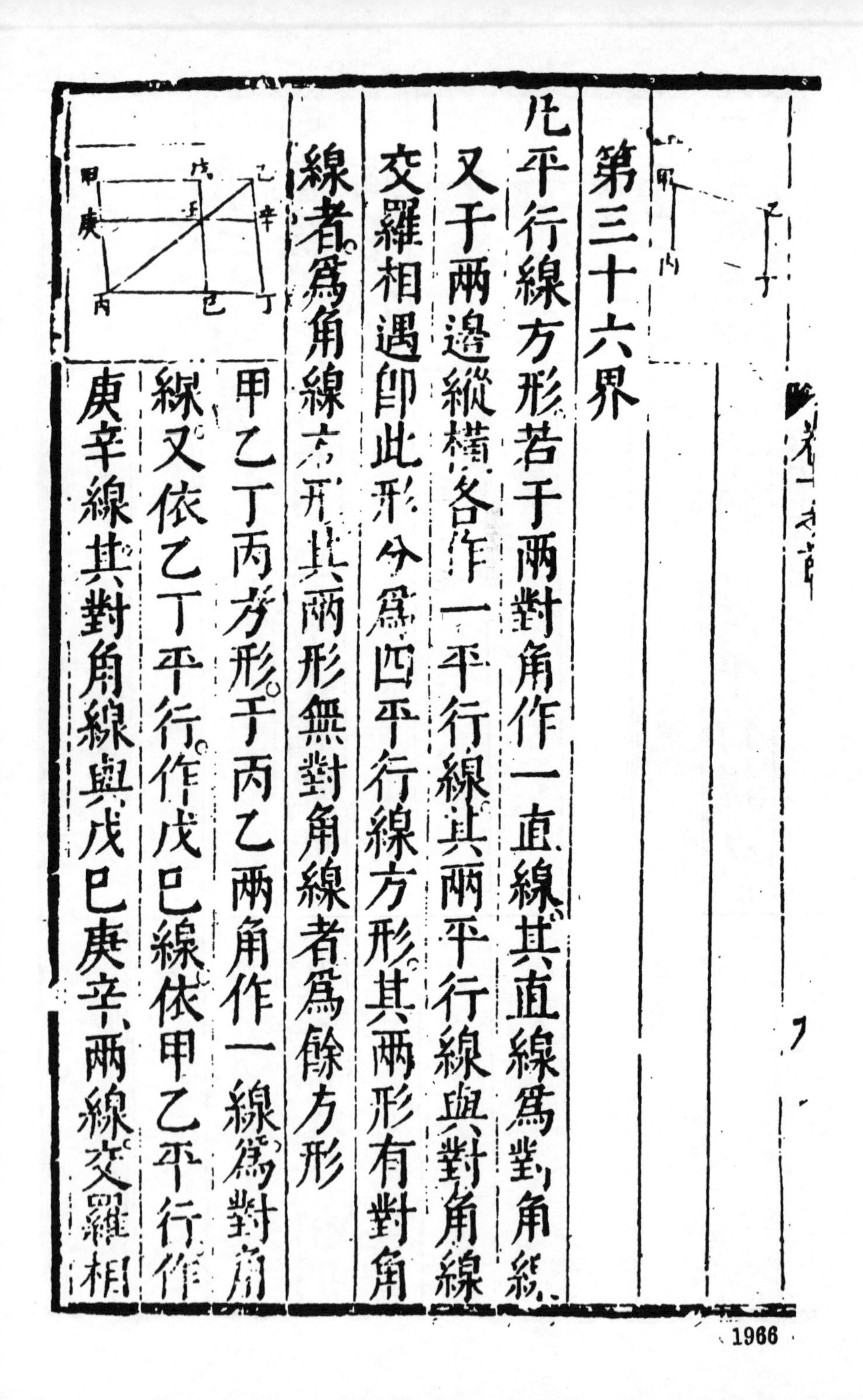

第三十六界

凡平行線方形若于兩對角作一直線其直線爲對角線又于兩邊縱橫各作一平行線其兩平行線與對角線交羅相遇即此形分爲四平行線方形其兩形有對角線者爲角線方形其兩形無對角線者爲餘方形

甲乙丁丙方形于丙乙兩角作一線爲對角線又依乙丁平行作戊巳線依甲乙平行作庚辛線其對角線與戊巳庚辛兩線交羅相

遇于壬即作大小四平行線方形矣則庚壬巳丙及戊壬辛乙丙兩方形謂之角線方形而甲庚壬戊及壬巳丁辛謂之餘方形

求作四則

求作者不得言不可作

第一求

自此點至彼點求作一直線

此求亦出上篇蓋自此點直行至彼點即是直線

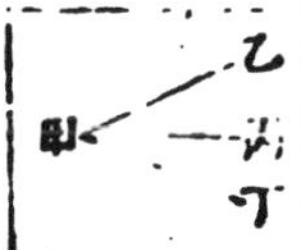

乙 丙 丁 甲

自甲至乙或至丙至丁俱可作直線

第二求

一有界直線求從彼界直行引長之

如甲乙線從乙引至丙或引至丁俱一直行

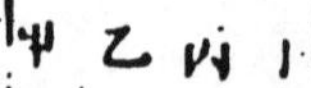

第三求

不論大小以點爲心求作一圜

第四求

設一度于此求作彼度較此度或大或小凡言度者或線或面或體皆是

或言較小作大可作較大作小不可作何者小之至極數窮盡故也此說非是凡度與數不同數者可以長不可以短長數無窮短數有限如百數減半成五十減之又減至一而止一以下不可損矣自百以上增之可至無窮故曰可長不可短也度者可以長亦可以短長者增之可至無窮短者減之亦復無盡嘗見莊子稱一尺之棰日取其半萬世不竭亦此理也何者自有而分不免爲有若減之可盡是有化爲無也有化爲無猶可言也今已分者更復合之合之又合仍爲尺棰是始合之初兩無能并爲一有也兩無

能幷爲一有不可言也

公論十九則

公論者不可疑

第一論

設有多度彼此俱與他等則彼與此自相等

第二論

有多度等若所加之度等則合幷之度亦等

第三論

有多度等若所減之度等則所存之度亦等

第四論

有多度不等若所加之度等則合并之度不等

第五論

有多度不等若所減之度等則所存之度不等

第六論

有多度俱倍于此度則彼多度俱等

第七論

有多度俱半于此度則彼多度亦等

第八論

有二度自相合則二度必等（以一度加一度之上）

第九論

全大于其分如一尺大于一寸寸者全尺中十分中之分也

第十論

直角俱相等見界說十

第十一論

有二橫直線或正或偏任加一縱線若三線之間同方兩角小于兩直角則此二橫直線愈長愈相近必至相遇

甲乙丙丁二橫直線任意作一戊巳縱線或正或偏若戊巳線旁同方兩角俱小于直角或并之小于兩直角則甲乙丙丁線愈長愈相近必行相遇之處

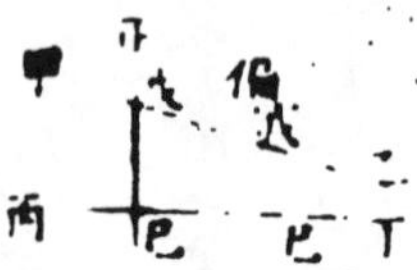

欲明此理宜察平行線不得相遇者（界說四）加一垂線即三線之間定爲直角便知此論兩角小于直角者其行不得不相遇矣

第十二論

兩直線不能爲有界之形

第十三論

兩直線止能于一點相遇

如云線長界近相交不止一點試于丙乙二界各出直

線交于丁假令其交不止一點當引至甲則甲丁乙宜爲甲丙乙圜之徑而甲丁丙亦如之界說十七夫甲丁乙圜之右半也而甲丁丙亦右半也界說十七甲丁乙爲全甲丁丙爲其分而俱稱右半是全與其分等也本篇九

第十四論

有幾何度等若所加之度各不等則合并之差與所加之差等

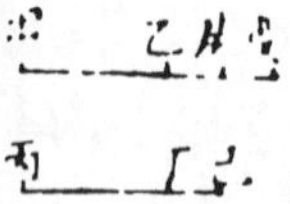

甲乙丙丁線等于甲乙加乙戊于丙丁加丁巳則甲戊大于丙巳者庚戊線也而乙戊大于丁

巳亦如之

第十五論

有幾何度不等若所加之度等則合并所贏之度與元所贏之度等

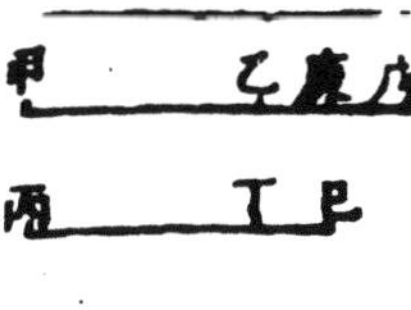

戊　庚　乙　甲

巳　丁　丙

如上圖反說之戊乙巳丁線不等于戊乙加乙甲于巳丁加丁丙則戊甲大于巳丙者戊庚線也而戊乙大于巳丁亦如之

第十六論

有幾何度等若所減之度不等則餘度所贏之度與減去所贏之度等

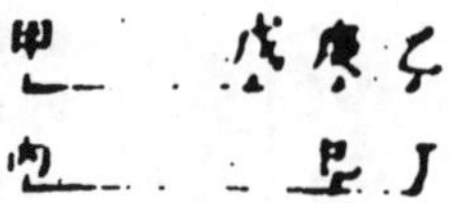

甲乙丙丁線等于甲乙減戊乙于丙丁減巳丁則乙戊大于丁巳者庚戊也而丙巳大于甲戊亦如之

第十七論

有幾何度不等若所減之度等則餘度所贏之度與元所贏之度等

如十四論反說之甲戊丙巳線不等于甲戊減甲乙于丙巳減丙丁則乙戊長于丁巳者亦庚戊也與甲戊長于丙巳者等矣

第十八論

分與諸分之幷等

第十九論

有二全度此全倍于彼全若此全所減之度倍于彼全所減之度則此較亦倍于彼較（相減之餘曰較）

如此度二十彼度十于二十減六于十減三則此較十四彼較七

幾何原本第一卷之首終

幾何原本第一卷

本篇論三角形、計四十八題

泰西利瑪竇口譯
吳淞徐光啓筆受

第一題

于有界直線上求立平邊三角形

法曰甲乙直線上求立平邊三角形先以甲爲心乙爲界作丙乙丁圜次以乙爲心甲爲界作丙甲丁圜兩圜相交于丙、于丁末自甲至丙丙至乙各作直線卽甲乙丙爲平邊三角形

論曰以甲爲心至圜之界其甲乙線與甲丙、甲丁、線等。

以乙為心則乙甲線與乙丙乙丁線亦等何者凡為圜自心至界各線俱等故界說十五既乙丙等于乙甲而甲丙亦等于甲乙即甲丙亦等于乙丙一公論三邊等如所求凡論有二種此以是為論者正論也下倣此

其用法不必作兩圜但以甲為心乙為界作近丙一短界線乙為心甲為界亦如之兩短界線交處即得丙

諸三角形俱推前用法作之詳本篇廿二

第二題

一直線線或內或外有一點求以點為界作直線與元線

等

法曰有甲點及乙丙線求以甲爲界作一線與乙丙等先以丙爲心乙爲界（乙爲心丙爲界亦可作）作丙乙圜（第三求）次觀甲點若在丙乙之外則自甲至丙作甲丙線（第一求）如上前圖或甲在丙乙之內則截取甲至丙一分線如上後圖兩法俱以甲丙線爲底任于上下作甲丁丙平邊三角形（本篇一）次以三角形兩腰線引長之（第二求）其丁丙引至丙乙圜界而止爲丙戊線其丁甲引之出丙乙圜外稍長爲甲己線末以丁爲心戊爲界作丁戊圜

其甲巳線與丁戊圜相交于庚即甲庚線與乙丙線等

論曰丁戊丁庚線同以丁為心戊庚為界故等 界說十五 于丁戊線減丁丙丁庚線減丁甲其所減兩腰線等則所存亦等 三公論 夫丙戊與丙乙同以丙為心戊乙為界亦等 界說十五 即甲庚與丙乙等 一公論

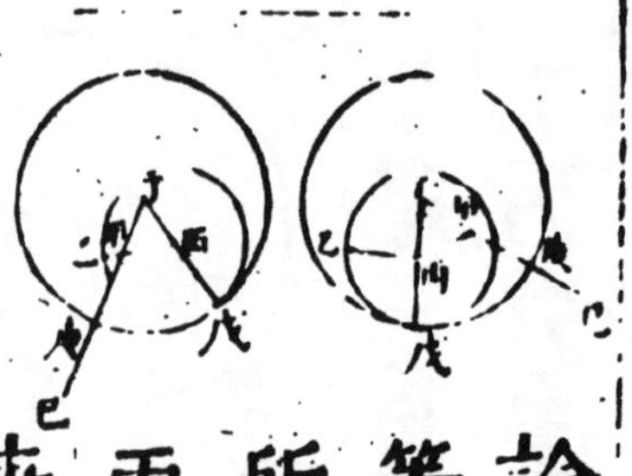

若所設甲點即在丙乙線之一界其法尤易假如點在丙即以丙為心作乙戊圜從丙至戊即所求

第三題

兩直線一長一短求于長線減去短線之度

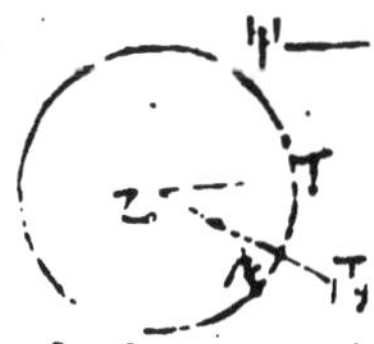

法曰甲短線乙丙長線求于乙丙減甲先以甲爲度從乙引至別界作乙丁線本篇二次以乙爲心丁爲界作圜第三求圜界與乙丙交于戊卽乙戊與等甲之乙丁等蓋乙丁乙戊同心同圜故界說十五

第四題

兩三角形若相當之兩腰線各等各兩腰線閒之角等則兩底線必等而兩形亦等其餘各兩角相當者俱等

解曰甲乙丙丁戊己兩三角形之甲與丁兩角等甲丙與丁己兩線甲乙與丁戊兩線各等題言乙丙與戊己兩底線必等而兩三角形亦等

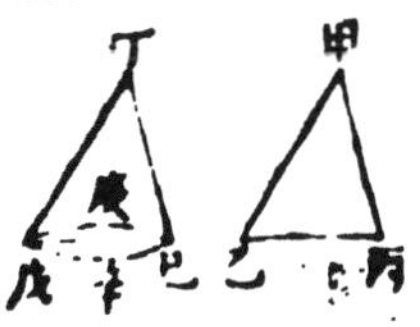

甲乙丙、與丁戊巳兩角、甲丙乙、與丁巳戊、兩角俱等

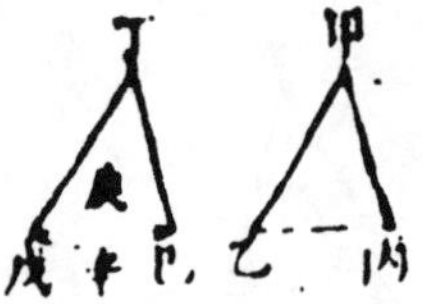

論曰。如云乙丙、與戊巳不等。即令將甲角置丁角之上。兩角必相合無大小。甲丙、與丁巳。甲乙、與丁戊亦必相合無大小。（公論八）此二俱等。而云乙丙、與戊巳不等。必乙丙底或在戊巳之上。爲庚。或在其下。爲辛矣。戊巳既爲直線。而戊庚巳又爲直線。則兩線當別作一形是兩線能相合爲形也。辛倣此（公論十二 此以非爲論者駁論也。下倣此）

第五題

三角形若兩腰等。則底線兩端之兩角等。而兩腰引出之

其底之外兩角亦等

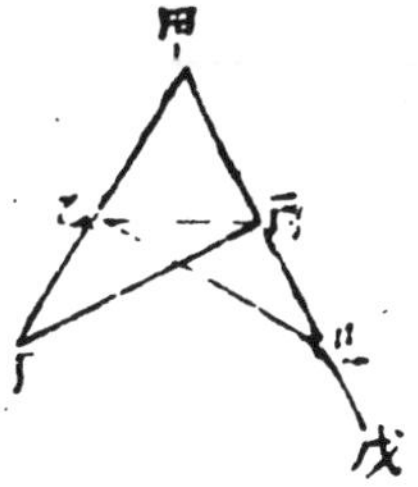

解曰甲乙丙三角形其甲丙與甲乙兩腰等題言甲丙乙與甲乙丙兩角等又自甲丙線任引至戊甲乙線任引至丁其乙丙戊與丙乙丁兩外角亦等

論曰試如甲戊線稍長即從甲戊截取一分與甲丁等為甲己（本篇三）次自丙至丁自乙至己各作直線（第一求）即甲己乙甲丁丙兩三角形必等何者此兩形之甲角同甲己與甲丁兩腰又等甲乙與甲丙兩腰又等則其底丙丁與乙己必等而底線兩端相當之各兩角亦等矣（本篇

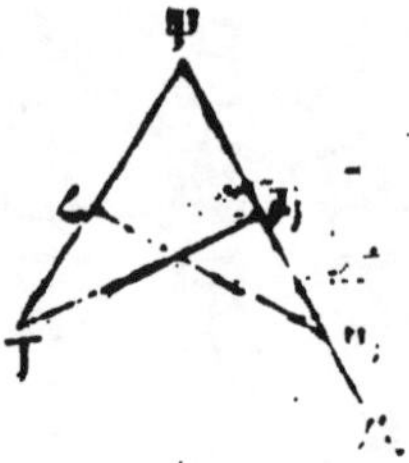

四又乙丙巳、與丙乙丁、兩三角形亦等。何者。此兩形之丙丁乙、與乙巳丙、兩角既等。本論而甲巳、甲丁、兩腰各減相等之甲丙、甲乙線、即所存丙巳、乙丁、兩腰又等公論三丙丁、與乙巳、兩底又等本論又乙丙同腰。即乙丙丁、與丙乙巳、兩角亦等也。則丙之外、乙丙巳角、與乙之外、丙乙丁角必等矣本篇四

次觀甲乙巳、與甲丙丁、兩角既等。于甲乙巳減丙乙巳角、甲丙丁、減乙丙丁角。則所存甲丙乙、與甲乙丙、兩角必等公論三

增從前形、知三邊等形、其三角俱等

第六題

三角形若底線兩端之兩角等則兩腰亦等

解曰甲乙丙三角形其甲乙丙與甲丙乙兩角等題言甲乙與甲丙兩腰亦等

論曰如云兩腰線不等而一長一短試辯之若甲乙為長線即令比甲丙線截去所長之度為乙丁線而乙丁與甲丙等（本篇三）次自丁至丙作直線則本形成兩三角形其一為甲乙丙其一為丁乙丙而甲乙丙全形與丁乙丙分形同是全與其分等也（公論九）何者彼言丁乙丙分形之乙丁與甲乙丙全形之甲丙兩線既等丁乙

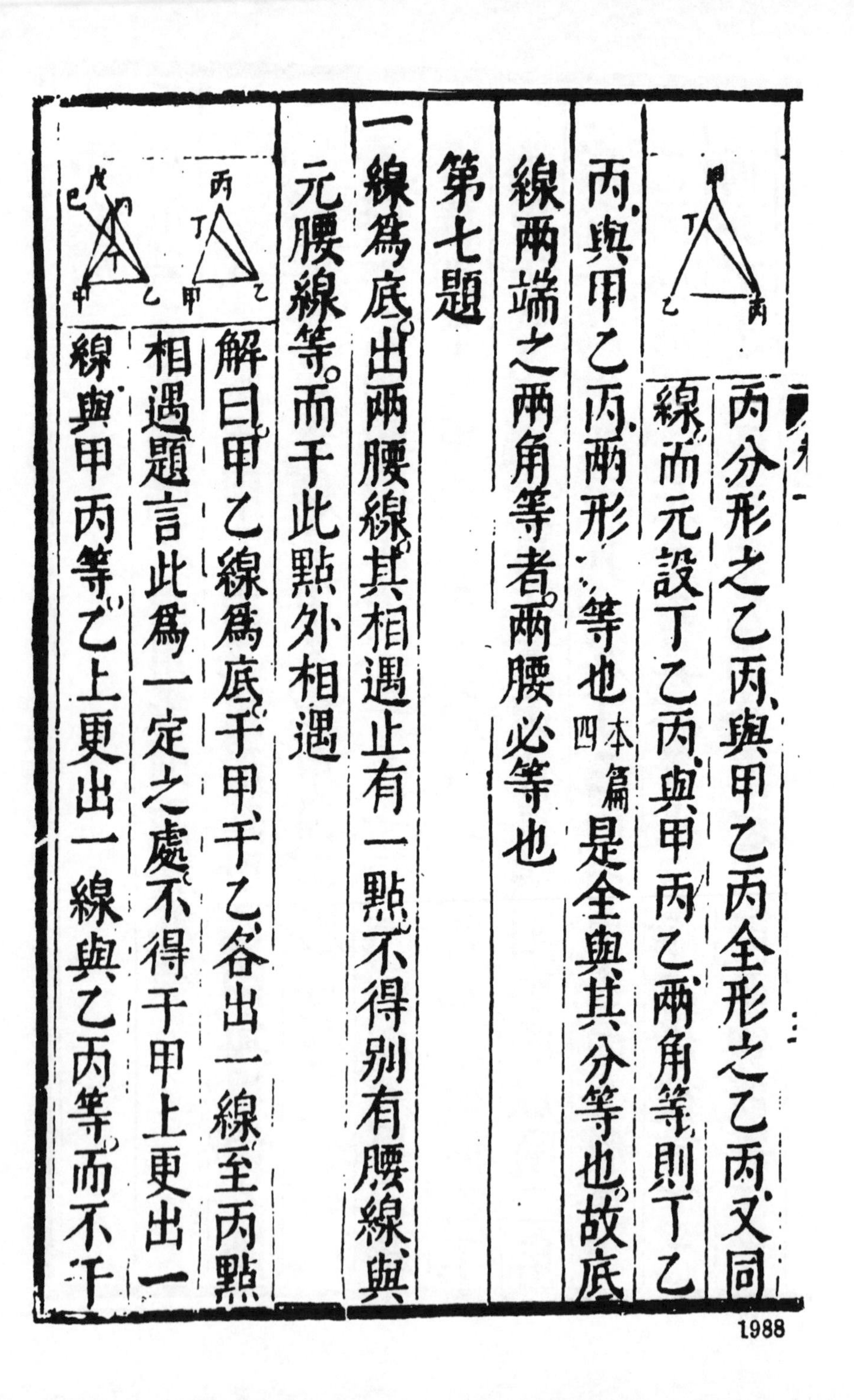

丙分形之乙丙，與甲乙丙全形之乙丙，又同線，而元設丁乙丙，與甲丙乙兩角等，則丁乙丙與甲乙丙兩形，等也（本篇四）。是全與其分等也，故底線兩端之兩角等者，兩腰必等也。

第七題

一線為底，出兩腰線，其相遇止有一點，不得別有腰線與元腰線等，而於此點外相遇。

解曰：甲乙線為底，於甲於乙各出一線，至丙點相遇，題言此為一定之處，不得於甲上更出一線與甲丙等，乙上更出一線與乙丙等，而不於

丙相遇

論曰。若言有別相遇于丁者。即問丁當在丙内邪。丙外邪。若言丁在丙内。則有二說。俱不可通。何者。若言丁在甲丙元線之内。則如第一圖。丁在甲丙兩界之間矣。如此。即甲丁是甲丙之分。而云甲丙與甲丁等也。是全與其分等也。九公論 若言丁在甲丙乙三角頂間。則如第二圖。丁在甲丙乙之間矣。即令自丙至丁。作丙丁線。而乙丁丙。甲丁丙。又成兩三角形。次從乙丁引出至巳。從乙丙引出至戊。則乙丁丙形之乙丁乙丙兩腰等者。其底線兩端之兩角。乙丁丙。乙丙丁。宜亦等也。其底之外兩

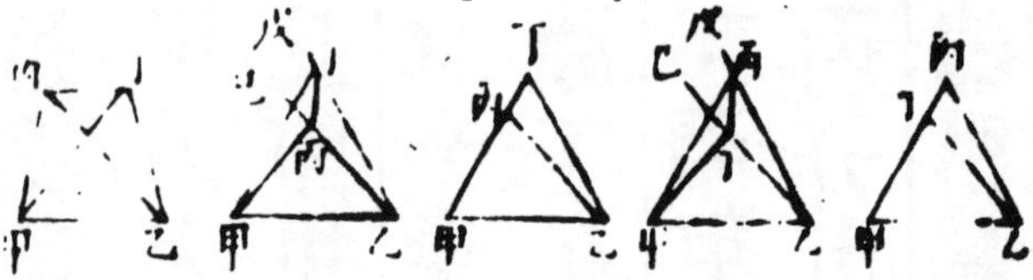

角已丁丙戊丙丁宜亦等也（本篇五）而甲丁丙形之甲丁甲丙兩腰等者其底線兩端之兩角甲丙丁甲丁丙宜亦等也（本篇五）夫甲丙丁角本小于戊丙丁角而爲其分今言甲丁丙與甲丙丁兩角等則甲丁丙亦小于戊丙丁矣何況已丁丙又甲丁丙之分更小于戊丙丁可知何言底外兩角等乎若言丁在丙外又有三說俱不可通何者若言丁在甲丙元線外是丁甲即在丙甲元線之上則甲丙與甲丁等矣即如上第一說駁之若言丁在甲丙乙三角頂外即如上第二說駁之若言

丁在丙外而後出二線一在三角形內一在其外甲丁線與乙丙線相交如第五圖即令將丙丁相聯作直線是甲丁丙又成一三角形而甲丙丁宜與甲丁丙兩角等也本篇五夫甲丁丙角本小于丙丁乙角而爲其分據如彼論則甲丙丁角亦小于丙丁乙角矣又丙丁乙亦成一三角形而丙丁乙宜與丁丙乙兩角等也本篇五夫丁丙乙角本小于甲丙丁角而爲其分據如彼論則丙丁乙角亦小于甲丙丁角矣此二說者豈不自相戾乎

第八題

兩三角形若相當之兩腰各等兩底亦等則兩腰間角必

等

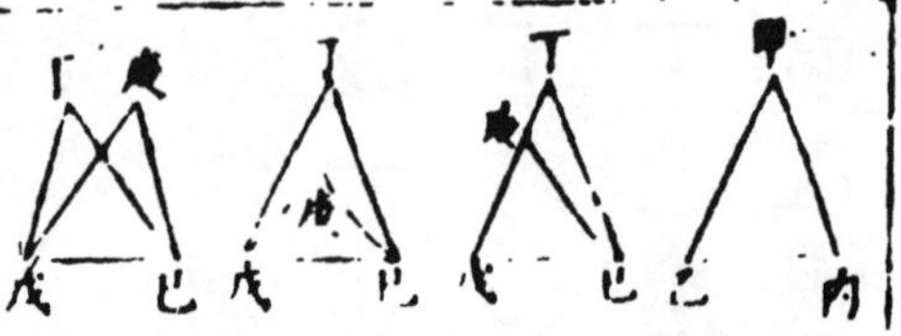

解曰。甲乙丙丁戊己兩三角形。其甲乙與丁戊兩腰。甲丙與丁己兩腰各等。乙丙與戊己兩底亦等。題言甲與丁兩角必等

論曰。試以丁戊己形。加於甲乙丙形之上。問丁角在甲角上邪。否邪。若在上。即兩角等矣公論八或謂不然。乃在於庚。即問庚當在丁戊線之內邪。或在三角形之內邪。或在三角頂之外邪。皆依前論駁之本篇七

系本題止論甲丁角。若旋轉依法論之。即三角皆同

見凡線等則角必等不可疑也

第九題

有直線角求兩平分之

法曰乙甲丙角求兩平分之先于甲乙線任截一分爲甲丁（本篇三）次于甲丙亦截甲戊與甲丁等次自丁至戊作直線次以丁戊爲底立平邊三角形（本篇一）爲丁戊己形末自己至甲作直線即乙甲丙角爲兩平分

論曰丁甲己與戊甲己兩三角形之甲丁與甲戊兩線等甲己同是一線戊己與丁己兩底又等（何以兩底等相從戊丁底）

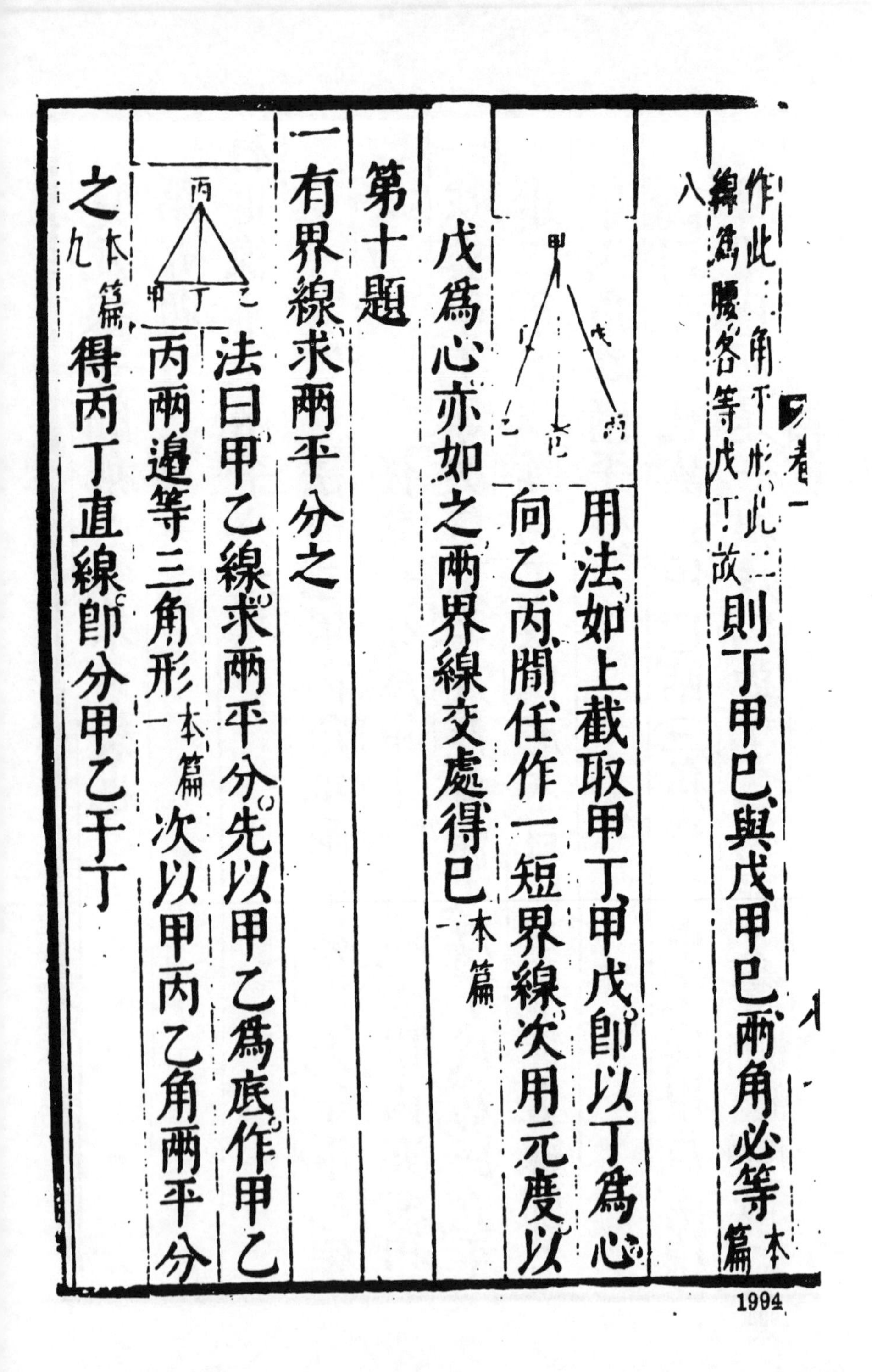

作此二角形此二線爲腰各等戊丁故則丁甲巳與戊甲巳兩角必等本篇八

用法如上截取甲丁甲戊即以丁爲心向乙丙閒任作一短界線次用元度以戊爲心亦如之兩界線交處得巳本篇一

第十題

一有界線求兩平分之

法曰甲乙線求兩平分先以甲乙爲底作甲乙丙兩邊等三角形本篇一次以甲丙乙角兩平分之本篇九得丙丁直線即分甲乙于丁

論曰。丙丁乙、丙丁甲、兩三角形之丙乙、丙甲、兩腰等。而丙丁同線。甲丙丁、與乙丙丁、兩角又等。本篇九 則甲丁、與乙丁、兩線必等。本篇四

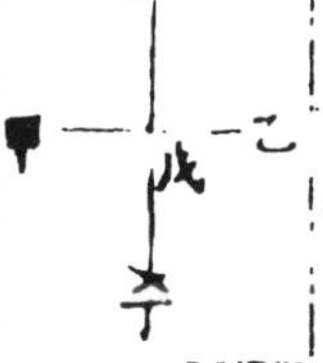

用法。以甲為心。任用一度。但須長于甲乙線之半。向上向下。各作一短界線。次用元度。以乙為心。亦如之。兩界線交處。即丙丁。末作丙丁直線。即分甲乙于戊

第十一題

一直線。任于一點上。求作垂線

法曰。甲乙直線。任指一點于丙。求丙上作垂線。先于丙

左右任用一度各截一界爲丁爲戊（本篇三）次以丁戊爲底作兩邊等角形（本篇一）爲丁巳戊末自巳至丙作直線即巳丙爲甲乙之垂線

論曰丁巳丙與戊巳丙兩角形之巳丁巳戊兩腰等而巳丙同線丙丁與丙戊兩底又等即兩形必等丁與戊兩角亦等（本篇五）丁巳丙與戊巳丙兩角亦等（本篇八）則丁丙巳與戊丙巳兩角必等矣等即是直角直角即是垂線（界說十此後三節形多稱角形者文也）

用法于丙點左右如上截取丁與戊即以丁爲心任用一度但須長于丙丁線向丙

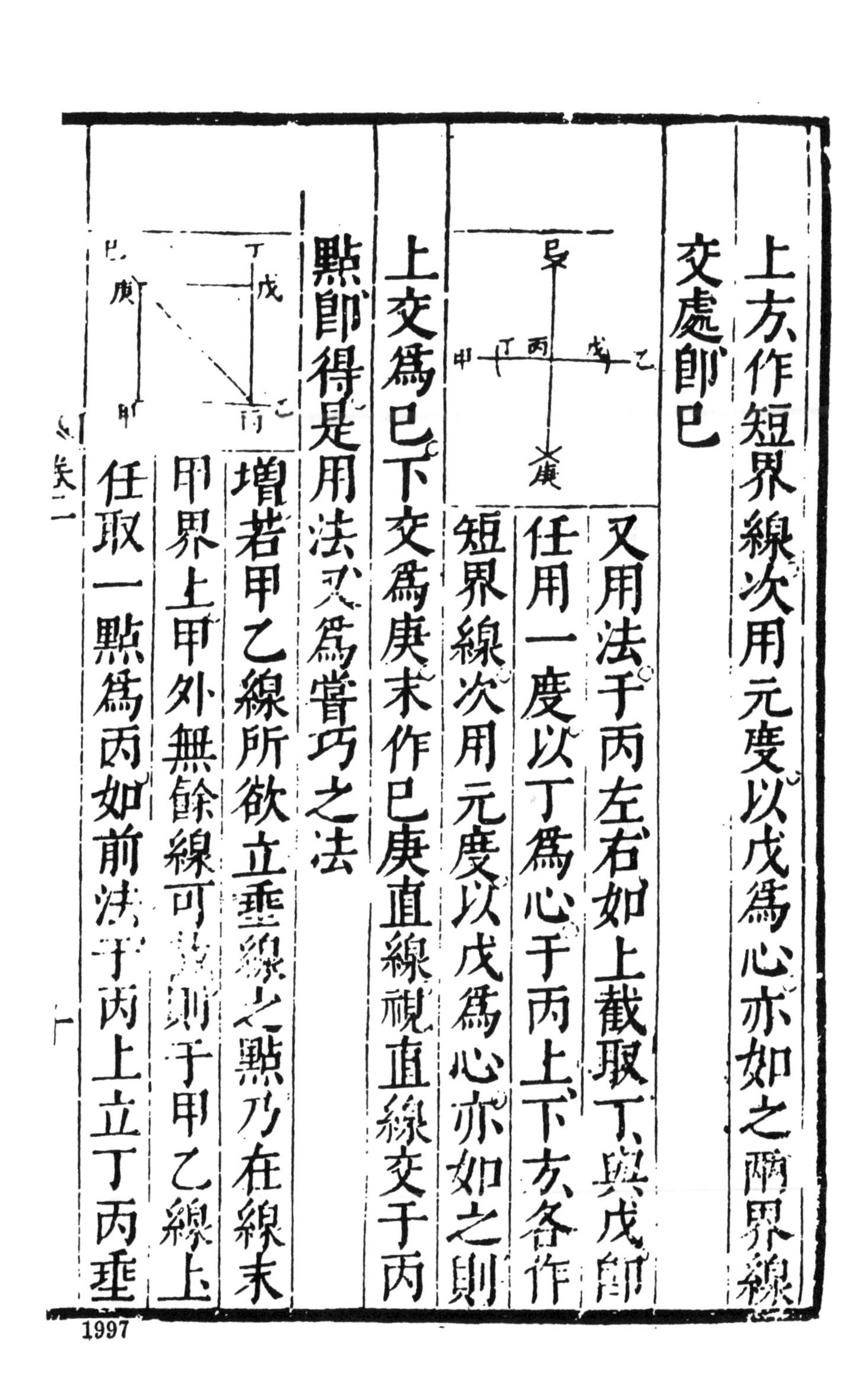
上方作短界線次用元度以戊為心亦如之兩界線交處即巳

又用法于丙左右如上截取丁與戊即任用一度以丁為心于丙上下方各作短界線次用元度以戊為心亦如之則上交為巳下交為庚末作巳庚直線視直線交于丙點即得是用法又為嘗巧之法

增若甲乙線所欲立垂線之點乃在線末甲界上甲外無餘線可[illegible]則于甲乙線上任取一點為丙如前法于丙上立丁丙垂

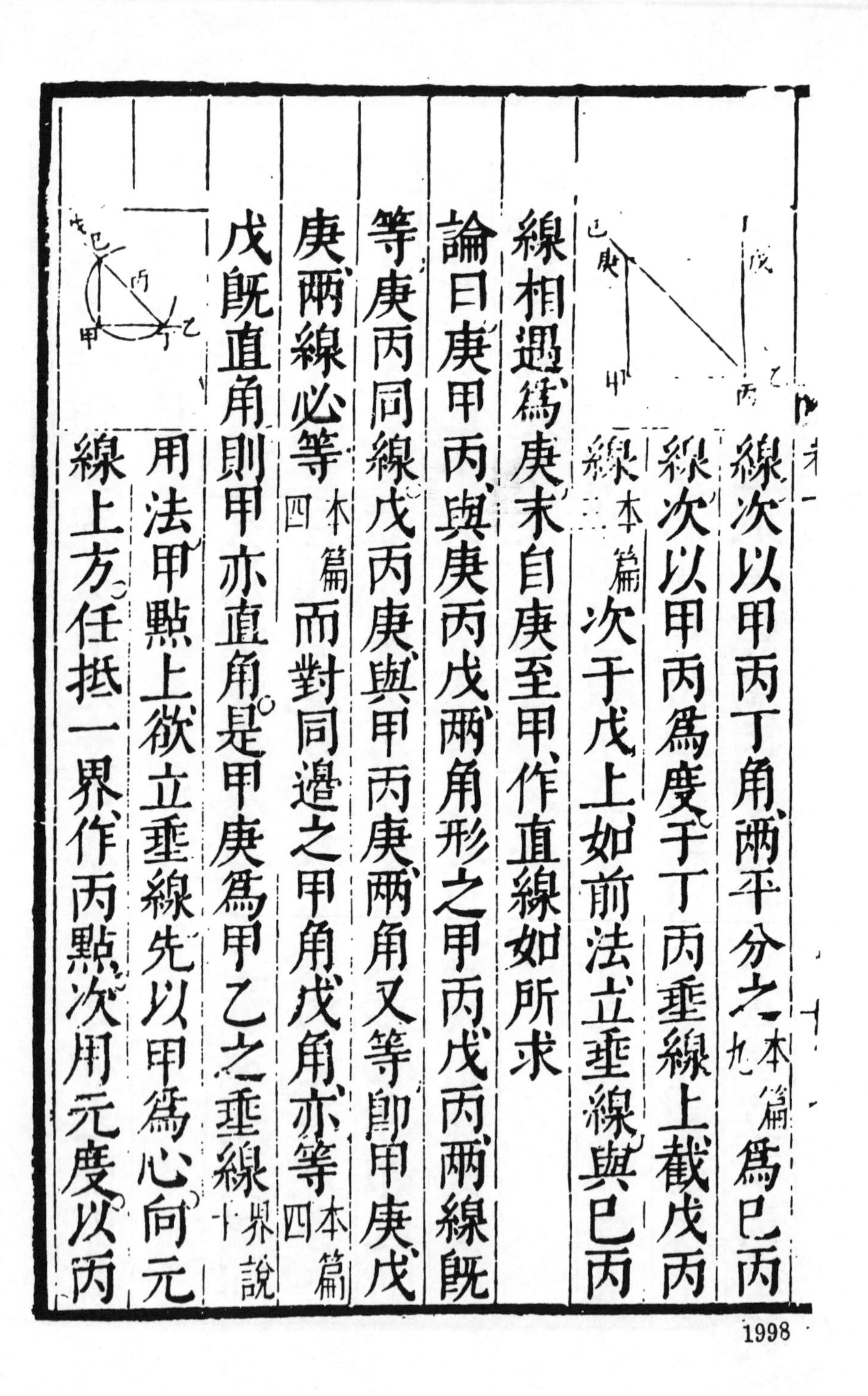

線。次以甲丙丁角兩平分之（本篇九）為巳丙線。次以甲丙為度。于丁丙垂線上截戊丙線（本篇三）。次于戊上如前法立垂線與巳丙線相遇為庚。末自庚至甲作直線。如所求。

論曰。庚甲丙與庚丙戊兩角形之甲丙戊丙兩線既等。庚丙同線。戊丙庚與甲丙庚兩角又等。即甲庚戊庚兩線必等（本篇四）。而對同邊之甲角戊角亦等（本篇四）。戊既直角。則甲亦直角。是甲庚為甲乙之垂線（界說十）。

用法。甲點上欲立垂線。先以甲為心。向元線上方任抵一界。作丙點。次用元度以丙爲心作大半圜圜界與甲乙線相遇爲丁次自丁至丙作直線引長之至戊爲戊丁線戊丁與圜界相遇爲巳末自巳至甲作直線卽所求此法今未能論見第三卷第三十一題

第十二題

有無界直線線外有一點求于點上作垂線至直線上

法曰甲乙線外有丙點求從丙作垂線至甲乙先以丙爲心作一圜令兩交于甲乙線爲丁爲戊次從丁戊各作直線至丙次兩平分丁戊于巳本篇十末自丙自巳作直線卽丙巳爲甲乙之

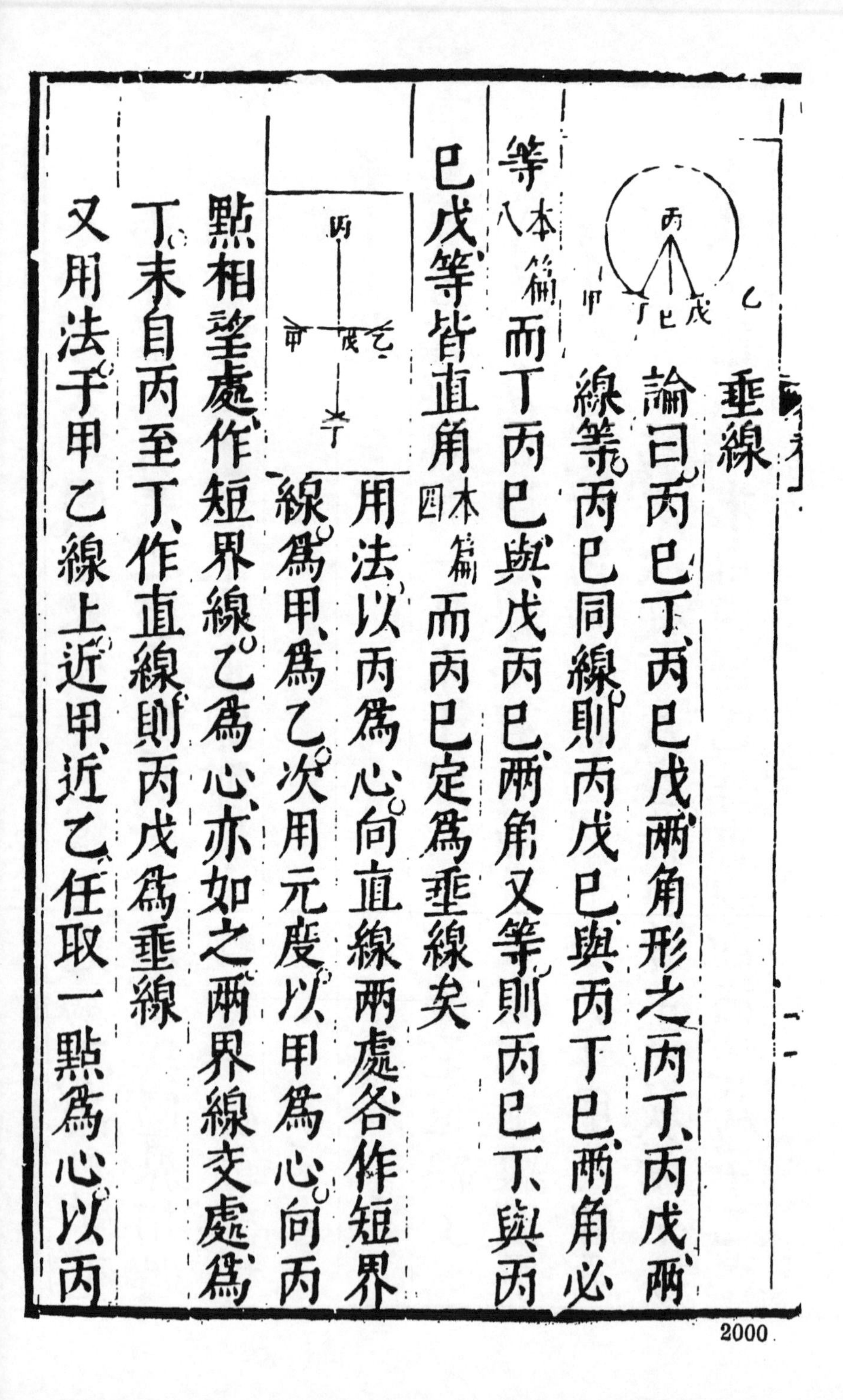

垂線

論曰丙巳丁丙巳戊兩角形之丙丁丙戊兩線等丙巳同線則丙戊巳與丙丁巳兩角必等本篇八而丁丙巳與戊丙巳兩角又等則丙巳丁與丙巳戊等皆直角本篇四而丙巳定爲垂線矣

用法以丙爲心向直線兩處各作短界線爲甲爲乙次用元度以甲爲心向丙點相望處作短界線乙爲心亦如之兩界線交處爲丁末自丙至丁作直線則丙戊爲垂線

又用法于甲乙線上近甲近乙任取一點爲心以丙

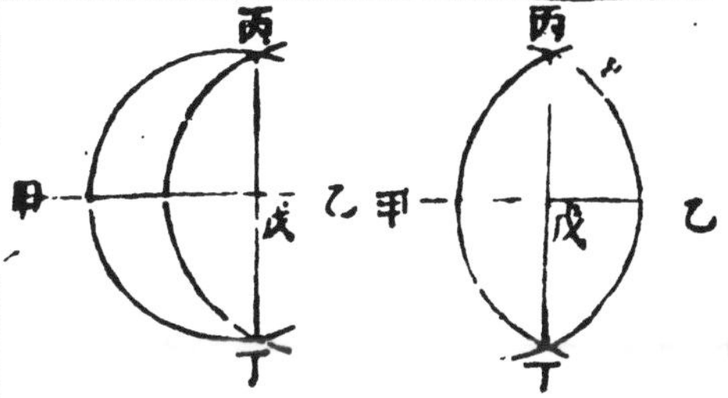

爲界作一圜界于丙點及相望處各稍引長之次于甲乙線上視前心或相望如前圖或進或退如後圖任移一點爲心以丙爲界作一圜界至與前圜交處得丁末自丙至丁作直線得戊若近界作垂線無可截取亦用此法

第十三題

一直線至他直線上所作兩角非直角卽等于兩直角

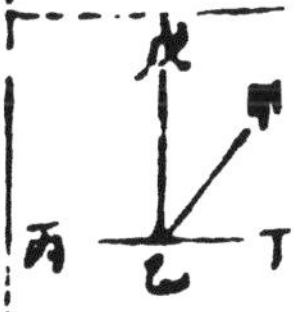

解曰甲乙線下至丙丁線遇于乙其甲乙丙與甲乙丁作兩角題言此兩角當是直角若非直角

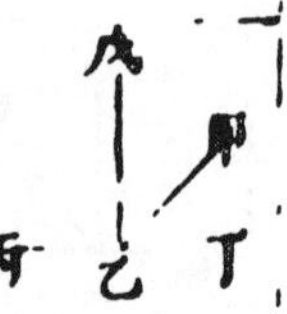

即是一銳一鈍而并之等于兩直角

論曰試于乙上作垂線爲戊乙（本篇十一）令戊乙丙與戊乙丁爲兩直角即甲乙丁甲乙戊兩銳角并之與戊乙丁直角等矣次于甲乙丁甲乙戊兩銳角又加戊乙丙一直角并此三角定與戊乙丙戊乙丁兩直角等也（公論十八）次于甲乙戊又加戊乙丙并此銳直兩角定與甲乙丙鈍角等也次于甲乙戊戊乙丙銳直兩角又加甲乙丁銳角并此三角定與甲乙丁甲乙丙銳鈍兩角等也夫甲乙丁甲乙戊戊乙丙三角既與兩直角等則甲乙丁與甲乙丙兩角定與兩直角等（公論一）

第十四題

一直線于線上一點出不同方兩直線偕元線每旁作兩角若每旁兩角與兩直角等即後出兩線爲一直線

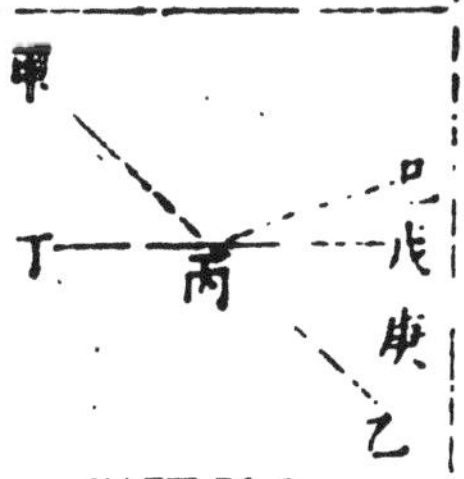

解曰甲乙線于丙點上左出一線爲丙丁右出一線爲丙戊若甲丙戊甲丙丁兩角與兩直角等題言丁丙與丙戊是一直線

論曰如云不然令別作一直線必從丁丙更引出一線或離戊而上爲丁丙己或離戊而下爲丁丙庚也若上于戊則甲丙線至丁丙己直線上爲甲丙己甲丙丁兩角此兩角宜與兩直角等（本篇十三）如此即甲丙戊甲丙丁

兩角、與甲丙巳甲丙丁、兩角亦等矣。試減甲丙丁角、而以甲丙戊、與甲丙巳兩角較之、果相等乎。公論二 夫甲丙巳本小于甲丙戊、而爲其分。今曰相等。是全與其分等也。公論九 若下于戊、則甲丙線至丁丙庚直線上、爲甲丙庚甲丙丁、兩角。此兩角、宜與兩直角等。本篇十三 如此。即甲丙庚甲丙丁、兩角、與甲丙戊甲丙丁、兩角亦等矣。試減甲丙丁角、而以甲丙戊、與甲丙庚較之。果相等乎。公論三 夫甲丙戊、實小于甲丙庚、而爲其分。今曰相等。是全與其分等也。公論九 兩者皆非、則丁丙戊是一直線

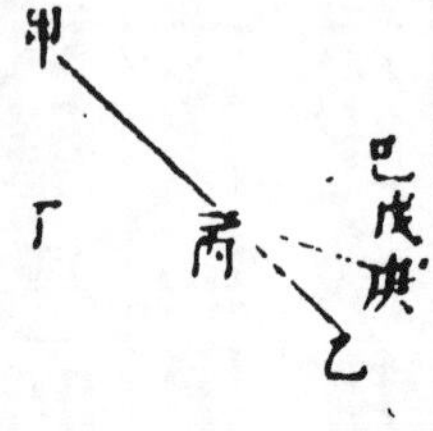

第十五題

凡兩直線相交作四角。每兩交角必等

解曰。甲乙、與丙丁、兩線相交于戊。題言甲戊丙、與丁戊乙、兩角。甲戊丁、與丙戊乙、兩角。各等

論曰。丁戊線、至甲乙線上。則甲戊丁、丁戊乙、兩角、與兩直角等（本篇十三）。甲戊線、至丙丁線上。則甲戊丙、甲戊丁、兩角、與兩直角等（本篇十三）。如此即丁戊乙、甲戊丁、兩角、亦與甲戊丁、甲戊丙、兩角等（公論十）。試減同用之甲戊丁角。其所存丁戊乙、甲戊丙、兩角必等（公論三）。又丁戊線、至甲乙線上。則甲戊丁、丁戊乙、兩角、與兩直角等（本篇十三）。乙戊線

至丙丁線上則丁戊乙、丙戊乙、兩角與兩直角

丁 甲 戊 乙 丙

等本篇十三如此即甲戊丁、丁戊乙、兩角亦與丁戊

乙、丙戊乙、兩角等公論六試減同用之丁戊乙角其所存

甲戊丁、丙戊乙、必等

一系。推顯兩直線相交于中點上作四角。與四直角等

二系。一點之上兩直線相交不論幾許線幾許角。定與

四直角等公論十八

增題。一直線內、出不同方兩直線而所作兩交角等

即後出兩線為一直線

解曰、甲乙線內、取丙點出丙丁、丙戊、兩線、而所作甲

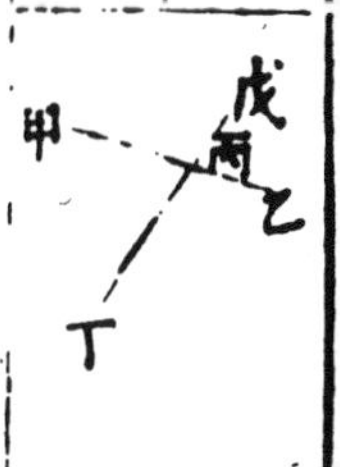

丙戊、丁丙乙兩交角等。或甲丙丁、戊丙乙兩交角等。題言戊丙、丙丁、即一直線

論曰。甲丙戊角、既與丁丙乙角等。每加一戊丙乙角。即甲丙戊、戊丙乙、兩角。必與丁丙乙、戊丙乙、兩角等。（公論二）而甲丙戊、戊丙乙、與兩直角等（本篇十三）則丁丙乙、戊丙乙、亦與兩直角等。是戊丙、丙丁、為一直線（本篇十四）

第十六題

凡三角形之外角。必大于相對之各角

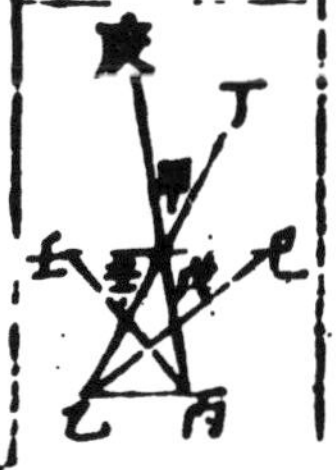

解曰。甲乙丙角形。自乙甲線引之至丁。題言外角丁甲丙。必大于相對之內角甲乙

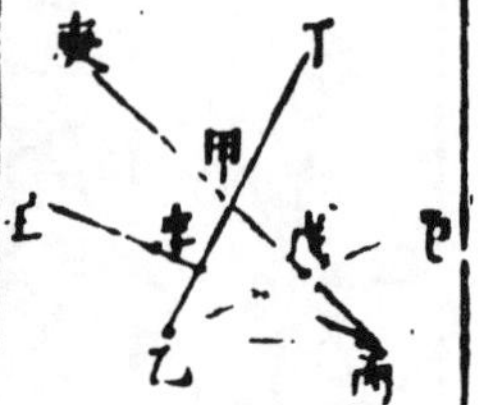

丙甲丙乙

論曰。欲顯丁甲丙角、大于甲丙乙角。試以甲丙線兩平分于戊（本篇十）自乙至戊作直線引長之。從戊外截取戊己與乙戊等（本篇三）次自甲至己作直線。即甲戊己、戊乙丙兩角形之戊己與戊乙兩線等。戊甲與戊丙兩線等。甲戊己、乙戊丙兩交角又等（本篇十五）則甲己與乙丙兩底亦等（本篇四）兩形之各邊各角俱等。而己甲戊與戊丙乙兩角亦等矣。夫己甲戊乃丁甲丙之分。則丁甲丙大于己甲戊。亦大于相等之戊丙乙。而丁甲丙外角。不大于相對之甲丙乙內角乎。次顯丁甲丙大于甲乙丙試自丙甲線引長之至庚次以甲乙線兩平分于辛本篇十自丙至辛作直線引長之從辛外截取辛壬與丙辛等本篇三次自甲至壬作直線依前論推顯甲辛壬辛丙乙兩角形之各邊各角俱等則壬甲辛與辛乙丙兩角亦等矣夫壬甲辛乃庚甲乙之分必小于庚甲乙也庚甲乙又與丁甲丙兩交角等本篇十五則甲乙丙內角不小于丁甲丙外角乎其餘乙丙上作外角俱大于相對之內角依此推顯

第十七題

凡三角形之每兩角必小于兩直角

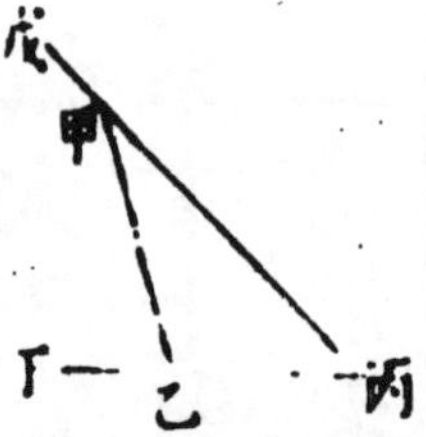

解曰。甲乙丙角形。題言甲乙丙、甲丙乙、兩角。丙甲乙、甲乙丙、兩角。甲丙乙、丙甲乙、兩角。皆小于兩直角。

戊 甲 丁 乙 丙

論曰。試用兩邊線丙甲、引出至戊。丙乙引出至丁。即甲乙丁外角。大于相對之甲丙乙內角矣（本篇十六）此兩率者。每加一甲乙丙角。則甲乙丁、甲乙丙、必大于甲丙乙、甲乙丙矣（四公論）夫甲乙丁、甲乙丙、與兩直角等也（本篇十三）則甲丙乙、甲乙丙、小于兩直角也。餘二倣此

第十八題

凡三角形。大邊對大角。小邊對小角

甲

乙　丁　丙

解曰。甲乙丙角形之甲丙邊。大于甲乙邊。乙丙邊。題言甲乙丙角、大于乙丙甲角、乙甲丙角

論曰。甲丙邊大于甲乙邊。即于甲丙線上截甲丁。與甲乙等。本篇三 自乙至丁、作直線。則甲乙丁、與甲丁乙、兩角等矣。本篇五 夫甲丁乙角者。乙丙丁角形之外角。必大乎相對之丁丙乙內角。本篇十六 則甲乙丁角、亦大于甲丙乙角。而況甲乙丙、又函甲乙丁于其中。不又大于甲丙乙乎。如乙丙邊大于甲乙邊。則乙甲丙角、亦大于甲丙乙角。依此推顯

第十九題

凡三角形。大角對大邊。小角對小邊

解曰。甲乙丙角形。乙角大于丙角。題言對乙角之甲丙邊必大于對丙角之甲乙邊

論曰。如云不然。令言或等或小。若言甲丙與甲乙等。則甲丙角宜與甲乙角等矣（本篇五）何設乙角大于丙角也。若言甲丙小于甲乙。則甲丙邊對甲乙大角宜大（本篇十八）又何言小也。如甲角大于丙角。則乙丙邊大于甲乙邊

依此推顯

第二十題

凡三角形之兩邊。并之必大于一邊

解曰。甲乙丙角形。題言甲丙、甲乙、邊幷之必大于乙丙邊。甲丙、丙乙。幷之必大于甲乙。甲乙、乙丙。幷之必大于甲丙。

論曰。試于丙甲邊引長之。以甲乙爲度。截取甲丁（本篇三）自丁至乙。作直線。令甲丁、甲乙、兩腰等。而甲丁乙、甲乙丁、兩角亦等（本篇五）卽丙乙丁角大于甲乙丁角。亦大于丙丁乙角矣。夫丁丙邊對丙乙丁大角也。豈不大于乙丙邊對丙丁乙小角者乎（本篇十九）又甲丁、甲乙、兩線各加甲丙線等也。則甲乙加甲丙者。與丙丁等矣。丙丁既大于乙丙。則甲乙、甲丙、兩邊幷必大于乙丙邊也。餘二倣

此

第二十一題

凡三角形。于一邊之兩界出兩線。復作一三角形。在其內。則內形兩腰。并之必小于相對兩腰。而後兩線所作角。必大于相對角

解曰。甲乙丙角形。于乙丙邊之兩界。各出一線。遇于丁。題言丁丙丁乙兩線并。必小于甲乙甲丙并。而乙丁丙角。必大于乙甲丙角

論曰。試用內一線引長之。如乙丁引之至戊。即乙甲戊角形之乙甲甲戊兩線并。必大于乙戊線也（本篇二十）此三

率者每加一戊丙線則乙甲、甲戊、戊丙、并必大于乙戊戊丙并矣（四公論）又戊丁丙角形之戊丁、戊丙、線并必大于丁丙線也此二率者每加一丁乙線則戊丁、戊丙、丁乙并必大于丁丙丁乙并矣（四公論）夫乙甲、甲戊、戊丙既大于乙戊戊丙豈不更大于丁丙丁乙乎（本篇二十）又乙甲戊角形之丙戊丁外角大于相對之乙甲戊丙內角（本篇十六）即丁戊丙角形之乙丁丙外角更大于相對之丁戊丙內角矣而乙丁丙角豈不更大于乙甲丙角乎

第二十二題

三直線求作三角形其每兩線并大于一線也

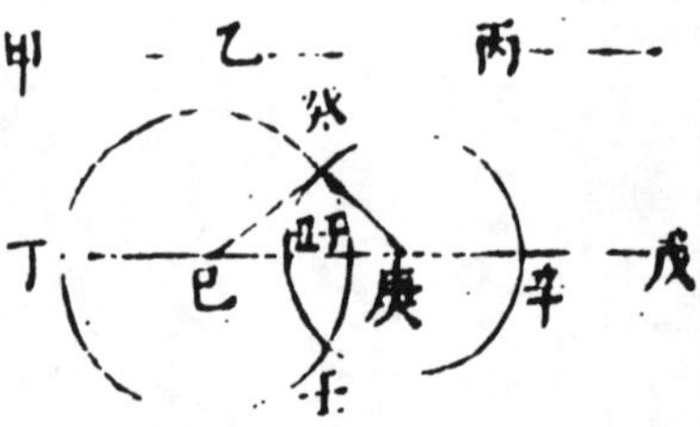

法曰。甲、乙、丙、三線。其第一、第二線幷。大于第三線。若兩線比第三線。或等、或小。即不能作三角形。見本篇二十求作三角形。先任作丁戊線。長于三線幷。次以甲爲度。從丁截取丁巳線。本篇三以乙爲度。從巳截取巳庚線。以丙爲度。從庚截取庚辛線。次以巳爲心。丁爲界。作丁壬癸圜。以庚爲心。辛爲界。作辛壬癸圜。其兩圜相遇。下爲壬。上爲癸。末以庚巳爲底。作癸庚、癸巳、兩直線。即得巳癸庚三角形。用壬亦可作。若丁壬癸圜不到丑。辛上癸圜不到丑。即是兩線或等。或小于第三線。不成三角形矣。

論曰。此角形之丁巳、巳癸、線。皆同圜之半徑。等。界說十五則巳癸、與卯、等。庚辛、庚癸、線。亦皆同圜之半徑。等則庚癸與丙等。巳庚元以乙爲度。則角形三線、與所設三線等。

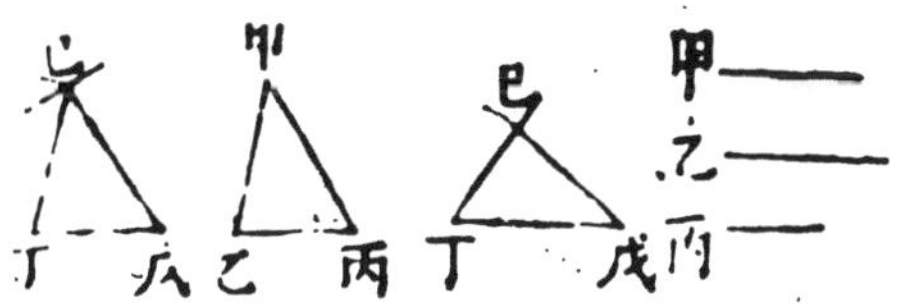

用法。任以一線爲底。以底之一界爲心。第二線爲度。向上作短界線。次以又一界爲心。第三線爲度。向上作短界線。兩界線交處。向下作兩腰。如所求

若設一三角形。求別作一形、與之等。亦用此法

第二十三題

一直線。任于一點上、求作一角。與所設角等

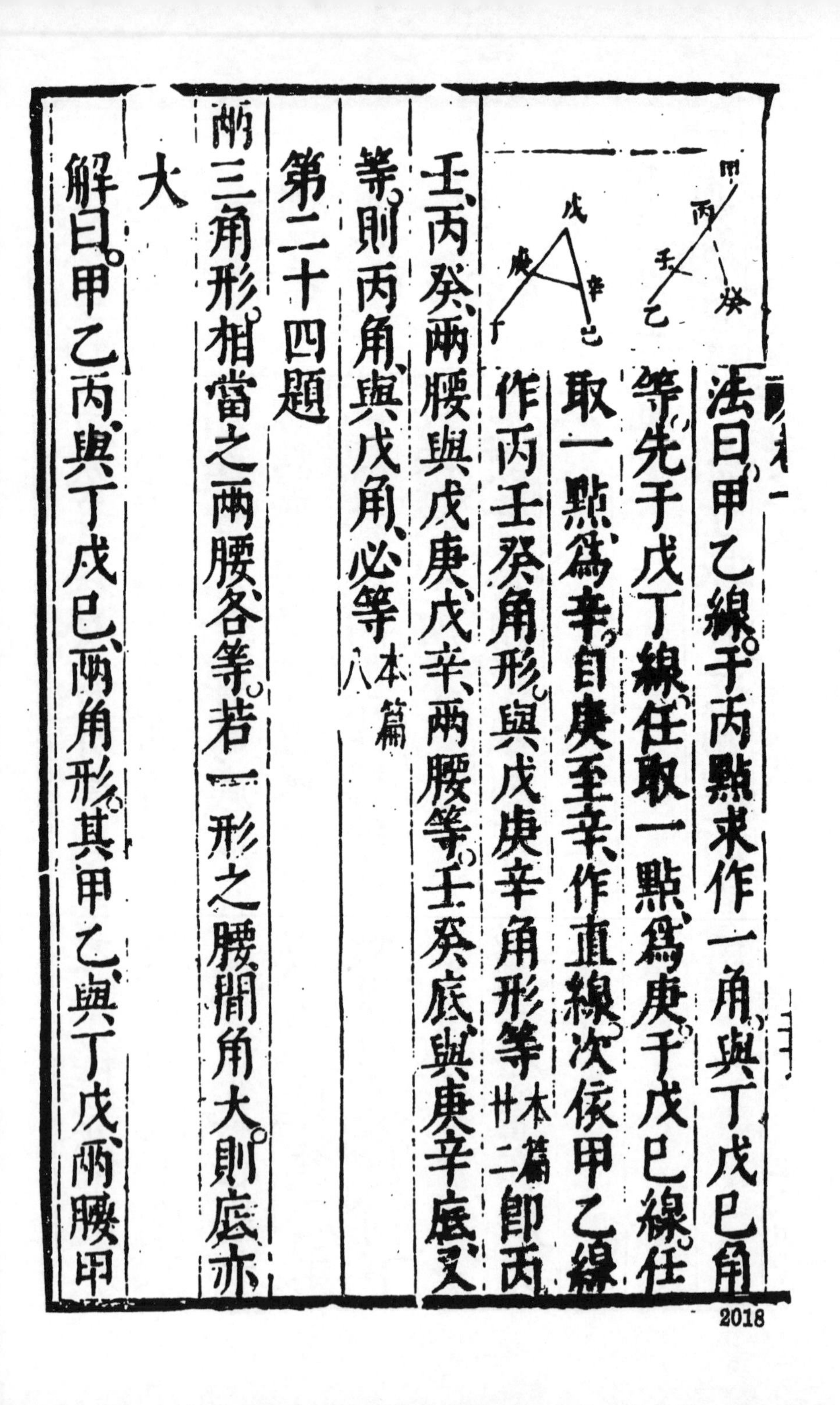
法曰。甲乙線。于丙點求作一角。與丁戊巳角等。先于戊丁線任取一點爲庚。于戊巳線任取一點爲辛。自庚至辛作直線。次依甲乙線作丙壬癸角形。與戊庚辛角形等（本篇廿二）即丙

壬丙癸兩腰與戊庚戊辛兩腰等。壬癸底與庚辛底又等。則丙角與戊角必等（本篇八）

第二十四題

兩三角形相當之兩腰各等。若一形之腰間角大則底亦大

解曰。甲乙丙與丁戊巳兩角形。其甲乙與丁戊兩腰甲

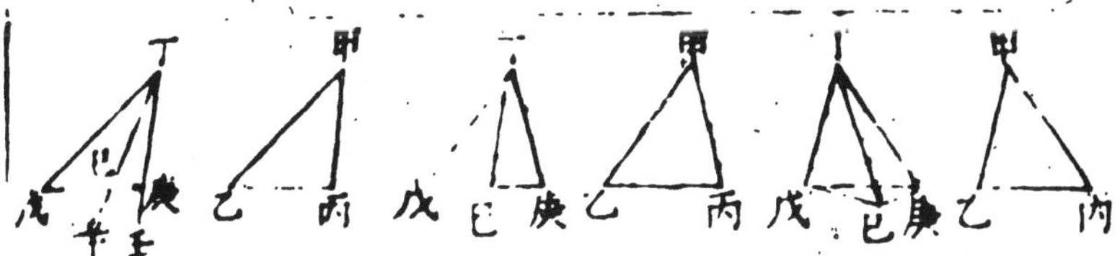

丙、與丁巳、兩腰各等。若乙甲丙角、大于戊丁巳角。題言乙丙底、必大于戊巳底

論曰。試依丁戊線。從丁點、作戊丁庚角、與乙甲丙角等（本篇廿三）則戊丁庚角、大于戊丁巳角。而丁庚腰在丁巳之外矣。次截丁庚線、與丁巳等（本篇三）卽丁庚丁巳、俱與甲丙等。又自戊至庚作直線。是甲乙與丁戊。甲丙與丁庚腰線各等。乙甲丙、與戊丁庚兩角亦等。而乙丙、與戊庚、兩底必等也（本篇四）次問所作戊庚底。今在戊巳底上邪。抑同在一線邪。抑在其下邪。若在上。卽如第二

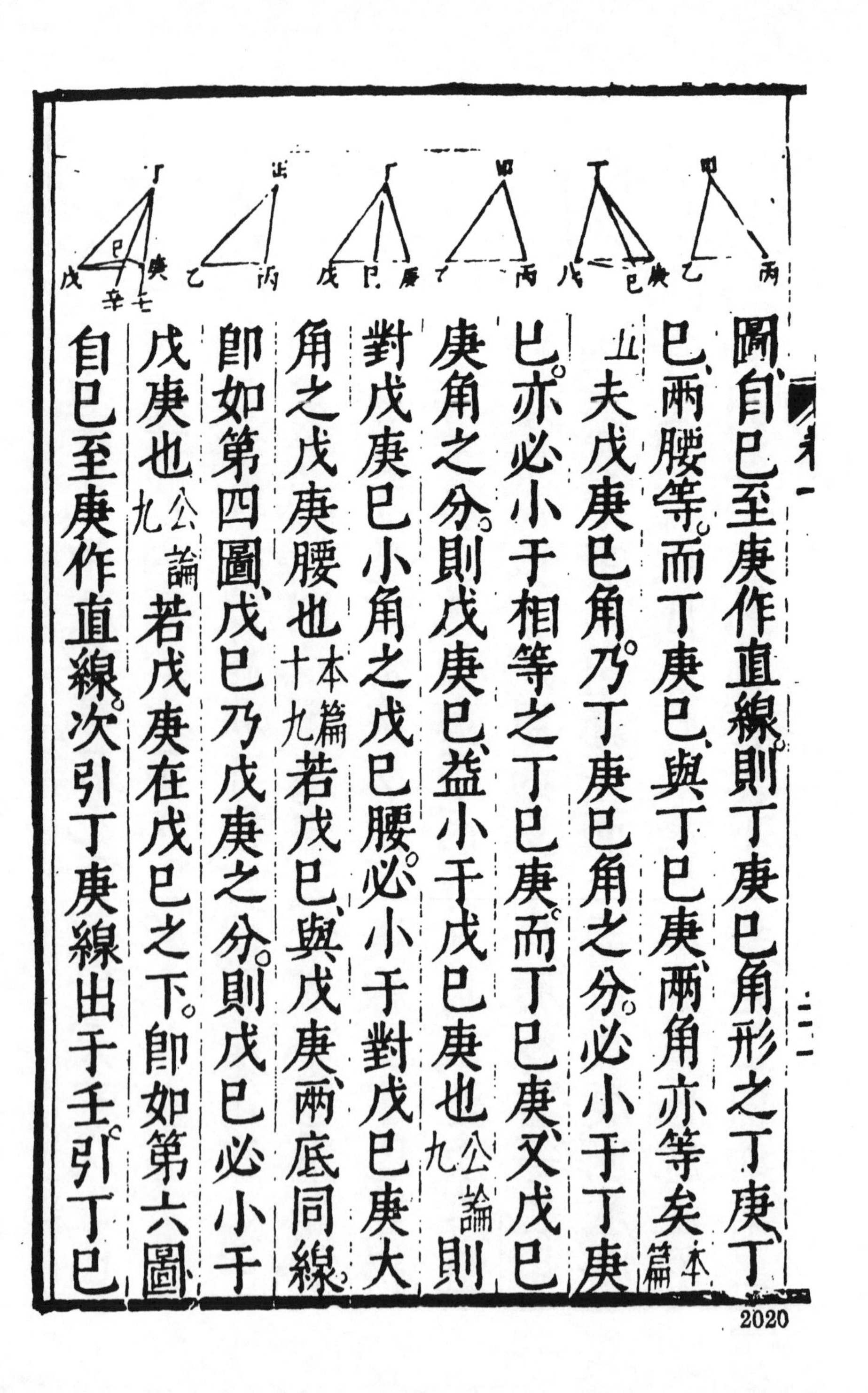

圖。自巳至庚作直線。則丁庚巳角形之丁庚、丁巳、兩腰等。而丁庚巳與丁巳庚、兩角亦等矣。本篇五夫戊庚巳角。乃丁庚巳角之分。必小于丁庚巳。亦必小于相等之丁巳庚。而丁巳庚、又戊巳庚角之分。則戊庚巳、益小于戊巳庚也。公論九則對戊庚巳小角之戊巳腰。必小于對戊巳庚大角之戊庚腰也。本篇十九若戊巳、與戊庚、兩底同線。即如第四圖。戊巳乃戊庚之分。則戊巳必小于戊庚也。公論九若戊庚在戊巳之下。即如第六圖。自巳至庚作直線。次引丁庚線出于壬。引丁巳線出于辛。則丁庚、丁巳、兩腰等。而辛巳庚、壬庚巳、兩外角亦等矣（本篇五）夫戊庚巳角。乃壬庚巳角之分。必小于壬庚巳。亦必小于相等之辛巳庚。而辛巳庚、又戊巳庚角之分。則戊庚巳。益小于戊巳庚也（公論九）則對戊庚巳小角之戊巳腰。必小于對戊巳庚大角之戊庚腰也（本篇十九）是三戊巳、皆小于等戊庚之乙丙（本篇四）也

第二十五題

兩三角形。相當之兩腰各等。若一形之底大。則腰間角亦大

解曰。甲乙丙、與丁戊巳、兩角形。其甲乙、與丁戊。甲丙、與

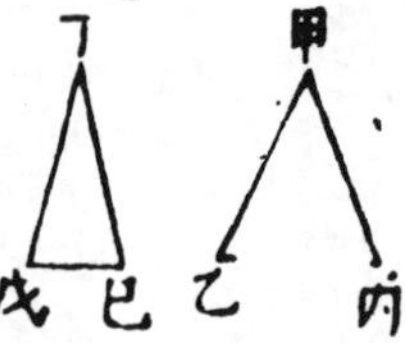

丁巳各兩腰等。若乙丙底大于戊巳底。題言乙甲丙角大于戊丁巳角

論曰。如云不然。令言或小或等。若言等。則兩形之兩腰各等。腰間角又等。宜兩底亦等本篇四何設乙丙底大也。若言乙甲丙角小。則對乙甲丙角之乙丙線宜亦小本篇廿四何設乙丙底大也

第二十六題 二支

兩三角形。有相當之兩角等。及相當之一邊等。則餘兩邊必等。餘一角亦等。其一邊不論在兩角之內。及一角之對

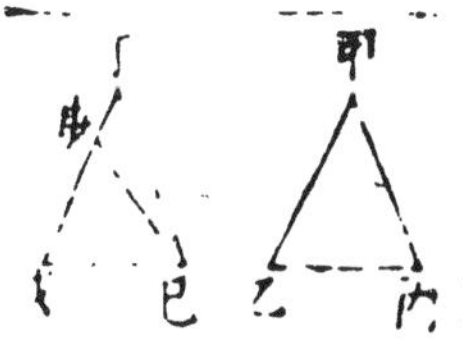

先解一邊在兩角之內者。曰甲乙丙角形之甲乙丙、甲丙乙、兩角、與丁戊己角形之丁戊己、丁己戊、兩角、各等。在兩角內之乙丙邊、與戊己邊又等。題言甲乙、與丁戊、兩邊。甲丙與丁己、兩邊各等。而乙甲丙角、與戊丁己角、亦等

論曰。如云兩邊不等、而丁戊大于甲乙。令于丁戊線截取庚戊、與甲乙等。三本篇 次自庚至己、作直線。即庚戊己角形之庚戊、戊己、兩邊、宜與甲乙、乙丙、兩邊等矣。夫乙角與戊角、元等。則甲丙與庚己、宜等。四本篇 而庚己戊角、與甲丙乙角、宜亦等也。四本篇 既設丁己戊、與甲丙乙、兩

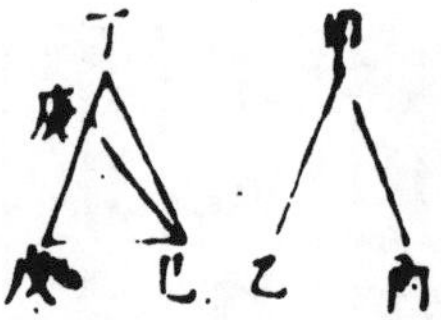

角等。今又言庚巳戊、與甲丙乙、兩角等。是庚巳戊與丁巳戊亦等。全與其分等矣。公論九 以此見兩邊必等。兩邊既等。則餘一角亦等

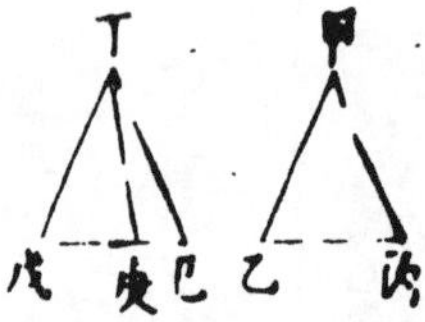

後解相等邊不在兩角之內、而在一角之對者、曰甲乙丙角形之乙角丙角、與丁戊巳角形之戊角、丁巳戊角、各等。而對丙之甲乙邊、與對巳之丁戊邊、又等。題言甲丙與丁巳、兩邊丙乙與巳戊、兩邊各等。而甲角與戊丁巳角、亦等

論曰、如云兩邊不等。而戊巳大于乙丙。令于戊巳線截取戊庚與乙丙等 三本篇 次自丁至庚作直線。即丁戊庚

角形之丁戊、戊庚兩邊，宜與甲乙、乙丙兩邊等矣。夫乙角與戊角元等，則甲丙與丁庚宜等（本篇四）而丁庚戊角與甲丙乙角，宜亦等也。既設丁巳戊與甲丙乙兩角等，今又言丁庚戊與甲丙乙兩角等，是丁庚戊外角與相對之丁巳戊內角等矣（本篇十六）可乎。以此見兩邊必等。兩邊既等，則餘一角亦等

第二十七題

兩直線，有他直線交加其上，若內相對兩角等，即兩直線必平行

解曰：甲乙、丙丁兩直線，加他直線戊巳，交于庚、于辛，而

甲庚辛與丁辛庚兩角等。題言甲乙丙丁兩線必平行

論曰。如云不然。則甲乙丙丁兩直線必至相遇于壬。而庚辛壬成三角形。則甲庚辛外角。宜大于相對之庚辛壬內角矣。本篇十六乃先設相等乎。若設乙庚辛角與丙辛庚角等。亦依此論。若言甲乙丙丁兩直線相遇于癸。亦依此論

第二十八題 二支

兩直線有他直線交加其上。若外角與同方相對之內角等。或同方兩內角與兩直角等。即兩直線必平行

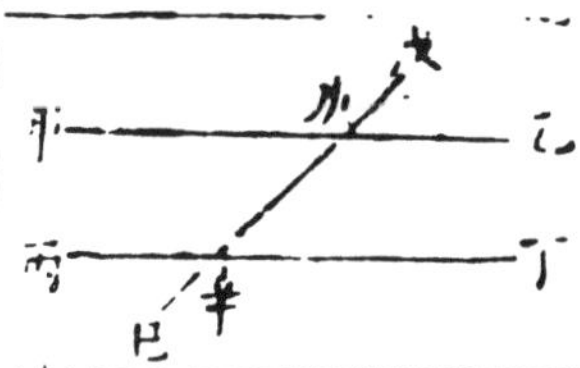

先解曰。甲乙、丙丁、兩直線加他直線戊巳交于庚于辛。其戊庚甲外角、與同方相對之庚辛丙內角、等。題言甲乙、丙丁、兩線必平行

論曰。乙庚辛角、與相對之內角丙辛庚等（本篇廿七）戊庚甲、與乙庚辛、兩交角亦等（本篇十五）卽兩直線必平行

後解曰。甲庚辛、丙辛庚、兩內角、與兩直角等。題言甲乙丙丁、兩線必平行

論曰。甲庚辛、丙辛庚兩角、與兩直角等。而甲庚戊、甲庚辛、兩角、亦與兩直角等（本篇十三）試減同用之甲庚辛、卽所存甲庚戊、與丙辛庚等矣。既外角與同方相對之內角

等。即甲乙、丙丁、必平行本題

第二十九題三支

兩平行線有他直線交加其上。則內相對兩角必等。外角與同方相對之內角、亦等。同方兩內角、亦與兩直角等

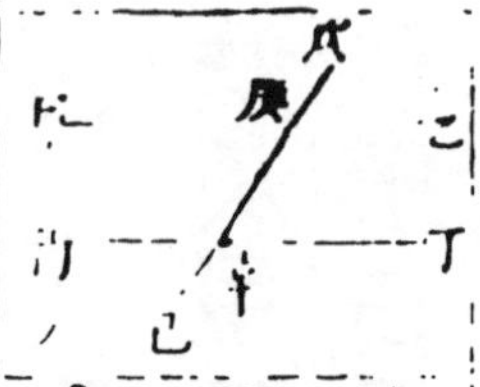

先解曰。此反前二題。故同前圖有甲乙、丙丁、二平行線加他直線戊己交于庚于辛。題言甲庚辛、與丁辛庚內相對兩角必等

論曰如云不然、而甲庚辛、大于丁辛庚則丁辛庚加辛庚乙宜小于辛庚甲、加辛庚乙矣四公論夫辛庚甲、辛庚乙元與兩直角等本篇十三據如彼論則丁辛庚、辛庚乙、兩

角小于兩直角而甲乙丙丁兩直線向乙丁行必相遇也（公論十一）可謂平行線乎

次解曰戊庚甲外角與同方相對之庚辛丙內角等

論曰乙庚辛與相對之丙辛庚兩內角等（本題）則乙庚辛交角相等之戊庚甲（本篇十五）與丙辛庚必等（公論一）

後解曰甲庚辛丙辛庚兩內角與兩直角等

論曰戊庚甲與庚辛丙兩角既等（本題）而每加一甲庚辛角則庚辛丙甲庚辛兩角與甲庚辛戊庚甲兩角必等（公論二）夫甲庚辛戊庚甲本與兩直角等（本篇十三）則甲庚辛丙辛庚兩內角亦與兩直角等

第三十題

兩直線、與他直線平行、則元兩線亦平行

解曰、此題所指線在同面者、不同面線後別有論、如甲乙、丙丁、兩直線各與他一線戊己平行、題言甲乙、與丙丁、亦平行

論曰、試作庚辛直線交加于三直線、甲乙于壬、戊己于子、丙丁于癸、其甲乙、與戊己、既平行、卽甲壬子、與相對之巳子壬、兩內角等（本篇廿九）丙丁、與戊巳、既平行、卽丁癸子內角、與巳子壬外角、亦等（本篇廿九）丁癸子、與甲壬子、亦爲相對之內角、亦等（公論一）而甲乙、丙丁

爲平行線（本篇廿七）

第三十一題

一點上求作直線與所設直線平行

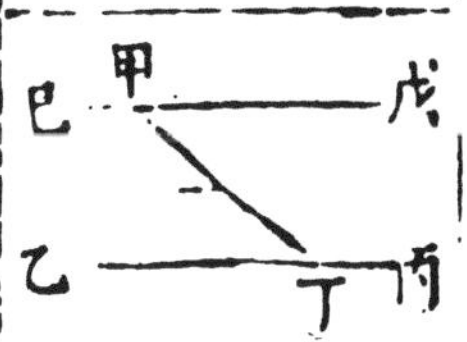

法曰甲點上求作直線與乙丙平行先從甲點向乙丙線任指一處作直線爲甲丁即乙丙線上成甲丁乙角次于甲點上作一角與甲丁乙等（本篇廿三）爲戊甲丁從戊甲線引之至己即己戊與乙丙平行

論曰戊己乙丙兩線有甲丁線聯之其所作戊甲丁與甲丁乙相對之兩內角等即平行線（本篇廿七）

增從此題生一用法設一角兩線求作有法四邊形有角與所設角等兩兩邊線與所設線等

法曰先作巳丁戊角與丙等次截丁戊線與甲等巳丁線與乙等末依丁戊平行作巳庚依巳丁平行作庚戊即所求

本題用法于甲點求作直線與乙丙平行先作甲丁線次以丁為心任作戊巳圜界次用元度以甲為心作庚辛圜界稍長于戊巳次取戊巳圜界為度于庚辛圜界截取庚辛末自甲至辛作直線各引長之即所求

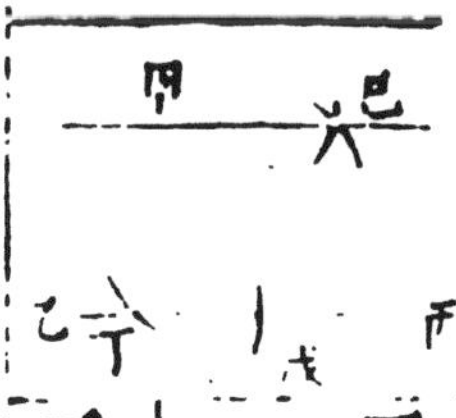

又用法。以甲點爲心。于乙丙線近乙處任指一點作短界線爲丁。次用元度以丁爲心。于乙丙上向丙截取一分。作短界線爲戊。次用元度。以戊爲心。向上與甲平處作短界線。又用元度以甲爲心。向甲平處作短界線。後兩界線交處爲巳。自甲至巳作直線。各引長之。即所求

第三十二題 二支

凡三角形之外角。與相對之內兩角幷等。凡三角形之內三角幷。與兩直角等

先解曰。甲乙丙角形。試從乙丙邊引至丁。題言甲丙丁

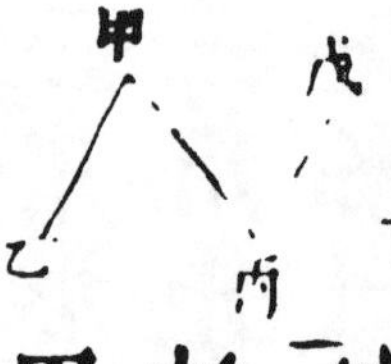

一外角與相對之內兩角甲乙并等

論曰試作戊丙線與甲乙平行 本篇三一 令甲丙爲甲乙戊丙之交加線則乙甲丙角與相對之甲丙戊角等 本篇廿九 又乙丁線與兩平行線相遇則戊丙丁外角與相對之甲乙丙內角等 本篇廿九 既甲丙戊與乙甲丙等而戊丙丁與甲乙丙又等則甲丙丁外角與內兩角甲乙并等矣

後解曰甲乙丙三角并與兩直角等

論曰既甲丙丁角與甲乙兩角并等更于甲丙丁加甲丙乙則甲丙丁甲丙乙兩角并與甲乙丙內三角并等

矣。二論夫甲丙丁、甲丙乙、并元與兩直角等。（本篇十三）則甲、乙丙內三角并亦與兩直角等。

增從此推知凡第一形當兩直角。第二形當四直角。第三形當六直角。自此以上至于無窮。每命形之數倍之。爲所當直角之數。（凡一線二線不能爲形。故三邊爲第一形。四邊爲第二形。五邊爲第三形。六邊爲第四形。倣此以至無窮。）又視每形邊數減二邊。卽所存邊數是本形之數。

論曰。如上四圖。第一形三邊。減二邊。存一邊。卽是本形一數。倍之。當兩直角。（本題）第二形四邊。減二邊。存二邊。卽是本形二數。倍之。當四直角。欲顯此理。試

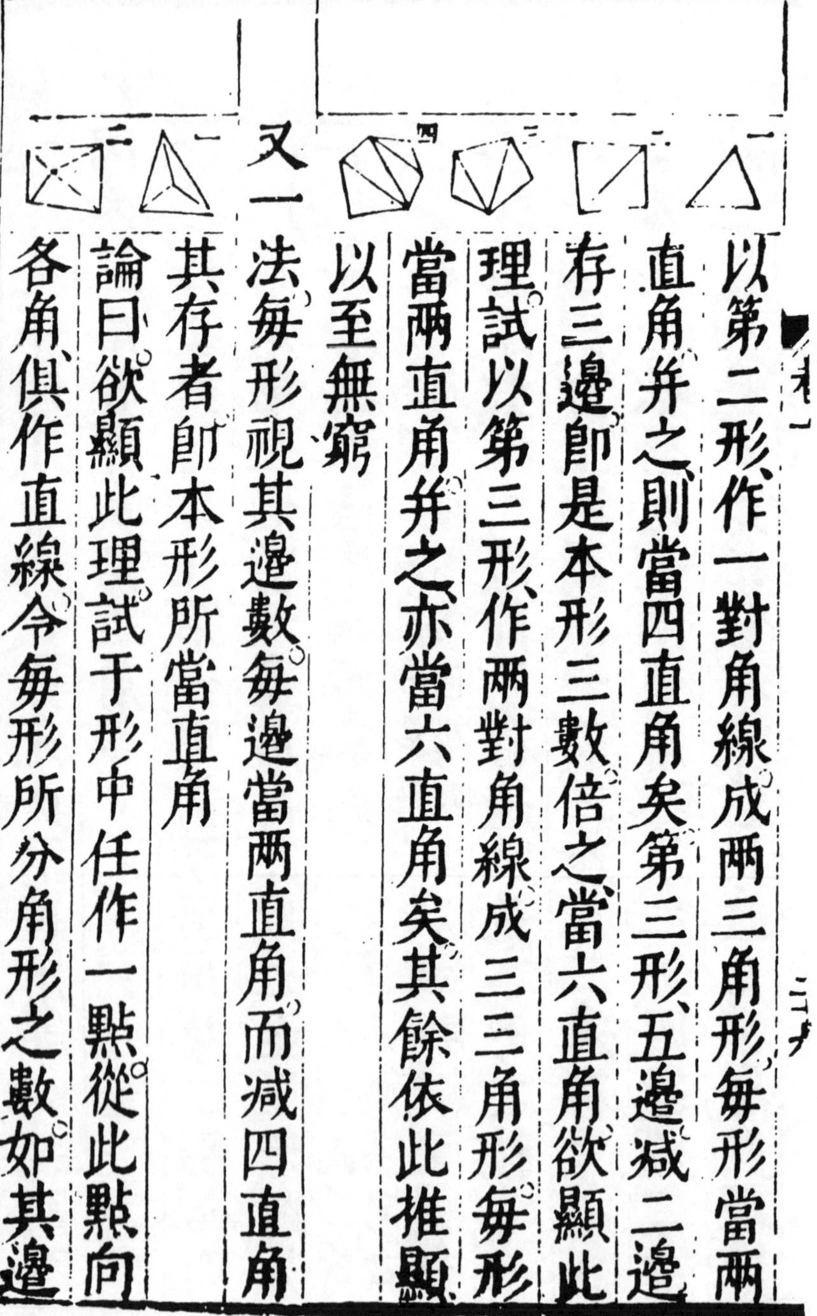

以第二形、作一對角線成兩三角形每形當兩直角并之、則當四直角矣第三形、五邊減二邊存三邊即是本形三數倍之當六直角欲顯此理試以第三形、作兩對角線成三三角形每形當兩直角并之、亦當六直角矣其餘依此推顯以至無窮

又一法每形視其邊數每邊當兩直角而減四直角其存者即本形所當直角

論曰欲顯此理試于形中任作一點從此點向各角、俱作直線令每形所分角形之數如其邊

數每一分形三角當二直角本題其近點之處不論幾角皆當四直角本篇十五之系次減近點諸角即是減四直角其存者則本形所當直角如上第四形六邊中間任指一點從點向各角分為六三角形每一分形三角六形共十八角今于近點處減當四直角之六角所存近邊十二角當八直角餘倣此

一系凡諸種角形之三角并俱相等本題增

二系凡兩腰等角形若腰間直角則餘兩角每當直角之半腰間鈍角則餘兩角俱小于半直角腰間銳角則餘兩角俱大于半直角

三系。平邊角形。每角當直角三分之二

四系。平邊角形。若從一角向對邊作垂線。分為兩角形。此分形、各有一直角、在垂線之下。兩旁則垂線之上兩旁角。每當直角三分之一。其餘兩角。每當直角三分之二

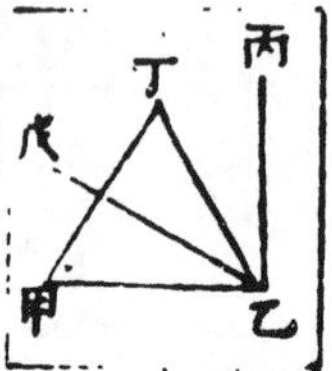

丙 丁 戊 甲 乙

增。從三系。可分一直角為三平分。其法任于一邊立平邊角形。次分對直角一邊為兩平分。從此邊對角作垂線。卽所求。如上圖。甲乙丙直角求三分之。先于甲乙線上作甲乙丁平邊角形本篇一次平分甲丁于戊本篇十末作乙戊直線

第三十三題

兩平行相等線之界有兩線聯之其兩線亦平行亦相等

解曰甲乙丙丁兩平行相等線有甲丙乙丁兩線聯之題言甲丙乙丁亦平行相等線

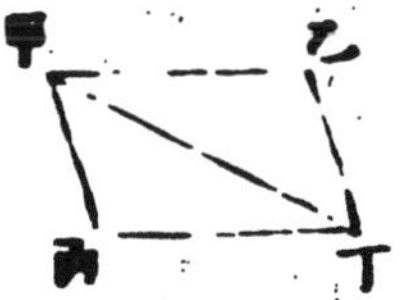

論曰試作甲丁對角線為甲乙丙丁之交加線即乙甲丁丙丁甲相對兩內角等（本篇廿九）又甲丁線上下兩角形之甲乙丙丁兩邊既等甲丁同邊則對乙甲丁角之乙丁線與對丙丁甲角之甲丙線亦等（本篇廿九）而乙丁甲與丙甲丁兩角亦等也（本篇四）此兩角者甲丙乙丁之內相對角也兩角既等則甲丙乙丁兩線必平行（本篇

廿七

第三十四題

凡平行線方形每相對兩邊線各等每相對兩角各等對角線分本形兩平分

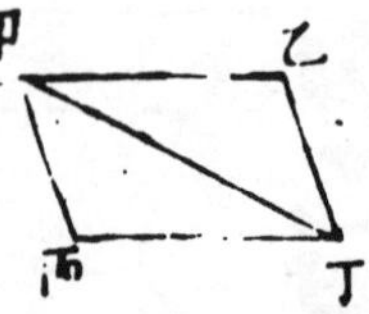

解曰甲乙丁丙平行方形（界說三五）題言甲乙與丙丁兩線甲丙與乙丁兩線各等又言乙與丙兩角乙甲丙與丙丁乙兩角各等又言若作甲丁對角線即分本形為兩平分

論曰甲乙與丙丁既平行則乙甲丁與丙丁甲相對之兩內角等（本篇廿九）甲丙與乙丁既平行則乙丁甲與丙甲

丁、相對之兩內角等（本篇廿九）甲乙丁角形之乙甲丁、乙丁甲、兩角、與甲丁丙角形之丙丁甲、丙甲丁、兩角、既各等。甲丁同邊。則甲乙、與丙丁、甲丙、與乙丁、俱等也。而丙角、與相對之乙角、亦等矣（本篇廿六）又乙丁甲角、加丙丁甲角。與丙甲丁角、加乙甲丁角、既等。即乙甲丙、與丙丁乙、相對兩角、亦等也（公論二）又甲乙丁、甲丁丙、兩角形之甲乙、乙丁、兩邊、與丁丙、丙甲、兩邊、各等。腰間之乙角、與丙角、亦等。則兩角形必等（本篇四）而甲丁線分本形為兩平分

第三十五題

兩平行方形。若同在平行線內。又同底。則兩形必等

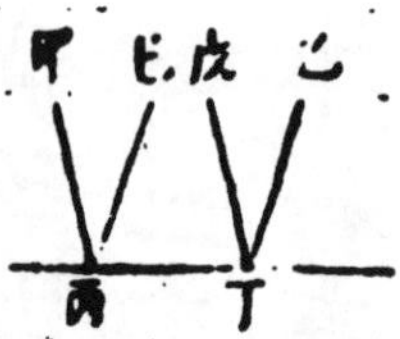

解曰。甲乙丙丁、兩平行線內。有丙丁戊甲、與丙丁乙巳兩平行方形。同丙丁底。題言此兩形等。等者。不謂腰等、角等。謂所函之地等。後言形等者。多倣此

先論曰。設巳在甲戊之內。其丙丁戊甲、與丙丁乙巳、皆平行方形。丙丁同底。則甲戊、與丙丁。巳乙、與丙丁。各相對之兩邊各等（本篇三四）而甲戊、與巳乙、亦等（公論一）試于甲戊巳乙兩線。各減巳戊。即甲巳、與戊乙、亦等（公論三）而甲丙、與戊丁、元等（本篇三四）乙戊丁外角、與巳甲丙內角、又等（本篇廿九）則乙戊丁、與巳甲丙、兩角形必等矣（本篇四）次于兩

角形。每加一丙丁戊己無法四邊形。則丙丁戊甲、與丙丁乙巳、兩平行方形等也二公論

次論曰。設巳戊、同點。依前甲戊、與戊乙等。乙戊丁、與、戊甲丙、兩角形等四本篇而每加一戊丁丙角形。則丙丁戊甲、與丙丁乙戊、兩平行方形必等二公論

甲 戊 乙
丙 丁

乙 巳 戊 甲
庚
丁 丙

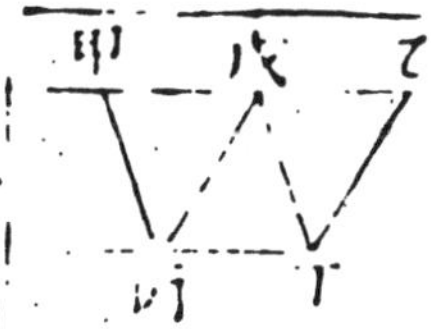

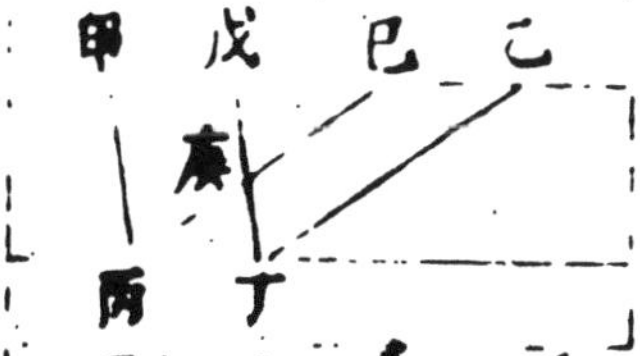

後論曰。設巳點在戊之外。而丙巳、與戊丁、兩線交于庚。依前甲戊、與巳乙、兩線等。而每加一戊巳線。即戊乙、與甲巳、兩線亦等二公論因顯巳甲丙、與乙戊丁、兩角形亦等四本篇次每減一巳戊

庚角形。則所存戊庚丙甲、與乙巳庚丁、兩無法四邊形亦等（三公論）次于兩無法形。每加一庚丁丙角形。則丙丁戊甲、與丙丁乙巳、兩平行方形必等（二公論）

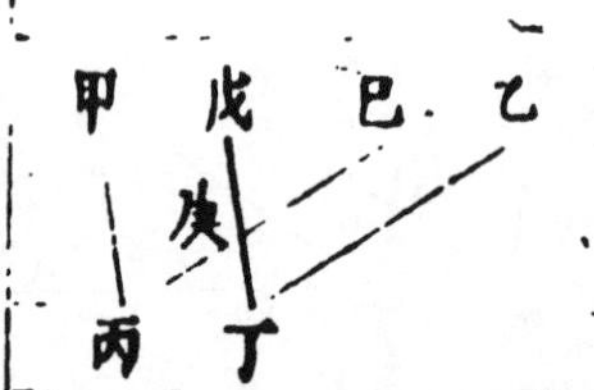

第三十六題

兩平行線內。有兩平行方形。若底等。則形亦等

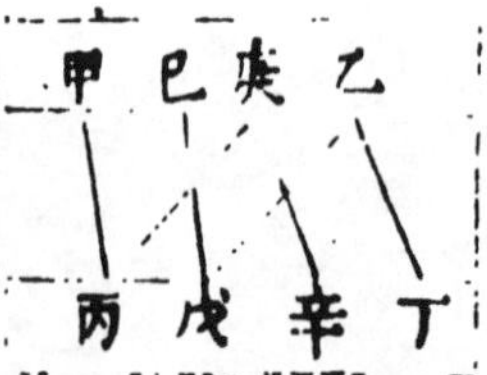

解曰。甲乙、丙丁、兩平行線內。有甲丙戊巳、與庚辛丁乙、兩平行方形。而丙戊、與辛丁、兩底等。題言兩形亦等

論曰。試自丙至庚。戊至乙。各作直線相聯。其丙戊庚乙

各與辛丁等。則丙戊、與庚乙、亦等本篇卅四庚乙、與丙戊、既平行線。則庚丙、與乙戊、亦平行線本篇卅三而甲丙戊巳、與庚丙戊乙、兩平行方形、同丙戊底者、等矣本篇三五庚辛丁乙、與庚丙戊乙、兩平行方形、同庚乙底者、亦等矣本篇三五既爾、則庚辛丁乙、與甲丙戊巳、亦等一公論

第三十七題

兩平行線內、有兩三角形。若同底。則兩形必等

解曰。甲乙丙丁、兩平行線內。有甲丙丁、乙丙丁、兩角形。同丙丁底。題言兩形必等

巳 乙 戊 甲

丙 丁

論曰。試自丁至戊、作直線。與甲丙平行。次自丁

至巳作直線與乙丙平行（本篇三一）夫甲丙丁戊乙丙丁巳兩平行方形在甲乙丙丁兩平行線內

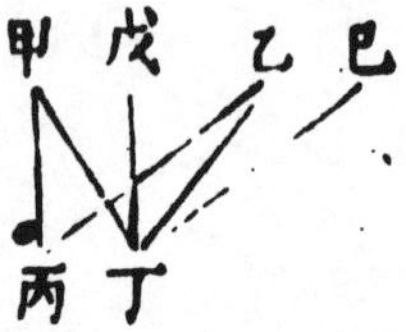

巳　乙　戊　甲
丁　丙

同丙丁底旣等（本篇三五）則甲丙丁角形爲甲丙丁戊方形之半與乙丙丁角形爲乙丙丁巳方形之半者（甲丁乙丁兩對角線平分兩方形見本篇卅四）亦等（公論七）

第三十八題

兩平行線內有兩三角形若底等則兩形必等

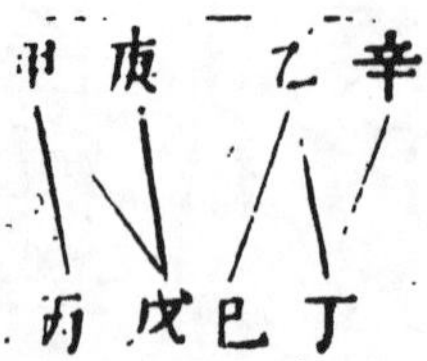

解曰甲乙丙丁兩平行線內有甲丙戊與乙巳丁兩角形而丙戊與巳丁兩底等題言兩形必等

辛　乙　庚　甲
丁　巳　戊　丙

論曰。試自庚至戊。辛至丁。各作直線。與甲丙乙巳平行（本篇卅一）其甲丙戊庚、與乙巳丁辛、兩平行方形既等（本篇卅六）則甲丙戊與乙巳丁、兩角形為兩方形之半者（本篇卅四）亦等（公論七）

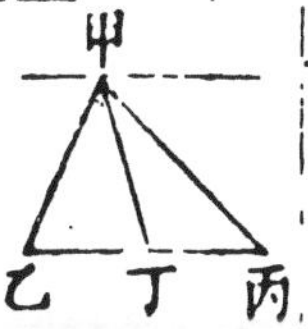

增。凡角形。任于一邊兩平分之。向對角作直線。即分本形為兩平分

論曰。甲乙丙角形。試以乙丙邊兩平分于丁（本篇十）自丁至甲、作直線。即甲丁線分本形為兩平分。何者。試于甲角上作直線、與乙丙平行（本篇卅一）則甲乙丁、甲丁丙、兩角形在兩平行線內。兩底等。兩形亦等（本題）

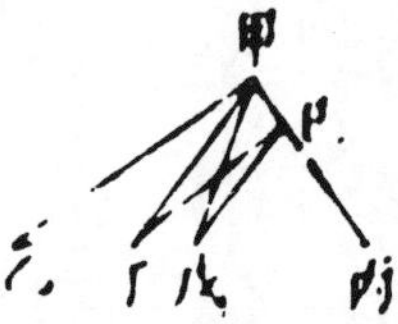

二增題凡角形任于一邊任作一點求從點分本形爲兩平分

法曰甲乙丙角形從丁點求兩平分先自丁至相對甲角作甲丁直線次平分乙丙線于戊（本篇十）作戊己線與甲丁平行（本篇卅一）末作己丁直線即分本形爲兩平分

論曰試作甲戊直線即甲戊己己丁戊兩角形在兩平行線內同己戊底者等而每加一己戊丙形則己丁丙與甲戊丙兩角形亦等（公論）夫甲戊丙爲甲乙丙之半（本題增）則己丁丙亦甲乙丙之半

第三十九題

兩三角形其底同。其形等。必在兩平行線內

解曰。甲乙丙、與丁丙乙、兩角形之乙丙底同。其形復等。題言在兩平行線內者。葢云、自甲至丁、作直線。必與乙丙平行

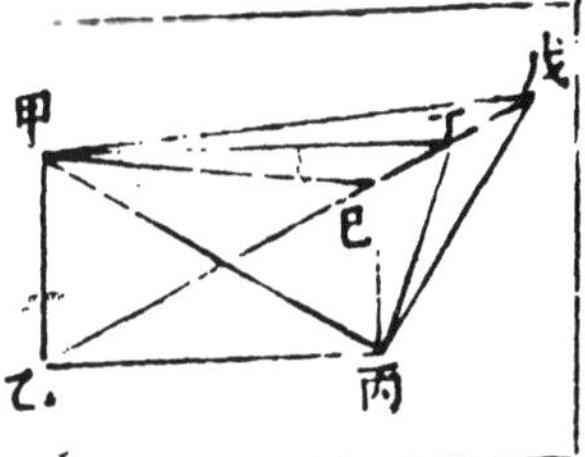

論曰。如云不然。令從甲別作直線、與乙丙平行（本篇卅一）必在甲丁之上。或在其下矣。設在上爲甲戊而乙丁線、引出至戊。卽作戊丙直線。是甲乙丙、宜與戊丙乙、兩角形等矣（本篇卅七）夫甲乙丙、與丁丙乙、旣等。而與戊丙乙、復等。是全與其分等也（公論九）設在甲丁下、爲甲巳。

即作巳丙直線是巳丙乙與丁丙乙亦等如前駁之

第四十題

兩三角形其底等其形等必在兩平行線內

解曰甲乙丙與丁戊巳兩角形之乙丙與戊巳兩底等其形亦等題言在兩平行線內者

蓋云自甲至丁作直線必與乙巳平行

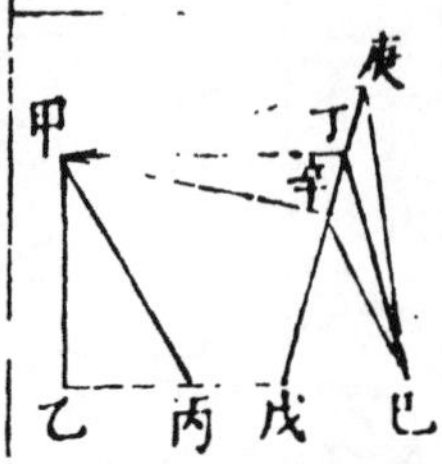

論曰如云不然令從甲別作直線與乙巳平行本篇卅一必在甲丁之上或在其下矣設在上為甲庚而戊丁線引出至庚即作庚巳直線是甲乙丙宜與庚戊巳兩角形等矣本篇三八夫甲乙丙與丁戊巳既等而與庚戊巳復等

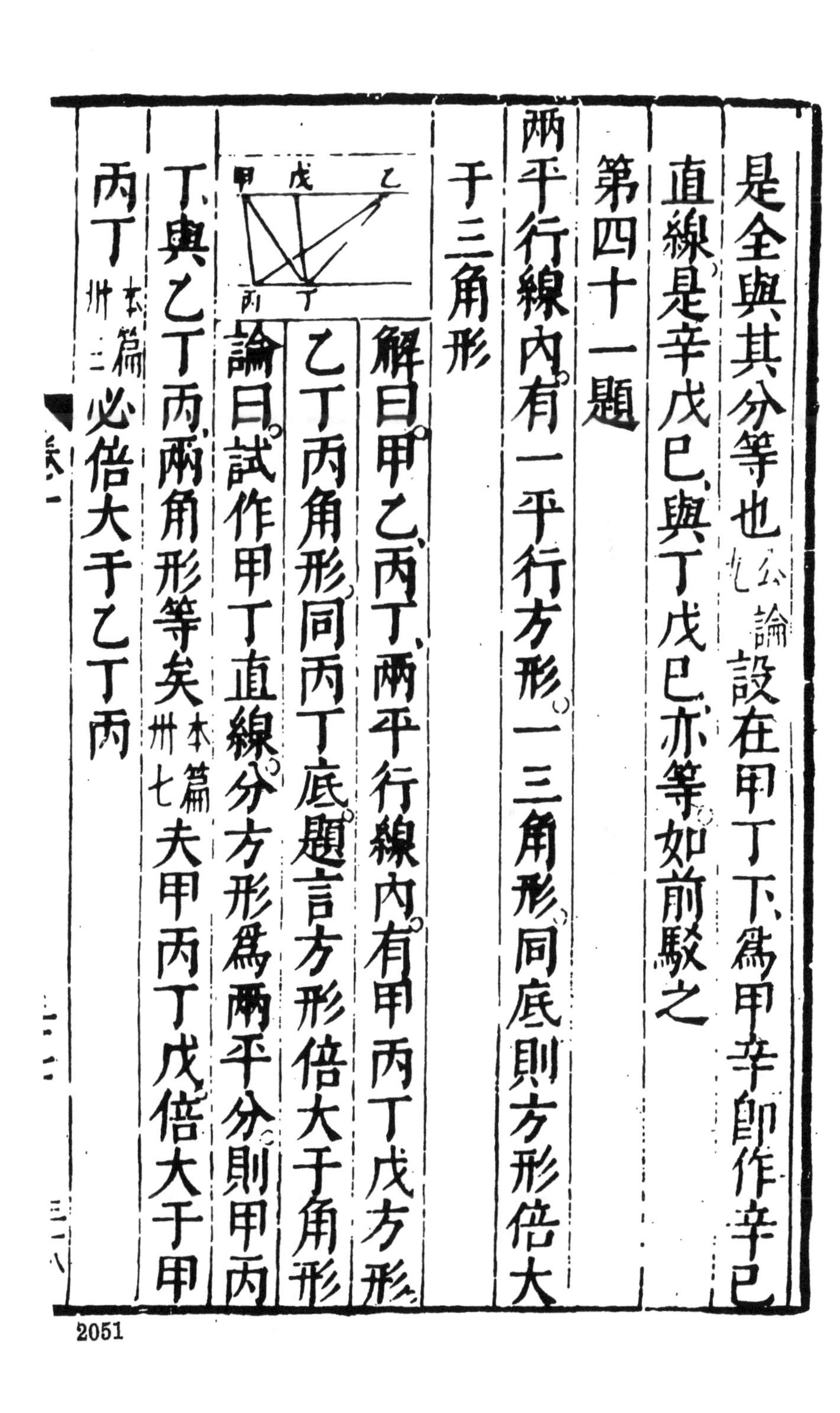

是全與其分等也公論九設在甲丁下爲甲辛卽作辛巳直線是辛戊巳與丁戊巳亦等如前駁之

第四十一題

兩平行線內有一平行方形一三角形同底則方形倍大于三角形

解曰甲乙丙丁兩平行線內有甲丙丁戊方形乙丁丙角形同丙丁底題言方形倍大于角形

論曰試作甲丁直線分方形爲兩平分則甲丙丁與乙丁丙兩角形等矣本篇卅七夫甲丙丙丁戊倍大于甲丙丁本篇卅二必倍大于乙丁丙

第四十二題

有三角形。求作平行方形與之等。而方形角有與所設角等

法曰。設甲乙丙角形。丁角。求作平行方形與甲乙丙角形等。而有丁角。先分一邊爲兩平分。如乙丙邊平分于戊（本篇十）次作丙戊巳角。與丁角等（本篇廿三）次自甲作直線。與乙丙平行（本篇卅一）而與戊巳線遇于巳。末自丙作直線。與戊巳平行。爲丙庚（本篇卅一）而與甲巳線遇于庚。則得巳戊丙庚平行方形。與甲乙丙角形等

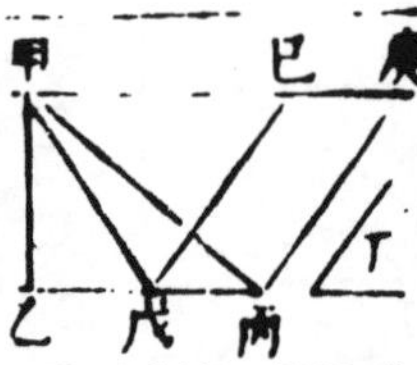

論曰。試自甲至戊作直線。其甲戊丙角形。與巳戊丙庚平行方形。在兩平行線內。同底。則巳戊丙庚倍大于甲戊丙矣（本篇四一）。夫甲乙丙。亦倍大于甲戊丙（本篇卅八增）。即與巳戊丙庚等（公論六）

第四十三題

凡方形對角線旁。兩餘方形。自相等

解曰。甲乙丙丁方形。有甲丙對角線。題言兩旁之乙壬庚戊。與庚巳丁辛。兩餘方形。必等（界說卅六）

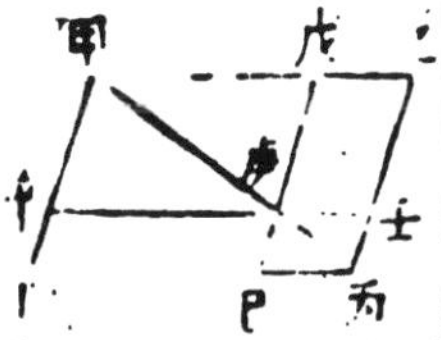

論曰。甲乙丙。甲丙丁。兩角形等（本篇卅四）。甲戊庚。甲庚辛。兩角形亦等（本篇卅四）。而于甲乙丙。減甲戊庚。

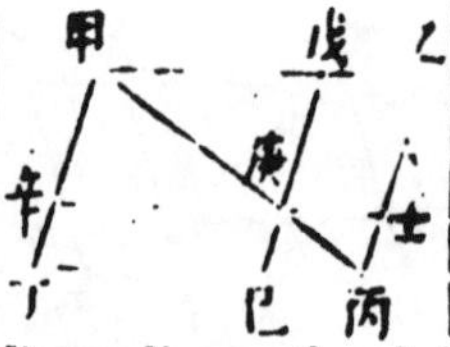

于甲丙丁、減甲庚辛。則所存乙丙庚戊、與庚丙丁辛兩無法四邊形亦等矣（三公論）又庚壬丙巳、角線方形之庚丙巳、庚丙壬、兩角形等（本篇四三）而于兩無法四邊形、每減其一。則所存乙壬庚戊、與庚巳丁辛兩餘方形、安得不等（三公論）

第四十四題

一直線上、求作平行方形。與所設三角形等。而方形角、有與所設角等

法曰、設甲線。乙角形。丙角。求于甲線上、作平行方形、與乙角形等、而有丙角。先作丁戊巳庚平行方形、與乙角

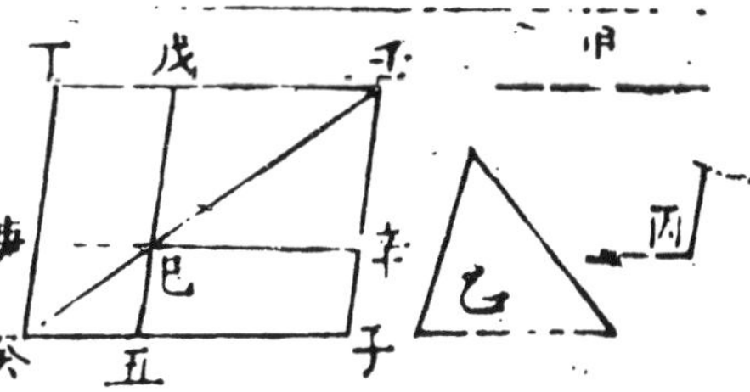

形等。而戊巳庚角、與丙角等本篇四二次于庚巳線、引長之、作巳辛線、與甲等。次作辛壬線、與戊巳平行本篇三一次于丁戊引長之、與辛壬線遇于壬。次自壬至巳、作對角線、引出之。又自丁庚引長之。與對角線遇于癸。次自癸作直線、與庚辛平行。又于壬辛引長之、與癸線遇于子。末于戊巳引長之、至癸子線得丑。即巳丑子辛平行方形、如所求

論曰。此方形之巳辛線、與甲等。而辛巳丑角、為戊巳庚之交角本篇十五則與丙等。又本形與戊巳庚丁、同為餘方

形等（本篇四三）則與乙角形等

第四十五題

有多邊直線形。求作一平行方形、與之等。而方形角、有與所設角等

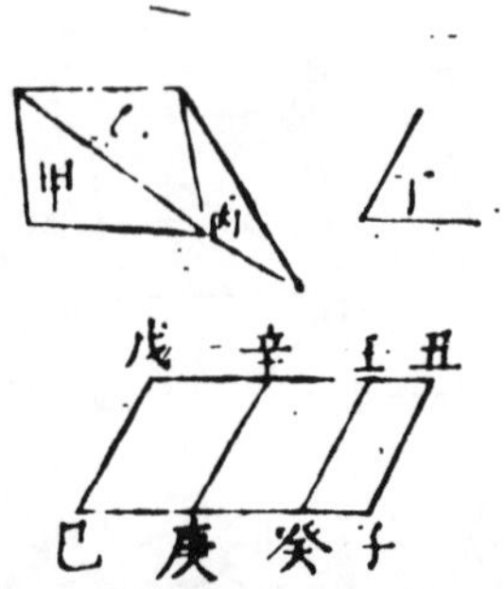

法曰。設甲乙丙五邊形。丁角。求作平行方形、與五邊形等。而有丁角。先分五邊形爲甲、乙、丙、三三角形。次作戊巳庚辛平行方形。與甲等、而有丁角（本篇四二）。次于辛、庚、作庚辛壬癸平行方形。與乙等而有丁角（本篇四四）。末線作壬癸子丑平行方形。與丙等、

而有丁角(本篇四四)即此三形幷為一平行方形。與甲、乙、丙、幷形等。而有丁角。自五以上。可至無窮。俱倣此法

論曰。戊巳庚與辛庚癸、兩角等。而每加一巳庚辛角。即辛庚癸、巳庚辛兩角。定與巳庚辛、戊巳庚兩角等。夫巳庚辛、戊巳庚。是兩平行線內角。與兩直角等也(本篇廿九)則巳庚辛、辛庚癸。亦與兩直角等。而巳庚庚癸為一直線也(本篇十四)又戊辛庚與戊巳庚兩對角等。而辛壬癸與辛庚癸、兩對角亦等。則戊巳庚辛、庚辛壬癸皆平行方形也(本篇卅四)壬癸子丑依此推顯(本篇三七)即與戊巳癸壬幷為

增題。兩直線形、不等。求相減之較幾何

法曰、甲與乙兩直線形。甲大于乙。以乙減甲。求較幾何。先任作丁丙巳戊平行方形。與甲等。次于丙丁線上。依丁角作丁丙辛庚平行方形。與乙等。（本題）卽得辛庚戊巳。爲相減之較矣。何者。丁丙巳戊之大于丁丙辛庚。較餘一辛庚戊巳也。則甲大于乙。亦辛庚戊巳也

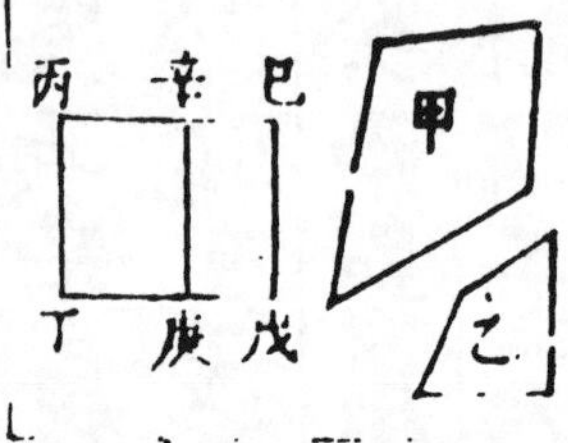

第四十六題

一直線上。求立直角方形

法曰、甲乙線上。求立直角方形。先于甲乙兩界。各立垂

線爲丁甲爲丙乙皆與甲乙線等（本篇十一）次作丁丙線相聯即甲乙丙丁爲直角方形

論曰甲乙兩角俱直角則丁甲丙乙爲平行線（本篇廿八）此兩線自相等則丁丙與甲乙亦平行線（本篇三三）而甲乙丙丁四線俱平行俱相等又甲乙俱直角則相對丁丙亦俱直角（本篇卅四）而甲乙丙丁定爲四直角方形

第四十七題

凡三邊直角形對直角邊上所作直角方形與餘兩邊上所作兩直角方形并等

解曰甲乙丙角形于對乙甲丙直角之乙丙邊上作乙

丙丁戊直角方形本篇卅六題言此形與甲乙邊上所作甲乙巳庚及甲丙邊上所作甲丙辛壬兩直角方形并等

論曰試從甲作甲癸直線與乙戊丙丁平行本篇卅一分乙丙邊于子次自甲至丁至戊各作直線末自乙至辛自丙至巳各作直線其乙甲丙與乙甲庚既皆直角即庚甲甲丙是一直線本篇十四依顯乙甲甲壬亦一直線又丙乙戊與甲乙巳既皆直角而每加一甲乙丙角即甲乙戊與丙乙巳兩角亦等公論二依顯甲丙丁與乙丙辛兩角亦等又

甲乙戊角形之甲乙、乙戊兩邊、與丙乙巳角形之巳乙、乙丙兩邊、等。甲乙戊與丙乙巳兩角復等。則對等角之甲戊與丙巳、兩邊亦等。而此兩角形亦等矣本篇四夫甲乙巳庚直角方形。倍大于同乙巳底、同在平行線內之丙乙巳角形本篇四一而乙戊癸子直角形。亦倍大于同乙戊底同在平行線內之甲乙戊角形。則甲乙巳庚不與乙戊癸子等乎公論六依顯甲丙辛壬直角方形、與丙丁癸子直角形、等。則乙戊丁丙一形、與甲乙巳庚、甲丙辛壬、兩形并、等矣、

一增凡直角方形之對角線上。作直角方形倍大于

元形如甲乙丙丁直角方形之甲丙線上作直角方形倍大于甲乙丙丁形

二增題設不等兩直角方形如一以甲爲邊一以乙爲邊求別作兩直角方形自相等而并之又與元設兩形并等

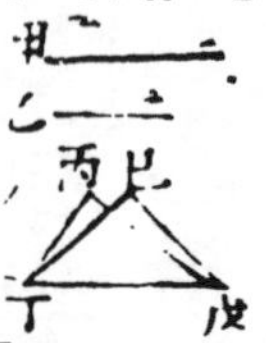

法曰先作丙戊線與甲等次作戊丙丁直角而丙丁線與乙等次作戊丁線相聯末于丙丁戊角丙戊丁角各作一角皆半于直角已戊已丁兩腰遇于已（十一公論）而等（六本篇）卽已戊已丁兩線上所作兩直角方形自相等而并之又與丙戊丙丁上所

作兩直角方形幷等

論曰。巳丁戊、巳戊丁、兩角。既皆半于直角。則丁巳戊爲直角（本篇卅二）。而對直角之丁戊線上所作直角方形與兩腰線上所作兩直角方形幷等矣（本題）。巳戊與巳丁、既等。則其上所作兩直角方形。自相等矣。又丁戊線上所作直角方形。與丙丁、丙戊線上所作兩直角方形幷、既等。則巳戊、巳丁、上兩直角方形幷。與丙戊丙丁、上兩直角方形幷。亦等

三增題。多直角方形。求幷作一直角方形。與之等

法曰。如五直角方形。以甲、乙丙、丁、戊爲邊。任等不等。

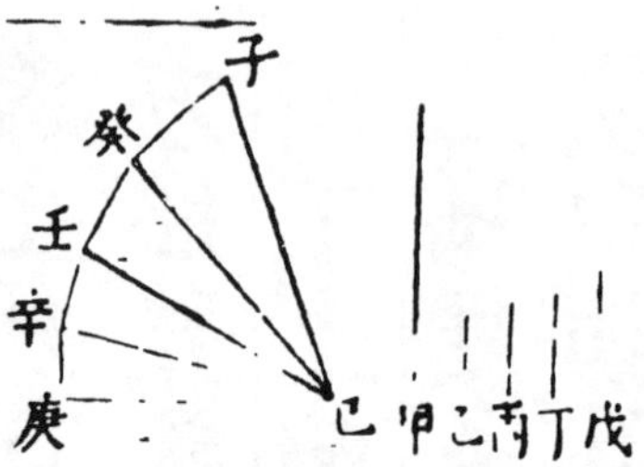

求作一直角方形、與五形并等。先作己、庚、辛直角而己庚線、與甲等。庚辛線、與乙等。次作己辛線。旋作己辛壬直角而辛壬與丙等。次作己壬線。旋作己壬癸直角而壬癸與丁等。次作己癸線。旋作己癸子直角。而癸子與戊等。末作己子線。題言己子線上所作直角方形、即所求

論曰。己辛上、作直角方形、與甲、乙兩形并等本題。己壬上、作直角方形、與己辛、及丙兩形并等。餘倣此推顯、可至無窮

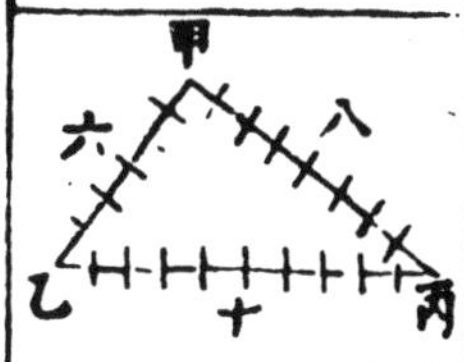

四增三邊直角形以兩邊求第三邊長短之數

法曰甲乙丙角形甲爲直角先得甲乙甲丙兩邊長短之數如甲乙六甲丙八求乙丙邊長短之數其甲乙甲丙上所作兩直角方形幷既與乙丙上所作直角方形等本題則甲乙之冪自乘之數曰冪得三十六甲丙之冪得六十四幷之得百而乙丙之冪亦百開方得十即乙丙數十也又設先得甲乙乙丙如甲乙六乙丙十而求甲丙之數其甲乙甲丙上兩直角方形幷既與乙丙上直角方形等則甲乙之冪得三

十六乙丙之冪得百百藏三十六得甲丙之冪六十四六十四開方得八即甲丙八也求甲乙倣此　此以開方盡實者爲例其不盡實者自具筭家分法

第四十八題

凡三角形之一邊上所作直角方形與餘邊所作兩直角方形幷等則對一邊之角必直角

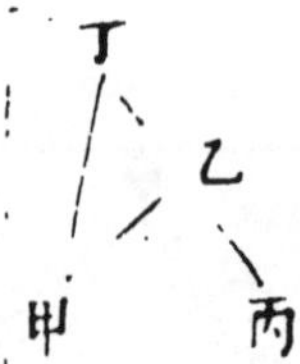

解曰此反前題如甲乙丙角形其甲丙邊上所作直角方形與甲乙乙丙邊上所作兩直角方形幷等題言甲乙丙角必直角

論曰。試于乙上作甲乙丁直角。而乙丁、與乙丙、兩線等。次作丁甲線相聯。其甲乙丁既直角。則甲丁上直角方形。與甲乙、乙丁、上兩直角方形幷。等（本篇四七）而甲乙、乙丁、上兩直角方形幷。與甲乙、乙丙、上兩直角方形幷又等（甲乙同。乙丁、乙丙、等故）即丁甲上直角方形。與甲丙上直角方形、必等。夫甲乙丁角形之甲乙、乙丁、兩腰。與甲乙丙角形之甲乙、乙丙、兩腰既等。而丁甲、甲丙、兩底又等。則對底線之兩角亦等（本篇八）甲乙丁既直角。即甲乙丙亦直角

幾何原本第一卷終

幾何原本第二卷之首

泰西　利瑪竇　譯
吳淞　徐光啟　筆受

界說二則

第一界

凡直角形之兩邊函一直角者。爲直角形之矩線。

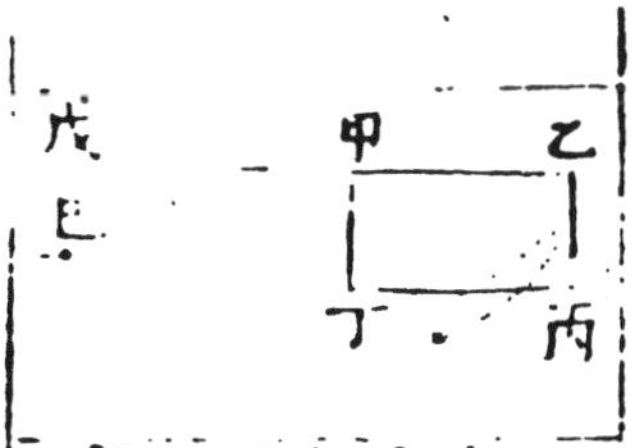

甲　乙
丁　丙
戊　巳

如甲乙偕乙丙。函甲乙丙直角。得此兩邊。卽知直角形大小之度。今別作戊線巳線。與甲乙乙丙各等。亦卽知甲乙丙丁直角形大小之度。則戊偕巳兩線。爲直角形之矩線。

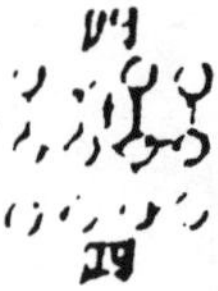

此例與筭法通。如上圖一邊得三。一邊得四。相乘得十二。則三偕四兩邊爲十二之矩數。

凡直角諸形之內。四角皆直。故不必更言四邊及平行線。止名爲直角形。省文也。

凡直角諸形。不必全舉四角。止舉對角二字。即指全形。如甲乙丙丁直角形。止舉甲丙。或乙丁。亦省文也。

第二界

諸方形。有對角線者。其兩餘方形。任偕一角線方形。爲罄折形。

甲乙丙丁方形。任直斜角。作甲丙對角線。從戊點作戊

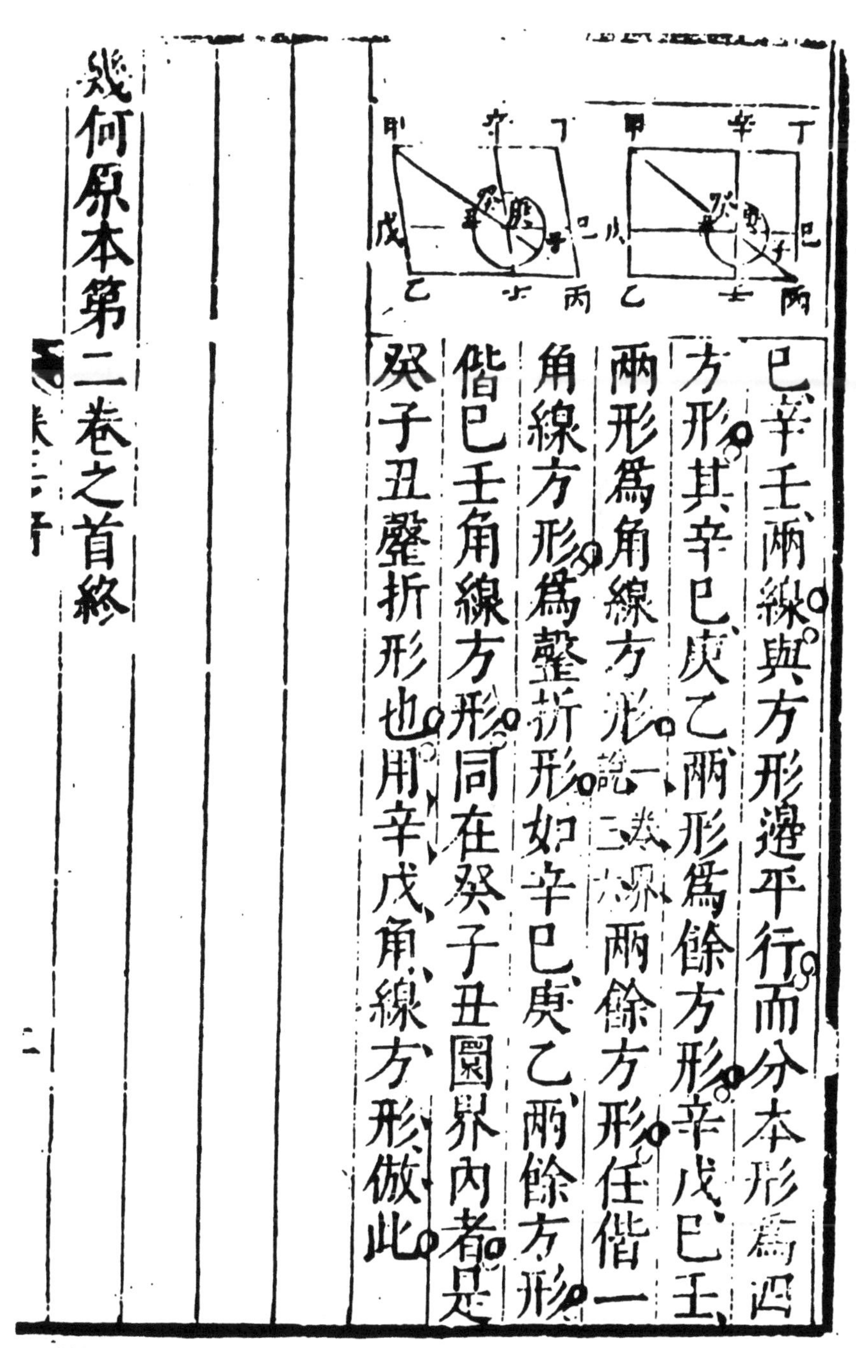

巳辛壬兩線。與方形邊平行。而分本形爲四方形。其辛巳庚乙兩形爲餘方形。辛戊巳壬兩形爲角線方形。說一卷三十六界。兩餘方形任借一角線方形。爲罄折形。如辛巳庚乙兩餘方形。借巳壬角線方形。同在癸子丑圜界內者是癸子丑罄折形也。用辛戊角線方形。倣此。

幾何原本第二卷之首終

幾何原本第二卷　本篇論線　計十四題

泰西利瑪竇口譯
吳淞徐光啓筆受

第一題

兩直線。任以一線。任分為若干分。其兩元線矩內直角形。與不分線偕諸分線矩內諸直角形并等。

己 壬 辛 庚 丙 戊 丁 乙 甲

解曰。甲與乙丙兩線。如以乙丙三分之。為乙丁、丁戊、戊丙。題言甲偕乙丙矩線內直角形。與甲偕乙丁、甲偕丁戊、甲偕戊丙三矩線內直角形并等。

論曰。試作乙巳直角形。在乙丙偕等甲之巳丙矩線內。（作法乙丙界作庚乙、巳丙兩垂線俱與甲等次作庚巳線與乙丙平行。）次于丁戊兩點。作辛丁、壬戊兩垂線。與庚乙、巳丙平行。（一卷卅一）其辛丁與庚乙、壬戊與巳丙。既平行。則辛丁、壬戊亦平行。而辛丁、壬戊與巳丙等。即亦與甲等。（一卷卅四）如此則乙辛直角形。在甲偕乙丁矩線內。丁壬直角形。在甲偕丁戊矩線內。戊巳直角形。在甲偕戊丙矩線內。并之則三矩內直角形。與甲偕乙丙元線矩內直角形等。

注曰。卷前十題。皆言線之能也。（能者。謂其上所為直角方形）

線。其上能爲百尺方形之類。其說與筭數最近。故九卷之十四題。俱以數明此十題之理。今未及詳。因題意難顯。各用數明之。如本題設兩數。當兩線。爲六爲十。以十任三分之。爲五爲三爲二。六乘十爲六十之一大實。與六乘五爲三十。及六乘三爲十八。六乘二爲十二之三小實幷等。

第二題

一直線任兩分之。其元線上直角方形。與元線偕兩分線兩矩內直角形幷等。

解曰。甲乙線任兩分于丙。題言甲乙上直角方形。與甲乙偕甲丙、甲乙偕丙乙、兩矩線內直角形并。
等。
論曰、試于甲乙線上、作甲丁直角方形。從丙
點作巳丙垂線、與甲戊、乙丁、平行。其甲戊與甲乙
既等。則甲巳直角形、在甲乙、甲丙、矩線內。乙丁與
甲乙、既等。則丙丁直角形、在甲乙、丙乙、矩線內。而此兩
形并。與甲丁直角方形等。
又論曰、試別作丁線、與甲乙等。其甲乙線、既任分
於丙。則甲乙偕丁、矩線內直角形。與甲
丙偕丁、丙乙偕丁、兩矩線內直角形并等。

法曰。以數明之。設十數。任兩分之。為七、為三。十乘七為七十。及十乘三為三十。之兩小實。與十自之百一大數等。

第三題

一直線。任兩分之。其元線任偕一分線。矩內直角形。與分餘線偕一分線矩內直角形。及一分線上直角方形。并等。

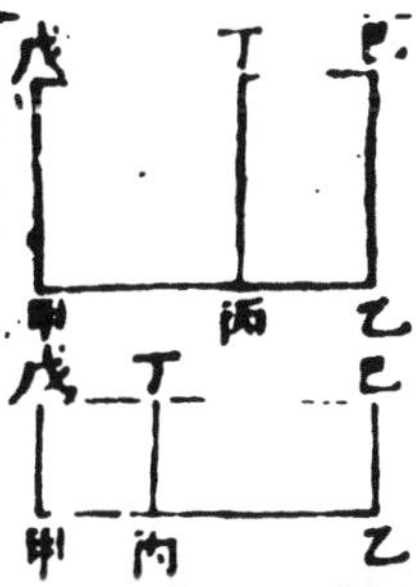

解曰。甲乙線任兩分于丙。題言元線甲乙任偕一分線。如甲丙。矩內直角形。不論甲丙為長分或短分。與分餘丙乙偕甲丙矩線內直角形。

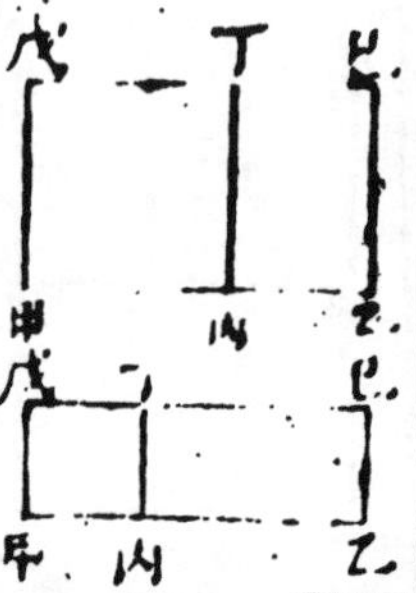

及甲丙上直角方形并等。

論曰。試作甲丁直角方形。從乙界作乙巳垂線。與甲戊平行。一卷卅一而于戊丁引長之。遇于巳。其甲戊與甲丙等。則甲巳直角形在元線甲乙偕一分線甲丙矩內。丙丁與甲丙等。則丙巳直角形在一分線甲丙偕分餘線丙乙矩內。而甲巳直角形與甲丙丙乙矩線內丙巳直角形及甲丙上甲丁直角方形并等。

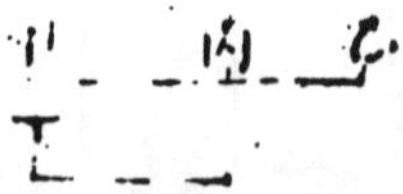

又論曰。試別作丁線。與一分線甲丙等。其甲乙線既任分于丙。則甲乙偕丁矩線內直角形[illegible]

[illegible]與丁偕丙乙（即甲丙偕丙乙）丁偕甲丙（即甲丙上直角方形）兩矩線內直角形并等（一本篇）

注曰。以數明之。設十數任兩分之爲七爲三。如前圖。則十乘七爲七十。與七乘三之實二十一。及七自之冪四十九并等。如後圖。十乘三爲三十。與七乘三之實二十一。及三之冪九并等。

第四題

一直線任兩分之。其元線上直角方形。與各分上兩直角方形。及兩分互偕矩線內兩直角形并等。

解曰。甲乙線任兩分于丙。題言甲乙線上直角方形。與甲丙丙乙線上兩直角方形。及甲丙偕丙乙、丙乙偕甲丙、矩線內兩直角形。并等。

論曰。試于甲乙線上。作甲丁直角方形。次作乙戊對角線。次從丙作丙巳線。與乙丁平行。遇對角線于庚。末從庚作辛壬線。與甲乙平行。而分本形為四直角形。即甲乙戊角形之甲乙、甲戊兩邊等。而甲乙戊與甲戊乙兩角亦等。一卷五 夫甲乙戊形之三角并。與兩直角等。一卷卅二 而甲為直角。即甲乙戊甲戊乙皆半直角。一卷卅二之二系 依顯丁乙戊角形之丁乙戊丁戊乙兩角。亦皆半直角。則戊巳庚外角與內角丁等。為直角。一卷廿九 而巳戊庚既半直角。則巳庚。戊、等為半直角矣。角既等。則巳庚巳、戊兩邊亦等。一卷六 庚辛、辛戊亦等。一卷卅四 而辛巳為直角方形也。依顯丙壬亦直角方形也。又庚辛與甲丙兩對邊等。一卷卅四 而乙丙與庚丙、俱為直角方形邊亦等。則辛巳為甲丙線上直角方形。丙壬為丙乙線上直角方形也。又甲庚及庚丁、兩直角形。各在甲丙丙乙矩線內也。則甲丁直角方形。與甲丙、丙乙兩線上兩直角方形。及兩線矩內兩直角形并等矣。

系。從此推知凡直角方形之角線形。皆直角方形

又論曰。甲乙線既任分于丙。則元線甲乙上直角方形。

乙　丙　甲

與元線偕各分線矩內兩直角形并等。本篇二又甲乙偕甲丙矩線內直角形。與甲丙偕丙乙矩線內直角形。及甲丙上直角方形并等。本篇二甲乙偕丙乙矩線內直角形。與丙乙偕甲丙矩線內直角形。及丙乙上直角方形并等。本篇三則甲乙上直角方形。與甲丙丙乙上兩直角方形。及甲丙偕丙乙偕甲丙矩線內兩直角形并等。

注曰。以數明之。設十數。任兩分之為七為三。十之冪百。與七之冪四十九。三之冪九。及三七互乘之實兩二十一并等。

第五題

一直線。兩平分之。又任兩分之。其任兩分線矩內直角形。及分內線上直角方形。幷與平分半線上直角方形等。

解曰。甲乙線。兩平分于丙。又任兩分于丁。其丙丁為分內線。丙丁線者。丙乙所以大于丁乙之較。又因丁所以大于甲丙之較。故曰分內線。題言甲丁、丁乙、矩線內直角形。及分內線丙丁上直角方形。幷與丙乙線上直角方形等。

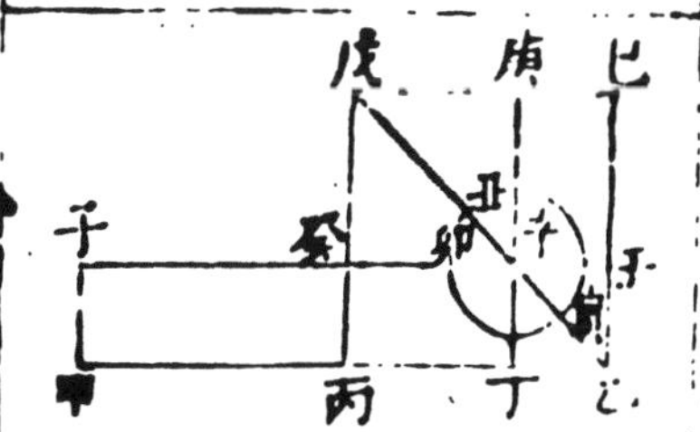

論曰。試于丙乙線上。作丙巳直角方形。次作乙戊對角線。從丁作丁庚線。與乙巳平行。遇對角線于辛。次從辛

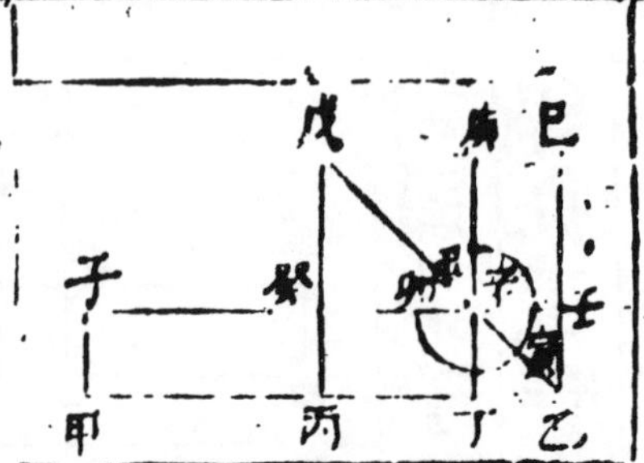

作壬癸線與丙乙平行次從甲作甲子線與丙戊平行末從壬癸線引長之遇于子夫丁壬癸庚皆直角方形本篇四之系而辛丁與丁己兩線等一卷卅四癸辛與丙丁兩線等則甲辛直角形在任分之甲丁丁乙矩線內而癸庚為分內線丙丁上直角方形也今欲顯甲辛直角形及癸庚直角方形并與丙巳直角方形形等者于丙辛辛巳相等之兩餘方形一篇四三每加一丁壬直角方形即丙壬及丁巳兩直角形等矣而甲癸與丙壬兩形同在平行線內又底等即形亦等一卷卅六則甲癸與丁巳亦等也即又

矩加一丙辛直角形則丑寅卯罄折形豈不與甲辛等次于罄折形又加一癸庚直角方形豈不與丙巳直角方形等也而甲辛癸庚兩形并亦與丙巳等也則甲丁丁乙矩線內直角形及丙丁上直角方形并與丙乙上直角方形等

注曰以數明之設十數兩平分之各五又任分之爲八爲二則三爲分內數（三者五所以大于二之較又八所以大于五之較）二八之實十六三之冪九與五之冪二十五等

第六題

一直線兩平分之又任引增一直線共爲一全線其全線

借引增線矩內直角形。及半元線上直角方形。并與半元線偕引增線上直角方形等。

解曰。甲乙線兩平分于丙。又從乙引長之。增乙丁。與甲乙通為一全線。題言甲丁偕乙丁矩線內直角形。及半元線丙乙上直角方形。并與丙丁上直角方形等。

論曰。試于丙丁上作丙戊直角方形。次作丁巳對角線。從乙作乙庚線。與丁戊平行。遇對角線于辛。次從辛作壬癸線。與丙丁平行。次從甲作甲子線。與丙巳平行。末從丁癸線引長之。遇于子。夫乙壬、癸庚。皆直角方形。

卅七系而乙丁與丁壬兩線等。一卷卅四癸辛與丙乙兩線等。則甲壬直角形。在甲丁偕乙丁矩線內。而癸庚爲丙乙上直角方形也。今欲顯甲壬直角形。及癸庚直角方形并與丙戊直角方形等者。試觀甲癸與丙辛兩直角形。同在平行線內。又底等。即形亦等。一卷卅六而丙辛與辛戊等。一卷四二則辛戊與甲癸亦等。即又每加一丙壬直角形。則丑寅卯磬折形。與甲壬等。夫磬折形加一癸庚形。本與丙戊直角方形等也。即甲壬癸庚兩形并。亦與丙戊等也。則甲丁、乙丁矩線內直角形。及丙乙上直角方形、并豈不與丙丁上直角方形等。

注曰。以數明之。設十數。兩平分之。各五。又引增二。共十二。三乘之。爲二十四。及五之冪二十五。與七之冪四十九等。

第七題

直線任兩分之。其元線上。及任用一分線上。兩直角方形幷。與元線偕一分線矩內直角形二。及分餘線上直角方形幷等。

解曰。甲乙線任分于丙。題言元線甲乙上。及任用一分線如甲丙上。兩直角方形幷。（不論甲丙爲長分爲短分）與甲乙偕甲丙矩內直角形二。及分餘線丙乙上直角方形并等。

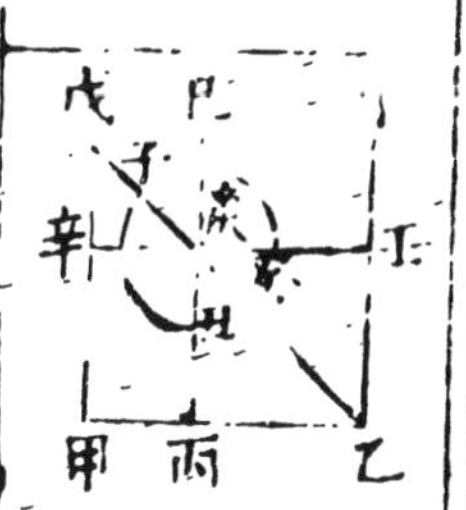

論曰。試于甲乙上。作甲丁直角方形。次作乙戊對角線。從丙作丙巳線。與乙丁平行。遇對角線于庚。末從庚作辛壬線。與甲乙平行。夫辛巳丙壬皆直角方形。（本篇四之系）而辛庚、與甲丙等。（一卷卅四）即辛巳為甲丙上直角方形也。又甲、戊與甲乙等。即甲巳直角形在甲乙偕甲丙、矩線內也。又戊丁、丁壬、與甲乙、甲丙、各等。即辛丁直角形。亦在甲乙偕甲丙矩線內也。夫甲巳巳壬兩直角形。（即癸子丑磬折形）及丙壬直角方形。并。本與甲丁直角方形等。今于甲巳、辛丁兩直角形并。加一丙壬

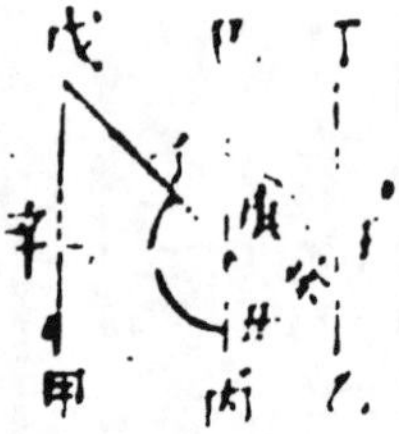

直角方形。即與甲丁直角方形。加一辛巳矩

角方形等矣。則甲乙甲丙矩線內直角形二

及丙乙上直角方形并。與甲乙上直角方形。

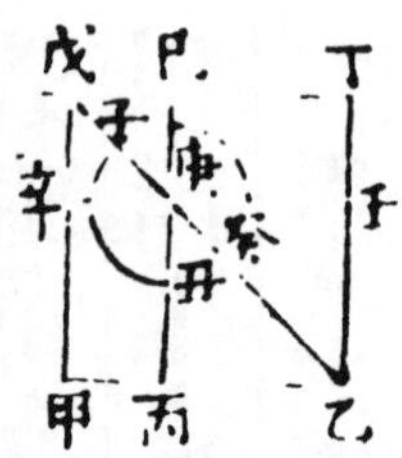

及甲丙上直角方形并等也。

注曰。以數明之。設十數任分之為六、為四。如

前圖。十之冪百。及六之冪三十六。并。與十六

互乘之兩實百二十。及四之冪十六。等。如後圖。十之

冪百。及四之冪十六。并。與十四互乘之兩實八十。及

六之冪三十六等。

八題

一元線任兩分之。其元線偕初分線矩內直角形四。及分餘線上直角方形。并與元線偕初分線上直角方形等。

解曰。甲乙線任分於丙。題言元線甲乙偕初分線丙乙矩內直角形四。不論丙乙為長分為短分。及分餘線甲丙上直角方形。并與甲乙偕丙乙上直角方形等。

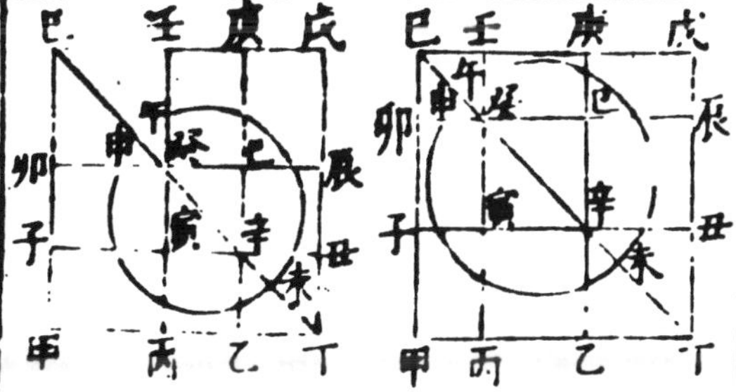

論曰。試以甲乙線引增至丁。而乙丁與丙乙等。于全線上作甲戊直角方形。次作丁己對角線。從乙作乙庚線。與丁戊平行。遇對角線于辛。次從丙作丙壬線。與甲巳平

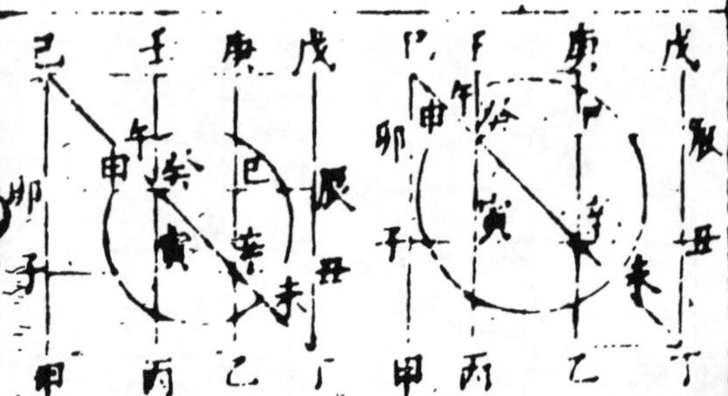

行。遇對角線于癸。次從辛作子丑線。與甲

丁平行。遇丙丁于寅。末從癸作卯辰線。與

戊巳平行。遇乙庚于巳。其卯壬、寅巳、乙丑

俱角線方形。本卅四之系而卯癸、與甲丙兩線

等。一卷卅四即卯壬為甲丙上直角方形。又寅

辛、與丙乙、兩線等。一篇卅四即寅巳為丙乙上

直角方形。與乙丑等。丙乙與乙辛等故又乙、辛、辛

巳、兩線。亦各與丙乙等。而甲辛、子巳、兩直角形。各在甲

乙、丙乙、矩線內。即等。子辛與卯乙等故寅庚、辛戊、兩直角形。亦

必在甲乙、丙乙、矩線內。即又等。寅辛、辛丑、兩形亦在乙、丙乙等。辛庚、丑戊。與等甲乙、

并寅庚又等。是甲辛一。子巳二。辛戊三。乙丑四。癸庚寅巳既與乙丑等。而每加一。癸庚卯乙丑癸庚

五五直角形并爲午未申磬折形與元線甲乙偕初分線丙乙矩內直角形四等。而午未卯磬折形及卯壬直角方形本與甲戊直角方形等。則甲乙乙丙矩線內直角形四及甲丙上直角方形并與甲乙偕丙乙上直角方形等。

注曰以數明之設十數任分之爲六爲四如前圖十六互乘之實四爲二百四十及四之冪十六共二百五十六與十六之冪等如後圖十四互乘之實四爲

一百六十及六六之冪三十六共一百九十六與十四

之冪等

第九題

直線兩平分之又任兩分之任分線上兩直角方形并

倍大于平分半線上及分內線上兩直角方形并

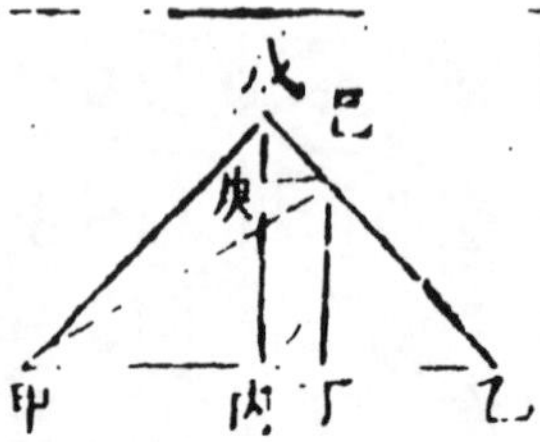

解曰甲乙線平分于丙又任分于丁題言甲

丁丁乙上兩直角方形并倍大于平分半線

甲丙上分內線丙丁上兩直角方形并

論曰試于丙上作丙戊垂線與甲丙等次作

甲戊戊乙兩腰次從丁作丁己垂線遇戊乙于己從己

作巳丁線。與甲乙平行。遇戊丙于庚。末作甲巳線。其甲丙庚角形之甲丙、丙戊、兩腰等。卽丙戊甲、丙甲戊、兩角亦等。一卷五 而甲丙戊爲直角。卽餘兩角皆半直角。一卷卅二之系 依顯丙戊乙、亦半直角。又戊庚巳角形之戊庚巳角。爲戊丙乙之外角。卽亦直角。一卷廿九 而庚戊巳半直角。卽庚巳戊、亦半直角。一卷卅二之二系 又庚戊巳庚巳戊兩角等。卽庚戊庚巳、兩腰亦等。一卷六 依顯丁乙巳角形之丁乙丁巳兩腰亦等。夫甲丙戊角形之丙爲直角。卽甲戊線上直角方形。與甲丙丙戊線上兩直角方形并等。一卷四七 而甲丙丙戊、上兩直角方形、自相等。卽甲戊上直角方形。

倍大于甲丙上直角方形矣又戊庚己角形之庚為直角則戊己線上直角方形與庚戊庚己線上兩直角方形并等而庚戊己上兩直角方形自相等即戊己上直角方形倍大于等庚己之兩己上直角方形矣庚己丙丁丙己直角則是甲戊戊己上兩直角方形并倍與丙之對邊故等見卷卅四甲丙丙丁上兩直角方形并也又甲己上直角方形等丁甲戊戊己上兩直角方形并又等于甲丁丁己上兩直角方形并四七篇則甲丁丁己上兩直角方形并亦倍大于甲丙丙丁上兩直角方形并矣而丁己與丁乙

等。則甲丁、丁乙、上兩直角方形并。豈不倍大于甲丙、丙丁上兩直角方形并也。

注曰。以數明之。設十數。兩平分之。各五。又任分之為七、為三。分內數二。共七之冪四十九。及三之冪九。倍大于五之冪二十五。及二之冪四。

第十題

一直線。兩平分之。又任引增一線。共為一全線。其全線上及引增線上。兩直角方形并。倍大于平分半線上。及分餘半線。偕引增線。上兩直角方形并。

解曰。甲乙直線。平分于丙。又任引增為乙丁。題言甲丁線上、及乙丁線上、兩直角方形并。倍大于甲丙線上、及丙丁線上、兩直角方形并。

論曰。試于丙上作丙戊垂線。與甲丙等。自戊至甲、至乙。各作腰線。次從丁作巳丁垂線。引長之。又從戊乙引長之。遇于庚。次作戊巳線。與丙丁平行。末作甲庚線。依前題論推顯甲戊乙爲直角。而丙戊乙爲半直角。即相對之戊庚巳、亦半直角。一卷廿九又巳爲直角。一卷卅四即巳戊庚亦半直角。一卷卅二而巳戊、巳庚、兩腰必等。一卷六依顯乙丁、丁庚、兩腰亦等。夫甲戊上直角方形。等于甲丙、丙戊、上兩直角方形并。一卷四十七必倍大

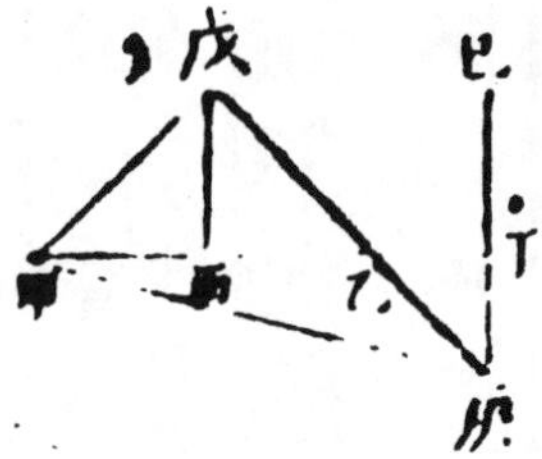

于甲丙上直角方形。而戊庚上直角方形。等于戊巳、巳庚上兩直角方形。并。必倍大于對戊巳邊之丙丁上直角方形。一卷四七則甲戊。戊庚。上兩直角方形。并。一卷四七倍大于甲丙。丙丁。上兩直角方形。并也。又甲庚上直角方形。等于甲戊。戊庚。上兩直角方形。并。亦等于甲丁。丁庚上兩直角方形。并。則甲丁。丁庚。上兩直角方形。并。亦倍大于甲丙。丙丁。上兩直角方形。并也。而甲丁。乙丁。上兩直角方形。并。倍大于甲丙。丙丁。上兩直角方形。并矣。丁庚。與乙丁等。故

注曰。以數明之。設十數。平分之。各五。又任增三。爲十

十三之冪一百六十九。及三之冪九。倍大于五之冪二十五。及八之冪六十四也。

第十一題

一直線。求兩分之。而元線偕初分線矩內直角形。與分餘線上直角方形等。

法曰。甲乙線。求兩分之。而元線偕初分小線矩內直角形。與分餘大線上直角方形。

第一。先于甲乙上作甲丙直角方形。次以甲丁線兩平分于戊。次作戊乙線。次從戊甲引增至己。而戊己線與戊乙等。末于甲乙線截取甲庚與甲己等。即甲乙偕庚乙矩線內直角形。與甲庚上直角方形等。如所求。

論曰。試于庚上作壬辛線。與丁巳平行。次作巳辛線。與甲庚平行。其壬庚與丙乙等。即與甲乙等。而庚丙直角形。在甲乙偕庚乙矩線內也。又甲庚與甲巳等。而甲爲直角。即巳庚爲甲庚上直角方形也。一卷卅四今欲顯庚丙直角形。與巳庚直角方形等者。試觀甲丁兩平分于戊。而引增一甲巳。是丁巳偕甲巳矩線內直角形。即丁辛直角形及甲戊上直角方形。并。與等戊巳之戊乙上直角方形。等。本篇六夫戊乙上直角方形。等。于甲戊、甲乙、上兩直角

方形并（一卷四十七）即丁辛直角形及甲戊上直角方形并與甲戊甲乙上兩直角方形并等矣次各減同用之甲戊上直角方形即所存丁辛直角形不與甲乙上甲丙直角方形等乎此二率者又各減同用之甲壬直角形則所存巳庚直角方形與庚丙直角形等而甲乙偕庚乙矩線內直角形與甲庚上直角方形等也

注曰此題無數可解說見九卷十四題

第十二題

三邊鈍角形之對鈍角邊上直角方形大於餘邊上兩直

方形并之較爲鈍角旁任用一邊偕其引增線之與對角所下垂線相遇者矩內直角形二

解曰甲乙丙三邊鈍角形甲乙丙爲鈍角從餘角如甲下一垂線與鈍角旁一邊如丙乙之引增線遇于丁爲直角題言對鈍角之甲丙邊上直角方形大于甲乙乙丙邊上兩直角方形并之較爲丙乙偕乙丁矩線內直角形二反說之則甲乙乙丙上兩直角方形及丙乙偕乙丁矩線內直角形二并與甲丙上直角方形等

論曰丙丁線既任分于乙即丙丁上直角方形與丙乙

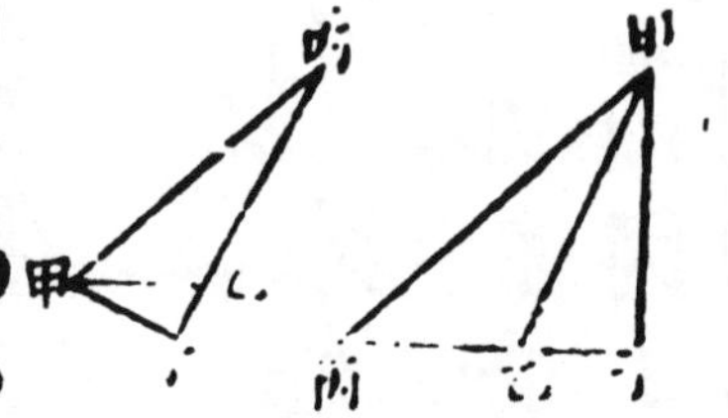

乙丁上兩直角方形及丙乙偕乙丁矩線內直角形二幷等（本篇四）此二率者每加一甲丁上直角方形即丙丁甲丁上兩直角方形幷與丙乙乙丁甲丁上直角方形三及丙乙偕乙丁矩線內直角形二幷等也夫甲丙上直角方形等于丙丁甲丁上兩直角方形幷（一卷四十七）即亦等于丙乙乙丁甲丁上直角方形三及丙乙偕乙丁矩線內直角形二幷也又甲乙線上直角方形既等于乙丁甲丁上兩直角方形幷（一卷四十七）即甲丙上直角方形與甲乙丙乙上兩直角方形及丙乙偕乙丁矩線內直角形

二幷等矣。

第十三題

三邊銳角形之對銳角邊上直角方形，小於餘邊上兩直角方形幷之較，為銳角旁任用一邊偕其對角所下垂線旁之近銳角分線矩內直角形二。

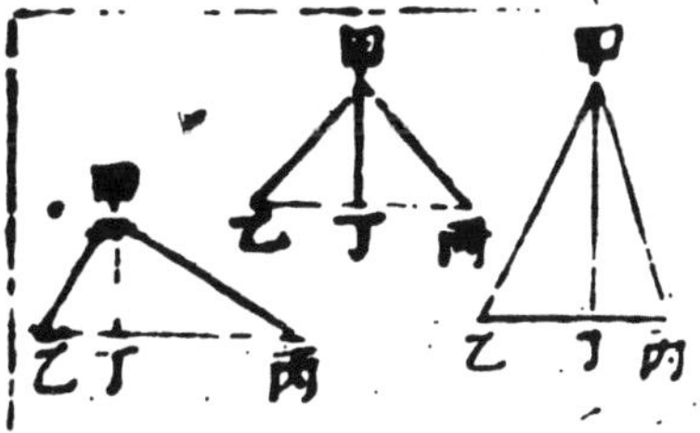

解曰：甲乙丙三邊銳角形，從一角如甲，向對邊乙丙下一垂線，分乙丙于丁。題言對甲角乙銳角之甲乙邊上直角方形，小於乙丙、丙甲、丙邊上兩直角方形幷之較，為乙丙偕丁丙矩線內直角形二。反說之，則乙丙、甲丙上兩

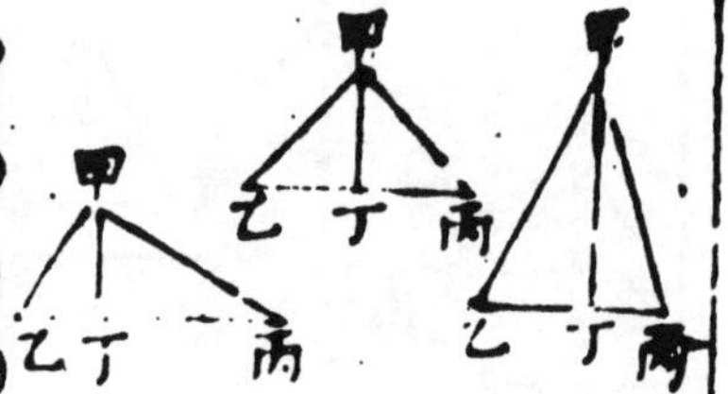

直角方形幷與甲乙上直角方形及乙丙偕
丁丙矩線內直角形二幷等
論曰乙丙線既任分于丁即乙丙丁丙上兩
直角方形幷與乙丙偕丁丙矩線內直角形
二及乙丁上直角方形幷等（本篇七）此二率者
每加一甲丁上直角方形即乙丙丁丙甲丁上直角方
形三與乙丙偕丁丙矩線內直角形二及乙丁甲丁上
兩直角方形幷等也又甲丙上直角方形等于丁丙甲
丁上兩直角方形幷（一卷四七）即乙丙甲丙上兩直角方形
幷與乙丙偕丁丙矩線內直角形二及乙丁甲丁上兩

[illegible]。[illegible]。[illegible]。[illegible]。[illegible]。[illegible]。也。又甲乙上直角方形。等於乙丁。甲丁。

上。[illegible]。[illegible]。[illegible]。[illegible]。形。并。兩一七卷。即乙。乙丙。甲。丙上。兩直角方形。并。

此。乙。丙。借。丁。丙矩線內直角形二。及甲乙上直角方形。

并。等。反說之。則甲乙上直角方形。小於乙丙。甲丙上兩

直角方形并者。爲乙丙偕丁丙矩線內直角形二也。

注。以小題中、止論銳角形、不言直角、鈍角形。而直角鈍

角形中。但有兩銳角。七一卅卷二十即對銳角邊上形。亦同。

此論二如鄙第近第。但三銳角形所作垂線。任用一角。而

直角形。必用直角。鈍角形。必用鈍角。此爲異耳。鈍直角角

角形不不形明作說與所無鈍

第十四題

有直線形求作直角方形與之等

法曰甲直線無法四邊形求作直角方形與之等先作乙丁形與甲等而直角（一卷四五）次任用一邊引長之如丁丙引之至巳而丙巳與乙丙等次以丁巳兩平分于庚其庚點或在丙點或在丙點之外若在丙即乙丁是直角方形與甲等矣（論丙巳與乙丙等又與丙丁為等而餘邊與相等故乙丁為直角形見一卷卌四）若庚在丙外即以庚為心甲巳為界作丁辛巳半圜末從乙丙線引長之遇圜界于辛即丙辛上

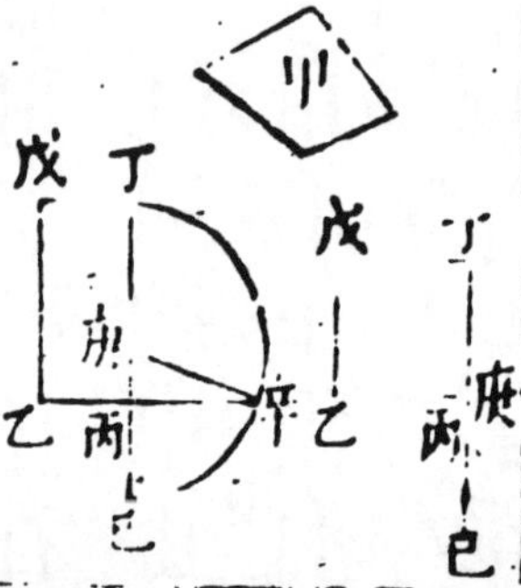

直角方形、與甲等。

論曰。試自庚至辛、作直線。其丁巳線既兩平分于庚、又任兩分于丙、則丁丙偕丙巳矩內直角形、幷乙丁上直角方形、與乙丙上直角方形等乙丙。故及庚丙上直角方形幷、與等庚巳之庚辛上直角方形等。本篇五。夫庚辛上直角方形等于庚丙、丙辛上兩直角方形幷。本篇四十七。即乙丁丙直角形、及庚丙上直角方形幷、與庚丙、丙辛上兩直角方形幷等。次各減同用之庚丙上直角方形、則丙辛上直角方形、與乙丁上直角方形等。

增題。凡先得直角方形之對角線、所長于本形邊之較、而求本形邊。

法曰。直角方形之對角線。所長于本形邊之數。爲甲乙。而求本形邊。先于甲乙上作甲丙直角方形。次作乙丁對角線。又引長之。爲丁戊線。而丁戊與甲丁等。即得乙戊線。如所求

論曰。試于乙戊作戊己垂線。從乙甲線引長之遇于己。其乙戊己旣直角。而戊乙己爲半直角。卅二一卷 即戊己乙亦半直角。而戊乙與戊己兩邊等。六一卷 次作己庚與戊乙平行。作乙庚與戊己平行。即戊庚形爲戊乙邊上直角方形也。本篇 次作戊甲線。即丁戊甲。丁甲戊兩角等也。五一卷 夫乙戊己。丁乙己。旣兩皆半直角。試毎

減一相等之丁戊甲丁角戊角卽所存已戊甲已甲戊兩角必等而已戊已甲兩邊必等一卷六則乙已對角線大于乙戊邊之較爲甲乙矣

此增不在本書因其方形故類附于此

幾何原本第二卷終

幾何原本第三卷之首

泰西利瑪竇口譯

吳淞徐光啓筆受

界說十則

第一界

凡圜之徑線等。或從心至圜界線等。為等圜。

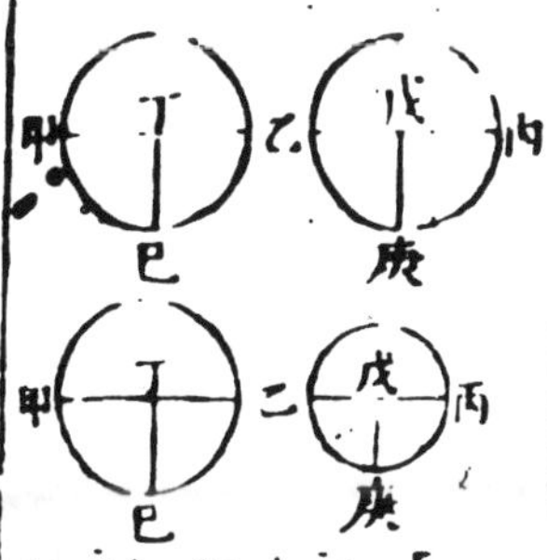

三卷將論圜之情。故先為圜界說。此解圜之等者。如上圖甲乙、乙丙、兩徑等。或丁巳、戊庚從心至圜界等。即甲巳乙、乙庚丙兩圜等。若下圖甲乙、乙丙、兩徑不等。或丁巳戊庚從心至圜界不等。則兩圜亦不等矣。

第二界

凡直線切圜界。過之而不與界交。為切線。

甲乙線切乙巳丁圜之界。乙又引長之至丙。而不與界交。其甲丙線全在圜外。為切線。若戊巳線先切圜界。而引之至庚。入圜內。則交線也。

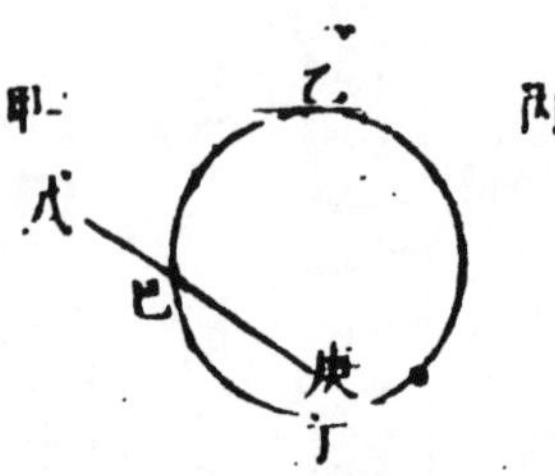

第三界

凡兩圜相切。而不相交。為切圜。

甲乙、兩圜。不相交、而相切于丙。或切于外。如第一圖。或

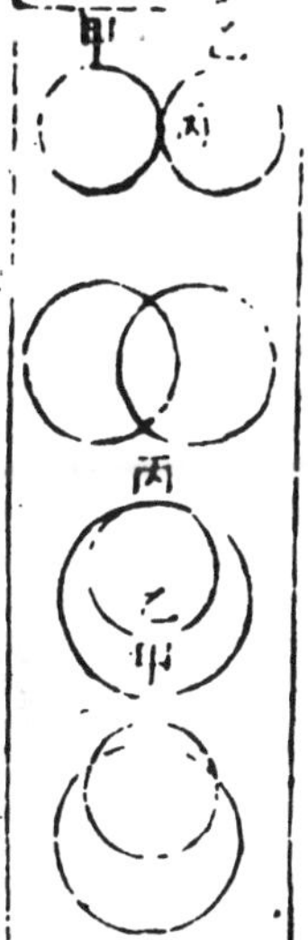

切于內如第三圖其第二第四圜則交圜也

第四界

凡圜內直線從心下垂線其垂線大小之度即直線距心遠近之度

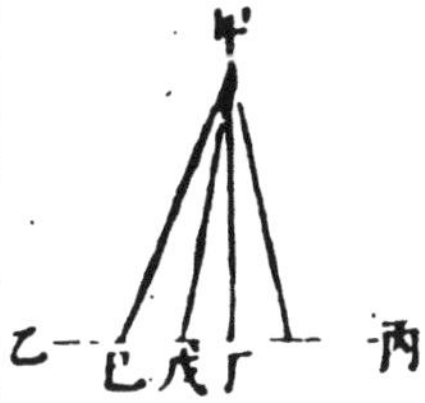

凡一點至一直線上惟垂線至近其他即遠垂線一而已遠者無數也故欲知點與線相去遠近必用垂線爲度試如前圖甲點與乙丙線相去遠近必以甲丁垂線爲度爲甲丁一線獨去丙線至近他若甲戊甲巳諸線愈大愈遠乃至無數故

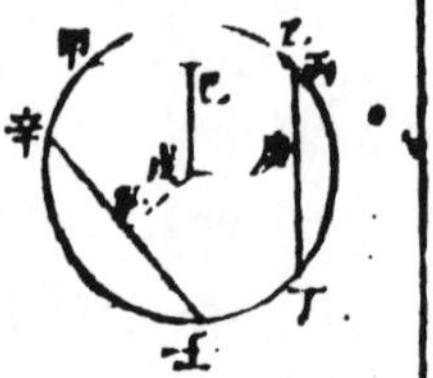

如後圖說甲乙丙丁圜內之甲乙丙丁兩線其去戊心遠近等爲己戊庚戊兩垂線等故若辛壬線去戊心近矣爲戊癸垂線小故

第五界

凡直線割圜之形爲圜分

甲乙丙丁圜之乙丁直線任割圜之一分如甲乙丁及乙丙丁兩形皆爲圜分凡分有三形其過心者爲半圜分函心者爲圜大分不函心者爲圜小分又割圜之直線爲弦所割圜界之一分爲弧

第六界

凡圜界偕直線內角為圜分角

以下三界論圜角三種本界所言雜圜也其在半圜分內為半圜角在大分內為大分角在小分內為小分角

第七界

凡圜界任于一點出兩直線作一角為負圜分角

甲乙丙圜分于丙為底于乙點出兩直線作甲乙丙角形其甲乙丙角為負甲乙丙圜分角

第八界

若兩直線之角乘圜之一分為乘圜分角

甲乙丙丁圜內。于甲點出甲乙、甲丁、兩線。其乙甲丁角。爲乘乙丙丁圜分角。

圜角三種之外。又有一種爲切邊角。或直線切圜。或兩圜相切。其兩圜相切者。又或內。或外。如上圖。甲乙線切丙丁戊圜于丙。即甲丙丁、乙丙戊兩角、爲切邊角。又丙丁戊、巳戊庚兩圜外相切。切于戊。及巳戊庚、巳辛壬兩圜內相切。于巳。即丙戊巳、戊巳辛、壬巳庚三角。俱爲切邊角。

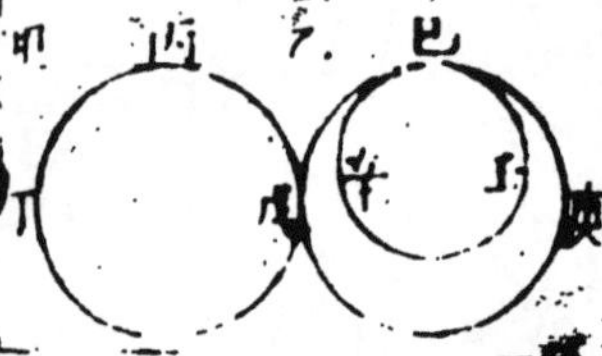

第九界

從圜心。以兩直線作角。偕圜界。作三角形。爲分圜形。

甲乙丙丁圜。從戊心出戊甲、戊丙兩線。偕甲丁丙圜界。作角形。爲分圜形。

第十界

凡圜內兩負圜分角相等。即所負之圜分相似。

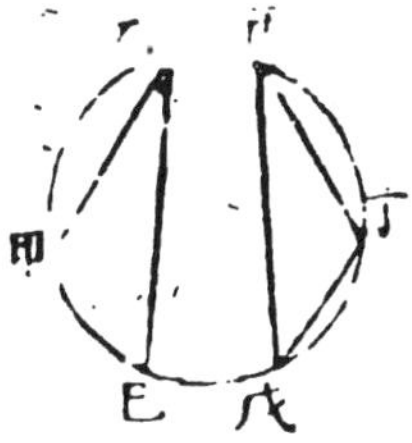

甲乙丙丁圜內。有甲乙巳與丁丙戊兩負圜分角等。則所負甲乙丁巳與丁丙甲戊兩圜分相似。

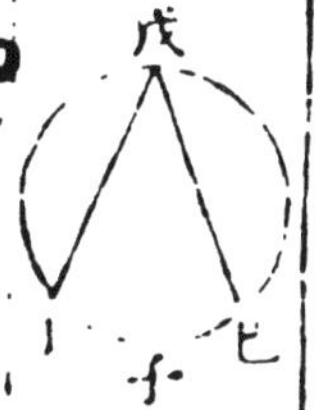

又有兩圜。或等或不等。其負圜分角等。即圜分俱相似。如上三圖。三圜之甲乙丙、丁戊巳、庚辛

王三負圖分角等。卽所負甲乙丙丁戊巳庚辛壬三圖分相似。相似略如。如云。同爲就分圓之數也。

幾何原本第三卷　本篇論圜計三十七題

泰西利瑪竇口譯

吳淞徐光啓筆受

第一題

有圜求尋其心

法曰甲乙丙丁圜求尋其心先于圜之兩界任作一甲丙直線次兩平分之于戊（一卷十）次于戊上作乙丁垂線兩平分之于己即己爲圜心

論曰如云不然令心何在彼不得言在己之上下何者乙丁線既平分于己離平分不能爲心故必言心在

乙丁線外為庚即令自庚至丙至戊至甲各作直線則甲庚戊角形之甲戊既與丙庚戊角形之丙戊兩邊等戊庚同邊而庚甲庚丙兩線俱從心至界宜亦等即對等邊之庚戊甲庚戊丙兩角宜亦等（本八）而為兩直角矣（一卷十界說）夫乙戊甲既直角而庚戊甲又為直角可不可也

系因此推顯圜內有直線分他線為兩平分而作直角即圜心在其內

第二題

圜界任取二點以直線相聯則直線全在圜內

解曰。甲乙丙圜。於上任取甲丙二點。作直線相聯。題言甲丙線全在圜內。

論曰。如云在外。若甲丁丙線。令尋取甲乙丙圜之戊心。本篇一次作戊甲戊丙兩直線。次于甲丁丙線上作戊乙丁線。而與圜界遇于乙。即戊甲丁丙當爲三角形。以甲丁丙爲底。戊甲戊丙兩腰等。其戊甲丙戊丙甲兩角宜等。一卷五而戊丁甲爲戊丙丁之外角。宜大于戊丙丁角。即亦宜大于戊甲丁角。一卷十六則對戊丁甲大角之戊甲線。宜大于戊丁線矣。一卷十九夫戊甲與戊乙本同圜之半徑。等。據如所論。則戊乙亦大于戊丁。不可通也。若云不

在圜外、而在圜界、依前論、令戊甲大于戊乙、亦不可通也

第三題

直線過圜心、分他直線為兩平分、其分處必為兩直角、為兩直角、必兩平分

解曰、乙丙丁圜、有丙戊線、過甲心、分乙丁線為兩平分于己、題言甲己必是垂線、而己旁為兩直角、又言、己旁既為兩直角、則甲己分乙丁、必兩平分

先論曰、試從甲作甲乙、甲丁、兩線、即甲乙己角形之乙

已。[illegible]甲丁巳角形之丁巳。兩邊等。甲巳同邊。甲乙甲丁、兩線俱從心至界。又等。卽兩形等。則其對等邊之甲巳乙、甲巳丁。亦等一卷八而為兩直角矣。

後論曰。如前作甲乙、甲丁、兩線。甲乙丁角形之甲乙、甲丁、兩邊旣等。則甲乙丁、甲丁乙。兩角亦等一卷五又甲乙巳角形之甲巳乙、甲乙巳、兩角。與甲丁巳角形之甲巳丁、甲丁巳、兩角。各等。而對直角之甲乙甲丁、兩邊又等。則巳乙、巳丁、兩邊亦等。一卷廿六

欲顯次論之旨。又有一說。如甲丁上直角方形。與甲巳巳丁、上兩直角方形并。等一卷四七而甲乙上直角方形。與

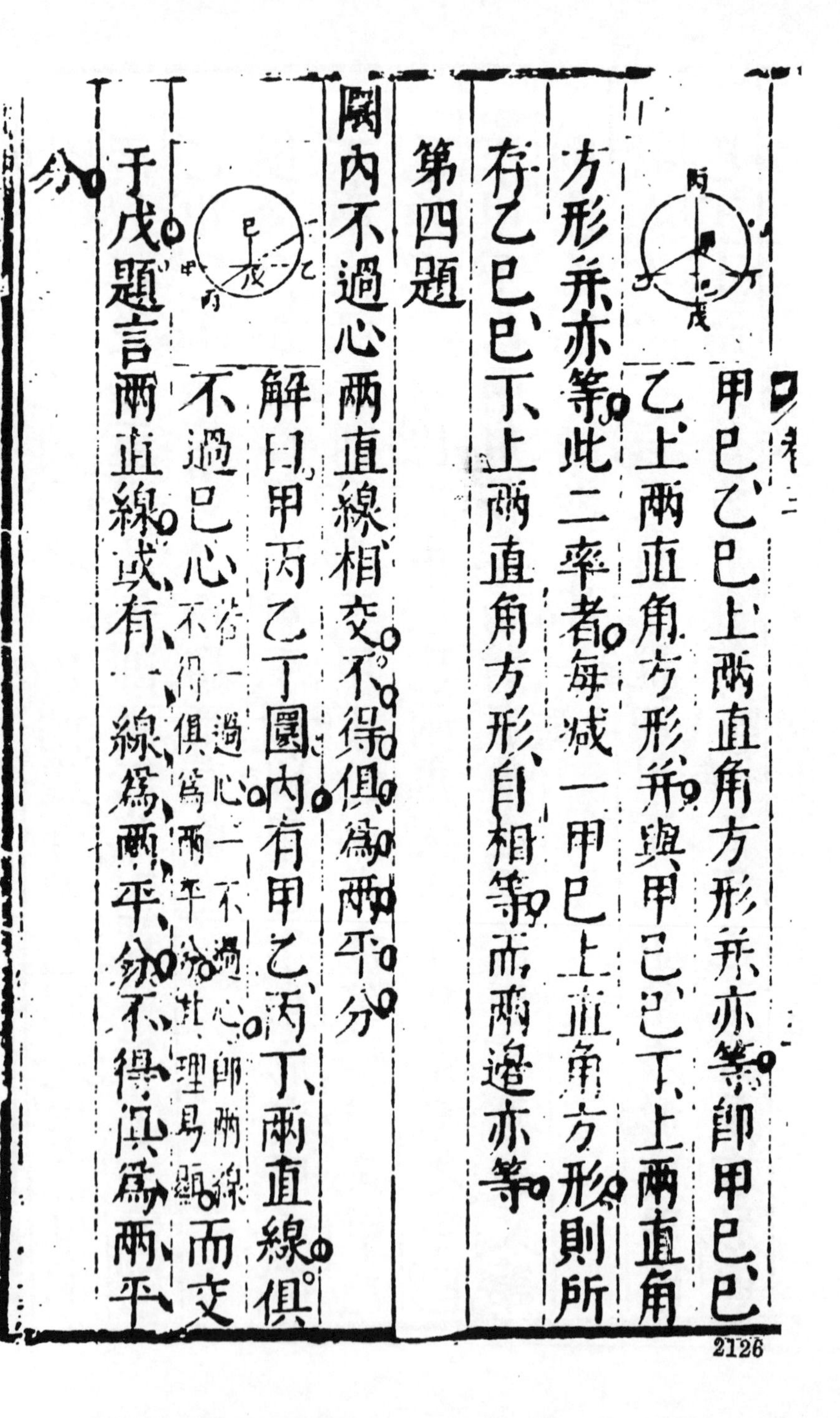

甲巳乙巳上兩直角方形幷亦等。即甲巳、巳乙上兩直角方形幷。與甲巳、巳丁、上兩直角方形幷亦等。此二率者。每減一甲巳上直角方形。則所存乙巳、巳丁、上兩直角方形。自相等。而兩邊亦等。

第四題

圜內不過心兩直線相交。不得俱為兩平分

解曰。甲丙乙丁圜內有甲乙、丙丁、兩直線俱不過巳心（若一過心。一不過心。即兩線不得俱為兩平分。其理易顯。）而交于戊。題言兩直線。或有一線。為兩平分。必不得俱為兩平分。

論曰。若云不然。而甲乙丙丁能俱兩平分于戊。試令尋本圜心于巳。本篇一從巳至戊。作甲乙之垂線。其巳戊既分甲乙爲兩平分。即爲兩直角。本篇三而又能分丙丁爲兩平分。亦宜爲兩直角。是巳戊甲爲直角。而巳戊丙亦直角。全與其分等矣。

第五題

兩圜相交。必不同心。

解曰。甲乙丁、戊乙丁、兩圜交于乙、于丁。題言兩圜不同心。

論曰。若言丙爲同心。令自丙至乙至甲。各作直線。其丙

乙至圜交。而丙甲截兩圜之界于戊于甲。夫丙既為戊乙丁圜之心。則丙乙與丙戊等。而又為甲乙丁圜之心。則丙乙與丙甲又等。是丙戊與丙甲亦等。而全與其分等也。

第六題

兩圜內相切。必不同心。

解曰。甲乙、丙乙、兩圜。內相切于乙。題言兩圜不同心。

論曰。若言丁、為同心。令自丁至乙至丙。各作直線。其丁乙切界。而丁丙截兩圜之界于甲、于丙。丁既為乙[illegible]心則丁乙與丁甲等而又為丙乙圜之[illegible]丁乙與丁丙又等是丁甲與丁丙亦等而全與其分等也

第七題

圜徑離心任取一點從點至圜界任出幾線其過心線最大不過心線最小餘線愈近心者愈大愈近不過心線者愈小而諸線中止兩線等

解曰甲丙丁戊乙圜其徑甲乙其心己離心任取一點為庚從庚至圜界任出幾線為庚丙庚丁庚戊題先言從庚所出諸線惟過心庚甲最大次言不過心庚乙最小三言庚丙大于庚丁

庚丁大于庚戊。愈近心愈大。愈近庚乙愈小。

後言庚乙兩旁。止可出兩線等。

先論卜。試從巳心出三線。至丙至丁至戊。其丙巳庚角形之丙巳。巳庚兩邊。并大于丙庚一邊。一卷二十而丙巳。巳庚。等于甲巳。巳庚。則庚甲大于庚丙。依顯庚丁庚戊。俱小。下庚甲。是庚甲最大。

次論上。巳庚戊角形之巳戊一邊。小于巳庚庚戊兩邊并。一卷十而巳戊與巳乙等。則巳乙小于巳庚庚戊并矣。次各減同用之巳庚。則庚乙小于庚戊。依顯庚戊小于庚丁。庚丁小于庚丙。是庚乙最小。

三論曰。丙巳庚角形之丙巳。與丁巳庚角形之丁巳。兩邊等。巳庚同邊。而丙巳庚角。大于丁巳庚角。[illegible]則對大角之庚丙邊。大于對小角之庚丁邊。一卷十九依顯庚下大于庚戊。而愈近心。愈大。愈近庚乙。愈小。

後論曰。試依戊巳乙。作乙巳辛相等角。而抵圜界。爲巳辛線。次從庚作庚辛線。其戊巳庚角形之戊巳腰。與庚巳辛角形之辛巳腰。既等。巳庚同腰。兩腰間角。又等。則對等角之庚戊庚辛兩底亦等。一卷四而庚乙兩旁之庚戊庚辛等矣。此外若有從庚出線。在辛之上。即依第三論。大于庚辛。在辛之下。即小于庚辛。故云庚乙兩旁止

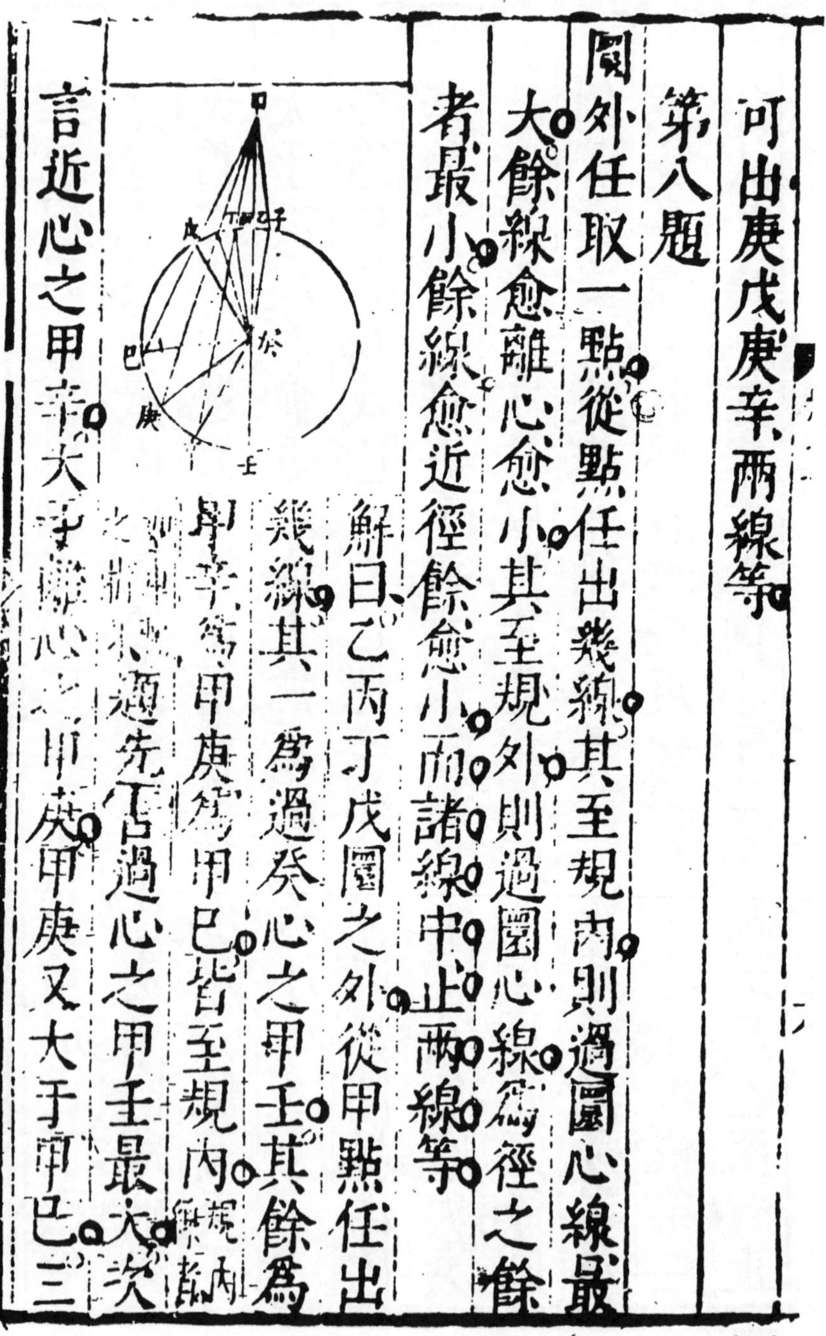

可出庚戊庚辛兩線等

第八題

圜外任取一點從點任出幾線其至規內則過圜心線最大餘線愈離心愈小其至規外則過圜心線為徑之餘者最小餘線愈近徑餘愈小而諸線中止兩線等

解曰乙丙丁戊圜之外從甲點任出幾線其一為過癸心之甲壬其餘為甲辛為甲庚為甲巳皆至規內[illegible]

之[illegible]過先[illegible]過心之甲壬最大次言近心之甲辛大于離心之甲庚甲庚又大于甲巳三

又十六線外之甲乙為乙壬徑餘者（規外線者刻非輻之奏輳）最小。四言甲丙近徑餘小于甲丁。甲丁又小于甲戊。後言甲乙兩旁。止可出兩線等。

先論曰。試從癸心至丙、丁、戊、巳、庚、辛。各出直線。其甲癸辛角形之甲癸、癸辛兩邊并。大于甲辛一邊（一卷二十）。而甲癸、癸辛與甲壬等。則甲壬大于甲辛。依顯甲壬更大于甲庚、甲巳。而過心之甲壬最大。

次論曰。甲癸辛角形之癸辛。與甲癸庚角形之癸庚兩邊等。甲癸同邊。而甲癸辛角大于甲癸庚角（全大于分）。則對大角之甲辛邊。大于對小角之甲庚邊（一卷廿四）。依顯甲庚

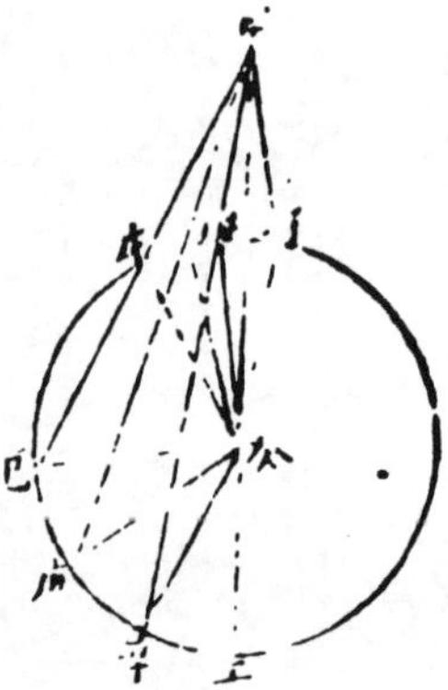

大于甲巳。而規內線愈離心愈小。

三論曰。甲癸丙角形之甲癸一邊。小于甲丙丙癸兩邊并。一卷二十。次每減一相等之乙癸丙癸。則甲乙小于甲丙矣。依顯甲乙更小于甲丁甲戊。而規外甲乙最小。

四論曰。甲丁癸角形之內。從甲與癸出甲丙丙癸兩邊。并小于甲丁丁癸兩邊并。一卷廿一。此二率者。每減一相等之丙癸丁癸。則甲丙小于甲丁矣。依顯甲丙更小于甲戊。而愈近徑餘甲乙者愈小。

後論曰。試依乙癸丙。作乙癸子相等角。截圜界。次作甲子癸。其甲子癸角形之甲癸、癸子兩腰，與甲癸丙角形之甲癸、癸丙兩腰各等，而兩腰間角又等，則對等角之甲子、甲丙兩底亦等也。（一卷四）此外若有從甲出線在子之上，即依第四論，小于甲丙；在子之下，即大于甲丙。故云甲乙兩旁止可出甲丙、甲子兩線等。

第九題

圜內從一點至界作三線以上皆等，即此點必圜心。

解曰：從甲點至乙、丙、丁、圜界作甲乙、甲丙、甲丁三直線，若等，題言甲點為圜心。三以上等者，更不待論。

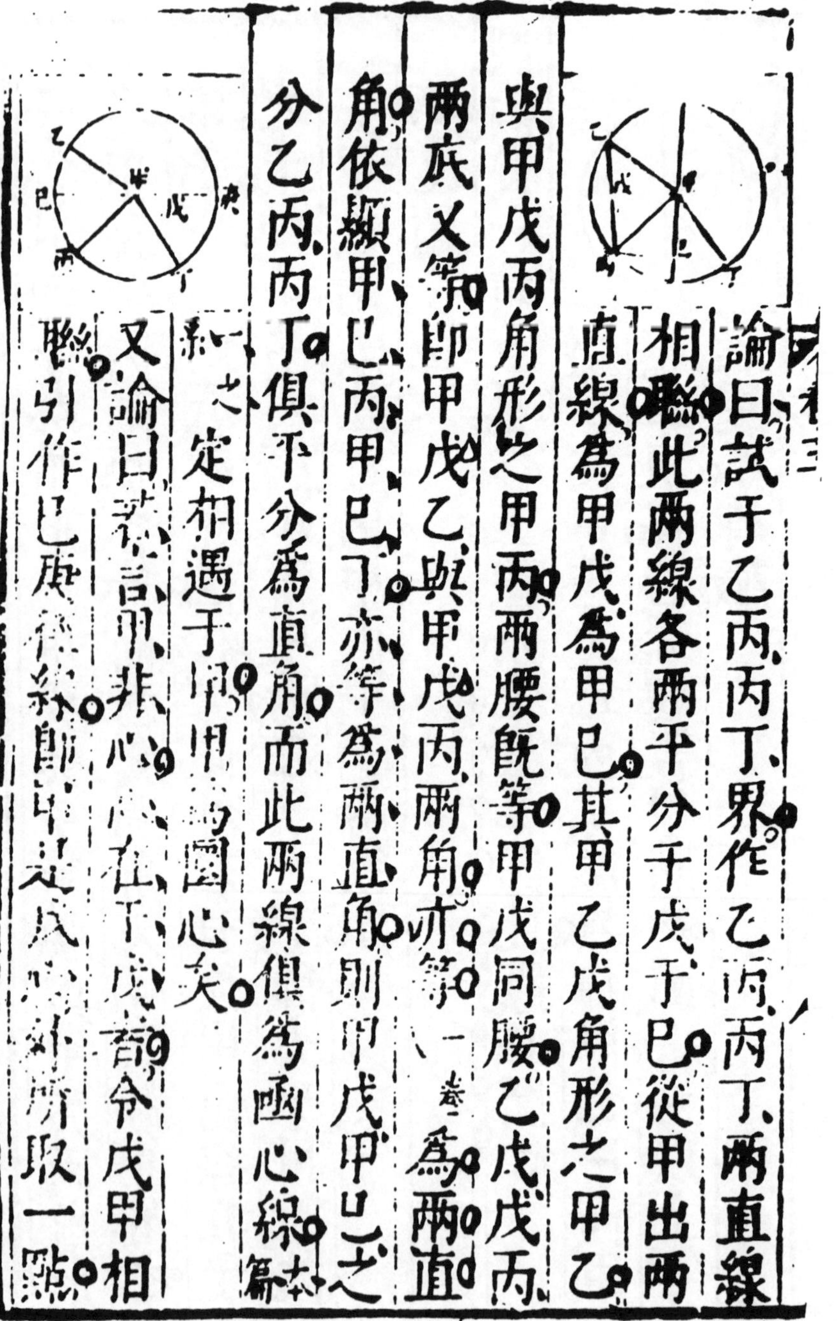

論曰。試于乙丙、丙丁、界作乙丙、丙丁、兩直線相聯。此兩線各兩平分于戊、于巳。從甲出兩直線。爲甲戊、爲甲巳。其甲乙戊角形之甲乙。與甲戊丙角形之甲丙。兩腰既等。甲戊同腰。乙戊、戊丙、兩底又等。即甲戊乙、與甲戊丙、兩角亦等。一卷八爲兩直角。依顯甲巳丙、甲巳丁、亦等。爲兩直角。則甲戊、甲巳、之分乙丙、丙丁。俱平分爲直角。而此兩線俱爲圜心線。本篇一之系定相遇于甲。即甲爲圜心矣。

又論曰。若言甲非心。心在丁戊線。令戊甲相聯。引作巳庚徑線。即甲是戊心外所取一點。

而從甲所出線愈近心者。宜愈大矣。本篇七則甲丁宜大于甲丙。而先設等何也。

第十題

兩圜相交。止于兩點。

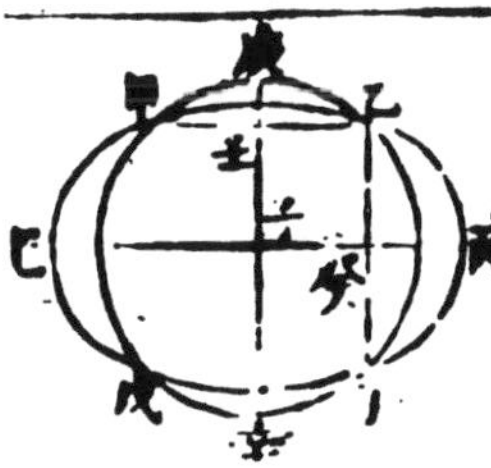

論曰。若言甲乙丙丁戊己圜與甲庚乙丁辛戊圜。三相交于甲于乙于丁。令作甲乙乙丁兩直線相聯。此兩線各兩平分于壬于癸。次從壬癸作子壬子癸兩垂線。其子壬分甲乙。子癸分乙丁。既皆兩平分。而各爲兩直角。即子壬子癸兩線俱爲甲庚乙丁辛戊圜之函心線。本篇一之系而子爲其心矣。依題甲乙丙丁戊己圜，亦以子爲心也。夫兩交之圜尚不得同心。（本篇五）何緣得有三交。

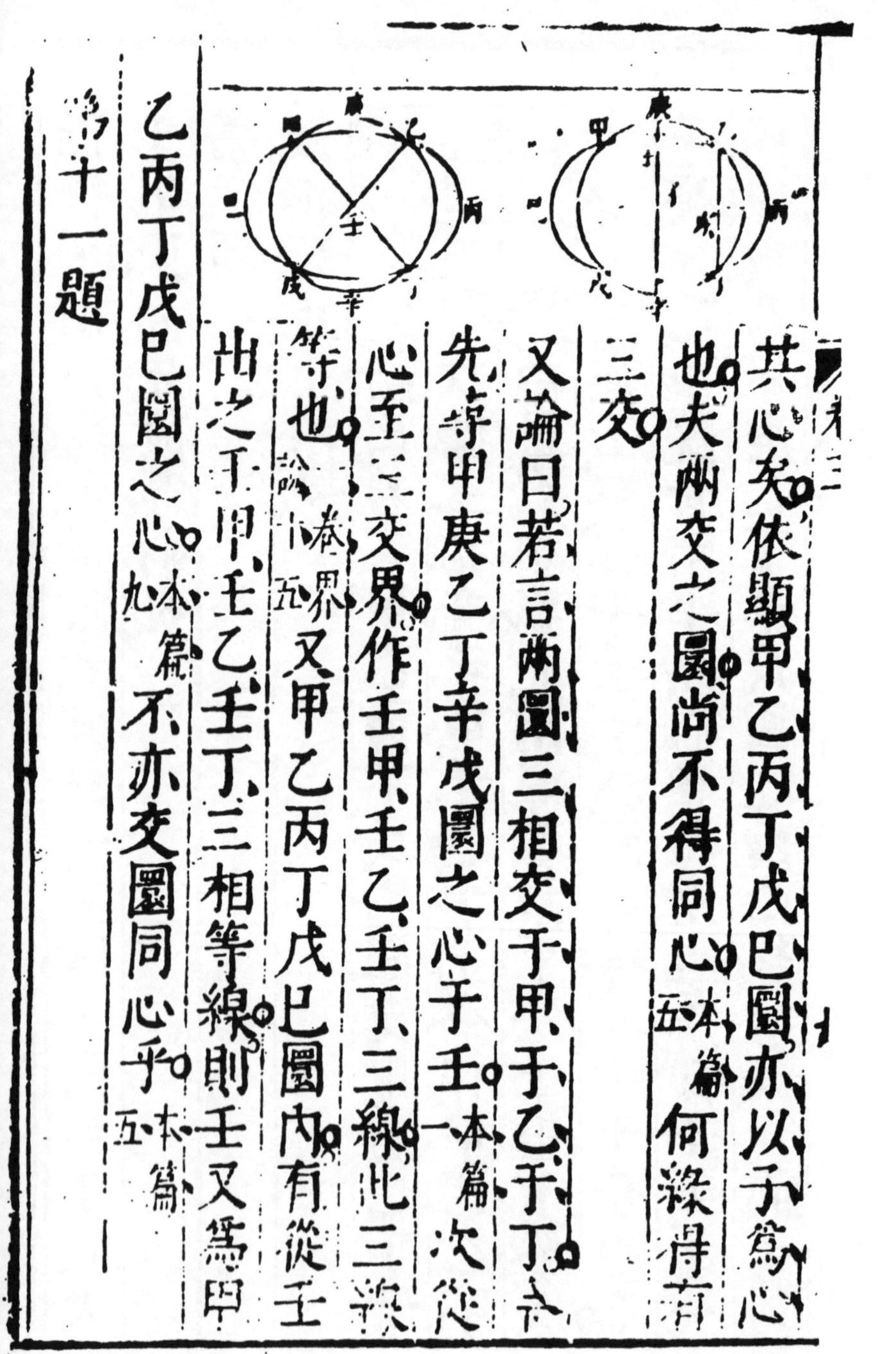

又論曰：若言兩圜三相交于甲、于乙、于丁，令先于甲庚乙丁辛戊圜之心于壬。（本篇一）次從心至三交界，作壬甲、壬乙、壬丁三線。此三線等也。（一卷界說十五）又甲乙丙丁戊己圜內有從壬出之壬甲、壬乙、壬丁三相等線，則壬又爲甲乙丙丁戊己圜之心。（本篇九）不亦交圜同心乎？（本篇五）

第十一題

兩圜內相切作直線聯兩心引出之必至切界

解曰甲乙丙甲丁戊兩圜內相切于甲而己爲甲乙丙之心庚爲甲丁戊之心題言作直線聯庚己兩心引抵圜界必至甲

論曰如云不至甲而截兩圜界于乙于丁及丙戊令從甲作甲己甲庚兩線其甲己庚角形之庚己己甲兩邊并大于庚甲一邊（一卷二十）而兩圜心所出之庚甲庚丙宜等卽庚己己甲大于庚丙知此二率都各減同用之庚己卽己甲亦大于己丁矣此與己乙是內圜同心所出等線則己乙亦大于己丁而分大于全也可乎若曰

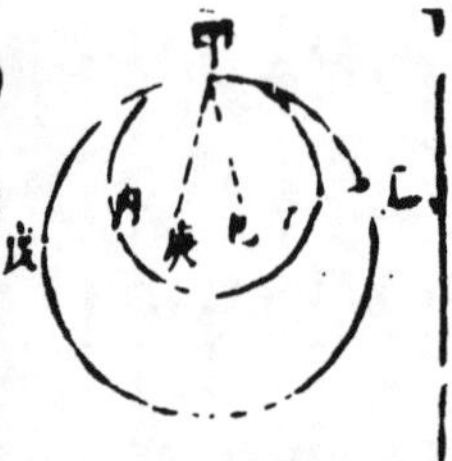

庚為甲乙丙心己為甲丁戊心亦依前轉說之甲己庚角形之己庚庚甲兩邊并大于甲己一邊。[illegible]而同圜心所出之己甲己戊宜等即己庚庚甲大于己戊矣此二率者各減同用之己庚即庚甲大于庚戊矣夫庚甲與庚丙是內圜同心所出等線則庚丙亦大于庚戊而分大于全也可乎

第十二題

兩圜外相切以直線聯兩心必過切界

解曰甲乙丙丁乙戊兩圜外相切于乙其甲二兩心為己丁乙戊心為庚題言作己庚直線必過乙

論曰：如云不然，而巳庚線截兩圜界于戊、于丙。今于切界作乙巳、乙庚兩線，其乙巳庚角形之巳乙、乙庚兩邊并大于巳庚一邊，而乙庚與庚戊、乙巳與巳丙俱同心所出線，宜各等，則庚戊、丙巳兩線并亦大于庚巳一線矣（一卷二十）。夫庚巳線分爲庚戊、丙巳，尚餘丙戊，兩云庚戊、丙巳大于庚巳，則分大于全也。故直線聯巳庚必過乙。

第十三題（二支）

圜相切，不論內外，止以一點。

先論曰：甲乙丙丁與甲戊丙巳兩圜內相切，若云有兩

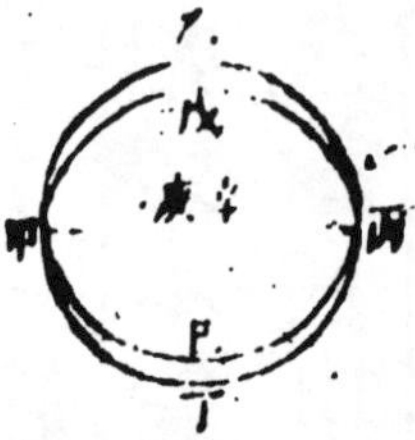

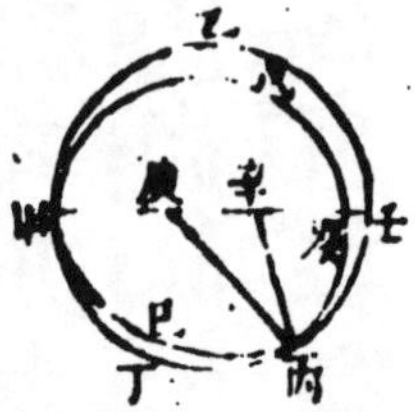

點相切于甲、又于丙。令作直線、函兩圜心庚、辛、引出之。如前圖宜至相切之甲、之丙。本篇十一則甲丙為兩圜之同徑線而此徑線者兩平分于庚。又兩平分于辛。何也。一直線止以一點兩平分若云庚辛引出直線。一抵甲。一截兩圜之界于癸、于壬。即如後圖。令從兩心各作直線至又相切之丙。次問之甲乙丙丁圜之心為庚邪。辛邪。如曰庚也。而辛為甲戊丙巳之心。則丙庚辛角形之庚辛丙兩邊并。大于庚丙一邊。一卷二十而庚辛辛丙與癸辛宜等。辛癸辛丙兩同圜心所出故即庚癸亦大于庚丙。夫庚丙與庚壬者外圜同心所出等線也將庚癸亦大于庚壬可乎如曰辛也而庚爲甲戊丙巳之心則丙庚辛角形之辛庚庚丙兩邊并大于辛丙一邊二十本篇而辛丙與辛甲宜等即辛庚庚丙亦大于辛甲矣此二率者各減同用之辛庚即庚丙亦大于庚甲也夫庚甲與庚丙俱亦同圜心所出等線也而安有大小

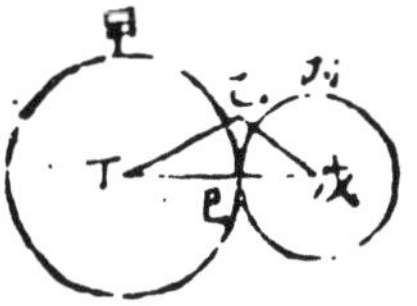

甲 乙 丙 丁 戊 巳

後論曰甲乙與乙丙兩圜外相切于巳從甲乙之丁心丙乙之戊心作直線相聯必過巳本篇十二若云又相切于乙今自乙至丁至戊各作直線其丁乙乙戊并宜與丁戊等而爲角形之兩腰又宜大

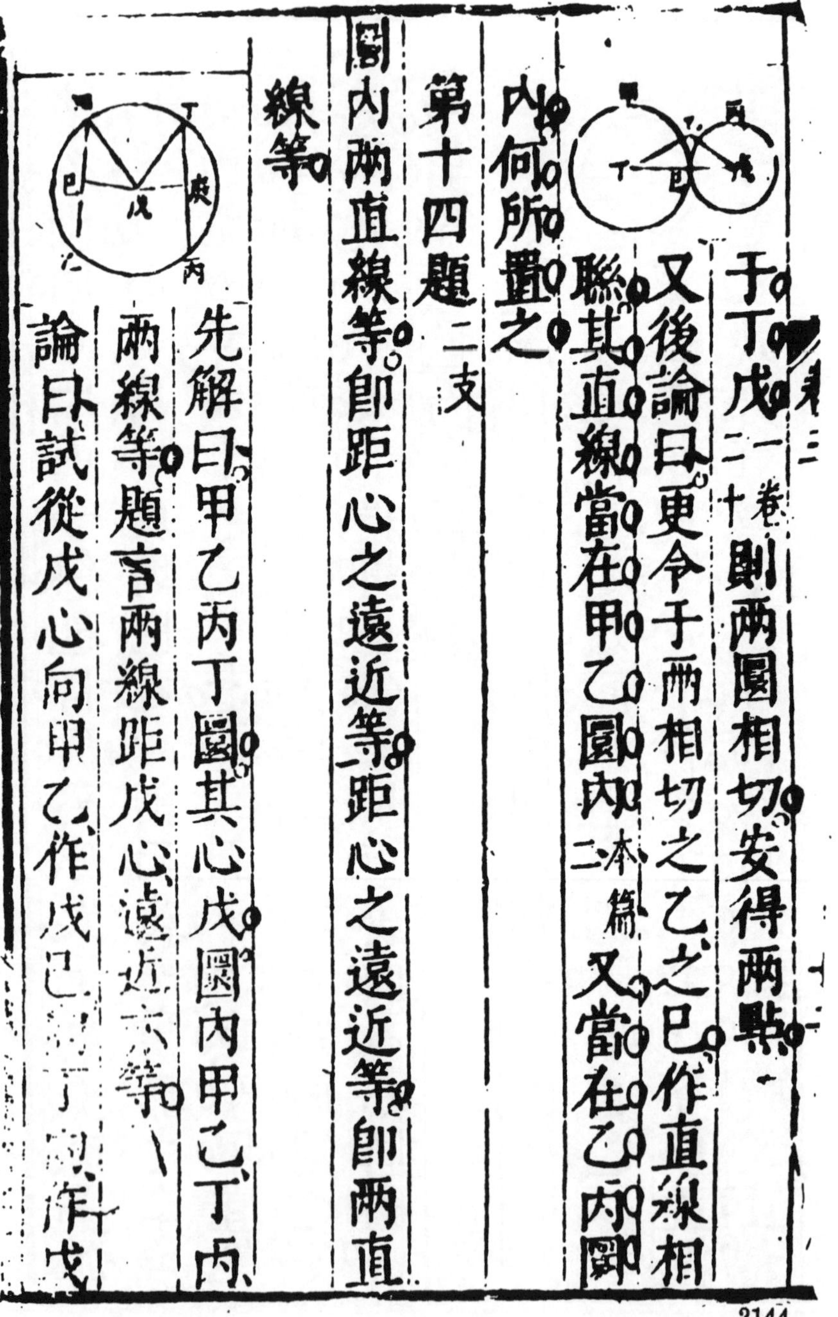

于丁戊（一卷二十）則兩圜相切安得兩點

又後論曰更令于兩相切之乙之巳作直線相聯其直線當在甲乙圜內（二本篇）又當在乙內圜內何所置之

第十四題二支

圜內兩直線等即距心之遠近等距心之遠近等即兩直線等

先解曰甲乙丙丁圜其心戊圜內甲乙丁丙兩線等題言兩線距戊心遠近亦等

論曰試從戊心向甲乙作戊巳[illegible]丁丙作戊

庚為垂線。次自丁、自甲、至戊。各作直線。其戊巳戊庚。既各分甲乙丁丙線為兩平分。本篇而甲乙丁丙等。則平分之甲巳丁庚亦等。夫甲戊上直角方形。與甲巳巳戊上兩直角方形并等。一卷四七等甲戊之丁戊上直角方形。與丁庚庚戊上兩直角方形并等。而甲巳丁庚上兩直角方形既等。即戊巳戊庚上兩直角方形亦等。則戊巳戊庚兩線亦等。是甲乙丁丙兩線距心之度等。本卷界說四

後解曰。甲乙丁丙兩線距戊心遠近等。題言甲乙丁丙兩線亦等。

論曰。依前論。從戊作戊巳戊庚兩垂線。既等。本卷界說四而

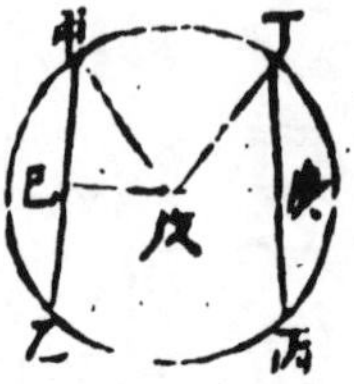

分甲乙丁丙。各爲兩平分。本篇三其甲戊上直角方形。與甲巳巳戊上兩直角方形幷等。一卷四七等甲戊之丁戊上直角方形。與丁庚庚戊上兩直角方形幷等。即甲巳巳戊上兩直角方形幷與丁庚庚戊上兩直角方形幷。亦等。此二率者。每減一相等之巳戊戊庚上直角方形。卽所存甲巳丁庚上兩直角方形。亦等。是甲巳丁庚兩線等也。夫甲乙倍甲巳。丁丙倍丁庚。其半等。其全必等。

第十五題

圜內之大線。其餘線者。近心大于遠心。

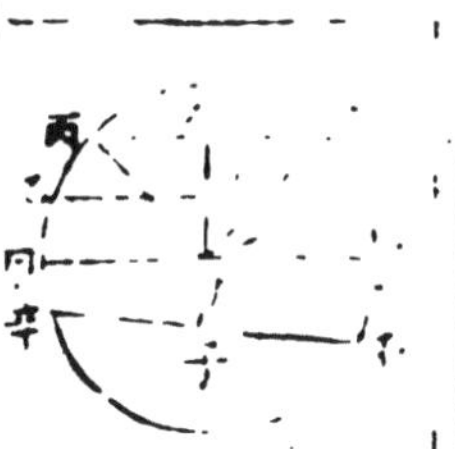

解曰。甲乙丙丁戊己圜。其心庚。其徑甲己。其近心線爲辛壬。遠心線爲丙丁。題言甲乙最大。辛壬近心。大于丙丁遠心。

論曰。試從庚向丙丁、作庚癸、向辛壬、作庚子、各垂線。其丙丁距心遠于辛壬。卽庚癸大于庚子。（本卷界說四）次于庚癸線截庚丑。與庚子等。次從丑作乙戊爲庚癸之垂線。末于庚乙、庚丙、庚丁、庚戊、各作直線相聯。其庚丑既等于庚子。卽乙戊與辛壬。各以垂線距心遠近等（本卷界說四）而兩線亦等。（本卷十四）夫庚乙、庚戊、幷大于乙戊（一卷二十）而與甲己等。卽甲己大于乙戊。亦大于辛壬矣。依顯甲己大

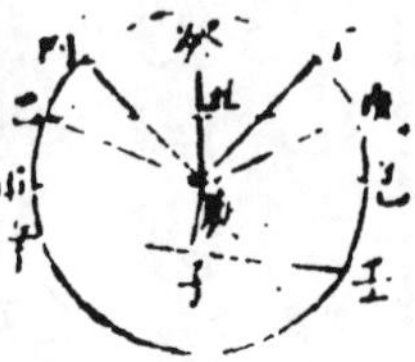

于他線。則甲己最大。又乙庚戊角形之乙庚庚戊兩腰。與丙庚庚丁角形之丙庚庚丁兩腰等。而乙庚戊角大于丙庚丁角。則乙戊底大于丙丁底。（一卷廿四）故等乙戊之辛壬。亦大于丙丁也。是近心線大于遠心線也。

第十六題（二支）

圜徑末之直角線。全在圜外。而直線偕圜界。所作切邊角。不得更作一直線入其內。其半圜分角。大于各直線銳角。切邊角。小于各直線銳角。

先解曰。甲乙丙圜。丁為心。甲丙為徑。從甲作甲丙之垂線。題言此線全在圜外。

論曰。若言在內。如甲乙。令自丁至乙作直線。即丁甲乙與丁乙甲兩角等。一卷五 丁甲既爲直角。丁乙又爲直角乎。夫角形三角并等兩直角。一卷十七 豈得形內自有兩直角也。則垂線必在圜外。若已戊必不在圜內。若甲乙又不在圜界之上。前云在界外亦依此論 故曰全在圜外。

次解曰。題又言戊甲垂線偕乙甲圜界所作切邊角不得更作一直線入其內。

論曰。若云可作。如庚甲。令從丁心向庚甲作丁辛爲庚

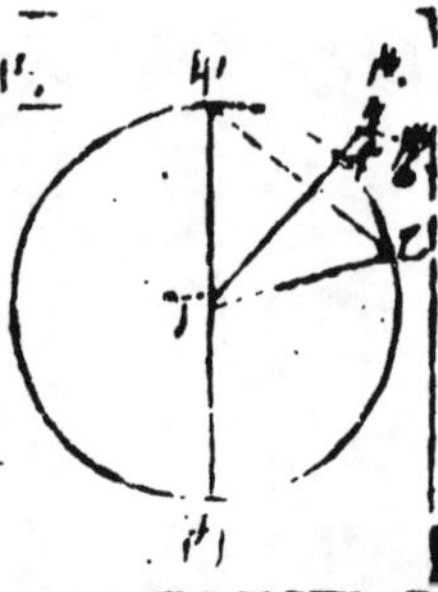

甲之垂線。十一卷二 夫丁甲辛角形之丁甲辛、丁辛甲、兩角并、小于兩直角。一卷十七 而丁辛甲爲直角。即對小角之丁辛線、小于對大角之甲丁線矣。十九卷一 甲丁者、與丁壬爲同圜相等者也。將丁壬亦大于丁辛。則戊甲乙角之內。不得更作一直線。而戊甲之下。但有直線。必入本圜之內也。

後解曰。題又言丁甲所垂線。偕乙甲圜界所作丙甲乙圜分角。大于各直線銳角。而戊甲垂線。偕乙甲圜界所作切邊角。小于各直線銳角。

論曰。依前論。甲戊下、有直線。既云必入圜內。即此直線從戊所作各直線銳角皆小於圜分角而切邊角小於各直線銳角。

系巳甲線必切圜以一點。

增先解曰甲乙丙圜其心丁其徑甲丙從甲作戊甲爲甲丙之垂線題言戊甲全在圜外。

增正論曰試於甲戊線內任取一點爲庚自庚至丁作直線其甲丁庚角形之丁甲庚丁庚甲兩角小於兩直角一卷十七而丁甲庚爲直角即丁庚甲小於直角對大角之丁庚線大於對小角之丁甲線矣一卷十九則

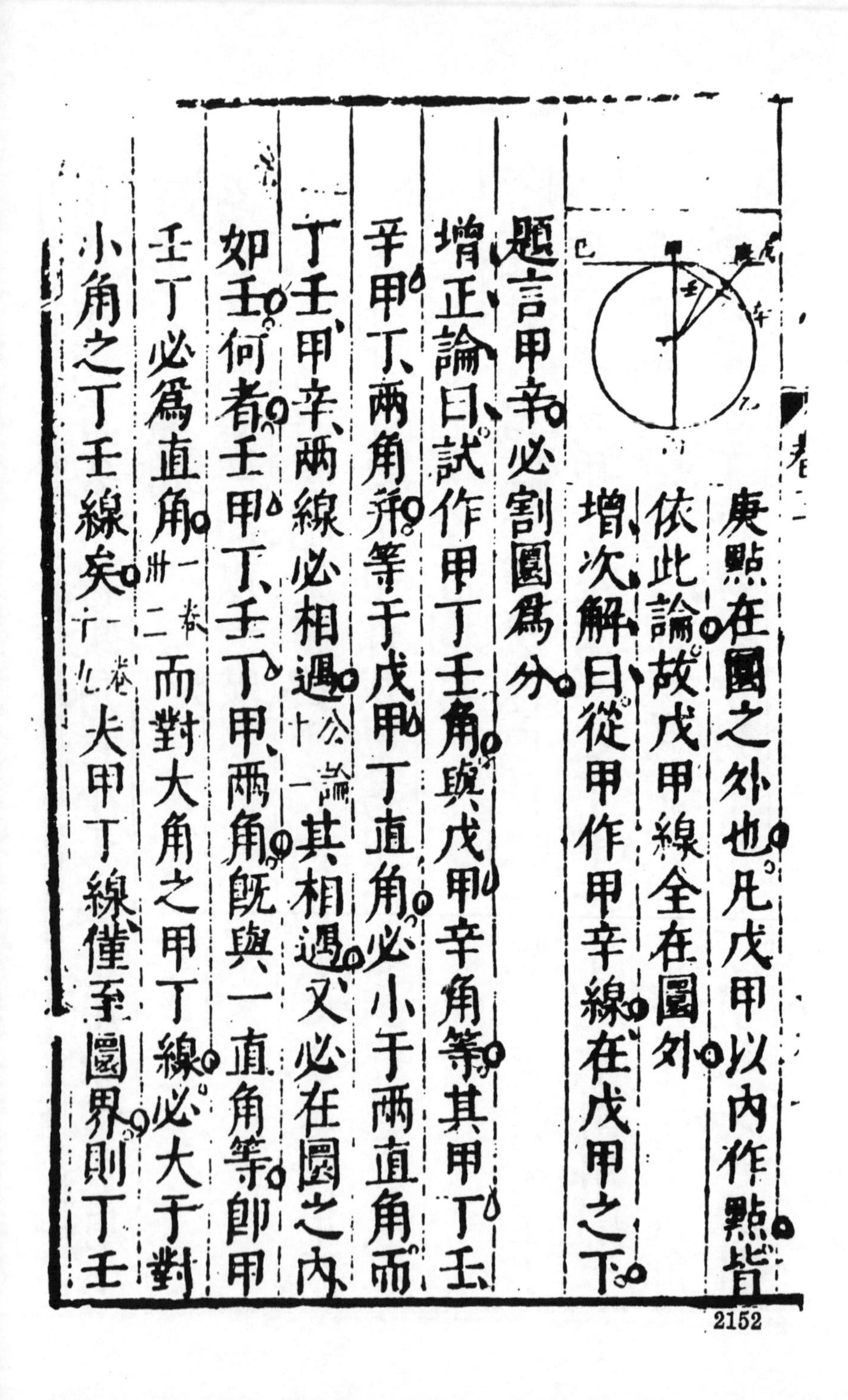

庚點在圜之外也。凡戊甲以內作點。皆依此論。故戊甲線全在圜外。

增、次解曰。從甲作甲辛線。在戊甲之下。題言甲辛。必割圜爲分。

增、正論曰。試作甲丁壬角。與戊甲辛角等。其甲丁壬、辛甲丁、兩角。幷等于戊甲丁直角。必小于兩直角。而丁壬、甲辛、兩線。必相遇。十一公論 其相遇。又必在圜之內、如壬。何者。壬甲丁、壬丁甲、兩角。旣與一直角等。即甲壬丁必爲直角。一卷卅二 而對大角之甲丁線。必大于對小角之丁壬線矣。一卷十九 夫甲丁線、僅至圜界。則丁壬不能抵圜界。必在圜之內也。

後支前已正論。

或難曰。切邊角。有大有小。何以畢不得兩分。何若問幾何之分。不可窮盡。如莊子尺棰之義。深著明矣。今切邊之內有角。非幾何乎。此幾何。何獨不可分那。又十卷第一題言設一小幾何。又設一大幾何。若從大者半減之。減之又減。必至一處。小于所設小率。此題最明。無可疑者。今言切邊之角。小于直線銳角。是亦小幾何也。彼直線銳角。是亦大幾何也。若從直線銳角半減之。減之又減。何以終竟不得小于切邊角那。

旣本題推顯切邊角中。不得容一直線。如此著明。便當幷無切邊角。無角。則無幾何。此則不可得分耶。且幾何原本書中。無有至大不可加之率。無有至小不可減之率。若切邊角不可分。豈非至小不可減乎。答曰。謬矣。子之言也。有圜有線。安得無切邊角。且旣言直線鋭角大于切邊角。卽有切邊角矣。苟無角。安所較大小哉。且子言直線與圜界。幷無切邊角。則兩圜外相切。亦無角乎。曰。然。曰。試如作甲巳乙圜。其心丙。而丁戊爲切線。卽丁甲巳爲切邊角。次依心于庚

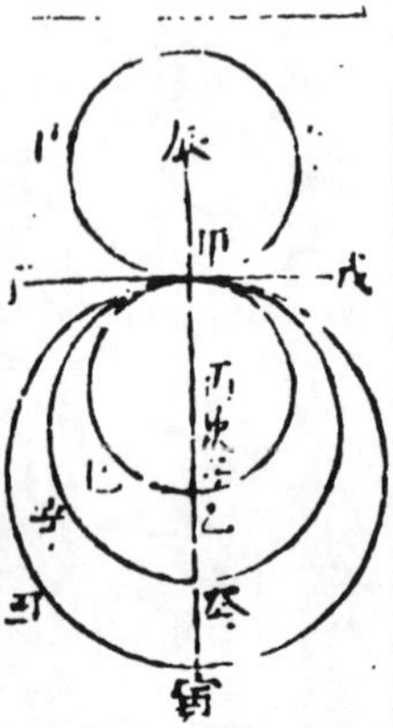

又作甲辛癸圜。卽丁甲辛爲切邊角。而小于丁甲巳。次移心于子。又作甲丑寅圜。卽丁甲丑爲切邊角。而又小于丁甲辛。如是小之又小。疑無角焉。次又于切線之外。以辰爲心。作甲巳午圜。而與前圜外相切于甲。依子所說。疑無角焉。然兩圜外相切。而以丁戊線分之。不可分乎。更自辰至寅作直線。截兩圜之界而分丁戊爲兩平分。不可分乎。兩圜兩直線交羅相遇。于甲也。能不指以一點乎。如以一點也。卽此一點之外。不能無空。卽不能不爲四切邊角矣。于所據尺棰之分無盡。又言幾何原本書中。無至小不可減之率。

也。是也。夫切邊角。但不可以直線分之耳。若用圜線則可分矣。如甲乙戊圜與丙甲丁直線相切于甲。作丁甲庚切邊大角。若移一心作甲戊辛圜。又得丁甲辛切邊角。即小于丁甲庚也。又移一心作甲巳壬圜。又得丁甲壬切邊小角。即又小于丁甲辛也。如此以至無窮。則切邊角分之無盡。何謂不可減邪。若十卷第一題所言。元無可疑。但以圜角分圜角。則與其說合矣。彼所言大小兩幾何者。謂大能相[illegible]為大。[illegible]相較為小者也。如以直線分直線角。以圜線分圜線角。是已。此切邊角與直

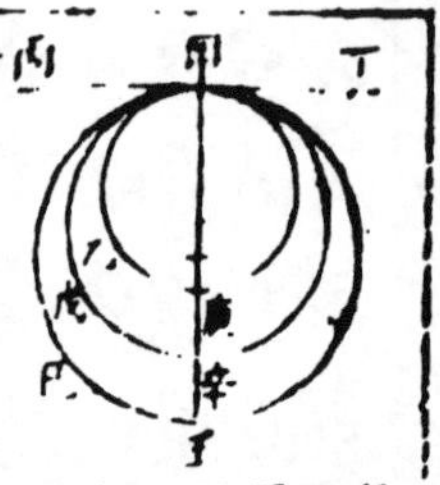

線亦。豈能相較爲大小哉。

此題有兩種幾何。一大一小。以小率半增之遞增至于無窮以大率半減之遞減至于無窮其元大者恆大元小者恆小

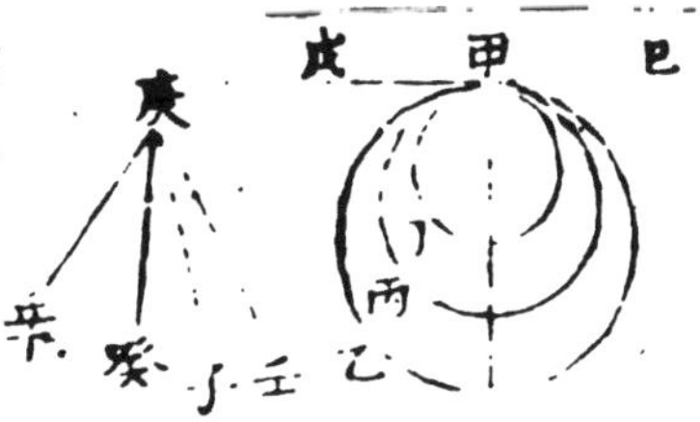

解曰。戊甲乙切邊角爲小率。壬庚辛直線銳角爲大率。今別作甲丙、甲丁、等圜俱切戊巳線于甲。其切邊角愈增愈大如前論別以庚癸、庚子、線作角。分壬庚辛角于庚愈分愈小。然直線角恆大切邊角恆小至終古不得相比

又增題。舊有一說。以一小率加一大率之上。或以一大率加一小率之上。不相離。逐線漸移之。必至一相等之處。又一說。有率大于此率者。有率小于此率者。則必有率等于此率者。昔人以為皆公論也。若用以律本題。即不可得。故今斥不為公論。

甲 己 乙 戊 丁 丙

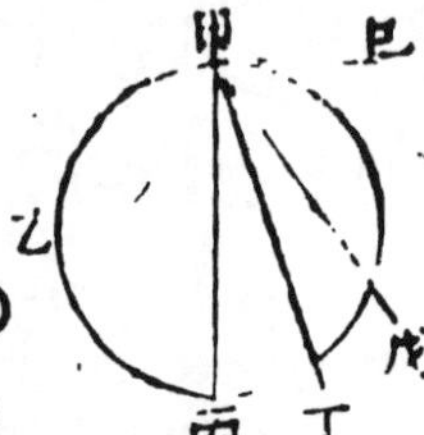

解曰。甲乙丙圜。其徑甲丙。令甲丙之甲界。定在于甲。而引丙線。逐線漸移之。向巳。其所經丁、戊、巳。及中間逐線所經無數。然依本題論。則甲丙所經尺。割圜時。皆為銳角。皆小于半圜分角。纔離銳角。便為直角。即大于半圜分角。遂過徑。無數線。終無有相等線可見。所一。若說。未爲公論。又前線與所皆小于半圓分角。而有以線作而大于小圓分角。亦有大者有小者。終無等者。而況分一分。說未爲公論也。

第十七題　二

設一點一圓。求從點作切線。

法曰。甲點求作直線切乙丙圓。其圓心丁。先從甲作甲丁直線。截乙丙圓于乙。次從丁爲心。甲爲界。作甲戊圓。次從乙作甲丁之垂線。而遇甲戊圓于戊。次作戊丁直線。而截乙丙圓于丙。末

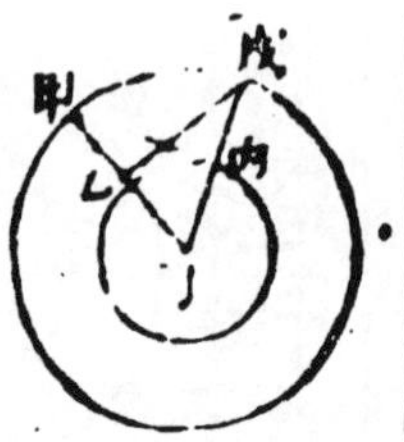

作甲丙直線。即切乙丙圜于丙。

論曰。乙戊丁角形之戊丁、丁乙兩腰。與甲丙丁角形之甲丁、丁丙兩腰各等。一卷界說而戊乙丁為直角。即甲丁角同。即甲丙、戊丙兩底亦等。一卷四丙丁亦直角。則甲丙偕乙丙圜之半徑丁丙為一直角矣。豈非圜之切線。本篇十六之系

第十八題

直線切圜。從圜心作直線至切界。必為切線之垂線。

解曰。甲乙直線切丙丁圜于丙。從戊心至切界作戊丙線。題言戊丙為甲乙之垂線。

論曰。如云不然。令從戊別作垂線。如至巳而截丙丁圜于丁。其丙戊巳角形之戊巳丙。旣爲直角。卽宜大于巳丙戊角。一卷十七而對大角之戊丙邊。宜大于對小角之戊巳邊矣。一卷十九夫戊丙與戊丁等也。戊丙大于戊巳。則戊丁亦大于戊巳乎。

又論曰。若云丙非直角。卽其兩旁角一銳一鈍。令乙丙戊爲銳角。則銳角乃大于半圜分角乎。本篇十六

第十九題 卽十八題號轉說

直線切圜。圜內作切線之垂線。則圜心必在垂線之內。

解曰。甲乙線切丙丁戊圜于丙。圜內作戊丙爲甲乙之

垂線。題言圜心在戊丙線內。

論曰。如云不然。心在于巳。令從巳作巳丙直線。即巳丙亦為甲乙之垂線。本篇十八而巳丙甲與戊丙甲等為直角。是全與其分等矣。

第二十題

負圜角與分圜角所負所分之圜分同。則分圜角必倍大于負圜角。

解曰。甲乙丙圜。其心丁。有乙丁丙分圜角。乙甲丙負圜角。同以乙丙圜分為底。題言乙丁丙角倍大于乙甲丙角。

先論分圜角在乙甲甲丙之內者曰如上圖試從甲過丁心作甲戊線其甲丁乙角形之丁甲丁乙等即丁甲乙丁乙甲兩角等（一卷五）

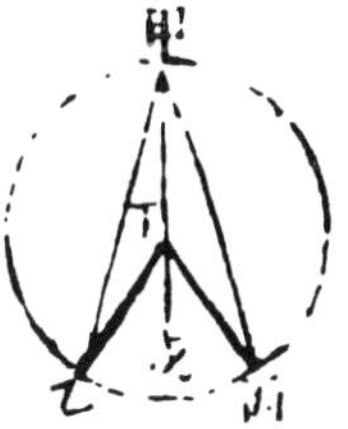

而乙丁戊外角與丙相對兩角并等（一卷卅二）即乙丁戊倍大于乙甲丁矣依顯丙丁戊亦倍大于丙甲丁則乙丁丙全角亦倍大于乙甲丙全角

次論分圜角不在乙甲甲丙之內而甲乙線過丁心者曰如上圖依前論推顯乙丁丙外角等于丙相對之丁甲丙丁丙甲兩角并（卷一卅二）

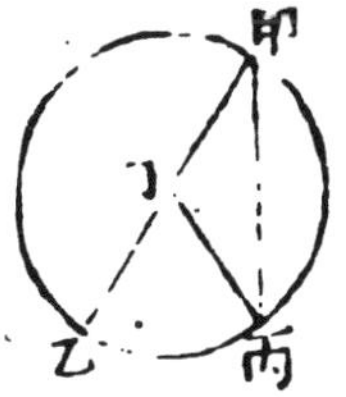

而丁甲丁丙兩腰等即甲丙兩角亦等（一卷五）則乙丁

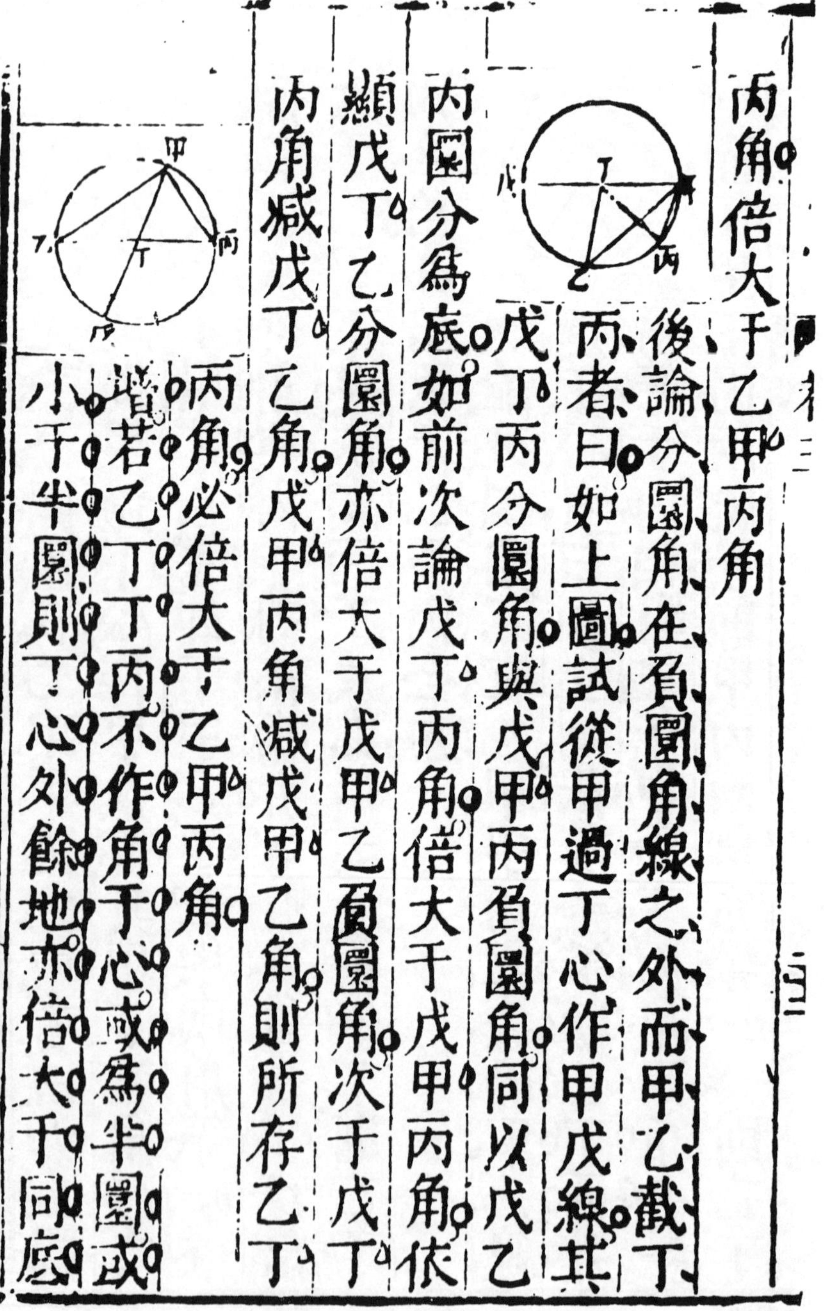

丙角。倍大于乙甲丙角

後論分圜角在負圜角線之外而甲乙截丁丙者。曰。如上圖。試從甲過丁心作甲戊線。其戊丁丙分圜角。與戊甲丙負圜角同。以戊乙內圜分爲底。如前次論。戊丁丙角倍大于戊甲丙角。依顯戊丁乙分圜角。亦倍大于戊甲乙負圜角。次于戊丁丙角減戊丁乙角。戊甲丙角減戊甲乙角。則所存乙丁丙角。必倍大于乙甲丙角。

增。若乙丁丁丙不作角。于心。或爲半圜。或小于半圜。則丁心外餘地。亦倍大于同底之內負圜角。

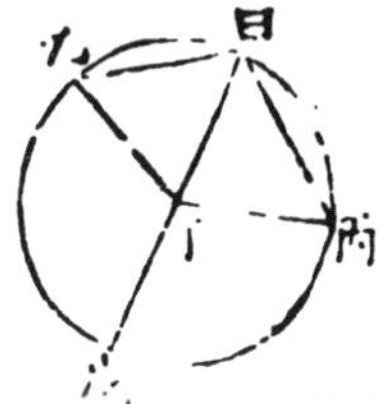

論曰。試從甲過丁心作甲戊線。即丁心外餘地分為乙丁戊、戊丁丙兩角。依前論推顯此兩角倍大于乙甲丁、丁甲丙兩角。

第二十一題

凡同圜。分內所作負圜角俱等。

解曰。甲乙丙丁圜。其心戊。于丁甲乙丙圜分內。任作丁甲丙、丁乙丙兩角。題言此兩角等。

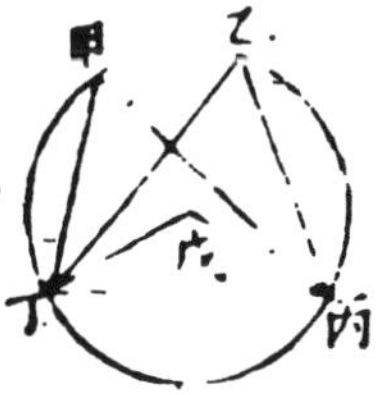

先論函心大分。所作曰。試從戊作戊丁、戊丙線。其丁戊丙分圜角。既倍大于丁甲丙角。丁

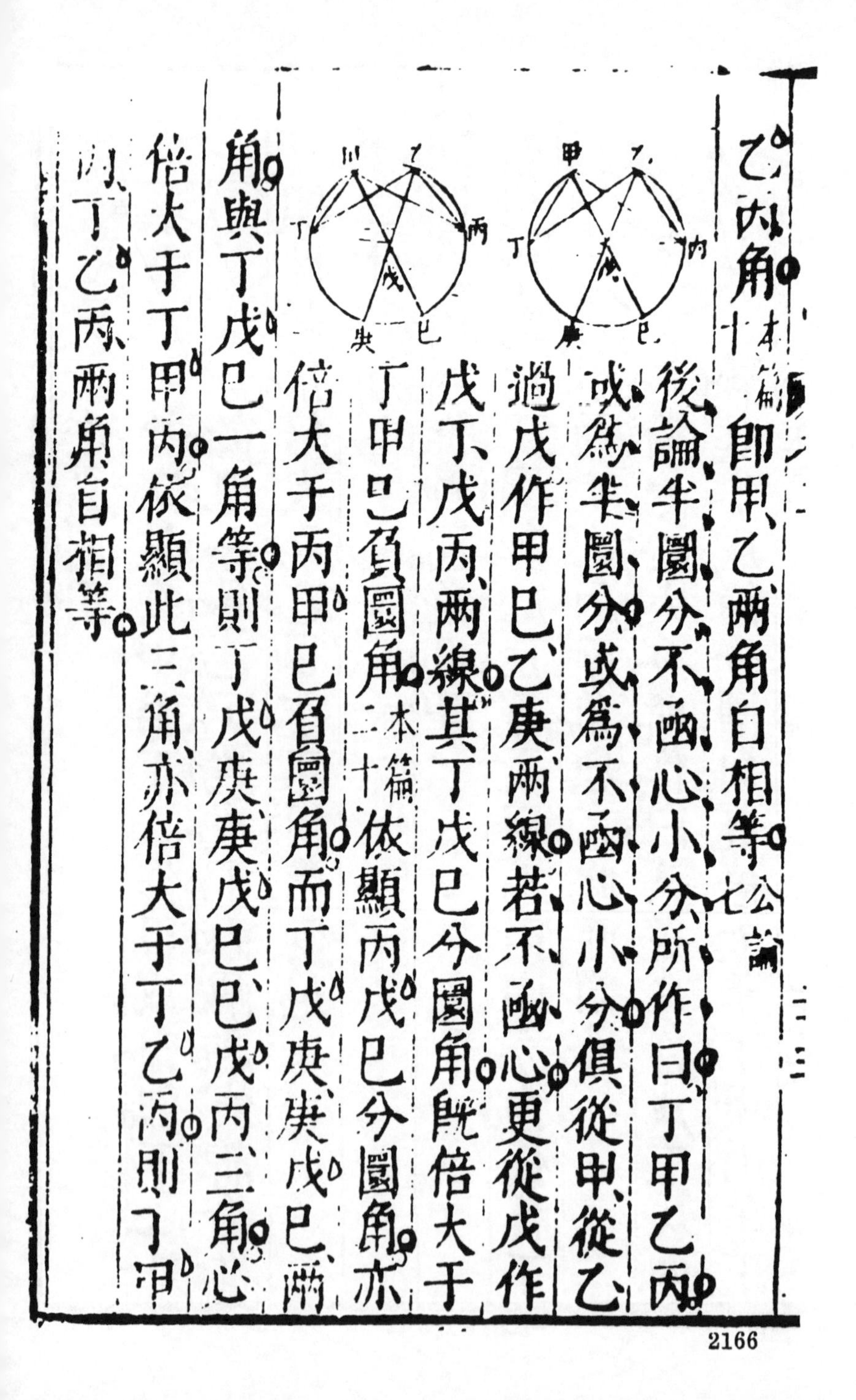

乙丙角。（本篇十）卽甲、乙兩角自相等。（公論七）

從論半圜分不函心小分，所作曰丁甲乙丙。或爲半圜分，或爲不函心小分，俱從甲、從乙過戊作甲巳、乙庚兩線，若不函心，更從戊作戊丁、戊丙兩線，其丁戊巳分圜角，旣倍大于丁甲巳負圜角。（本篇二十）依顯丙戊巳分圜角，亦倍大于丙甲巳負圜角，而丁戊庚、庚戊巳兩角與丁戊巳一角等，則丁戊庚、庚戊巳、巳戊丙三角，必倍大于丁甲丙。依顯此三角，亦倍大于丁乙丙，則丁甲丙、丁乙丙兩角自相等。

又後論曰。二十題。增。言分圜不作角。其心外餘地。倍大于同底各負圜角。即各分圜角相等。

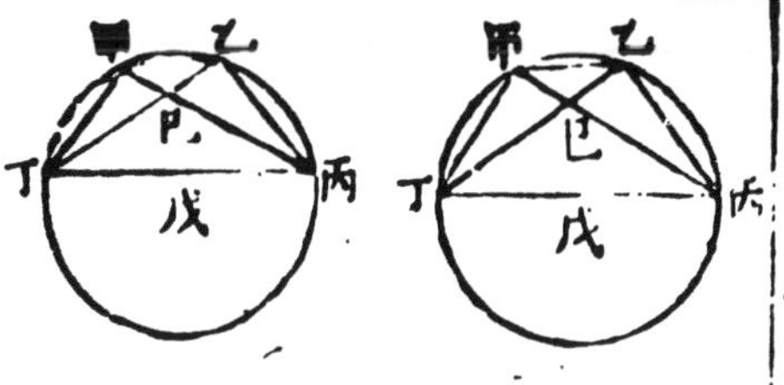

又後論曰。甲丙。乙丁線交羅相遇為己。試作甲乙線相聯。其甲丁己角形之三角并與乙丙己角形之三角并等。一卷卅二 次每減一交角相等之甲己丁。乙己丙。一卷十五 即己甲丁。己丁甲兩角并與己丙乙。己乙丙兩角并等矣。而甲丁乙。乙丙甲兩角。同在甲丁丙乙函心大分內又等。本題增 則丁甲丙與丙乙丁亦等。

又後論曰。丁丙之外。任取一界為己。作丁己丙己兩線。

今俱函心。而丁甲乙丙巳與丙乙甲丁巳。俱為大分。次于則巳乙巳各作直線相聯。其丁甲巳與丁乙巳兩角。同負丁甲乙丙巳圜界。即等。本題第一論依顯丙乙巳與丙甲巳兩角。同負丙乙甲丁巳圜界。又等。此二相等率。并之則丁甲丙、丁乙丙兩全角亦等。

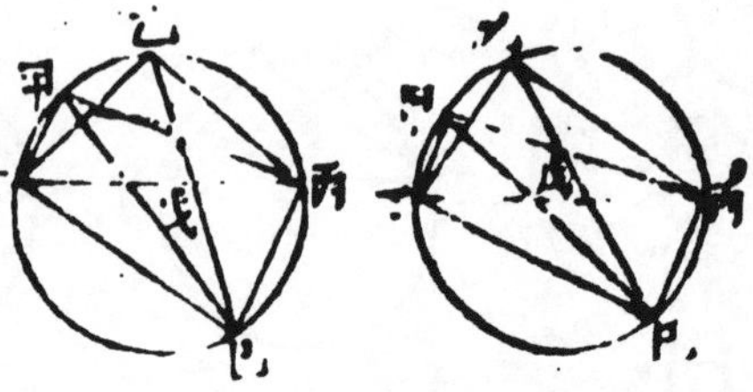

第二十二題

圜內切界四邊形。每相對兩角并。與兩直角等。

解曰甲乙丙丁圜。其心戊。圜內有甲乙丙丁四邊形。題

論曰甲乙丙、丙丁甲兩角并。乙丙丁、丁甲乙兩角并。各

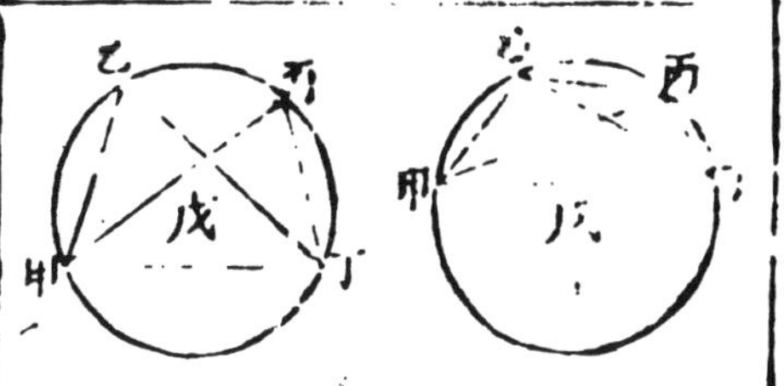

兩直角等。

論曰。試作甲丙、乙丁、兩對角線。其甲乙丁、甲丙丁、兩角。同負甲乙丙丁圜分。即等。（本篇廿一）依顯丙甲丁、丙乙丁、兩角亦等。則甲乙丁、丙乙丁、兩角。并為甲乙丙一角。與甲丙丁、丙甲丁兩角并等。次每加一丙丁甲角。即甲乙丙、丙丁甲并。與甲丙丁、丙甲丁、丁甲丙、三角并等。此三角并。元與兩直角等。（一卷卅二）則甲乙丙、丙丁甲、相對兩角并與兩直角等。依顯乙丙丁、丁甲乙并。亦與兩直角等。

第二十二題

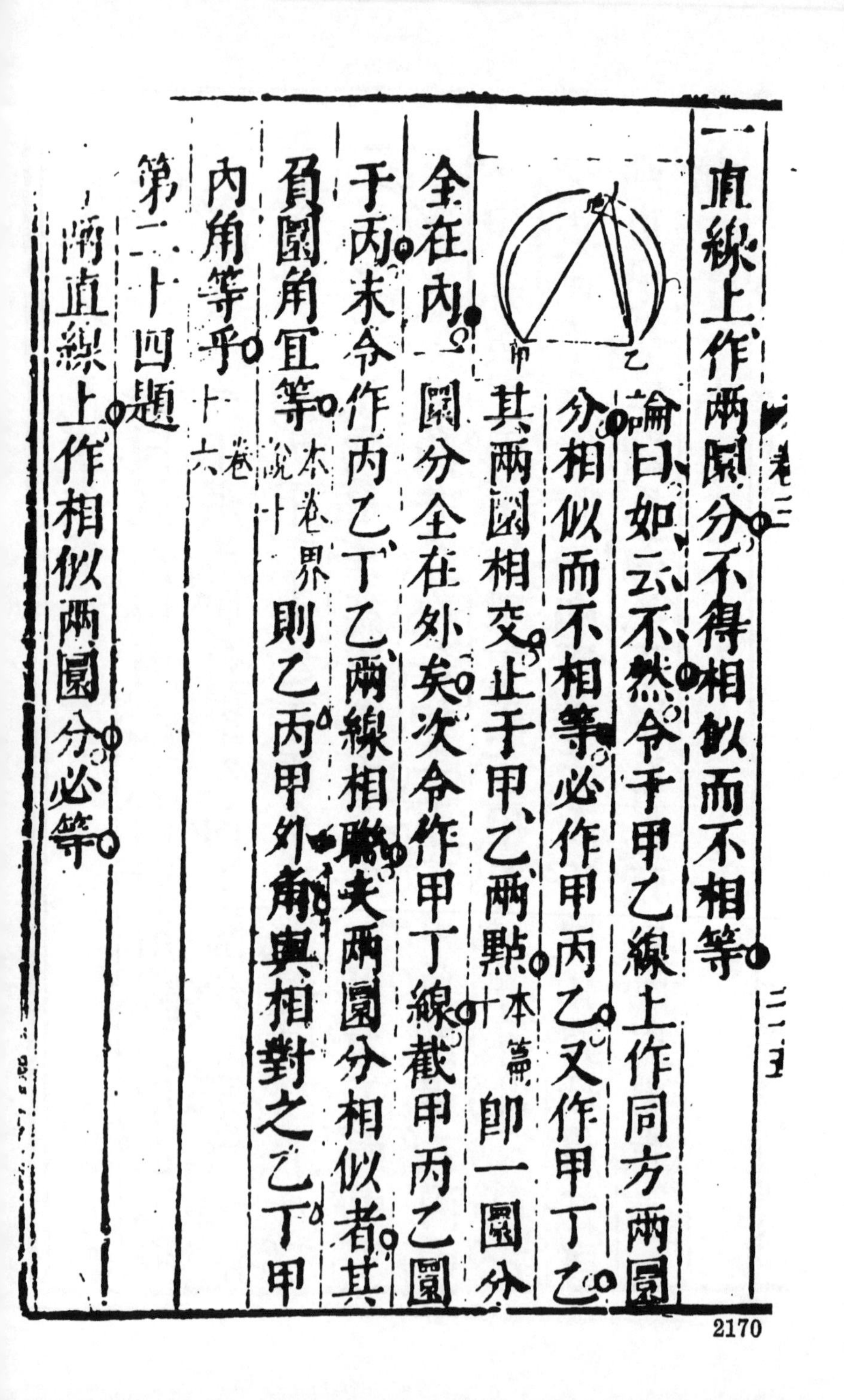

一直線上作兩圜分。不得相似而不相等。

論曰。如云不然。令于甲乙線上作同方兩圜分相似而不相等。必作甲丙乙。又作甲丁乙。其兩圜相交。止于甲乙兩點。本篇十即一圜分全在內。圜分全在外矣。次令作甲丁線。截甲丙乙圜于丙。末令作丙乙。丁乙。兩線相聯。夫兩圜分相似者。其負圜角宜等。本卷界說十則乙丙甲外角與相對之乙丁甲內角等乎。卷十六

第二十四題

兩直線上作相似兩圜分。必等。

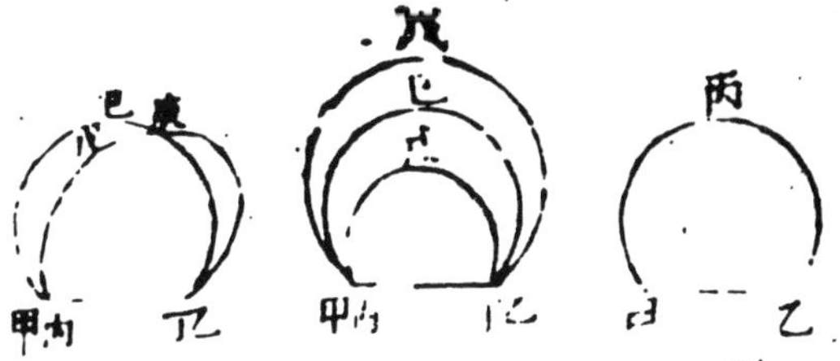

解曰甲乙、丙丁、兩線上。作甲丙乙、丙巳丁、相似兩圜分。題言兩圜分等。

論曰甲乙、丙丁、兩線旣等。試以甲乙線加丙丁線上。兩線必相合。即甲丙乙、丙巳丁、兩圜分相加。亦相合。如云、不然。必兩圜分相加。或在內。或在外。或半在內半在外矣。若在內、在外。即一直線上有兩圜分、相似而不相等也。

本篇廿四若半在內半在外。即兩圜三相交也。本篇十兩俱不可。故相似者必等。

第二十五題

有圜之分求成圜

法曰甲乙丙圜分求成圜先于分之兩端作甲丙線次作乙丁爲甲丙之垂線次作甲乙線相聯其丁乙甲角或大于丁甲乙角或等或小若

大卽甲乙丙當爲圜之小分何也乙丁分甲丙爲兩平分卽知圜之心必在乙丁線內本篇一系一而心在丁點之外則從丁點所出丁乙爲不過心徑線至小本篇七故對小邊之丁甲乙角小于對大邊之丁乙甲角也一卷十八卽作乙甲戊角與丁乙甲角等次從乙丁引出一線與甲戊線遇于戊卽戊爲圜心

論曰。試從戊作戊丙線。其甲丁戊角形之甲丁線。與丙丁戊角形之丙丁線等。丁戊同線。而甲丁戊、丙丁戊兩角皆直角。即對直角之甲戊與戊丙兩線等。一卷四夫甲戊與乙戊。以對角等。故腰等。一卷六戊丙與甲戊又等。則從戊至界。三線皆等。而戊為心。本篇九

次法兼論曰。若丁乙甲、丁甲乙兩角等。即甲乙丙為半圜。而甲丙為徑。丁為心。何也。丁乙。丁甲兩邊等。然後丁乙甲、丁甲乙兩角等。一卷五今丁乙甲、丁甲乙兩角既等。即丁乙、丁甲兩線必等。一卷六丁丙亦與丁甲等。則從丁所出三線等。而丁為圜心。本篇九

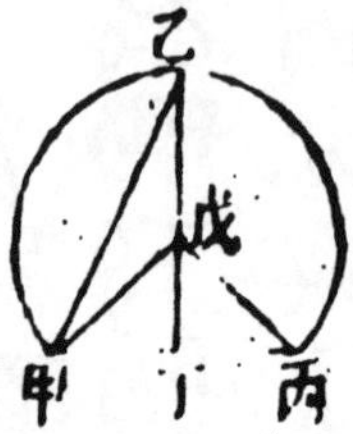

後法曰。若丁乙甲小于丁甲乙。即甲乙丙當爲圜大分。何也。乙丁分甲丙爲兩平分。即知圜心在乙丁線內。本篇一之系。而丁點在心之外。則所出丁乙爲過心徑線至大。本篇七。故對大邊之丁甲乙大于對小邊之丁乙甲也。十一卷八。即作乙甲戊角與丁乙甲角等。而甲戊線與乙丁線遇于戊。即戊爲圜心。

論曰。試從戊作戊丙線。其甲丁戊角形之甲丁線與丙丁戊角形之丙丁線等。丁戊同線。而甲丁戊、丙丁戊兩皆直角。即對直角之甲戊、戊丙兩線亦等。一卷四。夫乙戊與乙戊丙對角等故。既等。一卷五。戊丙與甲戊亦等。則從

乙

戊

甲　丁　丙

戊至界。三線皆等。而戊爲心。〔本篇九〕

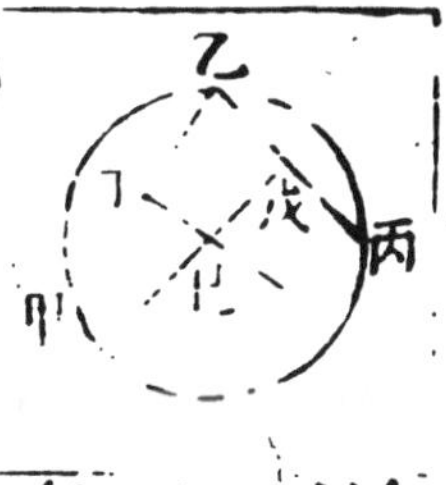

增。求圜分之心。有一簡法。于甲乙丙圜分。任取三點。于甲于乙于丙。以兩直線聯之。各兩平分于丁于戊。從丁從戊作甲乙乙丙之。各垂線。爲已丁。爲已戊。而相遇于已。即已爲圜心。

論曰。已丁已戊。既各以兩直角平分甲乙乙丙兩線。即圜之心。當在兩垂線內。〔本篇一〕而相遇于已。即已爲圜心。

其用法。圜界上。任取四點。爲甲。爲乙。爲丙。爲丁。每兩

點各自爲心相向各任作圜分四圜分兩兩相交於戊於己於庚於辛從戊己從庚辛各作直線引長之交於壬即壬爲圜心

論曰試作甲戊戊乙乙己己甲四直線此四線各爲同圜等圜之半徑各等即甲戊己角形之甲戊己甲己戊兩角等而乙戊己角形之乙戊己乙己戊兩角亦等次作甲乙直線分戊己於癸即甲己癸角形之甲己邊與乙己癸角形之乙己邊等己癸同邊所對甲己癸角之甲癸邊與對乙己癸角之乙癸邊亦等則甲癸己乙癸己俱爲直角而戊己

線必過心。本篇 依顯庚辛線亦過心。而相遇于壬。爲圜心。

第二十六題 二支

等圜之乘圜分角。或在心。或在界。等。其所乘之圜分。亦等。

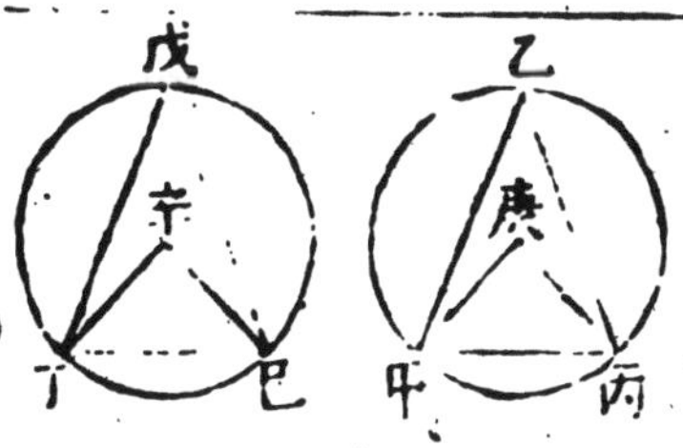

先解在心者。曰。甲乙丙。丁戊巳兩圜等。其心爲庚爲辛。有甲庚丙與丁辛巳兩乘圜角等。題言所乘之甲丙、丁巳兩圜分亦等。

論曰。試于甲乙丙、丁戊巳兩圜分之上。任取兩點于乙于戊。從乙作乙甲、乙丙。從戊作戊丁、戊巳。各兩線。次作甲丙、丁巳兩線相聯。其乙與戊兩角。既各半于庚辛兩角。即乙與戊自相等。本篇二十而所負甲乙丙與丁戊己兩圜分相似。本卷界說十又甲庚丙角形之甲庚、庚丙兩邊。與丁辛己角形之丁辛、辛己兩邊。各等。庚角與辛角又等。即甲丙與丁己兩邊亦等。一卷四而相似之甲乙丙、與丁戊己兩圜分。在等線上亦等。本篇廿四夫相等圜減相等圜分。則所存甲丙丁己兩圜分亦等。故若等角所乘之圜分等。

後解在界者。曰兩圜之乙與戊兩乘圜角既等。題言所乘之甲丙、丁己兩圜分亦等。

論曰、乙戊、兩角既等。而庚辛、兩角各倍于乙戊。即庚辛、自相等。（本篇二十）依前論甲丙丁巳兩邊亦自相等。而甲乙丙與丁戊巳兩圜分亦等。（本篇廿四）今于相等圜。減相等圜分。則所存甲丙、丁巳、兩圜分亦等。

注曰、後解極易明。蓋庚辛、角既各倍于乙戊。則依先論甲丙、丁巳、自相等。（在心之乘圜分即分圜角題與異名）

第二十七題 二支（即二十六題翻轉說）

等圜之角。所乘圜分等。則其角或在心。或在界。俱等。

先解在心者。曰甲乙丙、丁戊巳兩圜等。其心為庚為辛。若甲庚丙乘圜角

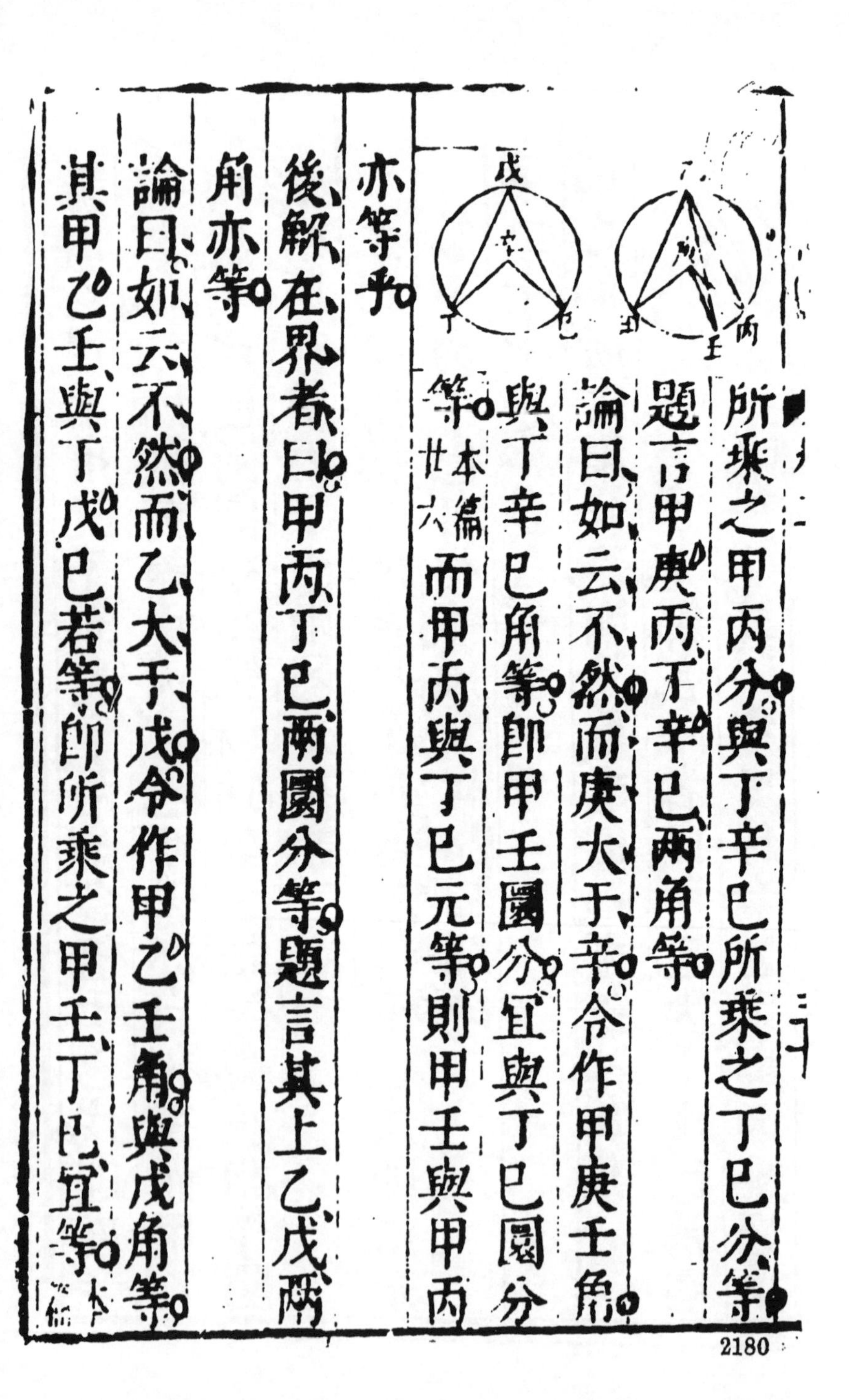

所乘之甲丙分與丁辛巳所乘之丁巳分等
題言甲庚丙丁辛巳兩角等
論曰如云不然而庚大于辛令作甲庚壬角
與丁辛巳角等即甲壬圜分宜與丁巳圜分
等本篇廿六而甲丙與丁巳元等則甲壬與甲丙
亦等乎
後解在界者曰甲丙丁巳兩圜分等題言其上乙戊所
角亦等
論曰如云不然而乙大于戊令作甲乙壬角與戊角等
其甲乙壬與丁戊巳若等即所乘之甲壬丁巳宜等本篇

廿六而甲丙與丁巳元等。則甲壬與甲丙亦等乎。

甲 丁 乙 丙

增題。從此推顯兩直線不

之內。若兩線界相去。

平行。若兩線平行。

等。

先解曰。甲乙丙丁圓

甲乙丁丙兩圓分等題三

論曰。試自甲至丙作直線相聯。其甲乙

甲丙乙與丙甲丁兩乘圓角亦等。本題既內相

角等。即兩線必平行。一卷廿七

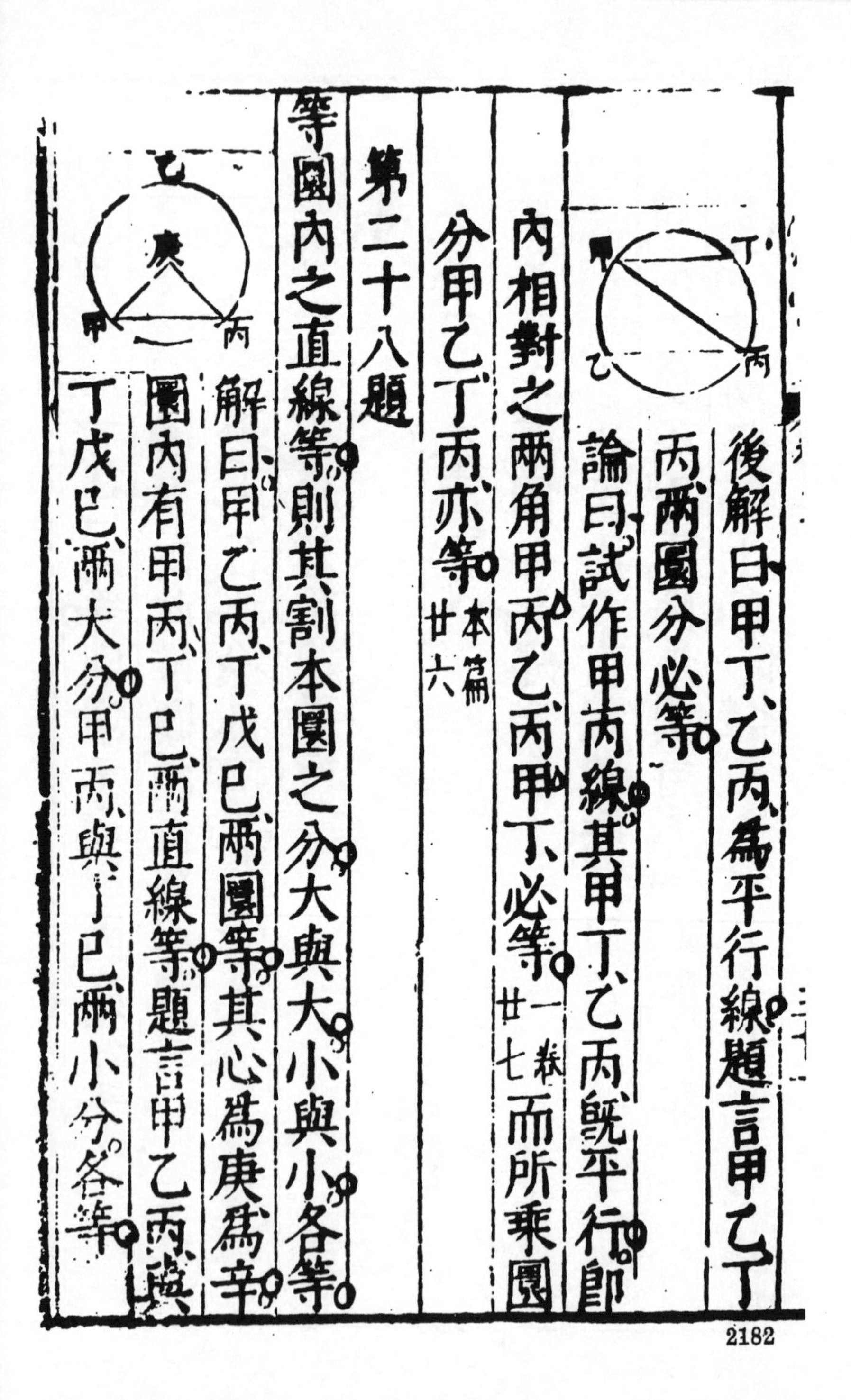

後解曰甲丁、乙丙、爲平行線。題言甲乙丁丙兩圜分必等。

論曰試作甲丙線。其甲丁、乙丙既平行。郎內相對之兩角甲丙乙、丙甲丁、必等。一卷廿七 而所乘圜分甲乙丁丙亦等。本篇廿六

第二十八題

等圜內之直線等。則其割本圜之分。大與大、小與小各等。

解曰甲乙丙、丁戊己兩圜等。其心爲庚爲辛。圜內有甲丙、丁己兩直線等。題言甲乙丙與丁戊己兩大分。甲丙與丁己兩小分。各等。

論曰。試于甲庚、庚丙、丁辛、辛巳、各作直線。其甲庚丙角形之甲丙。與丁辛巳角形之丁巳。兩底既等。而甲庚、庚丙、兩腰。與丁辛、辛巳、兩腰又等。即庚辛、兩角亦等。一卷八 其所乘之甲丙、丁巳、兩小分必等。本篇廿六 次減相等之甲丙、丁巳、兩小分。則所存甲乙丙、丁戊巳、兩大分亦等。

第二十九題 即二十八題[illegible]轉說

等圜之圜分等。則其割圜分之直線亦等。

解曰。依前題。兩圜之甲乙丙、丁戊巳、兩圜分等。而甲丙、丁巳、兩圜分亦等。

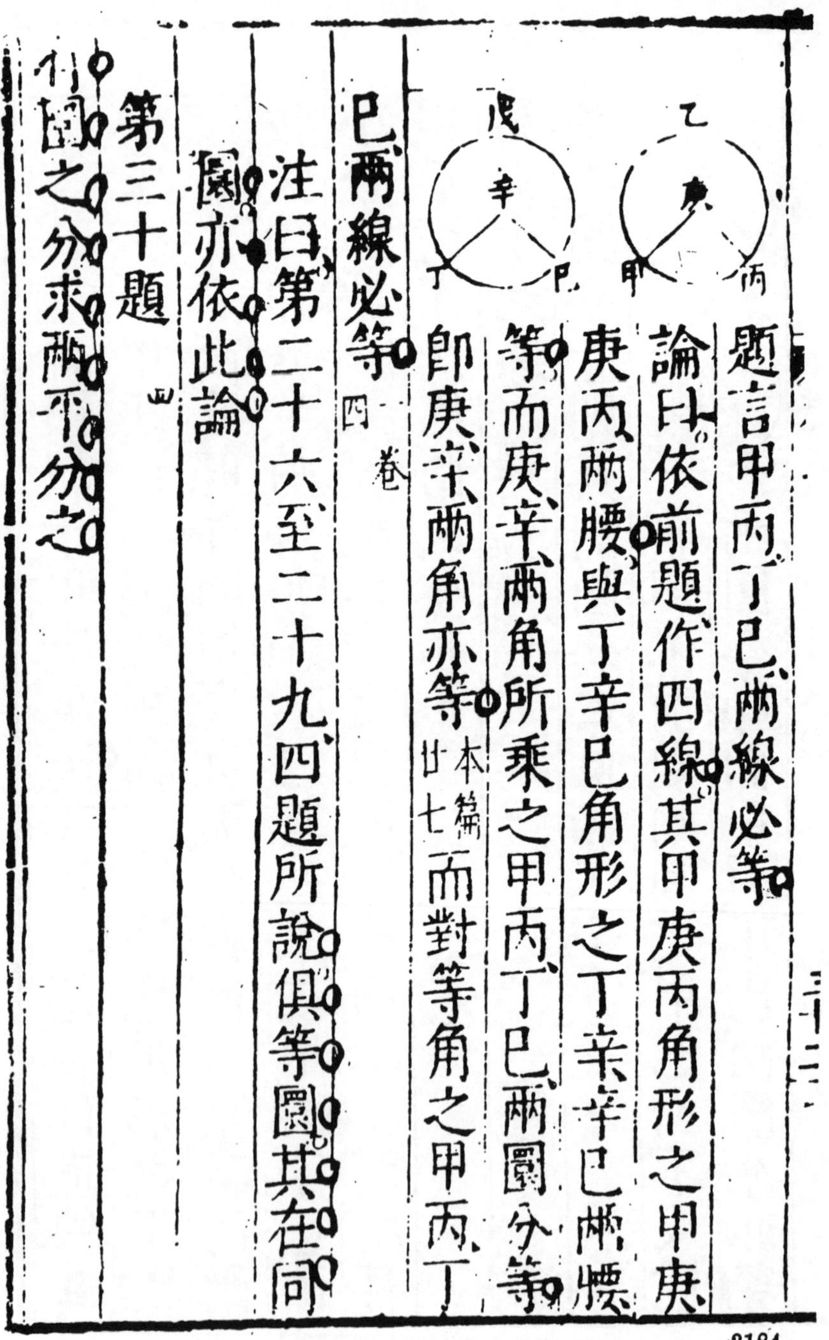

題言甲丙丁巳兩線必等。

論曰。依前題作四線。其甲庚丙角形之甲庚庚丙兩腰。與丁辛巳角形之丁辛辛巳兩腰等。而庚辛兩角所乘之甲丙丁巳兩圜分等。即庚辛兩角亦等。本篇廿七而對等角之甲丙丁巳兩線必等。

四 卷

注曰。第二十六至二十九四題所說俱等圜其在同圜亦依此論

第三十題

四

有圜之分。求兩平分之。

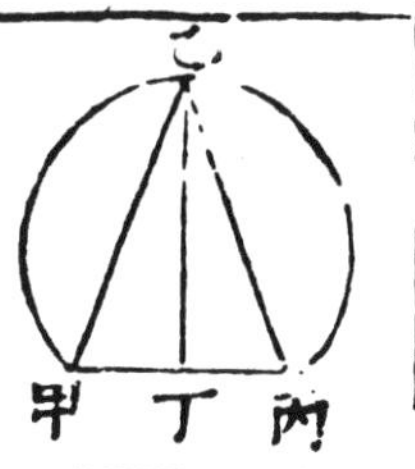

乙

甲　丁　丙

法曰。甲乙丙圜分。求兩平分。先于分之兩界。作甲丙線。次兩平分于丁。從丁作乙丁。為甲丙之垂線。即乙丁分甲乙丙圜分為兩平分。

論曰。從乙作乙甲、乙丙、兩線。其甲乙丁角形之甲丁與丙乙丁角形之丙丁。兩腰等。丁乙同腰。而甲丁乙與丙丁乙兩直角又等。即對直角之甲乙、乙丙、兩底亦等。卷一四 而甲乙與乙丙、兩圜分亦等。本篇十八 則甲乙丙圜界。兩平分于乙矣。

第三十一題 五支

負半圜角。必直角。負大分角。小于直角。負小分角。大于直角大。爲分角大于直角。小圜分角小于直角。

解曰。甲乙丙圜。其心丁。其徑甲丙。于半圜分丙。任作甲乙丙角形。即甲乙丙角負甲乙丙半圜。分乙甲丙角負乙甲丙大分。又任作乙戊丙角。負乙戊丙小分。題先言負半圜之甲乙丙爲直角。二言負大分之乙甲丙角。小于直角。三言負小分之乙戊丙角。大于直角。四言丙乙甲大圜分角。大于直角。後言丙乙戊小圜分角。小于直角。

先論曰。試作乙丁線。次以甲乙線引長之至己。其丁乙丁甲兩線等。即丁乙甲、丁甲乙兩角等。一卷五 次顯丁乙

丙、丁丙乙、丙角亦等。而甲乙丙全角。與乙甲丙、甲丙乙、

兩角并等。又巳乙丙外角。亦與相對之乙甲丙、甲丙乙、

兩內角并等。（卷一卅二）則巳乙丙。與甲乙丙等。為直角。

二論曰。甲乙丙角。小于甲乙丙。甲乙丙既為直角。則乙甲丙小

于直角。（卷一十七）

三論曰。甲乙戊丙四邊形。在圜之內。其乙甲丙、乙戊丙、

相對兩角并。等兩直角。（本篇廿二）而乙甲丙小于直角。則乙

戊丙、大于直角。

四論曰。甲乙丙直角。為丙乙甲大圜分角之分。則大于

直角。

後論曰丙乙戊小圜分角為巳乙丙直角之分則小于直角。

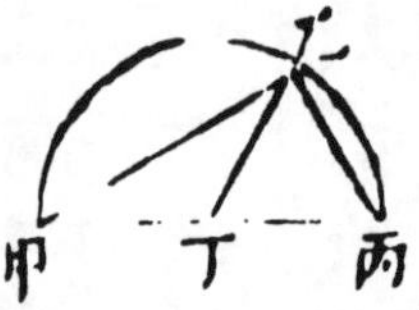

此題別有四解四論。先解曰甲乙丙半圜其心丁。其上任作甲乙丙角。題言此為直角。

乙

甲　丁　丙

論曰試作乙丁線。其丁乙丁甲兩線既等。即丁乙甲丁甲乙兩角亦等。五一卷 而乙丁丙外角既與丁乙甲丁甲乙相對之兩內角并等。卅二一卷 即倍大于丁乙甲角。依顯乙丁甲外角亦倍大于丁乙丙角。即乙丁甲乙丁丙兩角。亦倍大于甲乙丙角。夫乙丁甲乙丁丙并等兩直角。十三一卷 則甲乙丙為直角。

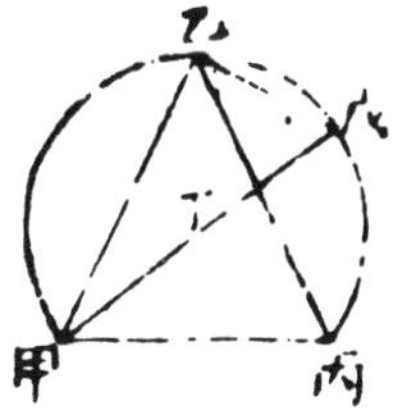

二解曰。甲乙丙大圜分。其心丁。任作甲乙丙角。題言此小于直角。

論曰。試作甲丁戊徑線。次作乙戊線相聯。其甲乙戊既爲直角。（本題一論）即甲乙丙爲其分而小于直角。

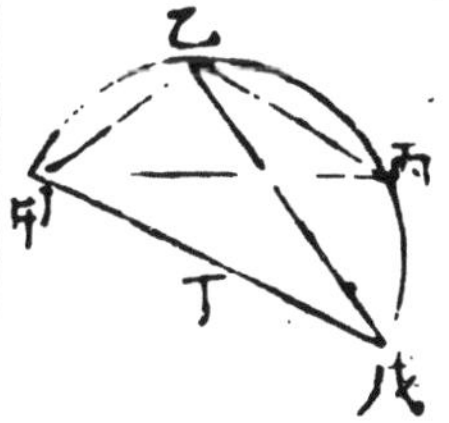

三解曰。甲乙丙小圜分。其心丁。任作甲乙丙角。題言此大于直角。

論曰。試作甲丁戊徑線。而引乙丙圜界至戊。次作乙戊線。其甲乙戊既爲半圜之直角。而爲甲乙丙角之分。則甲乙丙大于直角。

四五合解曰。甲乙丙大圜分。丙丁甲小圜分。其心戊。題

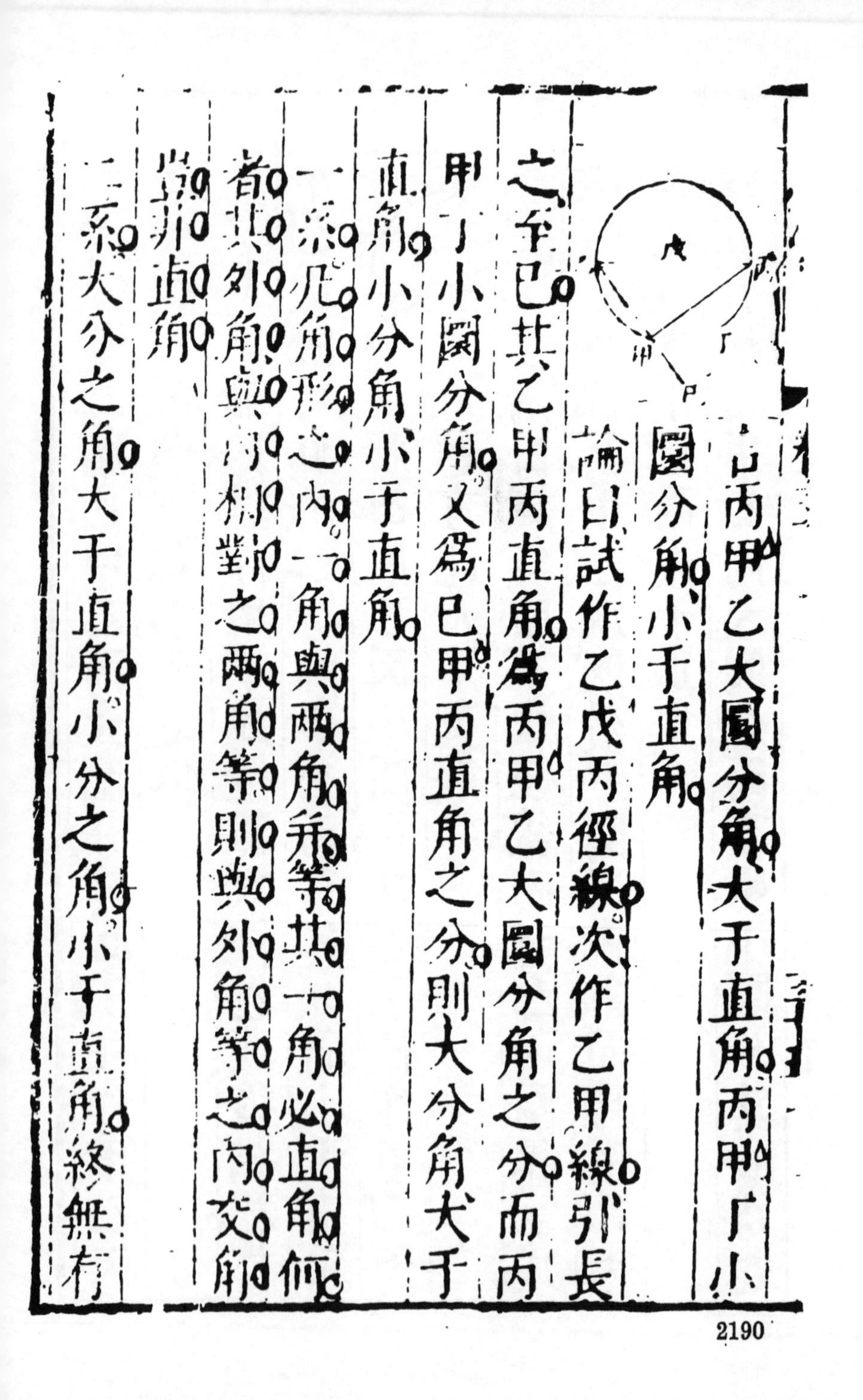

言丙甲乙大圜分角。大于直角。丙甲丁小

圜分角。小于直角。

論曰。試作乙戊丙徑線。次作乙甲線。引長

之至己。其乙甲丙直角。爲丙甲乙大圜分角之分。而丙

甲丁小圜分角。又爲己甲丙直角之分。則大分角大于

直角。小分角小于直角。

一系。凡角形之內。一角與兩角并等。其一角必直角。何

者。其外角與內相對之兩角等。則與外角等之內交角。

必直角。

二系。大分之角。大于直角。小分之角。小于直角。終無有角等于直角。又從小過大。從大過小。非大即小。終無相等。依此題四五論其理。與本篇十六題增注互相發也。

第三十二題

直線切圜。從切界任作直線割圜。為兩分。分內各任為負圜角。其切線與割線所作兩角。與兩負圜角。交互相等。

解曰。用乙線切丙丁戊圜于丙。從丙任作丙戊直線割圜為兩分。兩分內任作丙丁戊、丙庚戊兩負圜角。題言甲丙戊角。與丙庚戊角。乙丙戊角與丙丁戊角。交互相等。

先論割圜線過心者。曰如前圖甲丙戊乙丙

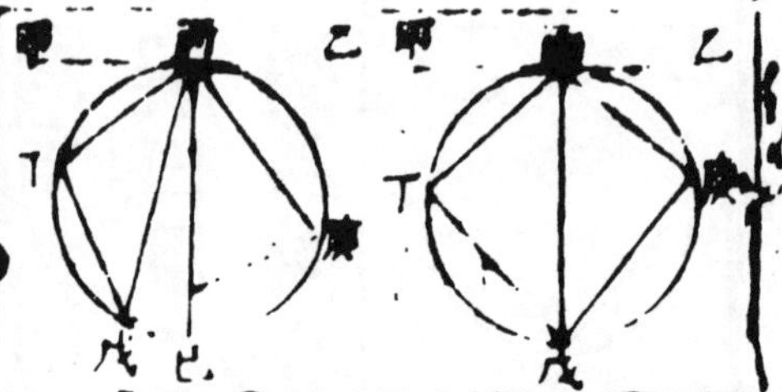

戊兩皆直角。而丙庚戊、丙丁戊兩負半

圜角、亦皆直角。本篇卅一則交互相等。

後論割圜線不過心者、如後圖試作丙巳

過心直線、次作戊巳線相聯。其巳丙為甲乙

之垂線。而丙戊巳為直角。本篇卅一即戊丙

巳戊巳丙兩角并等一直角、亦等丁甲丙

巳角矣。此兩率者、各減同用之戊丙巳角、即所存戊巳

丙與甲丙戊等也。夫戊巳丙與丙戊巳等。本篇廿一則甲

丙戊與丙庚戊交互相等。又丙丁戊庚四邊形之丙丁

戊、丙庚戊兩對角并等兩直角。本篇廿二而甲丙戊、乙丙戊

兩交角亦等兩直角。（一卷十三）此二率者各減一相等之甲丙戊、丙庚戊，則所存丙丁戊、乙丙戊亦交互相等。

第三十三題

一線上求作圜分，而負圜分角與所設直線角等。

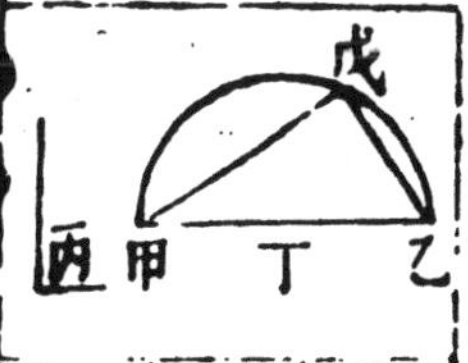

先法曰：設甲乙線、丙角，求線上作圜分而負圜分角與丙等。其丙角或直、或銳、或鈍。若直角，先以甲乙兩平分於丁，次以丁為心，甲乙為界，作半圜。圜分內作甲戊乙角，即負半圜角，為直角。（本篇卅一）如所求。

次法曰：若設丙銳角，先於甲點上作丁甲乙銳角與丙

第次作戊甲為甲丁之垂線于甲乙之上

次作巳乙甲角與巳甲乙角等而乙巳線

與甲戊線遇于巳即巳乙巳甲兩線等

末以巳為心甲為界作甲庚圜必過乙

即甲庚乙圜分內甲乙線上所作負圜角必為銳角而

與丙等

論曰試作甲庚乙角其甲巳戊線過巳心而丁甲又為

戊甲之垂線即丁甲線切甲庚乙圜于甲本篇十六之系則丁

甲乙與甲庚乙兩角交互相等卅二本篇如所求

後法曰若設辛鈍角依前作于甲乙鈍角[illegible]作

戊甲爲壬甲之垂線。餘倣第二法。而于甲乙線上作甲癸乙角。即與辛等。

後論同次

第三十四題

設圓。求割一分。而負圓分角。與所設直線角等。

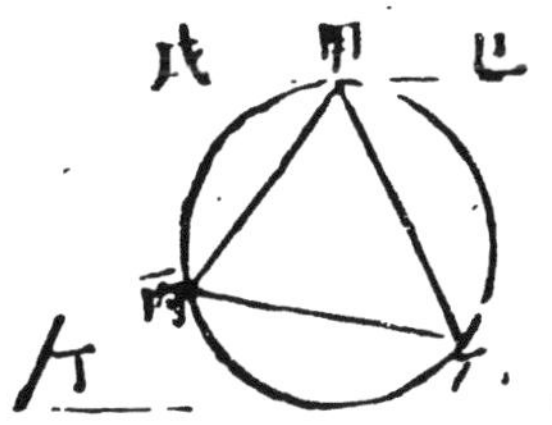

己 甲 戊

丙 乙 丁

法曰。設甲乙丙圜。求割一分。而負圜分角。與丁等。先作戊己直線。切圜于甲。本篇十七次作己甲乙角。與丁等。即割圜之甲乙線上所作甲丙乙角。負甲丙乙圜分。而與丁等。何者。己甲乙角與丁等。亦與甲丙乙交互相等故。本篇卅二

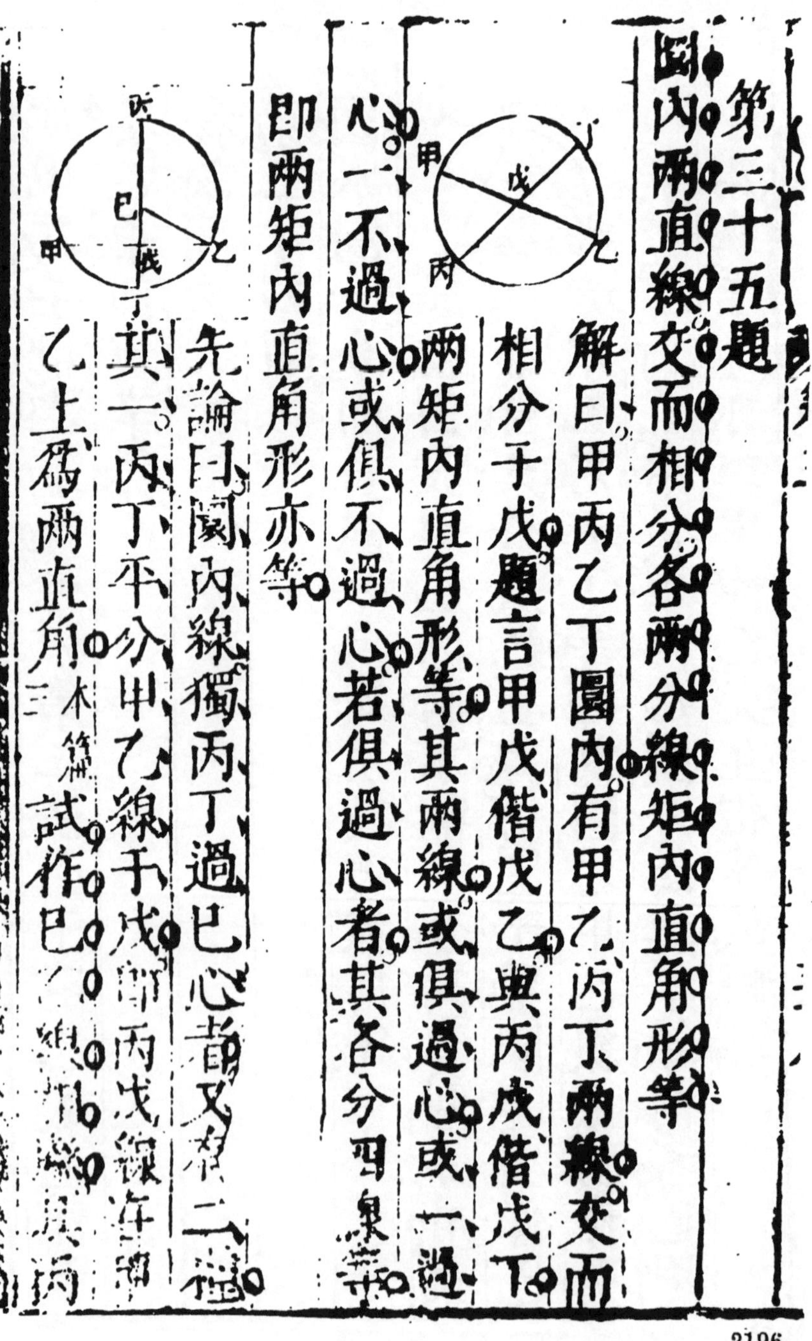

第三十五題

圜內兩直線交而相分，各兩分線矩內直角形等。

解曰：甲丙乙丁圜內有甲乙、丙丁兩線交而相分于戊。題言甲戊偕戊乙與丙戊偕戊丁兩矩內直角形等。其兩線或俱過心，或一過心，一不過心，或俱不過心。若俱過心者，其各分四線等，即兩矩內直角形亦等。

先論曰：圜內線獨丙丁過己心者，又分二種。其一，丙丁平分甲乙線于戊，即丙戊線在甲乙上，為兩直角。（本篇三）試作己乙線，則丙戊丁線。既兩平分于巳。又任兩分于戊。即丙戊偕戊丁。矩內直角形。及巳戊上直角方形。并與等巳丁之巳乙上直角方形等。二卷五 夫巳乙上直角方形。與巳戊戊乙上兩直角方形并等。一卷四七 即丙戊偕戊丁。矩內直角形。及巳戊上直角方形。并。與巳戊戊乙上兩直角方形并。亦等矣。次。每減同用之巳戊上直角方形。則所存丙戊偕戊丁。矩內直角形。不與戊乙上直角方形等乎。戊乙與甲戊既等。即甲戊偕戊乙。矩內直角形。與丙戊偕戊丁。矩內直角形。亦等。

次論曰。若丙丁任分甲乙線于戊。即以甲乙線兩平分

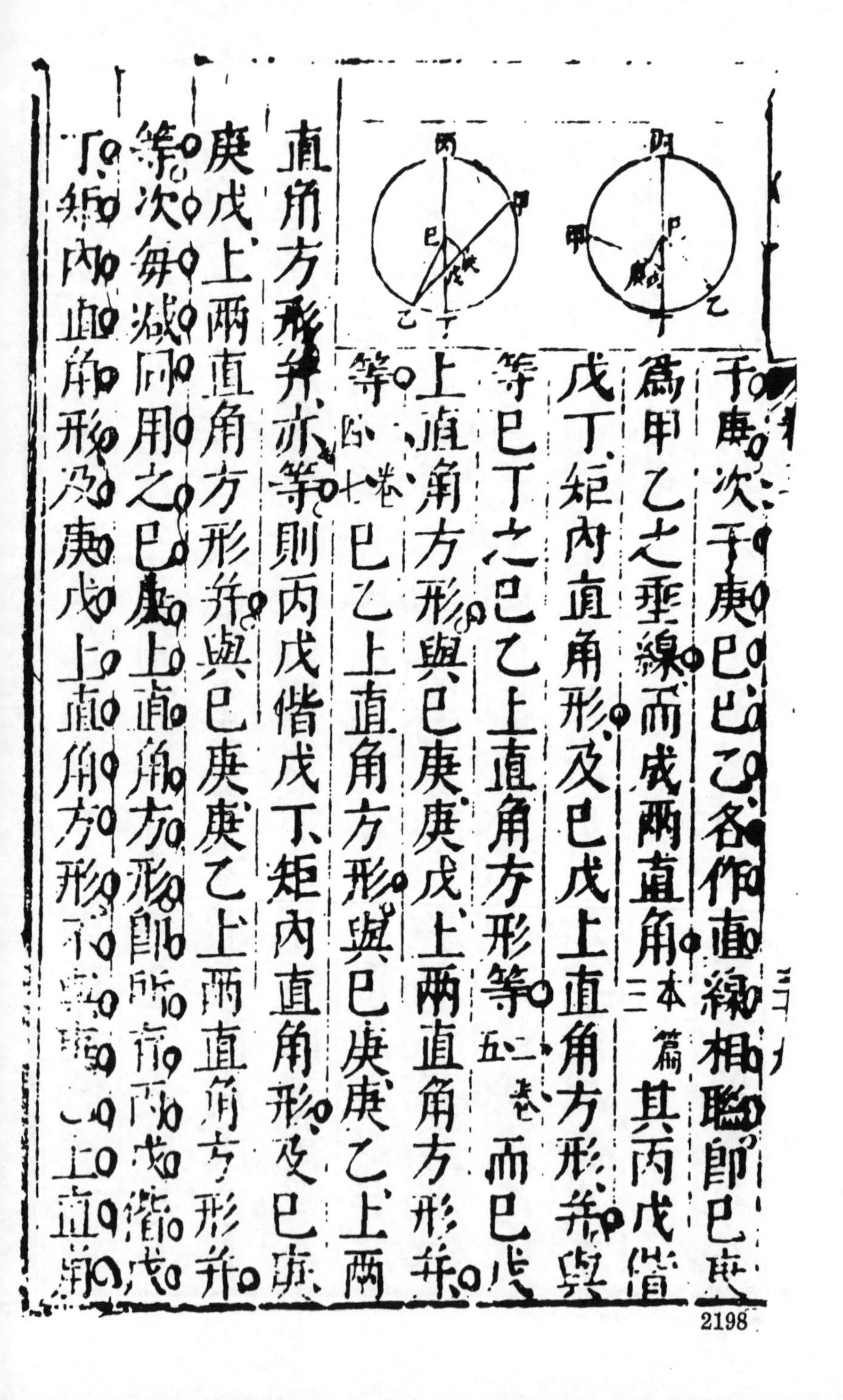

壬庚。次于庚巳。巳乙。各作直線相聯。即巳庚為甲乙之垂線。而成兩直角。本篇三其丙戊偕戊丁。矩內直角形。及巳戊上直角方形。幷與等巳丁之巳乙上直角方形等。二卷五而巳戊上直角方形。與巳庚庚戊上兩直角方形。幷。等。一卷四七巳乙上直角方形。與巳庚庚乙上兩直角方形幷。亦等。則丙戊偕戊丁。矩內直角形。及巳庚庚戊上兩直角方形。幷。與巳庚庚乙上兩直角方形。幷。等。次每減同用之巳庚上直角方形。即所存丙戊偕戊丁。矩內直角形。及庚戊上直角方形。與庚乙上直角方形等。夫甲戊偕戊乙矩內直角形。及庚戊上直角方形等。亦與庚乙上直角方形等。二卷五此二相等率者。每減同用之庚戊上直角方形。則丙戊偕戊丁與甲戊偕戊乙兩矩內直角形等矣。

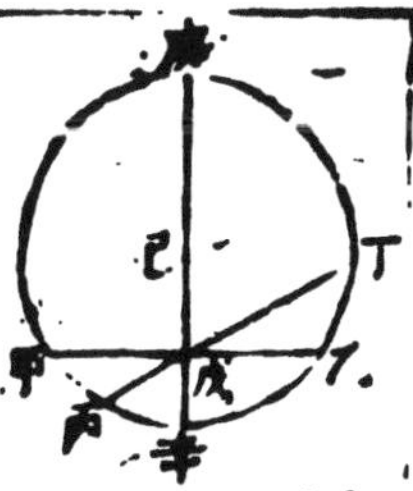

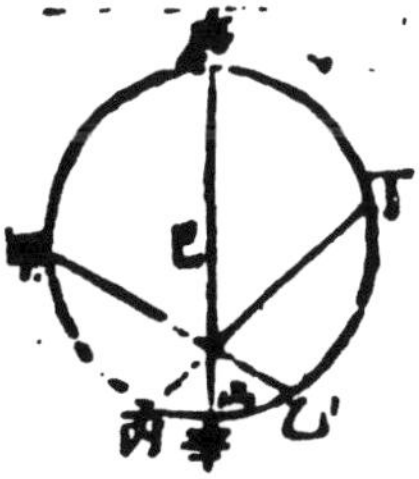

後論曰。圜內兩線俱不過心者。又有二種。或一線平分。或兩俱任分。皆從巳心。與戊相聯。作直線。引長之。為庚辛線。依上論甲戊偕戊乙矩內直角形。不論甲乙線平分任分。皆與過心之庚戊偕戊辛矩內直角形等。又依上論丙戊偕戊丁矩內直角形。不論丙丁線平

分。任分不等。與過心之庚戊偕戊辛矩內直角形等。則甲

戊偕戊乙。與丙戊偕戊丁兩矩內直角形等。

第三十六題

圜外任取一點。從點出兩直線。一切圜。一割圜。其割圜之全線偕規外線。矩內直角形。與切圜線上直角方形等。

解曰。甲乙丙圜外。任取丁點。從丁作丁乙線切圜于乙。本篇十七作丁甲線。截圜界于丙。題言甲丁偕丙丁矩內直角形。與丁乙上直角方形等。

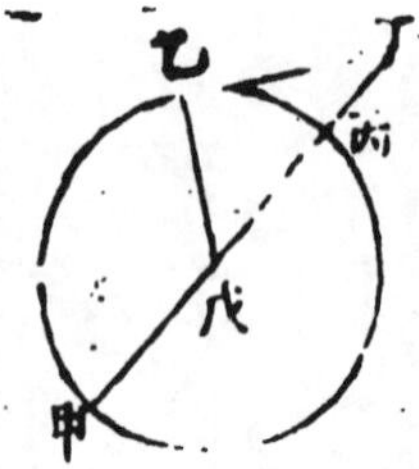

先論丁甲過戊心者。曰試作乙戊線。為丁乙之垂線。本篇十八其甲丙線。不分于戊。又引出一

丙丁線。即甲丁偕丙丁、矩內直角形、及等戊丙之戊乙上直角方形幷。與戊丁上直角方形等。六二卷而戊丁上直角方形。與戊乙、丁乙、上兩直角方形幷等。[illegible]即甲丁偕丙丁、矩內直角形、及戊乙上直角方形。與戊乙、丁乙、上兩直角方形幷等。此兩率者。每減同用之戊乙上直角方形。則所存甲丁偕丙丁。矩內直角形。與丁乙上直角方形等。

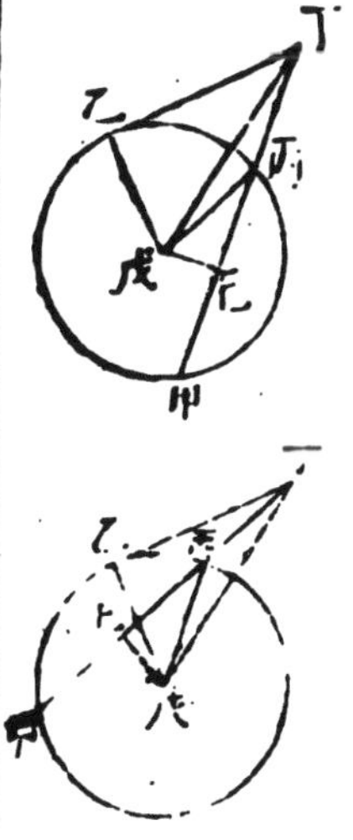

後論丁甲不過戊心者。曰試以甲丙線兩平分于巳。次從戊心作戊巳戊丙戊丁、戊乙四線。即

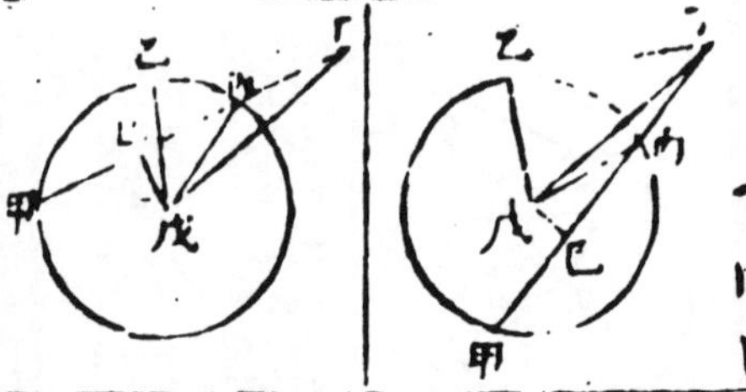

戊乙為丁乙之垂線。本篇十八戊巳為甲丙之垂線。本篇一其甲丙線既兩平分于巳。又引出一內丁線。即甲丁偕丁丙矩內直角形及巳丙上直角方形幷。與巳丁上直角方形等。二卷六次每加一戊巳上直角方形。即甲丁偕丁丙矩內直角形及巳丙戊巳上兩直角方形幷與巳丁戊巳上兩直角方形幷等。夫巳丙戊巳上兩直角方形幷與等戊丙之戊乙上直角方形等。一卷四七而戊丁上直角方形。與巳丁巳戊上兩直角方形幷等。即甲丁偕丁丙矩內直角形及戊乙上直角方形與戊丁上邊。角。方。形。等。矣。又戊丁上直角方形。與戊乙。丁乙。上兩直角方形幷。等。即甲丁。偕丁丙。矩內直角形。及戊乙。上直角方形幷。與戊乙。丁乙。上兩直角方形幷。等。次每減同用之戊乙上直角方形。則所存甲丁偕丁丙矩內直角形。與丁乙上直角方形等。

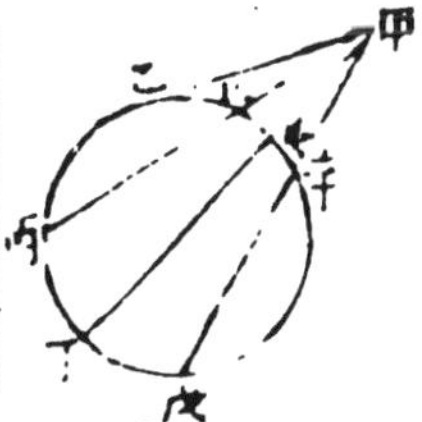

一系。若從圜外一點。作數線至規內。各全線偕規外線。矩內直角形。俱等。如從甲點作甲丙。甲丁。甲戊。各線。截圜界于己。于庚。于辛。其甲丙偕己甲。甲丁偕庚甲。甲戊偕辛甲。各矩內直角形。俱等。何者。試作甲乙切圜線。則各矩線內直角形。與甲乙

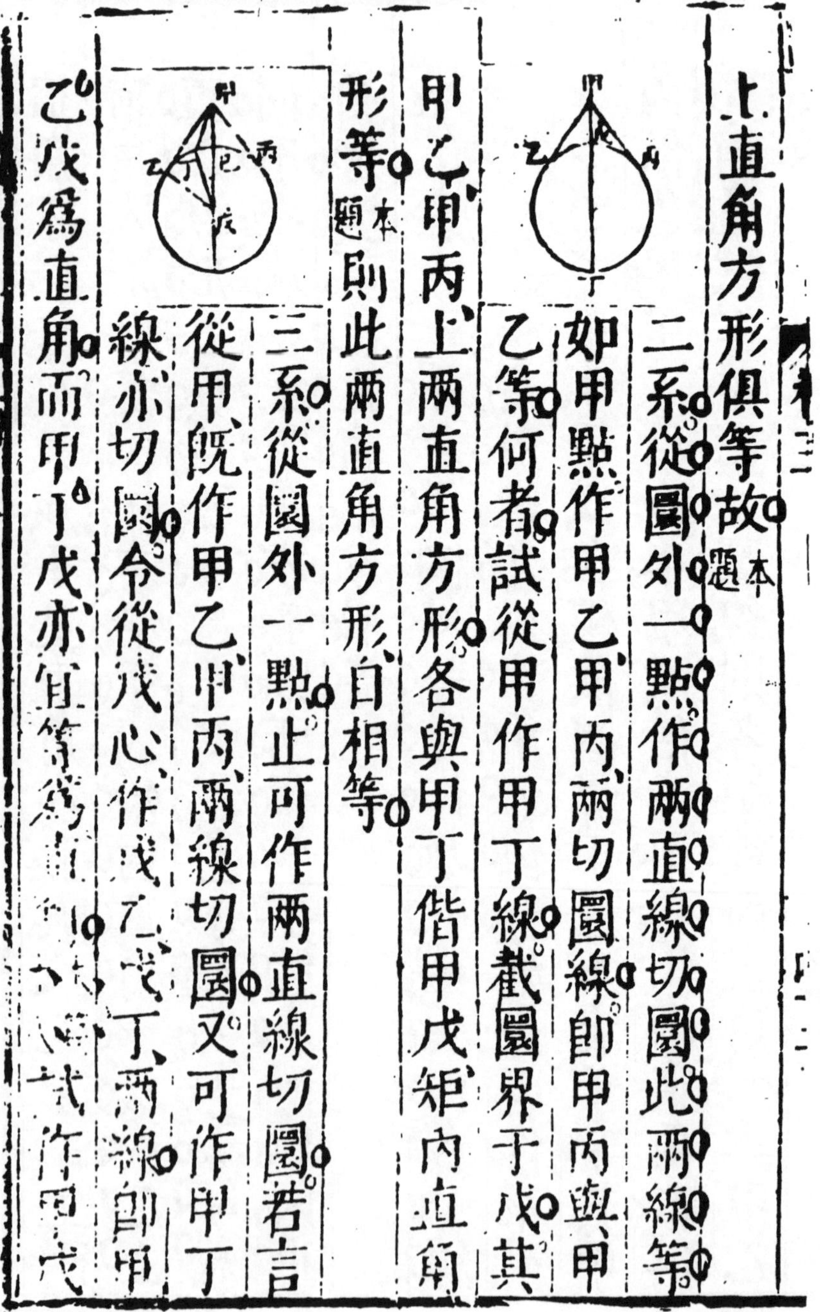

上直角方形俱等。故。本題

二系。從圓外一點。作兩直線切圓。此兩線等。

如甲點作甲乙甲丙兩切圓線。即甲丙與甲乙等。何者。試從甲作甲丁線。截圓界于戊。其甲乙甲丙上兩直角方形。各與甲丁偕甲戊矩內直角形等。本題 則此兩直角方形。自相等。

三系。從圓外一點。止可作兩直線切圓。若言從甲既作甲乙甲丙兩線切圓。又可作甲丁線亦切圓。令從戊心作戊乙戊丁兩線。即甲乙戊為直角。而甲丁戊亦宜等為直角。本篇十八。試作甲戊本篇則甲乙戊角形內。有甲丁戊角。應大于甲乙戊角。[illegible]得為直角也。又甲乙甲丁若俱切圜。即兩線宜等。[illegible]試作甲戊線截圜于巳。則甲丁為近巳線甚小。當小于遠巳之甲乙線。本篇八 又安得相等也。故一點上止可作切圜線兩也。

即三十六題[illegible]特說

第三十七題

圜外任于一點。出兩直線。一至規外。一割圜至規內而止。若割圜全線偕割圜之規外線矩內直角形。與至規外之線上直角方形等。則至規外之線必切圜。

解曰。甲乙丙圜。其心戊。從丁點作丁乙至規外之線。遇

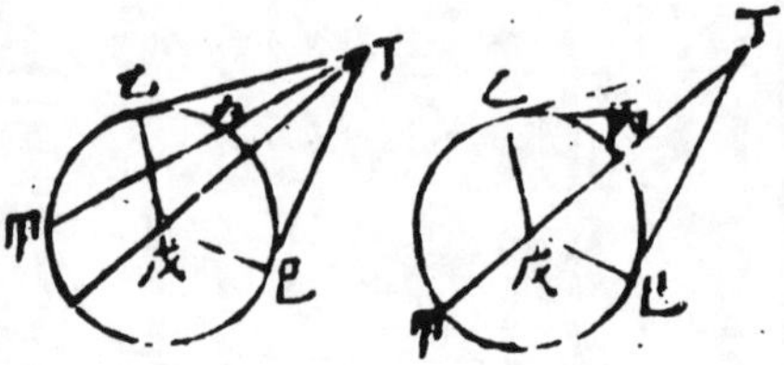

圜界于乙。又作丁甲割圜至規內之線。而截圜界于丙。其丁甲偕丁丙矩內直角形。與丁乙上直角方形等。題言丁乙為切圜線。

論曰。試從丁作丁巳線。切圜于巳。本篇十七 次作戊乙、戊巳兩線相聯。若丁甲不過戊心者。又作丁戊直線。其丁巳上直角方形與丁甲偕丁丙矩內直角形等。本篇卅六 而丁乙上直角方形與丁甲偕丁丙矩內直角形亦等。則丁乙、丁巳上兩直角方形自相等。而丁乙、丁巳兩線亦等。夫丁乙戊角形之丁乙、乙戊與丁巳戊角形之丁巳、巳戊各兩腰等。丁戊同底。

即兩角形之三角各等。一卷八而對丁戊底之丁己戊爲直角。本篇十八即丁乙戊亦直角。故丁乙爲切圜線。本篇十六之一系

幾何原本第三卷終

幾何原本第四卷之首

泰西利瑪竇口譯

吳淞徐光啓筆受

界說七則

第一界

直線形居他直線形內而此形之各角切他形之各邊為形內切形

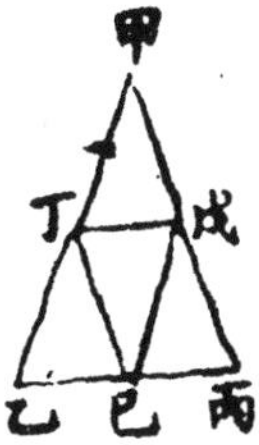

此卷將論切形在圜之內外及作圜在形之內外故解形之切在形內及切在形外者先以直線形為例如前圖丁戊巳角形之丁戊巳三角切

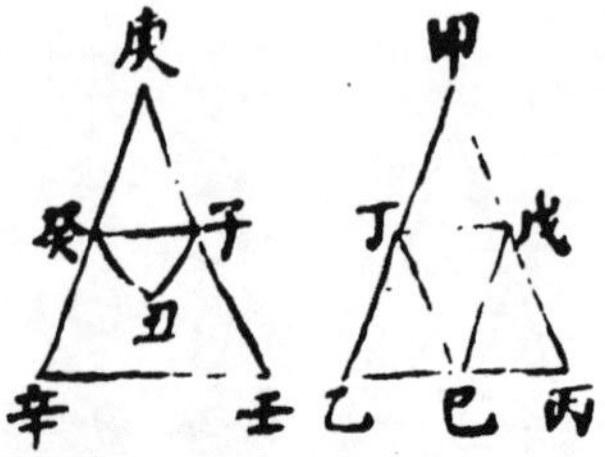

甲乙丙角形之甲乙乙丙丙甲三邊則丁戊巳爲甲乙丙之形內切形如後圖癸子丑角形雖癸子兩角切庚辛壬角形之庚辛壬庚兩邊而丑角不切辛壬邊則癸子丑不可謂庚辛壬之形內切形

第二界

一直線形居他直線形外而此形之各邊切他形之各角爲形外切形

如第一界圖甲乙丙爲丁巳戊之形外切形　其餘各形倣此二例

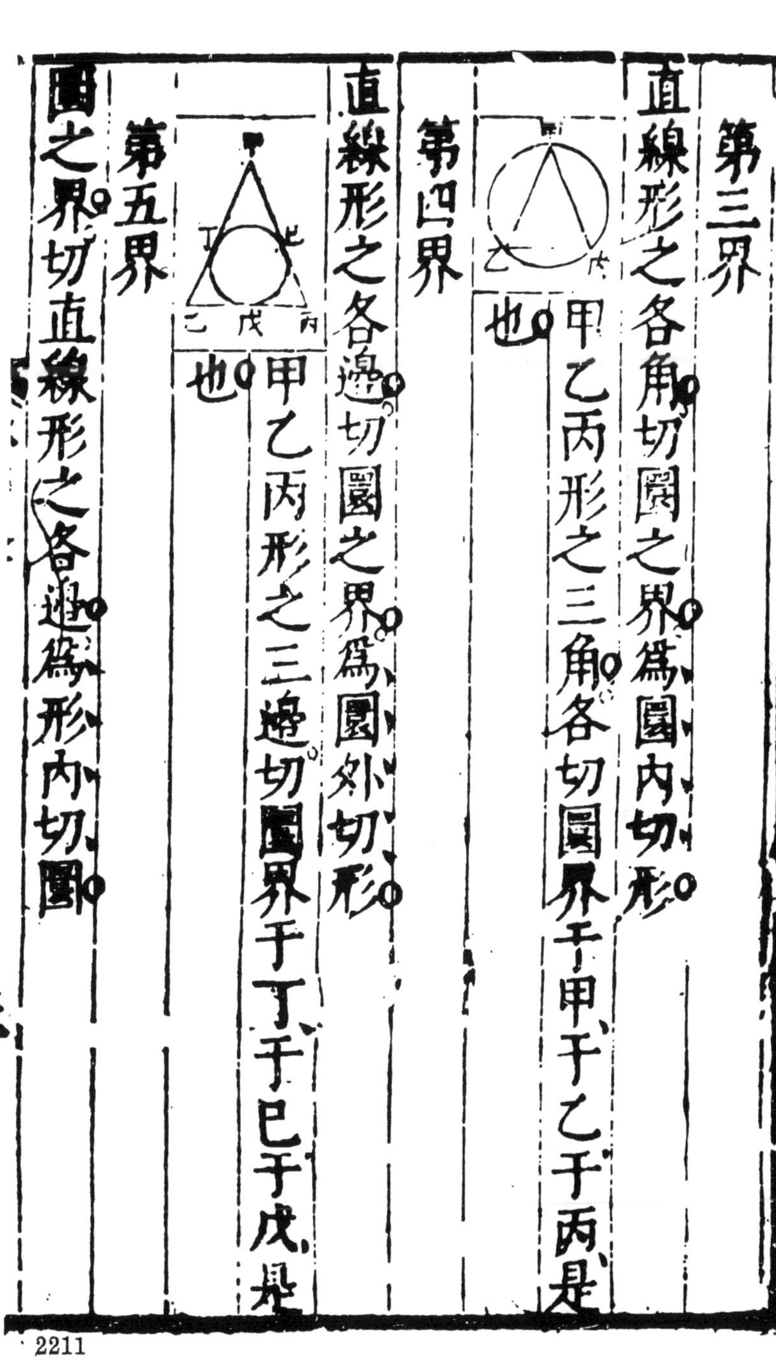

第三界

直線形之各角切圜之界。爲圜內切形。

甲乙丙形之三角。各切圜界于甲于乙于丙是也。

第四界

直線形之各邊切圜之界。爲圜外切形。

甲乙丙形之三邊切圜界于丁于巳于戊是也。

第五界

圜之界切直線形之各邊。爲形內切圜。

同第四界圖

第六界

圜之界切直線形之各角爲形外切圜

同第三界圖

第七界

直線之兩界各抵圜界爲合圜線

甲乙線兩界各抵甲乙丙圜之界爲合圜線若丙抵圜而丁不至及戊之兩俱不至不爲合圜線

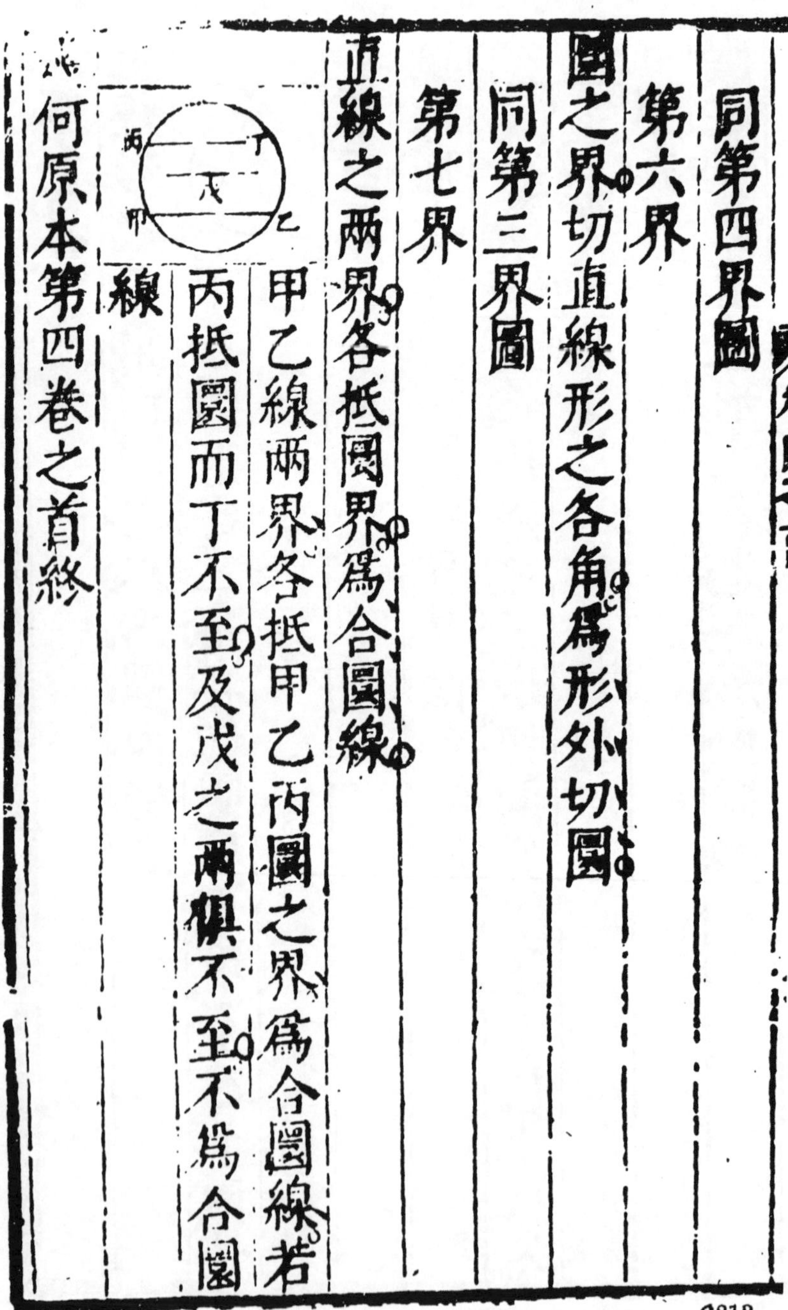

幾何原本第四卷之首終

幾何原本第四卷

本篇論圓內外形　計十六題

泰西利瑪竇口譯

吳淞徐光啓筆受

第一題

有圓。求作合圓線。與所設線等。此設線不大於圜之徑線。

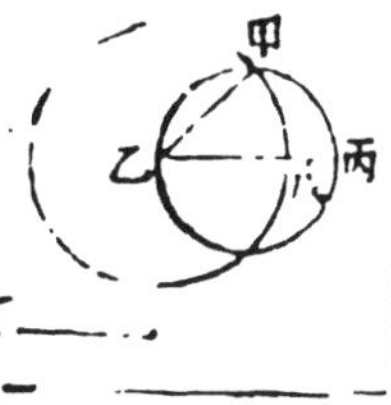

法曰。甲乙丙圜。求作合線。與所設丁線等。其丁線不大于圜之徑線。徑線為圜內之最大線。是以不可以入圜。見三卷十五。先作甲乙圜徑為乙丙。若乙丙與丁等者。即是合線。若丁小于徑者。即于乙丙上截取乙戊與丁等。次以乙為心。戊為界。作甲戊圜。交甲乙丙圜于甲。末作甲乙合線。即與丁等。何者。甲乙與乙戊等。則與丁等。

第二題 二

有圜。求作圜內三角切形。與所設三角形等角。

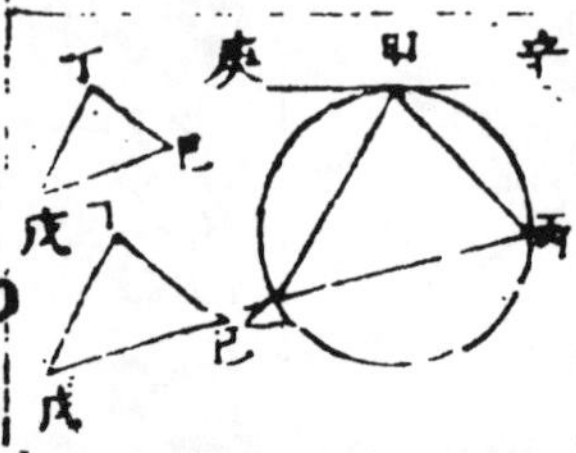

法曰。甲乙丙圜。求作圜內三角切形。其三角與所設丁戊己形之三角各等。先作庚辛線切圜于甲。本篇十七次作庚甲乙角。與設形之己角等。次作辛甲丙角。與設形之戊角等。末作乙丙線。即圜內三角切形。與所設丁戊己形等角。

論曰。甲丙乙與庚甲乙兩角等。甲乙丙與辛甲丙兩角亦等。三卷卅二而庚甲乙辛甲丙兩角既與所設己戊兩角

各等。即甲丙乙、甲乙丙、亦與巳戊、各等。而乙甲丙必與丁等、（一卷卅二）則三角俱等

第三題　三

有圜求作圜外三角切形與所設三角形等角

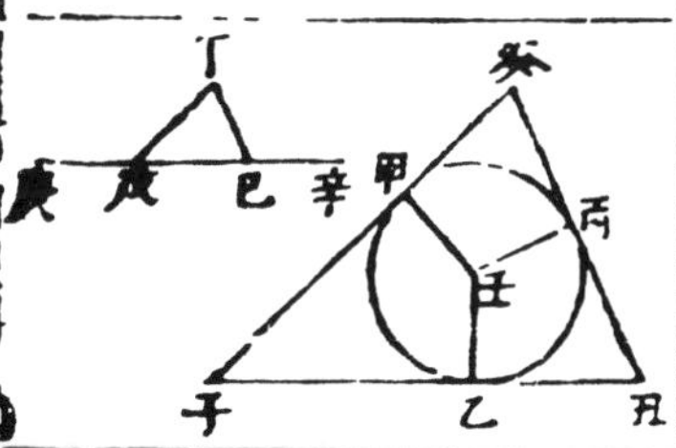

法曰。甲乙丙圜。求作圜外三角切形。其三角與所設丁戊巳形之三角各等。先于戊巳一邊引長之爲庚辛。次于圜界抵心作甲壬線次作甲壬乙角與丁戊庚等。次作乙壬丙角與丁巳辛等。末于甲乙丙上作癸子、子丑、丑癸三垂線。此三線各切圜于甲于乙于丙（三卷十六之系）而相

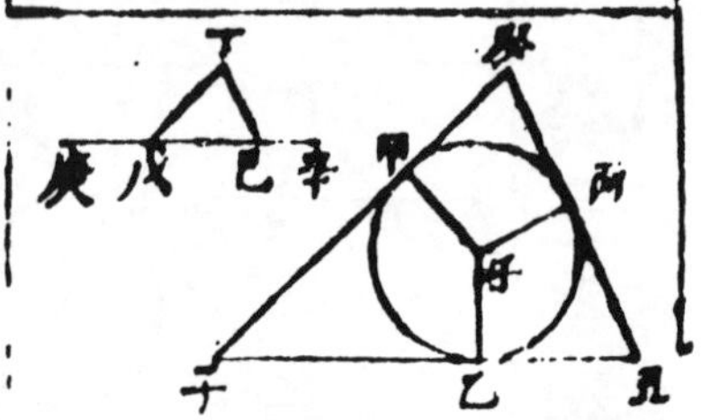

過于子、于丑、于癸。若作甲丙線、則癸甲丙、癸丙甲、兩角、小于兩直角、而于癸、丑癸、兩線必相遇。餘二倣此。此癸子、丑三角、與所設丁戊巳三角各等。

論曰。甲壬乙子四邊形之四角、與四直角等。一卷卅二題內而壬甲子、壬乙子、兩爲直角、即甲壬乙、甲子乙兩角并等兩直角。彼丁戊庚、丁戊巳兩角并、亦等兩直角。一卷十三此二等率者、每減一相等之丁戊庚。甲壬乙、則所存丁戊巳與甲子乙等。依顯丑角與丁巳戊等、則癸與丁亦等。一卷卅二而癸子丑與丁戊巳兩形之各三角俱等。

第四題

三角形求作形內切圓

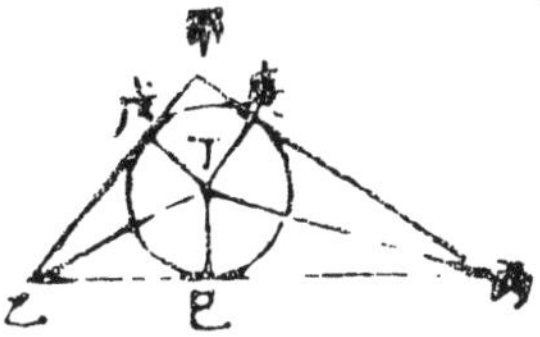

法曰。甲乙丙角形求作形內切圓。先以甲乙丙、角甲丙乙角各兩平分之。（一卷九）作乙丁、丙丁兩直線相遇於丁。次自丁至角形之三邊各作垂線為丁巳、丁庚、丁戊。其戊丁乙角形之丁戊乙、丁乙戊兩角與乙丁巳角形之丁巳乙、丁乙巳兩角各等。乙丁同邊。即丁戊、丁巳兩邊亦等。（一卷廿六）依顯丁丙巳角形與丁庚丙角形之丁巳、丁庚兩邊亦等。即丁戊、丁巳、丁庚三線俱等。末作圓。以丁為心。戊為界。即過庚巳爲戊庚巳圜兩切角形之甲乙、乙丙、丙甲三邊于戊、于巳、于庚。三卷十六之系此爲形內切圜。

第五題

三角形求作形外切圜

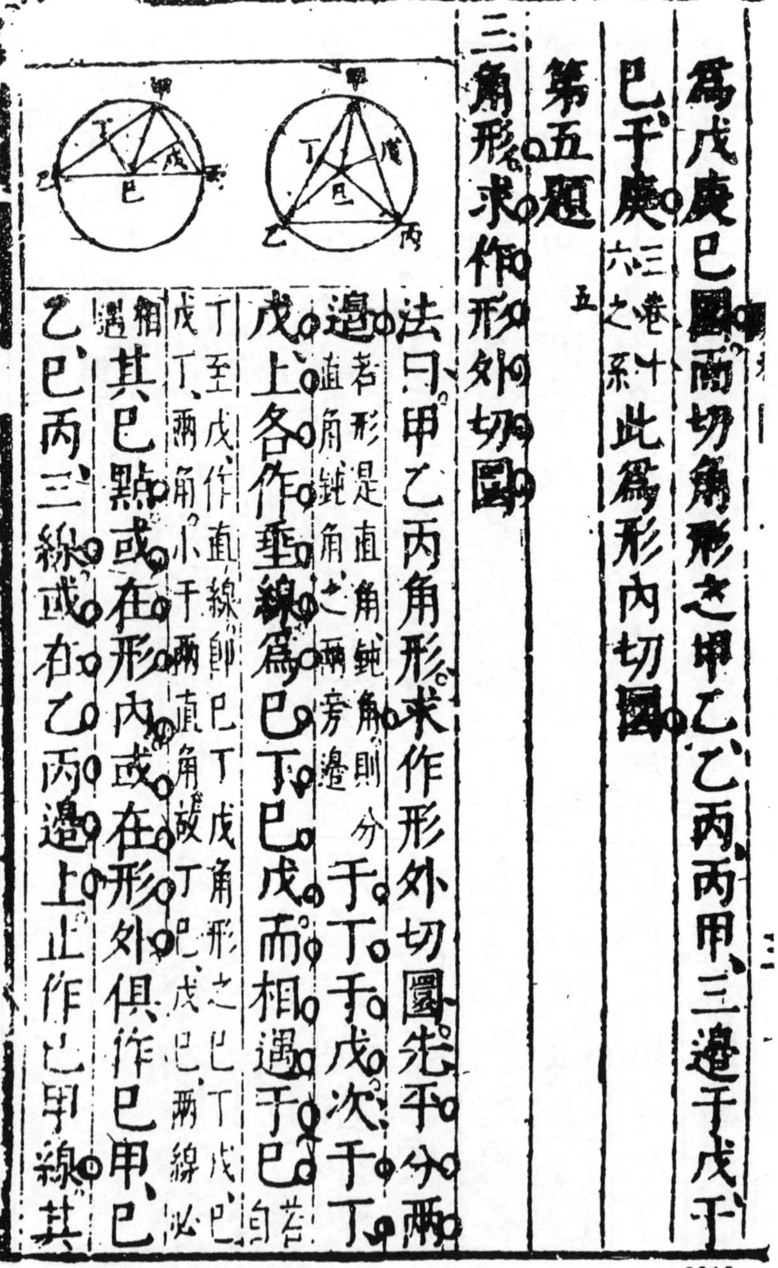

法曰：甲乙丙角形，求作形外切圜。先平分兩邊。若形是直角鈍角則分直角鈍角之兩旁邊于丁、于戊。次于丁、戊上各作垂線，爲巳丁、巳戊，而相遇于巳。若自丁至戊作直線，即巳丁戊角形之巳丁戊、巳戊丁兩角小于兩直角，故丁巳、戊巳兩線必相遇。其巳點或在形內，或在形外，俱作巳甲、巳乙、巳丙三線；或在乙丙邊上，止作巳甲線。其

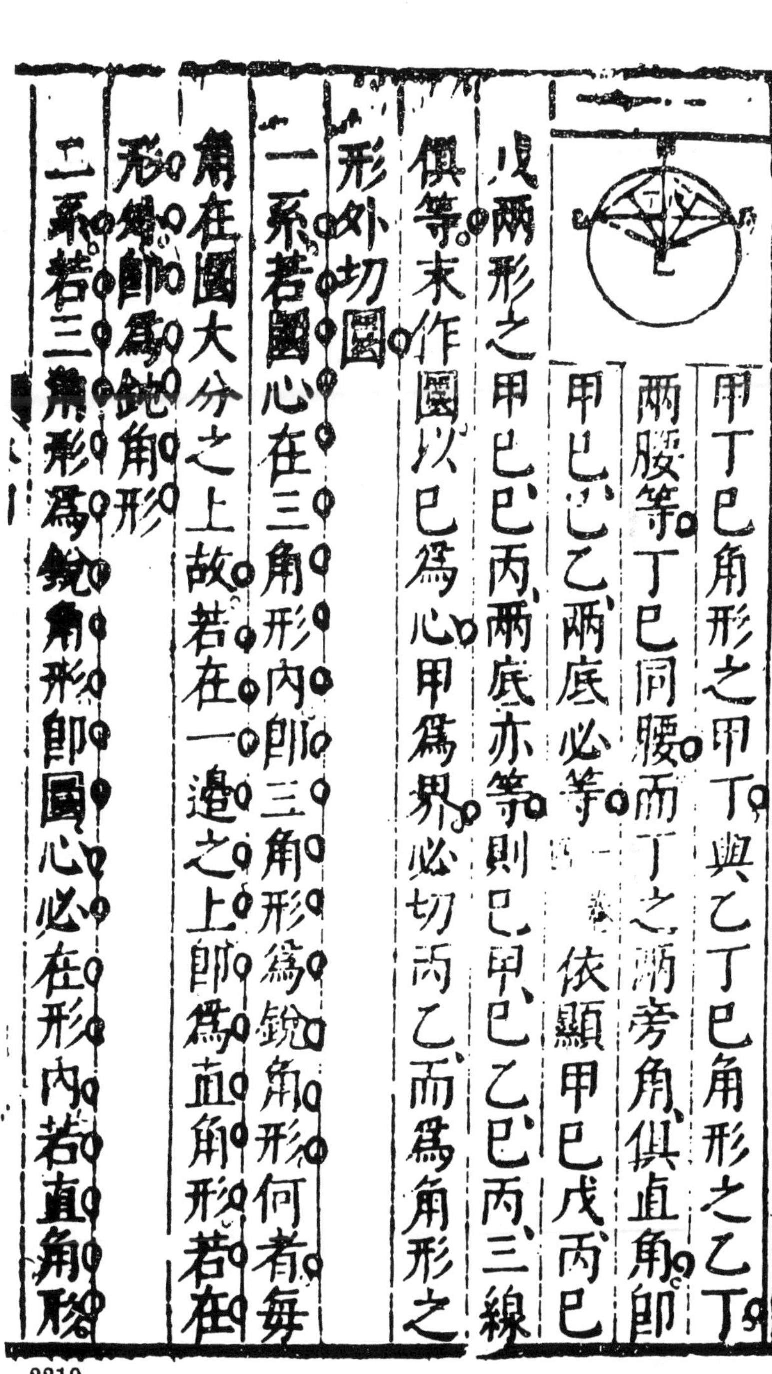

甲丁巳角形之甲丁，與乙丁巳角形之乙丁，兩腰等。丁巳同腰。而丁之兩旁角俱直角。即甲巳、巳乙、兩底必等。依顯甲巳戊、丙巳戊兩形之甲巳、巳丙、兩底亦等。則巳甲、巳乙、巳丙、三線俱等。末作圜以巳為心，甲為界。必切丙乙，而為角形之形外切圜。

一系。若圜心在三角形內。即三角形為銳角形。何者。每角在圜大分之上。故若在一邊之上。即為直角形。若在形外。即為鈍角形。

二系。若三角形為銳角形。即圜心必在形內。若直角形必在一邊之上。若鈍角形，必在形外。

增。從此推得一法，任設三點，不在一直線，可作一過三點之圜。其法先以三點作三直線相聯成三角形，次依前作。

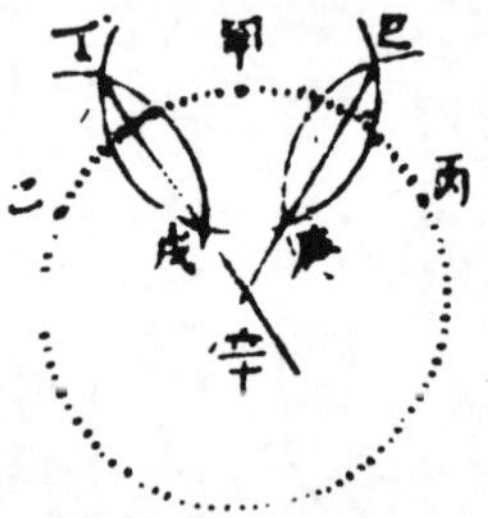

其用法：甲、乙、丙三點，先以甲、乙兩點各自爲心，相向各任作圜分，令兩圜分相交於丁、於戊。次甲、丙兩點亦如之，令兩圜分相交於己、於庚。末作丁戊、己庚兩線，各引長之，令相交於辛，卽辛爲圜之心。論見三

第六題　六

有圜。求作。內。切圜。直。角。方。形

法曰。甲乙丙丁圜。其心戊。求作內切圜直角方形。先作甲丙、乙丁、兩徑線。以直角相交于戊。次作甲乙、乙丙、丙丁、丁甲、四線。即甲乙丙丁、為內切圜直角方形。

論曰。甲乙戊角形之甲戊。與乙戊丙角形之戊丙。兩腰等。乙戊同腰。而腰間角。兩為直角。即其底甲乙、乙丙、等。依顯乙丙、丙丁、亦等。則四邊形之四邊俱等。而甲乙丙丁、四角。皆在半圜分之上。又皆直角。是為內切圜直角方形。

第七題

有圜。求作外切圜直角方形。

法曰。甲乙丙丁圜。其心戊。求作外切圜直角方形。先作甲丙、乙丁、兩徑線。以直角相交于戊。次于甲、乙、丙、丁、作庚巳、巳辛、辛壬、壬庚、四線。為兩徑之垂線。而相遇于巳、于辛、于壬、于庚。即巳庚壬辛、為外切圜直角方形。

論曰。甲戊乙、巳乙戊、既皆直角。即巳辛、甲丙、平行。一卷廿八依顯甲丙、庚壬、亦平行。則巳庚、辛壬、亦平行。一卷三十又甲丙辛巳。既直角形。即甲丙巳辛。必等。一卷卅四而甲丙辛甲巳辛。兩角亦等。甲丙辛。既直角。即甲巳辛。亦直角。依顯庚壬辛。亦直角。而辛壬壬庚庚巳。三邊俱等于甲丙。乙丁。兩徑。既四邊俱等于兩徑。則巳庚壬辛。爲直角方形而四邊各切圜。三卷十六之系

第八題 八

直角方形。求作形內切圜。

法曰。甲乙丙丁直角方形。求作形內切圜。先以四邊各兩平分于戊于巳于庚于辛。而作辛巳戊庚兩線。交于壬。其甲丁與乙丙。既平行相等。即半徑

線之甲辛乙巳亦平行相等而甲乙與辛巳亦平行相等（一卷卅三）依顯丁丙與辛巳亦平行相等甲丁乙丙戊庚俱平行相等而甲壬乙壬丙壬丁壬四俱直角形壬戊壬巳壬庚壬辛四線與甲辛戊乙丁辛甲戊四線各等夫甲辛戊乙丁辛甲戊各爲等線之半即與之等者壬戊壬巳壬庚壬辛亦自相等次作圜以壬爲心戊爲界必過巳庚辛而切甲丁丁丙丙乙乙甲四邊（三卷十六）是爲形內切圜

第九題 九

有方形求作形外切圜

法曰。甲乙丙丁直角方形。求作外切圜。先作對角兩線。爲甲丙、乙丁。而交于戊。其甲乙丁角形之甲乙、甲丁兩腰等。即甲乙丁、甲丁乙兩角亦等。一卷五而乙甲丁爲直角。即甲乙丁、甲丁乙俱半直角。一卷卅二依顯丙乙丁、丙丁乙亦俱半直角。而四角俱等。又戊甲丁、戊丁甲兩角等。即戊甲、戊丁兩邊亦等。一卷六依顯戊甲、戊乙兩邊亦等。而戊乙、戊丙、戊丙、戊丁兩邊各等。次作圜。以戊爲心。甲爲界。必過乙丙丁。而爲形外切圜。

第十題

求作兩邊等三角形。而底上兩角各倍大于腰間角。

法曰：先作丙作甲乙線，次分之于丙，其分法須甲乙偕丙乙矩內直角形與甲丙上直角方形等。（六卷一次）以甲為心，乙為界，作乙丁圜，次作乙丁合圜線，與甲丙等。（本篇一）末作甲丁線相聯，其甲乙、甲丁等，即甲乙丁為兩邊等角形，而即乙丁甲、甲乙丁兩角，各倍大于甲角。

論曰：試作丙丁線，而甲丙丁角形外作甲丙丁切圜。（本篇五）其甲乙偕丙乙矩內直角形與甲丙上直角方形等，即亦與至規外之乙丁上直角方形等。（[illegible]）則乙丁線切甲丙丁圜于丁。（三卷卅七）即乙丁切線偕丁丙[illegible]

丙角與負丁甲丙圜分之甲角交互相等（三卷卅二）此二率者每加一丙丁甲角即甲丁乙全角與丙甲丁丙丁甲兩角并等夫乙丙丁外角亦與丙甲丁丙丁甲相對之兩內角等（一卷卅二）即乙丙丁角與甲丁乙全角等而與相等之甲乙丁亦等丙丁與乙丁兩線亦等（一卷六）夫乙丁元與甲丙等即丙丁與甲丙亦等丙甲丁丙丁甲兩角亦等而甲角既與乙丁丙角等即乙丁丙與丙丁甲兩角亦等是甲丁乙倍大于丙丁甲必倍大于相等之甲角也而相等之甲乙丁亦倍大于甲也

第十一題

有圜求作圜內五邊切形其形等邊等角

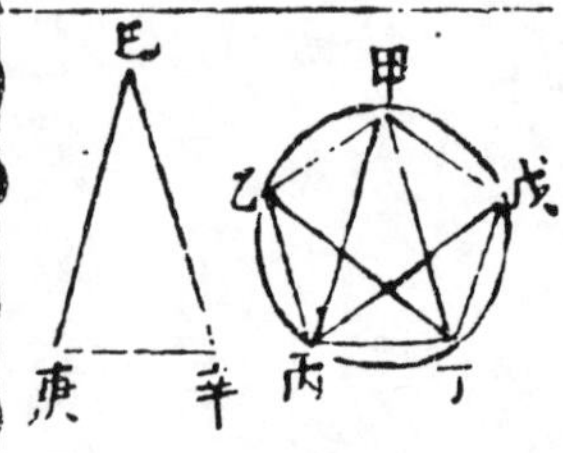

法曰。甲乙丙丁戊圜。求作五邊內切圜形。等邊等角。先作己庚辛兩邊等角形。而庚辛兩角各倍大于己角。本篇十次于圜內作甲丙丁角形。與己庚辛角形各等角。本篇二次以甲丙丁。甲丁丙。兩角各兩平分。一卷九作丙戊。丁乙。兩線。末作甲乙。乙丙。丙丁。丁戊。戊甲。五線相聯。即甲乙丙丁戊為五邊內切圜形。而五邊五角俱自相等。

論曰。甲丙丁。甲丁丙。兩角皆倍大于丙甲丁角。而兩角又平分。即甲丁乙。乙丁丙。丙甲丁。丁丙戊。戊丙甲。五角皆等。而五角所乘之甲乙、乙丙、丙丁、丁戊、戊甲。五圜分。亦等。（三卷廿六）即甲乙、乙丙、丙丁、丁戊、戊甲、五線亦等。（三卷廿九）是五邊形之五邊等。又甲乙、乙戊、丁、兩圜分等。而各加一乙丙丁圜分。即甲乙丙丁與戊丁丙乙兩圜分等。乘兩圜分之甲戊丁、乙甲戊兩角亦等。依顯餘三角與兩角俱等。是五邊形之五角等。

第十二題　十二

有圜。求作圜外五邊切形。其形等邊等角。

法曰。甲乙丙丁戊圜。求作五邊外切圜形。等邊等角。先作圜內甲乙丙丁戊五邊等邊等角切形。（本篇十一）次從巳

心作己甲、己乙、己丙、己丁、己戊五線。次從此五線作庚辛、辛壬、壬癸、癸子、子庚五垂線。相遇于庚、于辛、于壬、于癸、于子。庚戊甲、庚甲戊兩角小于兩直角。故甲庚、戊庚線必相遇。餘四倣此。五垂線既切圓。三卷十六即成外切圓五邊形而等邊等角。

論曰：試從己心作己庚、己辛、己壬、己癸、己子五線。其己甲、甲辛上兩直角方形，己乙、乙辛上兩直角方形之兩并，各與己辛上直角方形等。一卷四七即兩并自相等。此兩并率者，每減一相等之甲己、己乙上直角方形，即所存甲辛、辛乙上兩直角方形等。則甲辛、辛乙兩線等也。文甲巳辛角形之甲巳。與乙巳辛角形之乙巳。兩腰等。巳辛同腰。而甲辛、辛乙兩底又等。即甲巳辛、辛巳乙兩角等。一卷八 而甲辛巳、乙辛巳兩角亦等。一卷四 則甲巳乙角倍大于辛巳乙角也。依顯乙巳丙角亦倍大于乙巳壬角。乙壬丙角亦倍大于乙壬巳角也。又甲巳乙、乙巳丙兩角乘甲乙、乙丙相等之兩圜分。[illegible]十六故圜分等 三卷廿八 即兩角自相等。三卷廿七 半減之辛巳乙、乙巳壬兩角亦等。乙巳辛角形之乙巳辛、辛乙巳兩角。與乙巳壬角形之乙巳壬、壬乙巳兩角各等。而乙巳同邊。是辛乙、乙壬兩邊亦等也。一卷廿六 乙辛巳、乙壬巳兩角亦等也。則辛壬線倍

大于辛乙線也依顯庚辛線亦倍大于辛甲線也前已顯甲辛辛乙兩線等則倍大之庚辛辛壬兩線亦等也依顯壬癸癸子子庚庚辛辛壬俱等也是爲庚辛壬癸子形之五邊等又依前所顯乙辛巳與乙壬巳兩角等是乙辛甲之減半角與乙壬丙之減半角等即倍大之乙辛甲與乙壬丙亦等也依顯辛壬癸壬癸子癸子庚子庚辛與庚辛壬俱等也是爲庚辛壬癸子形之五角等

第十三題

五邊等邊等角形求作形內切圓

法曰。甲乙丙丁戊五邊等邊等角形。[illegible]切圜。先分乙甲戊、甲乙丙兩角。各兩平分。一卷九其線為己甲、己乙。而相遇于己。己甲乙、己乙甲兩角小于兩直角。故己甲、己乙兩線必相遇。自己作己丙、己丁、己戊三線。其甲己乙角形之甲乙腰。與乙己丙角形之乙丙腰等。乙己同腰。而兩腰間之甲乙己、己乙丙兩角等。即甲己、己丙兩底亦等。乙甲己、乙丙己兩角亦等。四一卷又乙甲戊與乙丙丁、兩角等。而乙甲己既為乙甲戊之半。即乙丙己亦乙丙丁之半。則乙丙丁角。亦兩平分于己丙線矣。依顯丙丁戊、丁戊甲兩角。亦兩平分于己丁、己戊兩線矣。次從巳向各邊作巳庚、巳辛、巳壬、巳癸、巳子五垂線。其甲巳庚角形之巳甲庚、巳庚甲兩角與甲巳子角形之巳甲子、巳子甲兩角各等。甲巳同邊。即兩形必等。（一卷廿六）巳子、與巳庚兩線亦等。依顯巳辛、巳壬、巳癸三垂線與巳庚、巳子、兩垂線俱等。末作圜。以巳為心。庚為界。必過辛、壬、癸、子。而為甲乙丙丁戊五邊形之內切圜。（三卷十三）

第十四題　十四

五邊等邊等角形。求作形外切圜

法曰。甲乙丙丁戊五邊等邊等角形。求作外切圜。先分

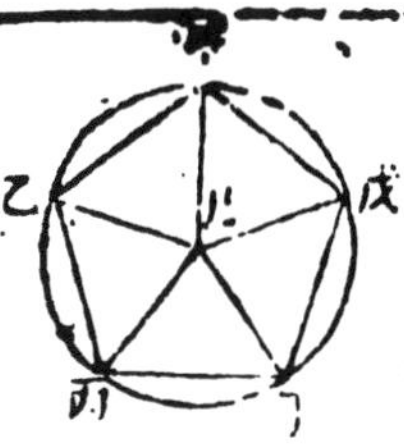

乙甲戊、甲乙丙、兩角、各兩平分、其線爲己甲、己乙、而相遇于己。說見前。次從己作己丙、己丁、己戊二線。依前題論推顯乙丙丁、丙丁戊、丁戊甲三角、各兩平分于己丙、己丁、己戊三線。夫五角既等、即其半減之角亦等。而甲乙己角形之己甲乙、己乙甲、兩角等。即甲己與己乙兩線亦等。一卷六依顯己丙、己丁、己戊三線與己甲、己乙俱等。末作圜、以己爲心、甲爲界、必過乙丙丁戊而爲甲乙丙丁戊五邊形之外切圜。

第十五題

于圜內作六邊切形、其形等邊等角。

法曰。甲乙丙丁戊巳圜。其心庚。求作六邊內切圜形。等邊等角。先作甲丁徑線。次以丁為心。庚為界。作圜。兩圜相交於丙於戊。次從庚心。作丙庚。戊庚。兩線。各引長之。為丙巳。戊乙。末作甲乙。乙丙。丙丁。丁戊。戊巳。巳甲。六線相聯。即成甲乙丙丁戊巳內切圜六邊形。而等邊等角。

論曰。庚丙。庚丁。兩線等。而丁丙與丁庚亦等。依圜界說三邊俱等。即庚丙丁。為平邊角形。而庚丁丙。丁丙庚。丙庚丁。三角俱等。一卷五此三角形元與兩直角等。一卷卅二則每角為兩直角三分之一。而丙庚丁角。為兩直角三分之一也。

依顯丁庚戊角，亦兩直角三分之一。而丙庚丁、丁庚戊、戊庚巳三角，又等于兩直角。一卷十三 即戊庚巳角，亦兩直角三分之一矣。則丙庚丁、丁庚戊、戊庚巳三角，亦自相等。而此三角，與巳庚甲、甲庚乙、乙庚丙三角，亦等。一卷十五 是輳庚心之六角，俱自相等。而所乘之六圜分，亦等。三卷廿六 及甲乙、乙丙、丙丁、丁戊、戊巳、巳甲六線，俱自相等。三卷廿九 則甲乙丙丁戊巳形之六邊等。又乙丙與甲巳兩圜分等。而各加一丙丁戊巳圜分，即乙丙丁戊巳與甲巳戊丁丙兩圜分等。而所乘之乙甲巳與甲乙丙兩角等。三卷廿七 依顯乙丙丁、丙丁戊、丁戊巳、戊巳甲、四角與乙甲巳甲乙丙兩角俱等。則甲乙丙丁戊己形之六角等。

一系。凡圜之半徑爲六分圜之一之分弦。何者。庚丁與丁丙等。故。故一開規爲圜。不動而可六平分之。

二系。依前十二十三十四題。可作六邊等角形在圜之外。又六邊等邊等角形內。可作切圜。又六邊等邊等角形外。可作切圜。

十六

第十六題

有圜。求作圜內十五邊切形。其形等邊等角。

法曰。甲乙丙圜。求作十五邊內切圜形。等邊等角。先作甲乙丙內切圜平邊三角形。與丁等角。[illegible] 即三邊等

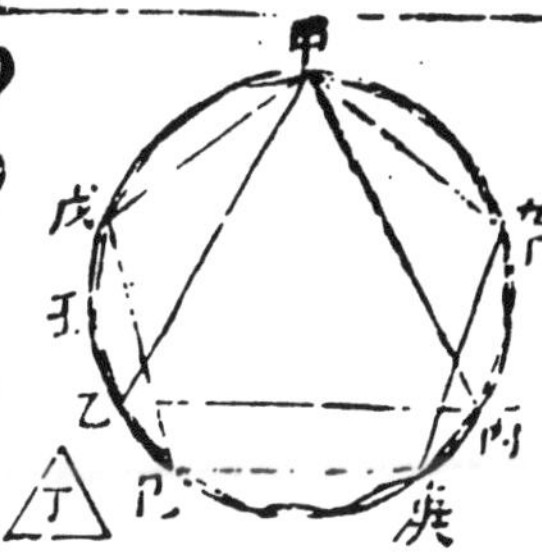

而甲乙、乙丙、丙甲三圜分亦等。（三卷廿）夫甲乙丙圜十五分之，則甲乙三分圜之一，當爲十五分之五。次從甲作甲戊、巳庚、辛丙切圜五邊形等角。（本篇十）即甲戊、戊巳、巳庚、庚辛、辛甲五圜分等。（三卷廿八）夫甲乙丙圜十五分之，則甲戊五分圜之一，當爲十五分之三。而戊乙得十五分之二。次以戊乙圜分兩平分于壬。（三卷卅）則壬乙得十五分之一。次作壬乙線，依壬乙共作十五合圜線。（本篇一）則成十五邊等邊形，而十五角所乘之圜分等，即各角亦等。（三卷廿七）

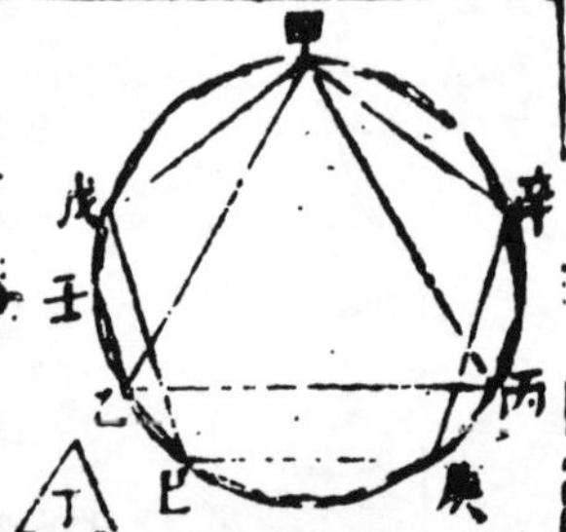

一系。依。前。十。二。十。三。十。四。題。可。作。外。切。圜。十。五。邊。形。又。十。五。邊。形。內。可。作。切。圜。又。十。五。邊。形。外。可。作。切。圜。

注曰。依此法。可設一法。作無量數形。如本題圖。甲乙圜分。為三分圜之一。即命三。甲戊圜分。為五分圜之一。即命五。三與五相乘。得十五。即知此兩分法。可作十五邊形。又如甲乙命三。甲戊命五。三與五較得二。即知戊乙得十五分之二。因分戊乙為兩平分。得壬乙線。為十五分之一。可作內切圜十五邊形也。以此法為例。作後題。

增題。若圓內從一點設切圓兩不等等邊等角形之各一邊。此兩邊一爲若干分圓之一。一爲若干分圓之一。此兩若干相乘之數即後作形之邊數。此兩若干分之較數即兩邊相距之圓分所得後作形邊數內之分數。

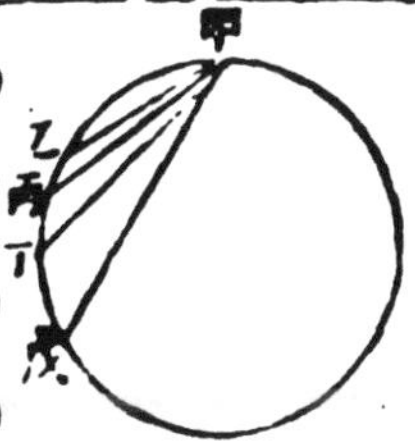

法曰。甲乙丙丁戊圓內從甲點作數形之各一邊。如甲乙爲六邊形之一邊。甲丙爲五邊形之一邊。甲丁爲兩邊形之一邊。甲戊爲三邊形之一邊。甲乙命六。甲丙命五。較數一。即乙丙圓分爲所作三十邊等邊等角形之一邊。何者

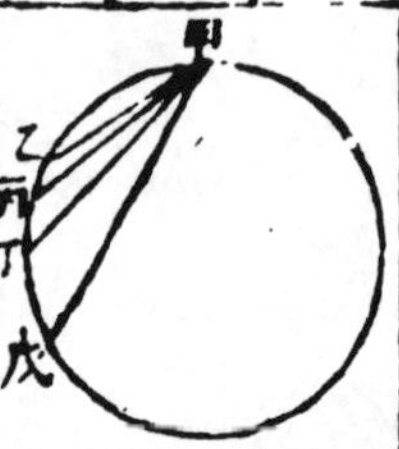

五六相乘為三十。故當作三十邊也。較數一。故當為一邊也。

論曰。甲乙圜分為六分圜之一。卽得三十分圜之五。而甲丙為五分圜之一。卽得三十分圜之六。則乙丙得三十分圜之一也。依顯乙丁為二十四邊形之二邊也。何者。甲乙命六。甲丁命四。六乘四得二十四也。又較數二也。依顯乙戊為十八邊形之三邊也。丙丁為二十邊形之一邊也。丙戊為十五邊形之二邊也。丁戊為十二邊形之一邊也。

二系。凡作形于圜之內。等邊則等角。何者。□之角所乘之。圜分。皆等。故（三卷廿七）凡作形于圜之外。即從圜心作直線。抵各角。依本篇十二題可推顯各角等。

三系。凡等邊形。既可作在圜內。即依圜內形可作在圜外。即形內可作圜。即形外亦可作圜。皆依本篇十二十三十四題。

四系。凡圜內有一形。欲作他形。其形邊倍于此形邊。即分此形一邊所合之圜分。為兩平分。而每分各作一合線。即三邊可作六邊。四邊可作八邊。倣此以至無窮。

又補題。圜內有同心圜。求作一多邊形。切大圜。不至小圜。其多邊為偶數而等。

法曰。甲乙丙、丁戊、兩圜同以巳為心。求于甲乙丙大圜內。作多邊切形。不至丁戊小圜。其多邊為偶數。而等。先從巳心。作甲丙徑線。截丁戊圜于戊。次從戊作庚辛為甲戊之垂線。即庚辛線切丁戊圜于戊也。（三卷十六之系）夫甲庚丙圜分。雖大于丙庚。若于甲庚丙減其半甲乙。存乙丙。又減其半乙壬。存壬丙。又減其半壬癸。如是遞減。至其減餘丙癸。必小于丙庚。（如下補論）既得丙癸圜分。小于丙庚。而作丙癸合圜線。即丙癸為所求切圜形之一邊也。次分乙壬圜分。其分數與丙壬之分數等。次分甲乙與

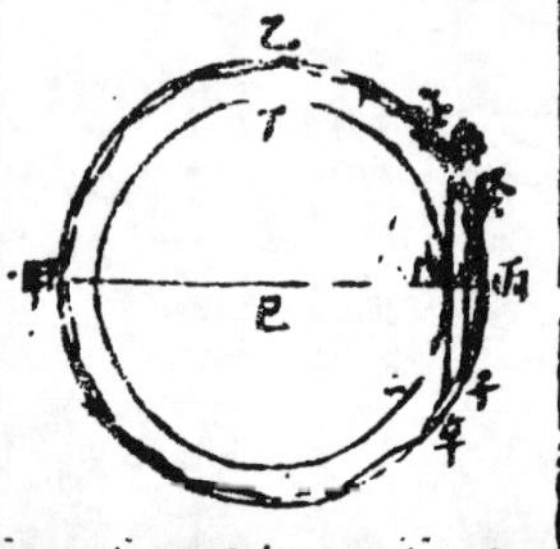

丙分數等。分丙甲與甲乙丙分數等。則得所求形。三卷廿九

而不至丁戊小圜。

論曰。試從癸作癸子。為甲丙之垂線。遇甲丙于丑。其庚戊丑、癸丑戊兩皆直角。即庚辛、癸子、為平行線。一卷廿八庚辛線之切丁戊圜。既止一點。即癸子線更在其外。必不至丁戊矣。何況丙癸更遠于丑癸乎。依顯其餘與丙癸等邊同度距心者。三卷十四俱不至丁戊圜也。此係十二卷第十六題。因六卷今增題宜絣此論。故先類附于此

補論。其題曰。兩幾何不等。若于大率遞減其大半。必可使其減餘小于元設小率。

解曰。甲乙大率。丙小率。題言。甲乙遞減其大半。至可使其減餘小于丙。

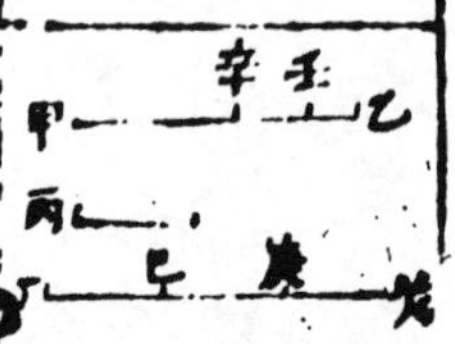

論曰。試以丙倍之。又倍之。至僅大于甲乙而止。爲丁戊。丁戊之分。爲丁巳。巳庚。庚戊。各與丙等也。次于甲乙。減其大半甲辛。存辛乙。又減其大半辛壬。存壬乙。如是遞減。至甲乙與丁戊之分數等。夫甲辛。辛壬。壬乙。與丁巳。巳庚。庚戊。分數既等。丁戊又大于甲乙。若兩率各爲兩分。而大丁戊之減丁巳。止于半。小甲乙之減甲辛爲大半。即丁戊之減餘。必大于甲乙之減餘也。若各爲多分。而巳戊尚多于丙者。即又于巳戊減巳庚。丁辛乙減其大半辛壬。如是遞減。卒至丁戊之末分庚戊。大于甲乙之末分壬乙也。而庚戊元與丙等。是壬乙小于丙也。

又論曰。若于甲乙遞減其半。亦同前論。何者。大丁戊所減不大于半。則丁戊之減餘。無大于甲乙之減餘。以至末分亦大于末分。此係十卷第一題。用于此。以足上論之備。

幾何原本第四卷終

幾何原本第五卷之首

泰西利瑪竇口譯
吳淞徐光啓筆受

界說十九則

前四卷所論。皆獨幾何也。此下二卷所論。皆自兩以上多幾何同例相比者也。而本卷則總說完幾何之同例相比者也。諸卷中獨此卷以虛例相比。絕不及線面體諸類也。第六卷則論線論角論圜界諸類及諸形之同例相比者也。今先解向後所用名目。爲界說十九。

第一界

分者幾何之幾何也小能度大以小爲大之分

以小幾何度大幾何謂之分曰幾何之幾何者謂非此小幾何不能爲此大幾何之分也如一點無分亦非幾何卽不能爲線之分也一線無廣狹之分非廣狹之幾何卽不能爲面之分也一面無厚薄之分非厚薄之幾何卽不能爲體之分也曰能度大者謂小幾何度大幾何能盡大之分者也如甲爲乙爲丙之分則甲爲乙三分之一爲丙六分之一無贏不足也若戊爲丁之一卽贏爲二卽不

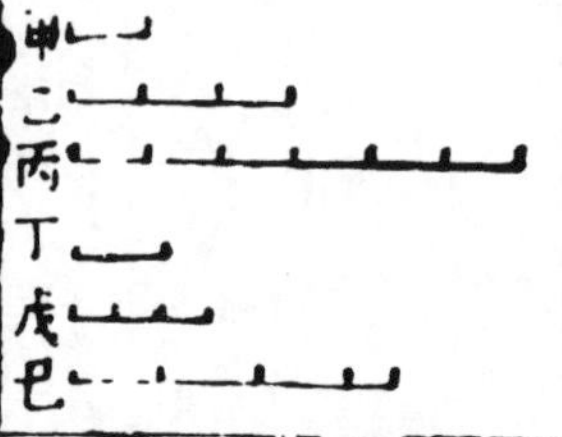

甲 乙 丙 丁 戊 己

足。已。爲丁之三。卽贏。爲四。卽不足。是小不盡大。則丁不能爲戊巳之分也。以數明之。若四于八。于十二。于十六。于二十。諸數。皆能盡分。無贏不足也。若四于六。于七。于九。于十。于十八。于三十八。諸數。或贏。或不足。皆不能盡分者也。本書所論。皆指能盡分者。故稱爲分。若不盡分者。當稱幾分幾何之幾。如四于六。爲三分六之二。不得正名爲分。不稱小度大也。不爲大幾何內之小幾何也。

第二界

若小幾何能度大者。則大爲小之幾倍。

如第一界圖。甲與乙。能度丙。則丙爲甲與乙之幾倍。若

丁戊不能盡已之分則已不爲丁戊之幾倍

第三界

比例者兩幾何以幾何相比之理

兩幾何者或兩數或兩線或兩面或兩體各以同類大小相比謂之比例若線與面或數與線相比此異類不爲比例又若白線與黑線熱線與冷線相比雖同類不以幾何相比亦不爲比例也

比例之說在幾何爲正用亦有借用者如時如音如聲如所如動如稱之屬皆以比例論之

此兩幾何相比以此幾何比他幾何則此幾何爲前率

所比之他幾何爲後率。如以六尺之線比三尺之線。則六尺爲前率。三尺爲後率也。反用之以三尺之線比六尺之線。則三尺爲前率。六尺爲後率也。

比例爲用甚廣。故詳論之。如左。

凡比例有二種。有大合。有小合。以數可明者爲大合。如二十尺之線比十尺之線是也。其非數可明者爲小合。如直角方形之兩邊與其對角線可以相比。而非數可明者是也。

如上二種又有二名。其大合線爲有兩度之線。如二十尺比八尺。兩線爲大合。則二尺四尺皆可兩度之者。是也。如此之類。凡數之比例。皆大合也。何者。有數之屬。或無他數可兩度者。無有一數不可兩度者。若七比九。無他數可兩度之。以一。則可兩度之也。其小合線為無兩度之線。如直角方形之兩邊與其對角線。為小合。即分至萬分。以及無數。終無小線可以盡分能度兩率者。是也。此論詳見十卷末題。

小合之比例。至十卷詳之。本篇所論。皆大合也。

凡大合有兩種。有等者。如二十比二十。十尺之線比十尺之線是也。有不等者。如二十比十。八比四。十六尺之線比二尺之線是也。

如上等者。為。相。同。之。比。例。其。不。等。者。又。有。兩。種。有。以。大
不等。如二十比十是也。有以小不等。如十比二十是也。
大合比例之以大不等者。又有五種。一為幾倍大。二為
等帶一分。三為等帶幾分。四為幾倍大帶一分。五為幾
倍大帶幾分。
一為幾倍大者。謂大幾何內有小幾何或二或三或十
或八也。如二十與四是二十內為四者五。如三十尺之
線與五尺之線是三十尺內為五尺者六。則三十與四
名為五倍大之比例也。三十尺與五尺名為六倍大之
比例也。倣此為名可至無窮也。

二為等帶一分者謂大幾何內既有小之一別帶一分此一分或元一之半或三分之一四分之一以至無窮者是也如三與二是三內既有二別帶一一為二之半如十二尺與九尺之線是十二內既有九別帶三三為九三分之一則三與二名為等帶半也十二尺與九尺名為等帶三分之一也

三為等帶幾分者謂大幾何內既有小之一別帶幾分而此幾分不能合為一盡分者是也如八與五是八內既有五別帶三一每一各為五之分而三一不能合而為五之分也他如十與八其十內既有八別帶二一雖

每一各爲八之分與前倒相似而二一却能爲八四分
之一是爲帶一分屬在第二不屬三也則八與五名爲
等帶三分也又如二十一與十六郎名爲等帶六分也
四爲幾倍大帶一分者謂大幾何內既有小幾何之二
之三之四等別帶一分此一分或元一之半或三分四
分之以至無窮者是也如九與四是九內既有二四
別帶一爲四四分之一則九與四名爲二倍大帶四
分之一也
五爲幾倍大帶幾分者謂大幾何內既有小幾何之二
之三之四等別帶幾分而此幾分不能合爲一盡分者

是也。如十一與三。是十一內旣有三三。別帶二一。毎一

各為三之分。而二一不能合而為三之分也。則十一與

三。名為三倍大帶二分也。

大合比例之以小不等者。亦有五種。俱與上以大不等

五種相反為名。一為反幾倍大。二為反等帶一分。三為

反等帶幾分。四為反幾倍大帶一分。五為反幾倍大帶

幾分。

凡比例諸種。如前所設諸數。俱有書法。書法中有全數。

有分數。全數者。如一二三十百等是也。分數者。如分一

二以三以四等是也。書全數。依本數書之。不必立法。

書分數必有兩數一爲命分數一爲得分數如分一以三而取其二則爲三分之二即三爲命分數二爲得分數也分一爲十九而取其七則爲十九分之七即十九爲命分數七爲得分數也

書以大小不等各五種之比例其一幾倍大以全數書之如二十與四爲五倍大之比例即書五是也若四倍即書四六倍即書六也其反幾倍大即用分數書之而以大比例之數爲命分之數以一爲得分之數如大爲五倍大之比例則此書五之一是也若四倍即書四之一六倍即書六之一也

其二等帶一分之比例有兩數一全數一分數其全數恒爲一其分數則以分率之數爲命分數恒以一爲得分數如三與二名爲等帶半即書一別書二之一也其反等帶一分則全用分數而以大比例之命分數爲此之得分數以大比例之命分數加一爲此之命分數如大爲等帶二之一即此書三之二也又如等帶八分之一反書之即書九之八也又如等帶一千分之一反書之即書一千〇〇一之一千也

其三等帶幾分之比例亦有兩數一全數一分數其全數亦恒爲一其分數亦以分率之數爲命分數以所分

之。改為得分數。如十與七。名為等帶三分。即書一。別書七。之三。也。其反等帶幾分。亦全用分數。而以大比例之命分數。為此之得分數。以大比例之命分數。加大之得分數。為此之命分數。如大為等帶七之三。命數七。得數三七。加三為十。即書十之七也。又如等帶二十之三。反書之二十。加三即書二十三之二十也。

其四幾倍大帶一分之比例。則以幾倍大之數。為全數。以分率之數。為命分數。恆以一為得分數。如二十二與七。二十二內既有三七。別帶一。一為七。七分之一。名為三倍大帶七分之一。即以三為全數。七為命分數。一為得分數書三別書七之一也其反幾倍大帶一分則以大比例之命分數為此之得分數以大之命分數乘大之倍數加一為此之命分數如大為三帶七之一即以七乘三得二十一又加一為命分數書二十二之七也又如五帶九之一反書之九乘五得四十五加一為四十六即書四十六之九也

其五幾倍大帶幾分之比例亦以幾倍大之數為全數以分率之數為命分數以所分之數為得分數如二十九與八二十九內既有三八別帶五一名為三倍太帶五分即以三為全數八為命分數五為得分數書三別

書八之五也其反幾倍大帶幾分則以大比例之命分數爲此之得分數以大比例之命分數乘大之倍數加大之得分數爲此之命分數如大爲三帶八之五即以八乘三得二十四加五爲二十九書二十九之八也又如四帶五之二即書二十二之五也

巳上大小十種足盡比例之凡不得加一減一

第四界

兩比例之理相似爲同理之比例

兩幾何相比謂之比例兩比例相比謂之同理之比例

如甲與乙兩幾何之比例偕丙與丁兩幾何之比例其

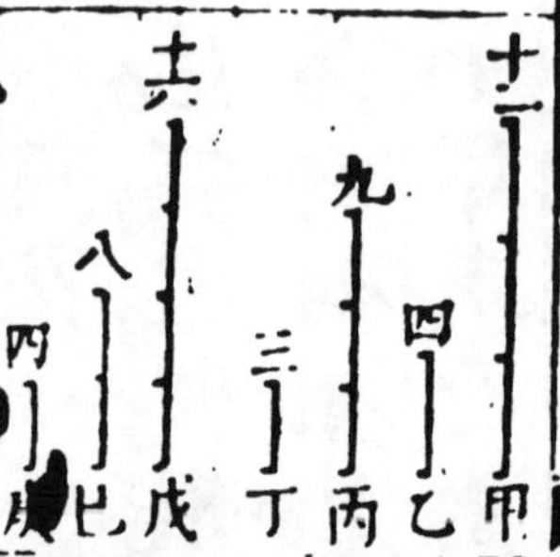

甲 十二
乙 四
丙 九
丁 三
戊 十六
巳 八
庚 四

理相似爲同理之比例。又若戊與巳兩幾何之比例偕巳與庚兩幾何之比例其理相似亦同理之比例。

凡同理之比例有三種有數之比例有量法之比例有樂律之比例本篇所論皆量法之比例也

量法比例又有二種一爲連比例連比例者相續不斷其中率與前後兩率遞相爲比例而中率既爲前率之後又爲後率之前如後圖戊與巳比巳又與庚比是也二爲斷比例斷比例者若中兩率一取不再用如前圖甲自與乙比丙自與丁比是也

第五界

幾何倍其身而能相勝者爲有比例之幾何

上文言爲比例之幾何必同類然同類中亦有無比例者故此界顯有比例之幾何也曰倍其身而能相勝者如三尺之線與八尺之線三尺之線三倍其身卽大于八尺之線是爲有比例之線也又如直角方形之一邊與其對角線雖非大合之比例可以數明而直角方形之一邊一倍之卽大于對角線如兩邊等三角形其兩邊並必大于一邊見一卷也是亦有小合比例之線也又圜之徑四倍之卽大于圜之界則圜之徑與界亦有小合比例之線也圜之界當三徑

七分徑之一別見圖形而弱又曲線與直線亦有比例如以大小兩曲線相合為初月形別作一直角方形與之等六卷三十三一增題今附即曲直兩線相視有大有小亦有比例也又方形與圜雖自古至今[illegible]數不能為相等之形然兩形相視有大有小亦不可謂無比例也又直線角與曲線角亦有比例如上圖直角鈍角銳角皆有與曲線角等者若第一圖甲乙丙直角在甲乙乙丙兩直線內而其間設有甲乙丁與丙乙戊兩圜分角等即于甲乙丁角加甲乙戊角則丁乙戊曲線角與甲乙丙直角等矣依顯壬庚癸曲線角與己辰辛鈍

角等也。又依顯卯丑辰曲線角。與子丑寅銳角。各減同用之子丑、五辰、內圜小分。即兩角亦等也。此五者皆疑無比例。而實有比例者也。他若有窮之線。與無窮之線。雖則同類。實無比例。何者。有窮之線畢世倍之。不能勝無窮之線故也。又線與面。面與體。各自爲類。亦無比例。何者。畢世倍線不能及面。畢世倍面不能及體故也。又切圜角與直線銳角亦無比例。何者。依三卷十六題所說。畢世倍切邊角。不能勝至小之銳角故也。此後諸篇中。每有倍此幾何。令至勝彼幾何者。故備著其理。以需後論也。

第六界

四幾何若第一與二偕第三與四爲同理之比例則第一、第三之幾倍偕第二第四之幾倍其相視或等或俱爲大俱爲小恒如是

兩幾何曷顯其能爲比例乎上第五界所說是也兩比例曷顯其能爲同理之比例乎此所說是也其術通大合小合皆以加倍法求之如一甲二乙三丙四丁四幾何于一甲三丙任加幾倍爲戊爲巳戊倍甲巳倍丙其數自相等次于二乙四丁任加幾倍爲庚爲辛庚倍乙

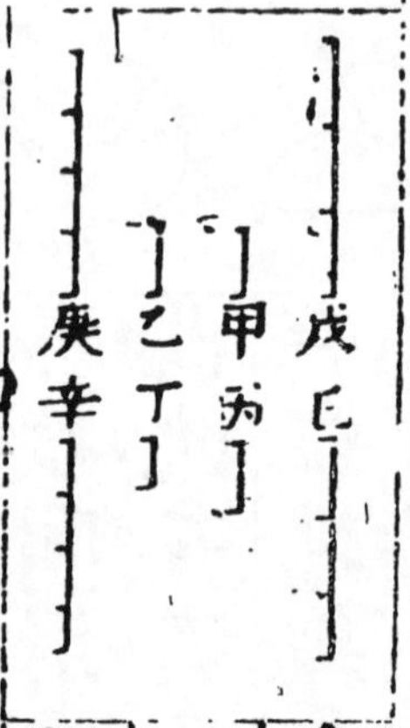

戊　巳
甲　丙
乙　丁
庚　辛

辛倍丁。其數自相等。而戊與巳。偕庚與辛。相視或等或俱大。或俱小。如是等大小。累試之。恒如是。卽知一甲與二乙。偕三丙與四丁。爲同理之比例也。

如初試之。甲幾倍之戊。小于乙幾倍之庚。而丙幾倍之巳。亦小于丁幾倍之辛。又試之。倍甲之戊。與倍乙之庚等。而倍丙之巳。亦與倍丁之辛等。三試之。倍甲之戊。大于倍乙之庚。而倍丙之巳。亦大于倍丁之辛。此之謂或相等。或俱不等。而俱爲大。俱爲小。若累合一差。卽元設四幾何。不得爲同理之比例。如下第八界所指是也。

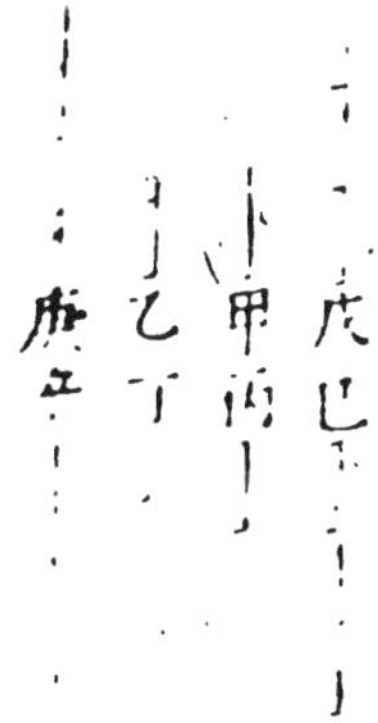

下文所論。若言四幾何、爲同理之比例。即當推顯第一、第三之幾倍。與第二、第四之幾倍。或等、或俱大、俱小。若許其四幾何、爲同理之比例。亦如之。

以數明之。如有四幾何。第一爲三。第二爲二。第三爲六。第四爲四。今以第一之三。第三之六。同加四倍。爲十二。爲二十四。次以第二之二。第四之四。同加七倍。爲十四。爲二十八。其倍第一之十二。既小于倍第二之十四。而倍第三之二十四。亦小于倍第四之二十八也。又以第一之三。第三之六。同加六倍。爲十八。爲三十

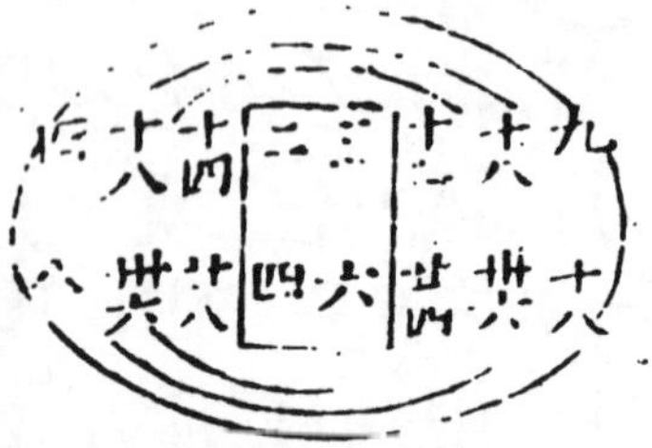

六。次以第二之二。第四之四。同加。九倍。爲十八。爲三十六。其倍第一之十八。既等于倍第二之十八。而倍第三之三十六。亦等于倍第四之三十六也。又以第一之三。第三之六。同加。三倍。爲九。爲十八。次以第二之二。第四之四。同加。二倍。爲四。爲八。其倍第一之九。既大于倍第二之四。而倍第三之十八。亦大于倍第四之八也。若爾。或俱大。俱小。或等。累試之。皆合。則三。與二。偕六。與四。得爲同理之比例也。

以上論四幾何者。斷比例之法也。其連比例法倣此。但連比例之中。率兩用之。既爲第二。又爲第三。視此異耳。

第七界

同理比例之幾何。為相稱之幾何。

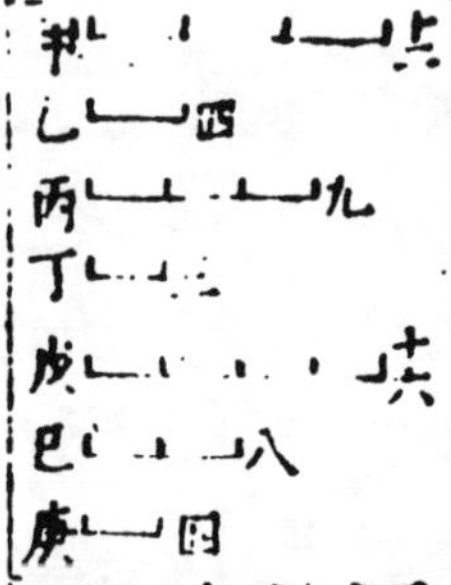

甲與乙。若丙與丁。是四幾何為同理之比例。卽四幾何為相稱之幾何。又戊與巳。若巳與庚。卽三幾何亦相稱之幾何。

甲 —— 六
乙 —— 四
丙 —— 九
丁 —— [illegible]
戊 —— 十六
巳 —— 八
庚 —— 四

第八界

四幾何。若第一之幾倍。大于第二之幾倍。而第三之幾倍。不大于第四之幾倍。則第一與二之比例。大于第三四之比例。

此反上第六界而釋不同理之兩比例。其相視易顯為

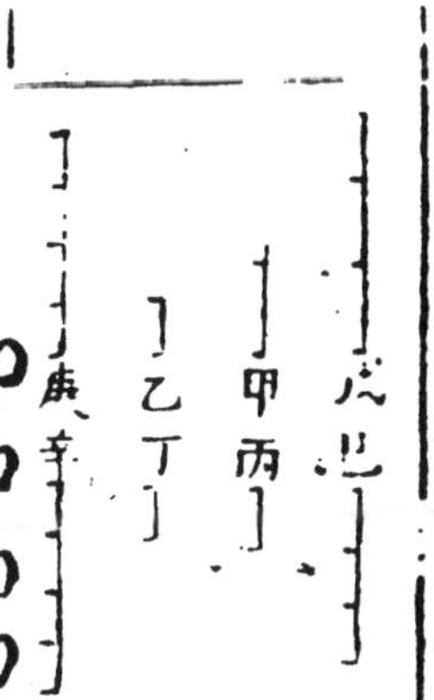

戊己
甲丙
乙丁
庚辛

大。最爲小也。謂第一、第三之幾倍與第二、第四之幾倍。依上累試之。其間有第一之幾倍。大于第二之幾倍。而第三之幾倍。乃或等。或小于第四之幾倍。即第一與二之比例大于第三與四之比例也。如上圖。甲一、乙二、丙三、丁四。甲與丙。各三倍。爲戊己。乙與丁。各四倍。爲庚辛。其甲三倍之戊。大于乙四倍之庚。而丙三倍之己。乃小于丁四倍之辛。即甲與乙之比例。大于丙與丁也。若第一之幾倍。小于第二之幾倍。而第三之幾倍。乃或等。或大于第四之幾倍。即第一與二之比例。小于第三與四之比例。如是等大小相戾者。但有其一。不必再試。

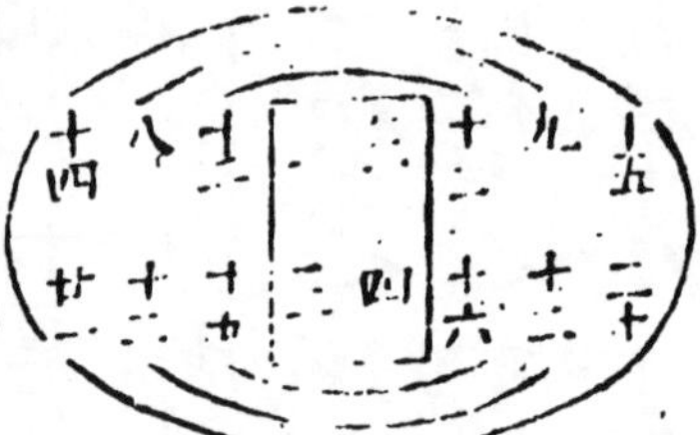

以數明之。中設三、二、四、三、四幾何。先有第一之倍。大于第二之倍。而第三之倍。亦大于第四之倍。後復有第一之倍。大于第二之倍。而第三之倍。乃或等。或小于第四之倍。即第一與二之比例。大于第三與四也。

五 二十　九 十三　十二 十六　三 四　一 二　十二 十九　八 十二　十四 廿

若以上圖之數。反用之。以第一爲二。第二爲一。第三爲四。第四爲三。則第一與二之比例。小于第三與四。

第九界

同理之比例。至少必三率。

同理之比例。必兩比例相比。如甲與乙。若丙與丁。是四率。斷比例也。若連比例之戊與己。若己與庚。則中率己。既為戊之後。又為庚之前。是以三率當四率也。

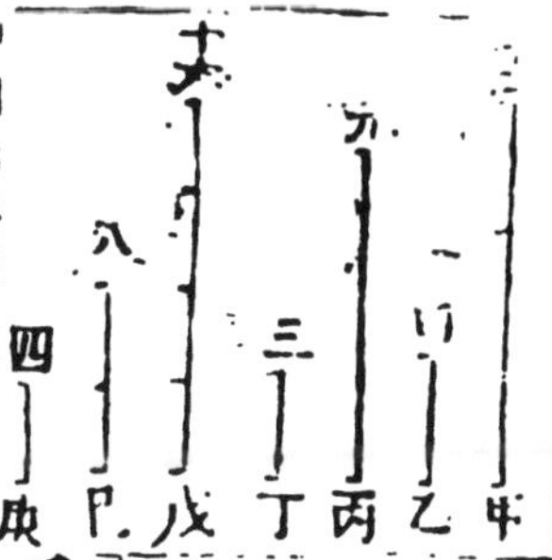

甲	乙	丙	丁	戊	己	庚
二	一	九	三	十	八	四

第十界

三幾何為同理之連比例。則第一與三。為再加之比例。四幾何為同理之連比例。則第一與四。為三加之比例。倣此以至無窮。

甲、乙、丙、丁、戊、五幾何。為同理之連比例。其甲與乙。若乙與丙。乙與丙。若丙與丁。丙與丁。若丁與戊。即一甲與三

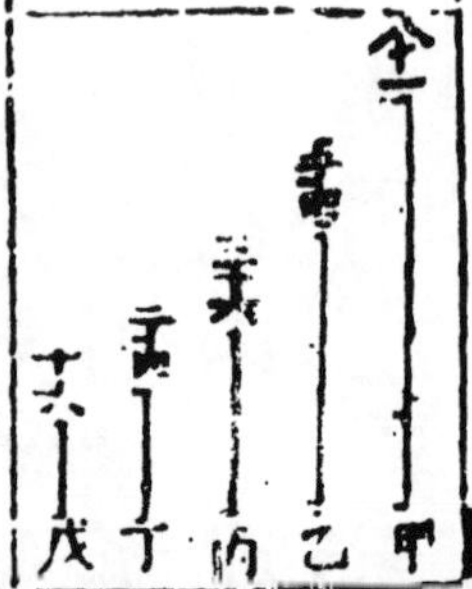

丙。視一甲與二乙。爲再加之比例。又一甲與四丁。視一甲與二乙。爲三加之比例。何者。甲丁之中。有乙丙兩幾何。爲同理之比例。如甲與乙故也。又一甲與五戊。視一甲與二乙。爲四加之比例也。若反用之。以戊爲首。則一戊與三丙爲再加。與四乙爲三加。與五甲爲四加也。

下第六卷二十題言此直角方形。與彼直角方形。爲此形之一邊。與彼形之一邊。再加之比例。何者。若作三幾何。爲同理之連比例。則此形。加形。與彼直角方形。若第一幾何與第三幾何也。以數明之。如此直角方形之邉三尺。而彼直角方形之邉一尺。即此形邉與彼形邉若九與一也。夫九與一之間。有三。爲同理之比例。則九、三、一、三幾何之連比例。既有三與一、爲比例。又以九比三。三比一、爲再加之比例也。則彼直角方形當爲此形九分之一。不止爲此形三分之一也。大畧第一與二之比例。若線相比。第一與三。若平面相比。第一與四。若體相比也。第一與五。若筭家三乘方。與六。若四乘方。與七。若五乘方。倣此以至無窮。

第十一界

同理之幾何。前與前相當。後與後相當

上文巳解同理之比例。此又解同理之幾何者。蓋一比

例之兩幾何有前後而同理之兩比例四幾何有兩前兩後故特解言比例之論常以前與前相當後與後相當也如

甲 乙 丙 丁 戊 己 庚

上甲與乙丙與丁兩比例同理則甲與丙相當乙與丁相當也戊己己庚兩比例同理則己既為前又為後兩相當也如下文有兩三角形之邊相比亦常以同理之兩邊相當不可混也

上文第六第八界說幾何之幾倍常以一與三同倍二與四同倍則以第一第二為兩前第三第四為兩後之同理故

第十二界

有屬理更前與前更後與後

取理反理就前後相當者而更之反之四幾何分而未嘗合也

十六 甲
十二 乙
十五 丙
十 丁

此下說比例六理皆後論所需也

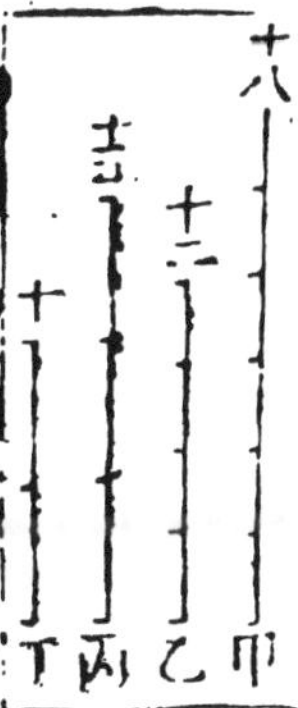

四幾何甲與乙之比例若丙與丁今更之推甲與丙若乙與丁為屬理

下言屬理皆省曰更

此論未證詳見本卷十六

此界之理可施于四率同類之比例若兩線兩面或兩而兩數等不為同類即不得相更也

第十三界

有反理取後為前取前為後

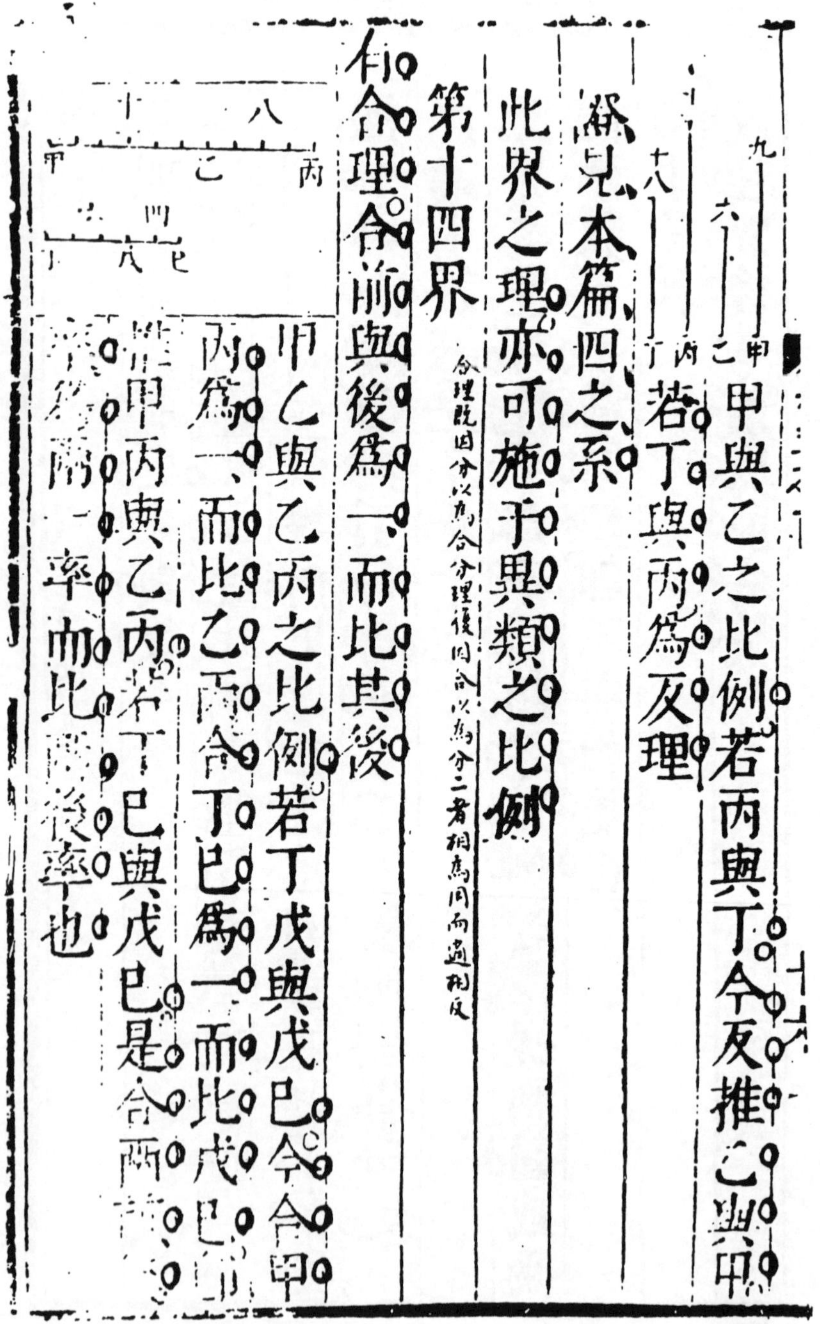

甲與乙之比例。若丙與丁。今反推乙與甲。若丁與丙。爲反理。

繇見本篇四之系

此界之理。亦可施于異類之比例。

第十四界

合理。合前與後爲一。而比其後。

合理既因分以爲合。分理復因合以爲分。二者相爲同而適相反

甲乙與乙丙之比例。若丁戊與戊己。今合甲乙丙爲一。而比乙丙。合丁戊己爲一。而比戊己。推甲丙與乙丙。若丁己與戊己。是合兩前兩後各爲一率。而比兩後率也。

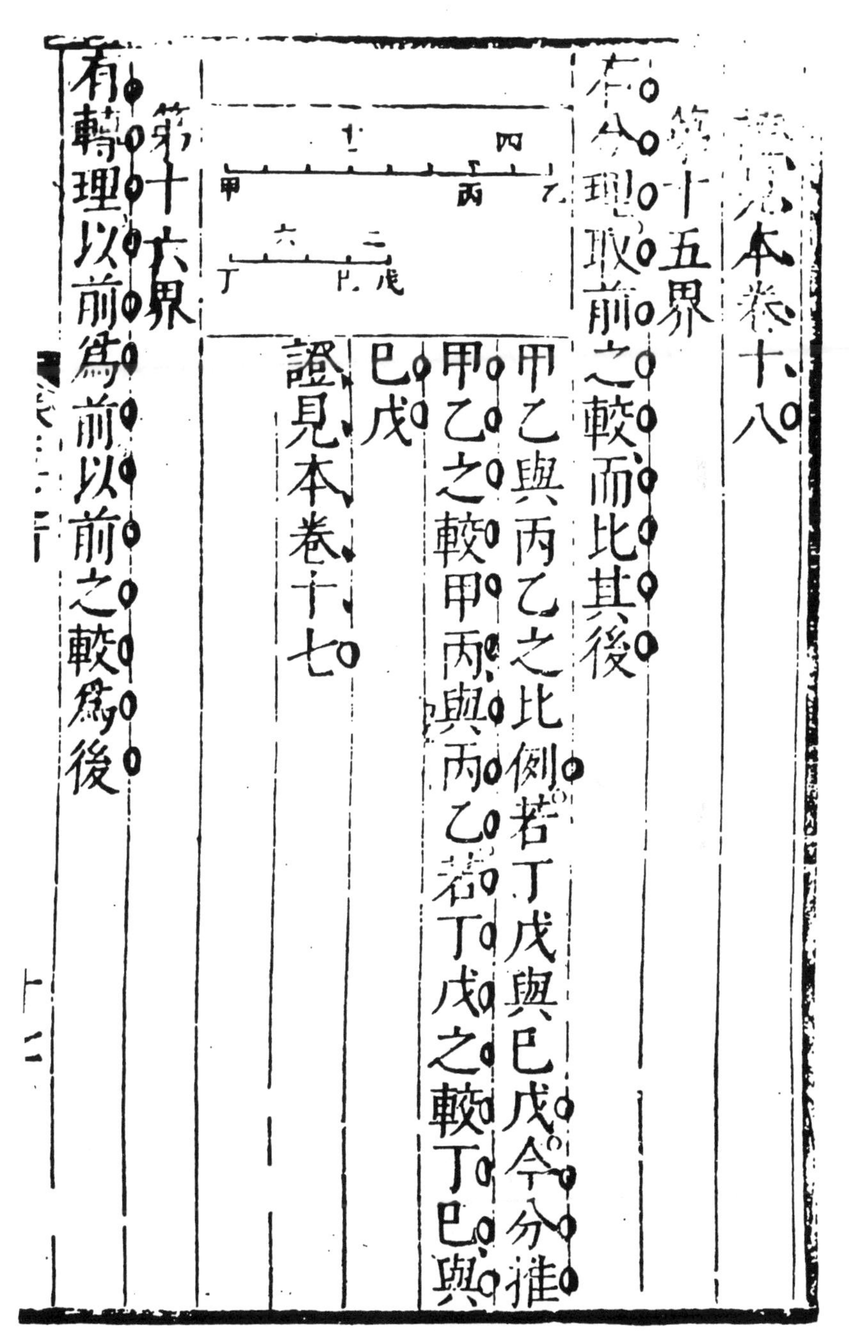

第十五界

有分理取前之較而比其後

甲乙與丙乙之比例若丁戊與巳戊今分推甲乙之較甲丙與丙乙若丁戊之較丁巳與巳戊

證見本卷十七

第十六界

有轉理以前爲前以前之較爲後

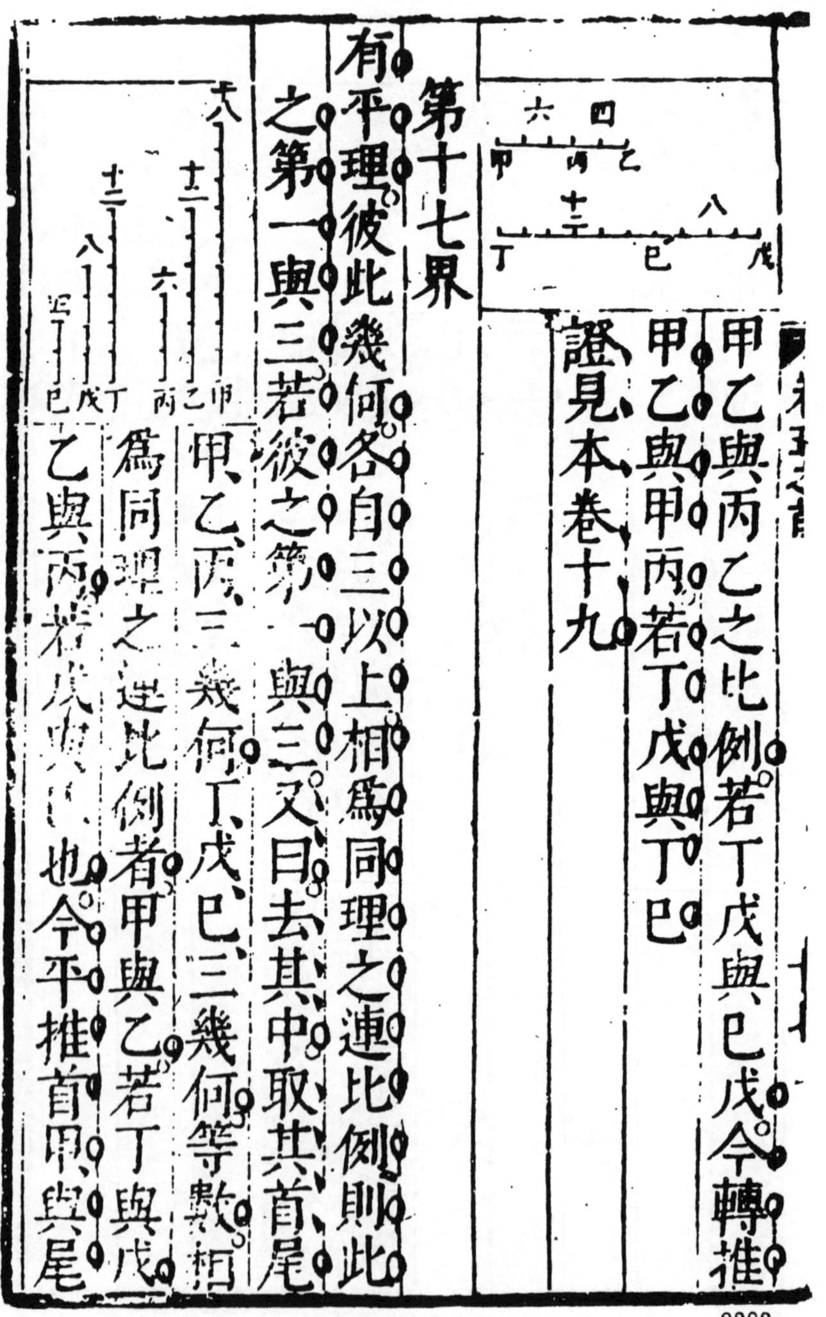

甲乙與丙乙之比例。若丁戊與巳戊。令轉推甲乙與甲丙。若丁戊與丁巳。證見本卷十九。

四 六
甲 丙 乙
十二 八
丁 巳 戊

第十七界

有平理。彼此幾何。各自三以上。相爲同理之連比例。則此之第一與三。若彼之第一與三。又曰。去其中。取其首尾。

十八 十二 十二 六 八 四
甲 乙 丙 丁 戊 巳

甲乙丙三幾何。丁戊巳三幾何。等數相爲同理之連比例者。甲與乙。若丁與戊。乙與丙。若戊與巳也。令平推首甲與尾

丙若前丁與戊己也

平理之分又有二種如後二界

第十八界

有平理之序者此之前與後若彼之前與後而此之後與他率若彼之後與他率

甲與乙若丁與戊而後乙與他率丙若後戊與他率巳是序也今平推甲與丙若丁與巳也

此與十七界同重宣序義以別後界也

證見本卷廿二

第十九界

有平垣之錯者此數幾何彼數幾何此之前與後若彼之前與後而此之後與他率若彼之他率與其前

甲乙丙數幾何丁戊己數幾何其甲與乙若戊與己又此之後乙與他率丙若彼之他率丁與前戊是錯也今平推甲與丙若丁與己也

十八、十九界推于十七界中通論之故兩題中不再著也

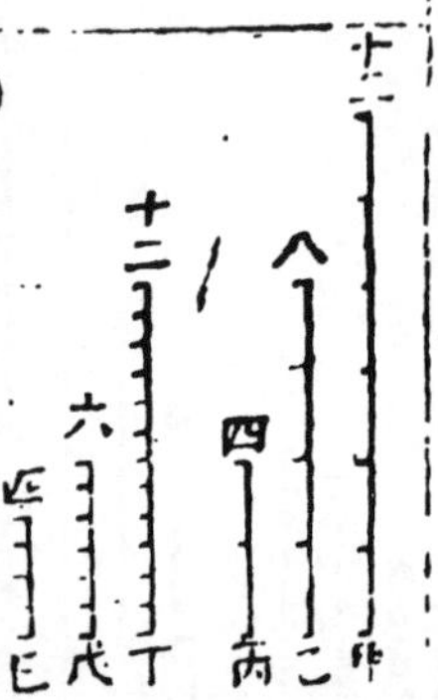

證見本卷廿三

增一幾何有一幾何相與爲比例即此幾何必有彼幾何相與爲比例而兩比例等一幾何有一幾何與爲比例即必有彼幾何與此幾何爲比例而兩比

例。等。此例同理者曰比例等

乙 丙 丁 戊

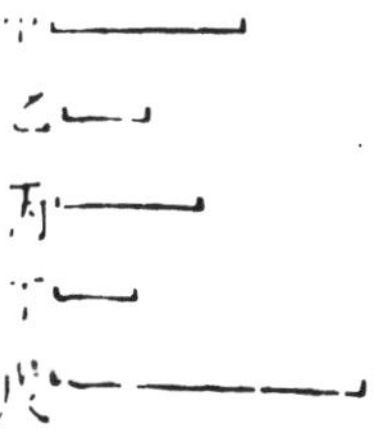

甲幾何與乙幾何爲比例。即此幾何丙亦必有彼幾何如丁。相與爲比例。若甲與乙也。丙幾何與丁幾何爲比例。即必有彼幾何。如戊。與此幾何丙爲比例。若丙與丁也。此理推顯。無疑于理有之。不必舉其率也。舉率之理。備見後卷。

幾何原本第五卷之首終

幾何原本第五卷　本篇論比例。計三十四題。

泰西利瑪竇口譯

吳淞徐光啓筆受

第一題

此數幾何。彼數幾何。此之各率。同幾倍于彼之各率。則此之并率。亦幾倍于彼之并率。

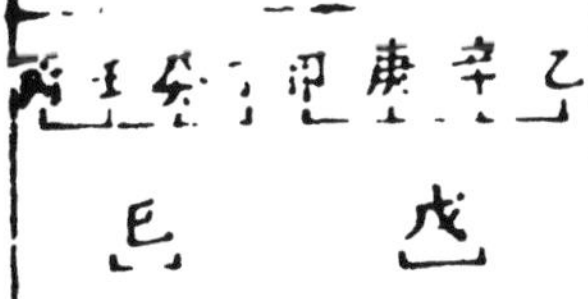

解曰。如甲乙、丙丁、此二幾何。大于戊巳、彼二幾何。各若干倍。題言甲乙丙丁。并。大于戊巳并。亦若干倍。

論曰。如甲乙與丙丁。既各三倍大于戊與巳。即

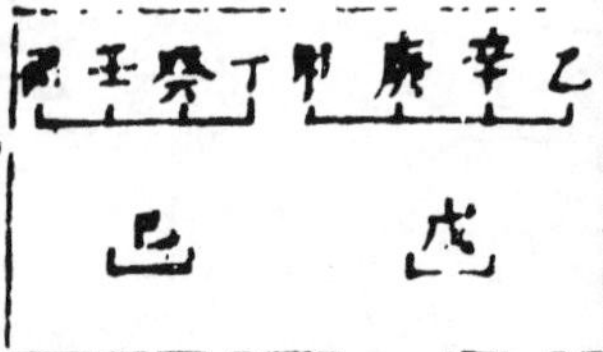

乙　辛　庚　甲　丁　癸　壬　丙

戊　　己

以甲乙三分之。各與戊等。爲甲庚、庚辛、辛乙。又以丙丁三分之。各與巳等。爲丙壬、壬癸、癸丁。即甲乙與丙丁所分之數等。而甲庚與戊等。丙壬既與巳等。即于甲庚加丙壬。于戊加巳。其甲庚丙壬并。與戊巳并。必等。依顯庚辛壬癸并。辛乙癸丁、并與戊巳并。各等。夫甲乙與丙丁之分。三合于戊巳。皆等。（本卷界說二）則甲乙、丙丁并。三倍大于戊巳并。

第二題

六幾何。其第一。倍第二之數。等于第三。倍第四之數。而第五。倍第二之數。等于第六。倍第四之數。則第一。第五并。

倍第二之數等于第三第六幷倍第四之數

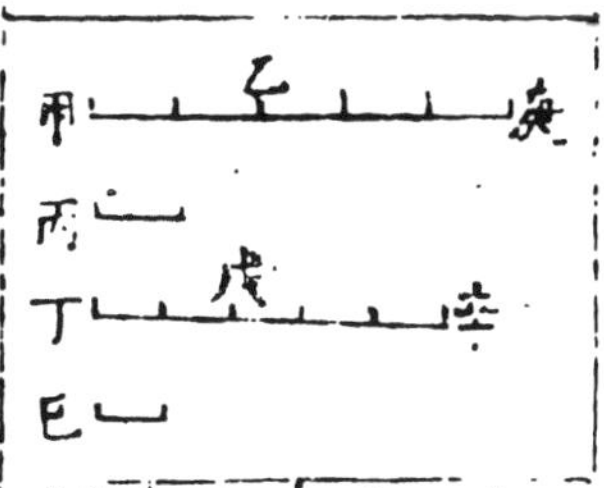

甲 乙 庚
丙
丁 戊 辛
巳

解曰一甲乙倍二丙之數如三丁戊倍四巳之數又五乙庚倍二丙之數如六戊辛倍四巳之數題言一甲乙五乙庚幷倍二丙之數若三丁戊六戊辛幷倍四巳之數

論曰甲乙丁戊之倍于丙巳其數等則甲乙幾何內有丙幾何若干與丁戊幾何內有巳幾何若干其數亦等依顯乙庚內有丙若干與戊辛內有巳若干亦等（本卷界說二）次于甲乙丁戊兩等數率每加一等數之乙庚戊辛率則甲庚丁辛兩幾何內之分數等而一五幷之甲庚

內。有一丙若干。與三六幷之丁辛內。有四巳若干。亦等。

注曰。若第一第三兩幾何之數。與第二第四兩幾何之數。各等。而第五倍第二之數。等于第六倍第四之數。或第一倍第二之數。等于第三倍第四之數。而第五第二兩幾何之數。與第六第四兩幾何之數。各等。俱同本論。如上二圖。甲庚為第一第五之幷率。其倍二丙之數。與丁辛為第三第六之幷率。其倍四巳之數等也。用庚丙內有丙若干。與丁辛內有巳若干。等。故同理。他若第一第三兩幾何之數。第五第六兩幾何之數。與第二

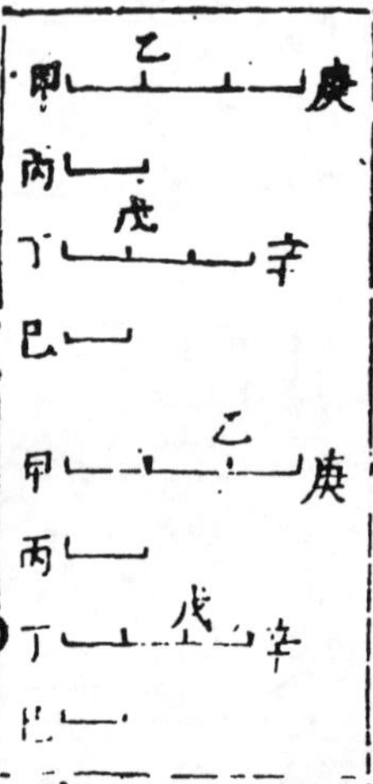

第四兩幾何之數各等此理更明何者第一第五并之倍第二若第三第六并之倍第四俱兩倍故

第三題

四幾何其第一之倍于第二若第三之倍于第四次倍第一又倍第三其數等則第一所倍之與第二若第三所倍之與第四

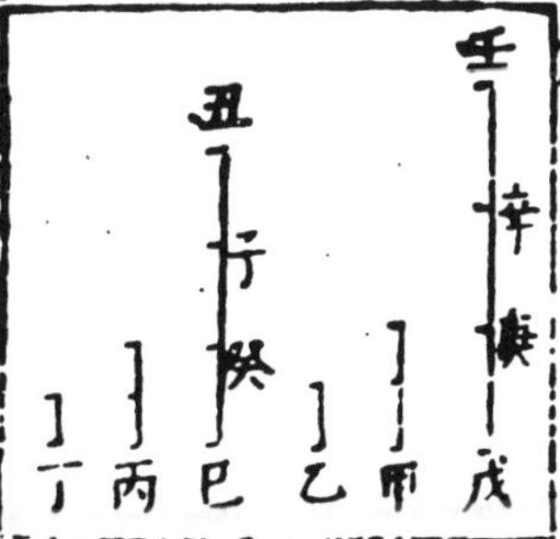

解曰一甲所倍于二乙若三丙所倍于四丁次作戊巳兩幾何同若干倍于甲于丙

題言以平理推戊倍乙之數若巳倍丁

論曰戊與巳之倍甲與丙其數既等試以

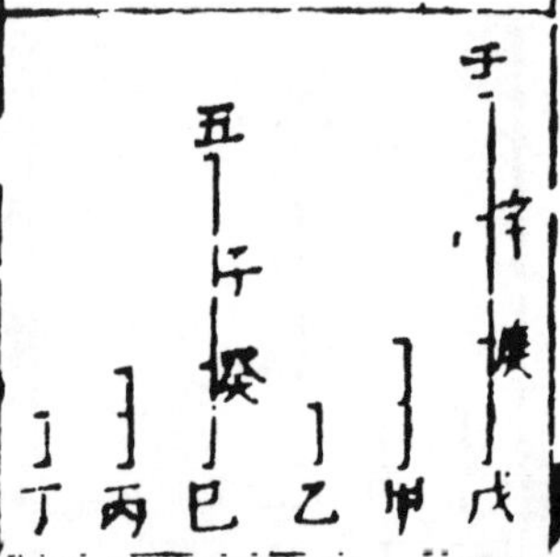

壬—辛 庚—戊
甲
乙
丑—子 癸—巳
丙
丁

戊作若干分。各與甲等。爲戊庚庚辛辛壬。次分巳亦如之。爲巳癸癸子子丑。即戊内有甲若干。與巳内有丙若干等。（本卷四六 上說二）戊庚與甲。巳癸與丙。既等。而甲之倍乙與丙之倍丁。又等。則戊庚倍乙。若巳癸倍丁也。依顯庚辛辛壬。各所倍于乙。若癸子子丑。各所倍于丁也。夫一戊庚之倍二乙。既若三巳癸之倍四丁。而五庚辛之倍二乙。亦若六癸子之倍四丁。則一戊庚五庚辛并之倍二乙。若三巳癸六癸子并之倍四丁也。（本篇二）又一戊辛之倍二乙。既若三巳子之倍四丁。而五辛壬之倍二乙。亦若六子丑之倍四丁。則一戊辛五辛壬并之倍二乙。若三巳壬六子丑并之倍四丁也。辛壬子丑以上任作多分。皆倣此論。

第四題其和爲加理。

四幾何。其第一與二。偕第三與四。比例等。第一第三同任爲若干倍。第二第四同任爲若干倍。則第一所倍與第二所倍。第三所倍與第四所倍。比例亦等。

壬	戊	甲	乙	庚	子
癸	巳	丙	丁	辛	丑

解曰。甲與乙。偕丙與丁。比例等。次作戊與巳。同任若干

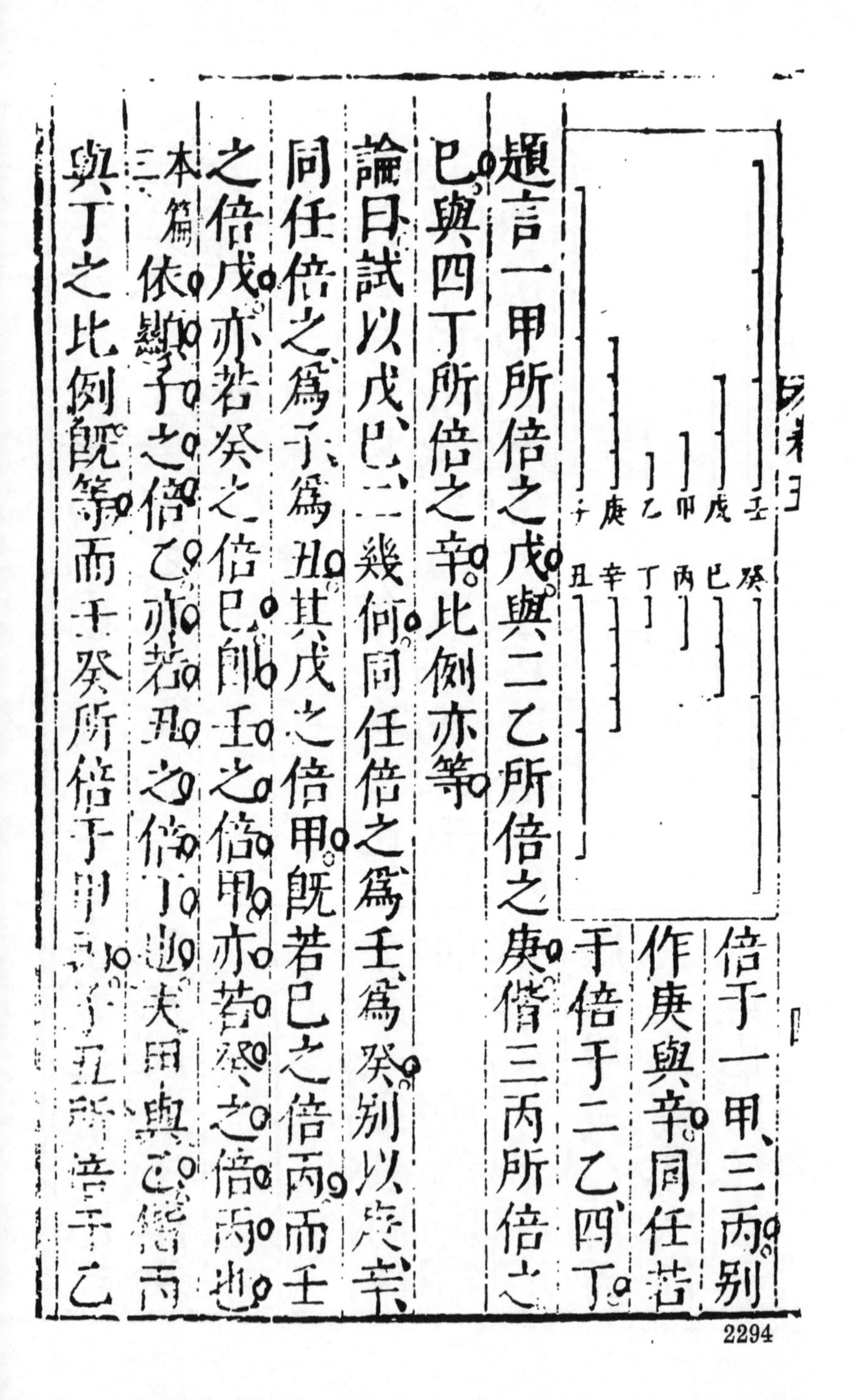

倍于一甲、三丙。別作庚與辛。同任若于倍于二乙、四丁。

題言一甲所倍之戊。與二乙所倍之庚。偕三丙所倍之己。與四丁所倍之辛。比例亦等。

論曰。試以戊、己、二幾何。同任倍之爲壬、爲癸。別以庚、辛同任倍之爲子、爲丑。其戊之倍甲。既若己之倍丙。而壬之倍戊。亦若癸之倍己。則壬之倍甲。亦若癸之倍丙也。本篇三依顯子之倍乙。亦若丑之倍丁也。夫甲與乙。偕丙與丁之比例既等。而壬、癸所倍于甲、丙。子、丑所倍于乙丁。之第。仍三試之。若倍甲之壬。小于倍乙之子。則倍丙之癸。亦小于倍丁之丑矣。若壬子等。卽癸丑亦等矣。若壬大于子。卽癸亦大于丑矣。（本卷界說六）夫戊、巳之倍爲壬、癸也。庚、辛之倍爲子、丑也。不論幾許倍。其等、大小、三試之恆如是也。則一戊所倍之壬與二庚所倍之子。偕三巳所倍之癸與四辛所倍之丑。等、大、小、皆同類也。而戊與庚。偕巳與辛之比例必等。（本卷界說六）

一系。凡四幾何。第一與二。偕第三與四。比例等。卽可反推。第二與一。偕第四與三。比例亦等。何者。如上倍甲之壬與倍乙之子。偕倍丙之癸與倍丁之丑。等、大、小、俱同類。而顯甲與乙。若丙與丁。即可反說倍乙之子。與倍甲之壬。倍倍丁之丑。與倍丙之癸等。大小俱同類。而乙與甲。亦若丁與丙。本卷界說六

二系。別有一論。亦本書中所恒用也。曰若甲與乙。偕丙與丁。比例等。則甲之或二或三倍。與乙之或二或三倍。偕丙之或二或三倍。與丁之或二或三倍。比例俱等。他此以至無窮。

第五題

大小兩幾何。此全所倍于彼全。若此全截取之分。所倍于彼全截取之分。則此全之分餘。所倍于彼全之分餘。亦

如之。

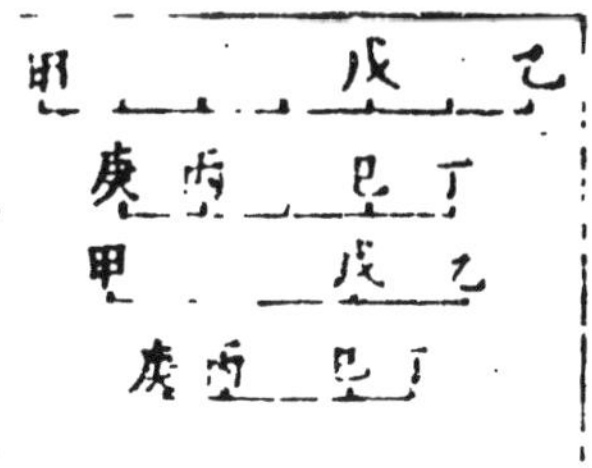

乙	戊	甲
丁	巳	丙	庚
乙	戊	甲
丁	巳	丙	庚

解曰。甲乙大幾何。丙丁小幾何。甲乙所倍于丙丁。若甲乙之截分甲戊。所倍于丙丁之截分丙巳。題言甲戊之分餘戊乙。所倍于丙巳之分餘巳丁。亦如其數。

論曰。試作一他幾何。為庚丙。令戊乙之倍庚丙。若甲戊之倍丙巳也。本卷界說增。甲戊戊乙之倍丙巳庚丙。其數等。即其兩并甲乙之倍庚巳。亦若甲戊之倍丙巳也。本篇一而甲乙之倍丙丁。元若甲戊之倍丙巳。則丙丁與庚巳等也。次每減同用之丙巳。即庚丙與巳丁亦等。而戊乙之倍巳丁。亦若戊乙之倍庚丙矣。夫戊乙之倍庚丙。既若甲戊之倍丙巳。則戊乙爲甲戊之分餘。所倍于巳丁爲丙巳之分餘者。亦若甲乙之倍丙丁也。

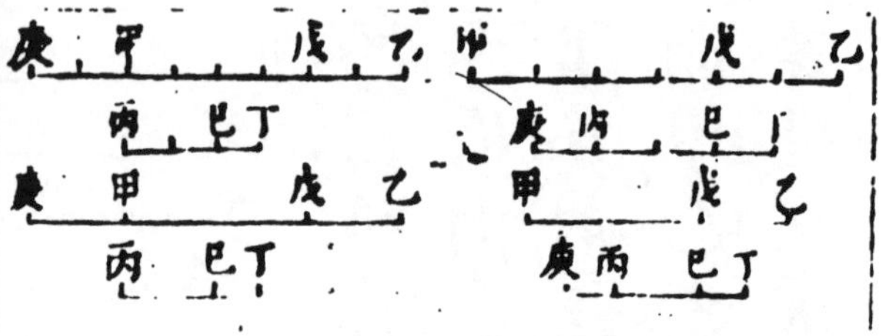

又論曰。試作一他幾何爲庚甲。令庚甲之倍巳丁。若甲戊之倍丙巳。本卷界說二十即其兩幷庚戊之倍丙丁。亦若甲戊之倍丙巳也。本篇一而甲乙之倍丙丁。元若甲戊之倍丙巳。是庚戊與甲乙等矣。次將減同用之甲戊。即庚甲與戊乙等也。而庚甲之倍巳丁。若甲乙之倍丙丁也。則戊乙之倍巳

庚　甲　戊　乙　　甲　戊　乙
丙　巳丁　　庚　丙　巳　丁
庚　甲　戊　乙　　甲　戊　乙
丙　巳丁　　庚　丙　巳　丁

丁。亦若甲乙之倍丙丁也。

第六題

此兩幾何。各倍于彼兩幾何。其數等。于此兩幾何每減一分。其一分之各倍于所當彼幾何。其數等。則其分餘或各與彼幾何等。或尚各倍于彼幾何。其數亦等。

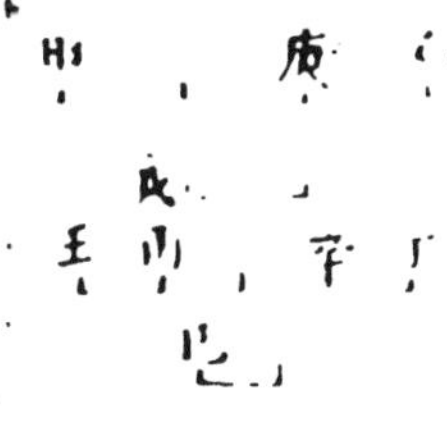

解曰。甲乙、丙丁、兩幾何。各倍于戊、己、兩幾何。其數等。每減一甲庚丙辛。甲庚丙辛之倍戊己。其數等。題言分餘庚乙、辛丁。或與戊己等。或尚各倍于戊、己。其數亦等。

論曰。甲乙全與其分甲庚。既各多倍于戊。則分餘庚乙、

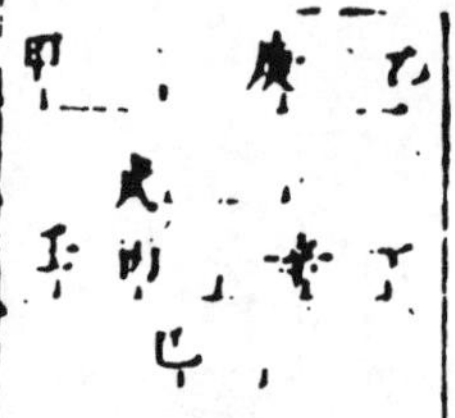

與戊。其或等。或尚幾倍。必矣。何者。庚乙與戊。不等。不幾倍。其加于甲庚。不戊。爲戊之多倍也。然則庚乙與戊等。旹爲辛丁與巳亦等。試作壬丙與巳等。其一甲庚之倍二戊。既若三丙辛之倍四巳而五庚乙之等二戊。又若六壬丙之等四巳。則第一第五并之甲乙所倍于二戊。若第三第六并之壬辛所倍于四巳也。二本篇而甲乙之倍戊。元若丙丁之倍巳。即壬辛與丙丁亦等。次每減同用之丙辛。即壬丙與辛丁必等。是辛丁與巳亦等矣。然則庚乙之倍戊。旹爲與辛丁之倍

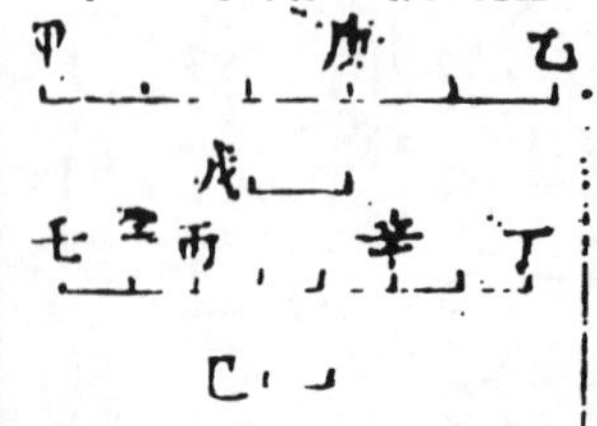

等。試作壬丙。其倍巳。若庚乙之倍戊。依前論甲乙之倍戊。若壬辛之倍巳。本篇二而壬辛與丙丁等。壬丙與辛丁亦等。是辛丁之倍巳。亦若庚乙之倍戊矣。

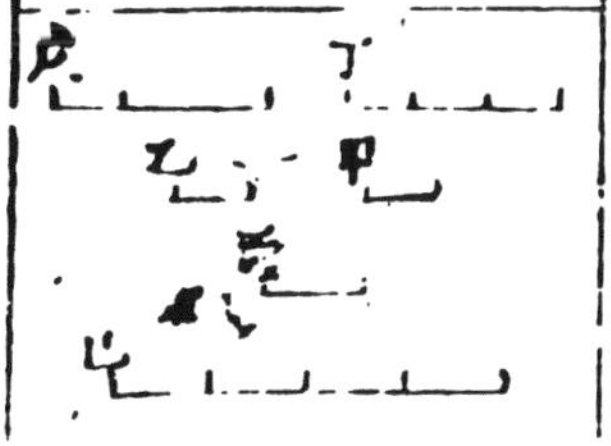

第七題 二支

此兩幾何等。則與彼幾何各爲比例必等。而彼幾何與此相等之兩幾何。各爲比例亦等。

解曰。甲乙兩幾何等。彼幾何丙。不論等大小。於甲。乙題言甲與丙。偕乙與丙。各爲比例必等。又反上言丙與甲。偕丙與乙。各爲比例亦等。

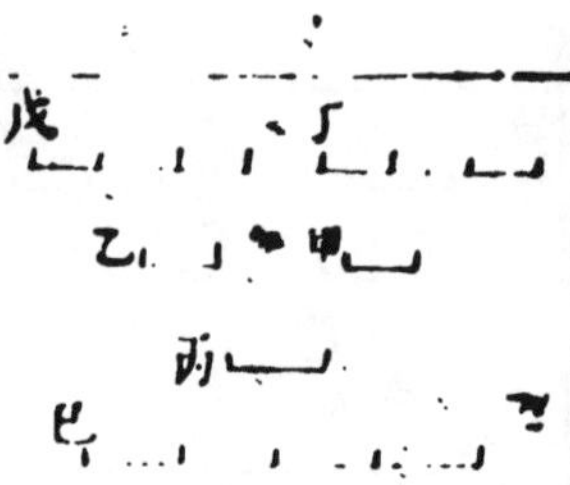

論曰、試作丁、戊兩率。任同若干倍于甲、乙。卽丁、與戊、等。別作巳。任若干倍于丙。其丁、戊既等。卽丁視巳。與戊視巳。或等或大或小。必同類矣。夫一甲、三乙所倍之丁、戊。偕當二又當四之丙所倍之巳。其等大小既同類。（本卷界說六）則一甲與二丙之比例。若三乙與四丙矣。反說之。當一、當三之丙、所倍之巳。偕二甲、四乙所倍之丁、戊。其等、大、小、既同類。則一丙與二甲之比例。若三丙與四乙矣。

後論與本篇第四題之系。同用反理。如甲與丙。若乙與丙。反推之。丙與甲。亦若丙與乙也。

第八題

大小兩幾何。各與他幾何爲比例。則大與他之比例。大于小與他之比例。而他與小之比例。大于他與大之比例。

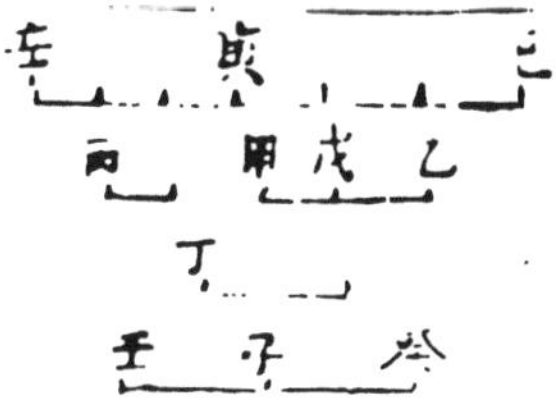

解曰。不等兩幾何甲乙大。丙小。又有他幾何丁。不論等大小于甲乙于丙。題言甲乙與丁之比例。大于丙與丁之比例。又反上言丁與丙之比例。大于丁與甲乙之比例。

辛　庚　巳
丙　己　甲戊　乙
丁
壬　子　癸

論曰。試于大幾何甲乙內。分甲戊與小幾何丙等。而戊乙爲分餘。次以甲戊。戊乙。作同若干倍之辛庚。庚巳。而庚巳爲戊乙之倍。必令大于丁。辛庚爲甲戊之倍。必令

辛　　庚　　巳
丙　　甲　戊　乙
丁
壬　　子　　癸

大于丁。或等于丁。如不足。以倍加之也。其庚巳辛庚之倍于戊乙甲戊既等。即辛巳之倍甲乙若辛庚之倍甲戊矣。一本缺 甲。戊。即丙也。次作一壬癸。爲丁之倍。令僅大于辛庚兩倍。不足三之。又不足任加之。已大勿倍也。次于壬癸截取子癸。與丁等。即壬子必不大于辛庚。何者。向作壬癸爲丁之倍。元令僅大于辛庚。若壬子大于辛庚者。何必又倍之爲壬癸也。故僅大之壬癸截去子癸者。必不大于辛庚也。則壬子或等或小于辛庚矣。夫庚巳既大于丁。而子癸與丁等。即庚巳必大于子癸。又辛庚不小于壬子。或亥或戊即辛巳亦大于壬癸也。夫辛巳、辛庚。同若干倍于第一甲乙、第三丙也。而壬癸之倍于當二之丁。當四之丁。又同一率也。則第一所倍之辛巳。大于第二所倍之壬癸。而第三所倍之辛庚。不大于第四所倍之壬癸。辛庚必小于壬癸是一甲乙與二丁之比例。大于三丙與四丁矣。說本卷八界次反上說一丁所倍之壬癸。[illegible]巳。大于二丙所倍之辛庚。而三丁所倍之壬癸。不大于四甲乙所倍之辛巳。壬癸必小于辛巳是一丁與二丙之比例。大于三丁與四甲乙矣。說本卷八界

第九題 二支

兩幾何與一幾何各爲比例而等則兩幾何必等一幾何與兩幾何各爲比例而等則兩幾何亦等

先解曰甲乙兩幾何各與丙爲比例等題言甲與乙等

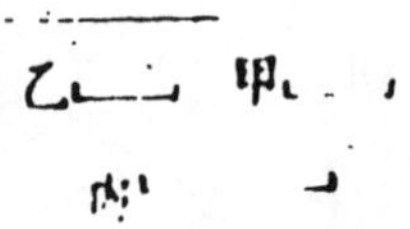

甲 乙 丙

論曰如云不然而甲大于乙即甲與丙之比例宜大于乙與丙（八本篇）何先設兩比例等也故比例等則甲與乙等

後解曰丙幾何與甲與乙各爲比例等題言甲與乙等

論曰如云不然而甲大于乙即丙與乙之比例宜大于丙與甲（八本篇）何先設兩比例等也

後此兩幾何此幾何與他幾何之比例大于彼與他之比
例則此幾何大于彼他幾何與彼幾何之比例大于他
與此之比例則彼幾何小于此

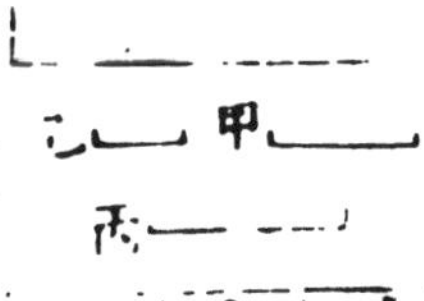

乙　甲

丙

先解曰甲乙兩幾何復有丙幾何甲與丙之比例
大于乙與丙題言甲大于乙
論曰如云不然甲與乙等即所爲兩比例宜等本篇
何先設甲與丙大也又不然甲小于乙即乙與丙之
比例宜大于甲與丙本篇何先設甲與丙大也
後解曰丙與乙之比例大于丙與甲題言乙小于甲

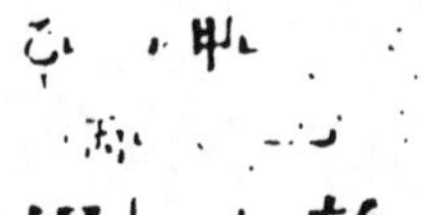

論曰。如云不然。乙與甲等。即所為兩比例宜等。何先設丙與乙大也。又不然。乙大于甲。即丙與甲之比例大于丙與乙。何先設丙與乙大也。

第十一題

此兩幾何之比例。與他兩幾何之比例等。而彼兩幾何之比例。與他兩幾何之比例亦等。則彼兩幾何之比例。與此兩幾何之比例亦等。

解曰。甲乙偕丙丁之比例。各與戊巳之比例等。題言甲乙與丙丁之比例亦等。

論曰。試于各前率之甲丙戊。同任倍之為庚。

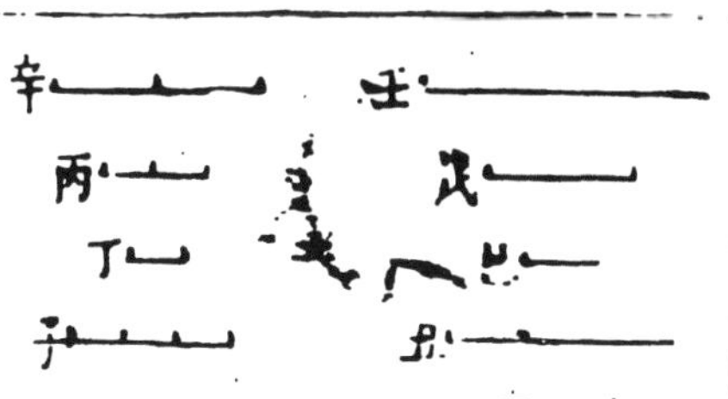

辛、壬。別于、各後率之乙、丁、巳。同任倍之為癸

子、丑。其一甲與二乙之比例既若三戊與四

巳。即三試之。若倍一甲之庚小于倍二乙之

癸。即倍三戊之壬。亦小于倍四巳之丑矣。若

庚癸等。即壬丑亦等。若庚大于癸。即壬亦大

于丑矣。本卷界說六 依顯壬之視丑若辛之視子。

其等大小亦同類矣。此三前三後率任作幾許倍其等

大小皆同類也。本卷界說六 則甲與乙之比例若丙與丁也。

第十二題

數幾何所為比例皆等。則并前率與并後率之比例若各

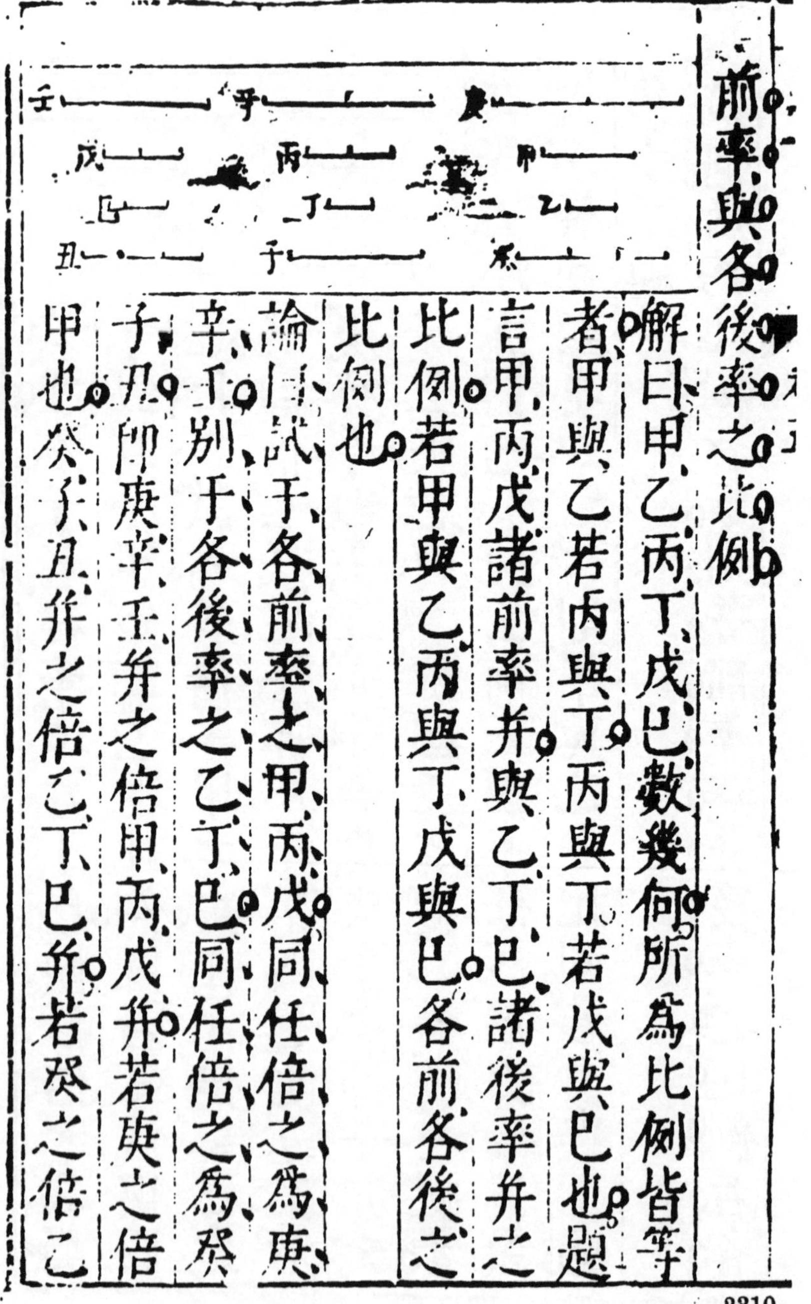

前率與各後率之比例

解曰甲、乙、丙、丁、戊、巳數幾何所爲比例皆等者甲與乙若丙與丁丙與丁若戊與巳也題言甲丙戊諸前率幷與乙丁巳諸後率幷之比例若甲與乙丙與丁戊與巳各前各後之比例也

論曰試于各前率之甲、丙、戊同任倍之爲庚、辛、壬別于各後率之乙、丁、巳同任倍之爲癸、子、丑卯庚、辛、壬幷之倍甲、丙、戊幷若庚與之倍甲也癸、子、丑幷之倍乙、丁、巳幷若癸之倍乙

也。（一本篇）夫一甲與二乙。既若三丙與四丁。又若三戊與四巳。則庚之倍一甲。與癸之倍二乙。或等或大或小。偕辛、壬之倍三丙、戊。與子、丑之倍四丁、巳。等、大、小、同類也。又各前所倍庚、辛、壬、幷。與各後所倍癸、子、丑、幷。其或等或大或小。亦偕各前所自倍。與各後所自倍。其等、大、小、必同類也。（本卷界說六）則一甲、與二乙之比例。若三甲丙戊幷。與四乙丁巳幷矣。

第十三題

數幾何。第一與二之比例。若第三與四之比例。而第三與四之比例。大于第五與六之比例。則第一與二之比例。

亦大于第五與六之比例

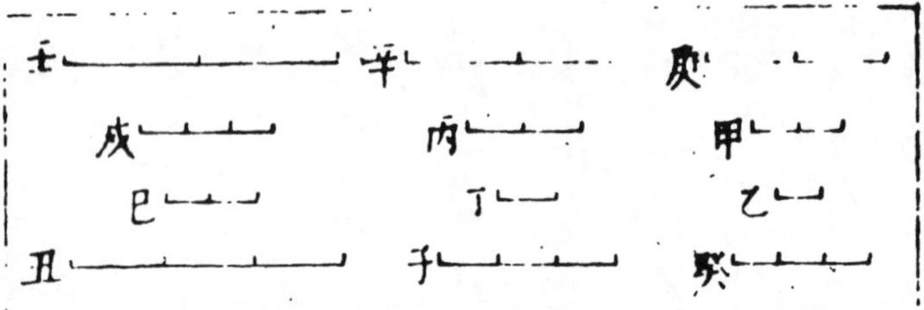

壬　辛　庚
戊　丙　甲
巳　丁　乙
丑　子　癸

解曰一甲與二乙之比例若三丙與四丁而三丙與四丁之比例大于五戊與六巳題言甲與乙之比例亦大于戊與巳

論曰試以甲丙戊各前率同任倍之為庚辛壬別以乙丁巳各後率同任倍之為癸子丑其甲與乙既若丙與丁即三試之若倍甲之庚大于倍乙之癸即倍丙之辛必大于倍丁之子矣若庚癸等即辛子亦等若庚小于癸即辛亦小于子矣本卷界說六次丙與丁既大于

戊與巳。又三試之。即倍丙之辛。大于倍丁之子。而倍戊之壬。不必大于倍巳之丑也。或等。或小矣。本卷界說八夫庚癸與辛子等。大小同類。則壬丑不類于辛子者。亦不類于庚癸也。故甲與乙之比例。亦大于戊與巳。本卷界說八

注曰。若三丙與四丁之比例。或小。或等于五戊六巳。則一甲與二乙之比例。亦小。亦等于五戊六巳。依此

一論推顯。

第十四題

四幾何。第一與二之比例。若第三與四之比例。而第一幾何大于第三。則第二幾何。亦大于第四。第一或等。或小。

第三則。第二亦等。亦小于第四。

解曰。甲與乙之比例。若丙與丁。題言甲大于丙。則乙亦大于丁。若等亦等。若小亦小。

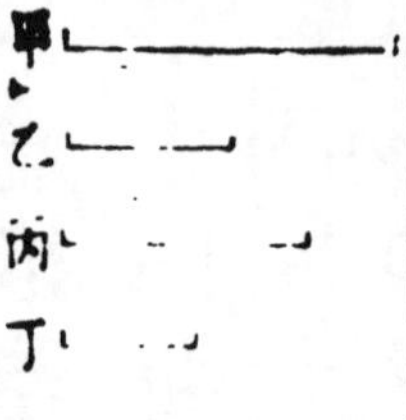

甲 乙 丙 丁

先論曰。如甲大于丙。即甲與乙之比例。大于丙與乙矣。八本篇 夫一丙與二丁之比例。既若三甲與四乙。而三甲與丙乙之比例。大于五丙與六乙。即一丙與二丁之比例。亦大于五丙與六乙。十三本篇 是丁幾何小于乙也。十本篇

甲 乙 丙 丁

次論曰。如甲丙等。即甲與乙之比例。若丙與乙。七本篇 夫甲與乙之比例。元若丙與丁。而又

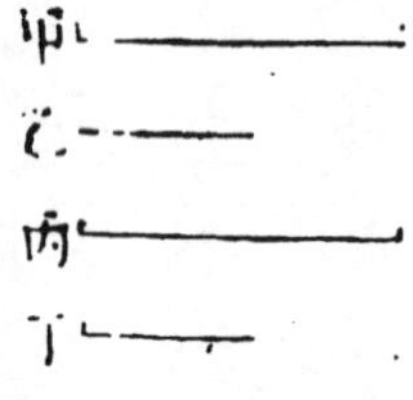

若丙與乙。是丙與丁之比例。亦若丙與乙也。本篇十一則乙與丁等也。本篇九

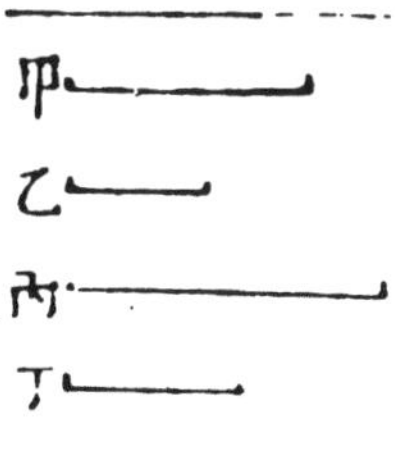

甲　乙　丙　丁

後論曰。如甲小于丙。即丙與乙之比例。大于甲與乙矣。本篇八夫一丙與二丁之比例。既若三甲與四乙。而三甲與四乙之比例。小于五丙與六乙。即一丙與二丁之比例。亦小于五丙與六乙也。本篇十三是乙小于丁也。本篇十

第十五題

兩分之比例。與兩多分并之比例等

解曰。甲與乙同任倍之爲丙丁。爲戊己。題言丙丁與戊

巳之比例。若甲與乙。

論曰。丙丁之倍甲。既若戊巳之倍乙。即丙丁內有甲若干。與戊巳內有乙若干等。次分丙丁爲丙庚、庚辛、辛丁。各與甲分等。分戊巳爲戊壬、壬癸、癸巳。各與乙分等。即丙庚與戊壬。若甲與乙也。丙庚與甲等。戊壬與乙等。故庚辛與壬癸。辛丁與癸巳。皆若甲與乙也。見本篇七則等甲之丙庚。與等乙之戊壬。定若丙丁全與戊巳全。而丙丁全與戊巳全。若甲與乙矣。本篇十二

第十六題 四

幾何爲兩比例等。即更推前與前。後與後。爲比例亦等。

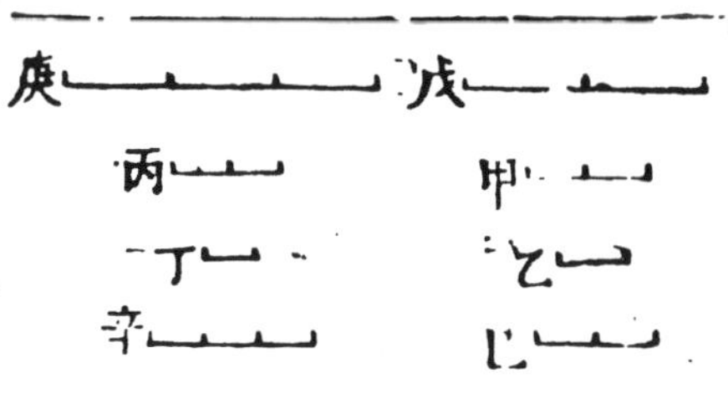

庚	戊
丙	甲
丁	乙
辛	己

解曰、甲、乙、丙、丁、四幾何。甲與乙之比例。若丙與丁。題言更推之。甲與丙之比例。亦若乙與丁。

論曰、試以甲、與乙、同任倍之、爲戊、爲己、別以丙與丁。同任倍之、爲庚、爲辛。即戊與己。若甲與乙也。本篇十加庚與辛。若丙與丁也。夫甲與乙若丙與丁。而戊與己。亦若甲與乙。即戊與己。亦若丙與丁矣。依顯庚與辛。若丙與丁。即戊與己。亦若庚與辛也。本篇十一次三試之。若戊大于庚。則己亦大于辛也。若等、亦等。若小、亦小。任作幾許倍。恒如是也。本篇十四則倍一甲之

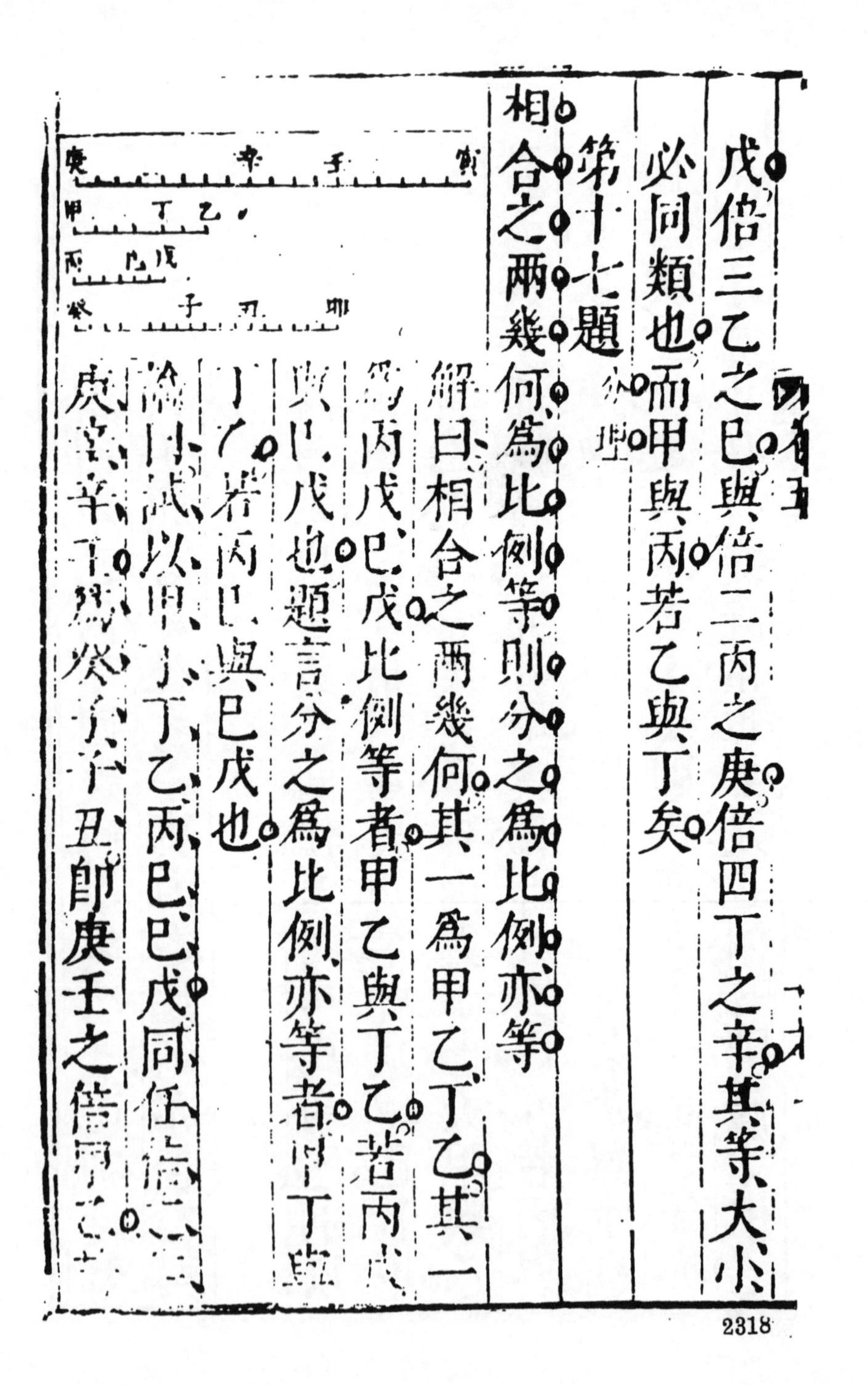

戊倍三乙之巳與倍二丙之庚倍四丁之辛其等大小必同類也而甲與丙若乙與丁矣

第十七題

相合之兩幾何爲比例等則分之爲比例亦等

解曰相合之兩幾何其一爲甲乙丁乙其一爲丙戊巳戊比例等者甲乙與丁乙若丙戊與巳戊也題言分之爲比例亦等者甲丁與丁乙若丙巳與巳戊也

論曰試以甲丁丁乙丙巳巳戊同任倍之爲庚辛辛壬爲癸子子丑即庚壬之倍甲乙

庚辛之倍甲丁也。亦若癸子之倍丙巳也。一本篇 夫癸子之倍丙巳。亦若癸刃之倍丙戊。卽庚壬之倍甲乙。亦若癸丑之倍丙戊也。次別以丁乙、巳戊同任倍之。爲壬寅。爲丑卯。其一辛壬之倍二丁乙。旣若三子丑之倍四巳戊。而五壬寅之倍二丁乙。亦若六丑卯之倍四巳戊。卽辛寅之倍丁乙。亦若子卯之倍巳戊也。二本篇 夫一甲乙與二丁乙之比例。旣若三丙戊與四巳戊。而一與三。二與四。各所倍等。卽三試之。若一甲乙所倍之庚壬。大于二丁乙所倍之辛寅。卽三丙戊所倍之癸丑。亦大于四巳戊所倍之子卯也。若等亦等。若小亦小也。本界說六 如

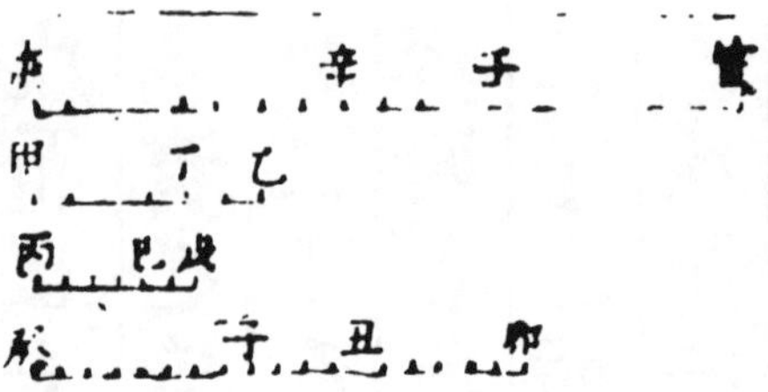

庚　　　　辛　壬　　　寅
甲　丁　乙
丙　巳　戊
癸　　子　丑　卯

庚壬小于辛寅。而癸丑小于子卯者。即毋減一同用之。辛壬子丑。其所存庚辛亦小于壬寅。而癸子亦小于丑卯矣。依顯庚壬等辛寅。而癸丑等子卯者。即庚辛等壬寅。而癸子等丑卯矣。庚壬大于辛寅。而癸丑大于子卯者。即庚辛大于壬寅。而癸子大于丑卯矣。夫庚辛為甲丁之倍。癸子為丙巳之倍。壬寅為丁乙之倍。丑卯為巳戊之倍。而甲丁、丙巳之所倍。視丁乙、巳戊之所倍。其等、大小、皆同類。則甲丁與丁乙。若丙巳與巳戊也。

第十八題 合堆

問幾何分之爲比例等。則合之爲比例亦等。

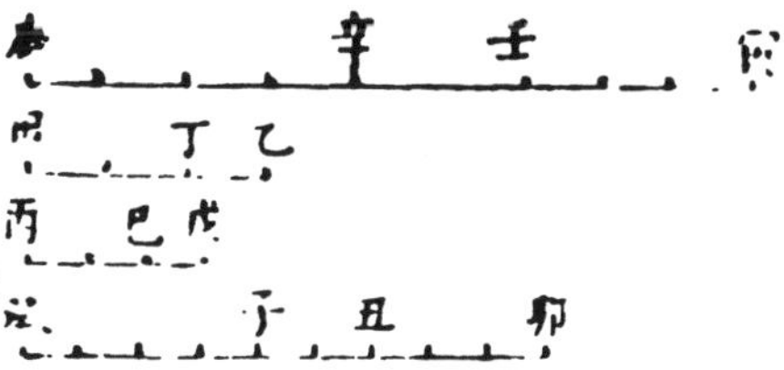

庚　辛　壬　甲
甲　丁　乙
丙　巳　戊
癸　子　丑　卯

解曰。甲丁、丁乙與丙巳、巳戊兩分幾何。其比例等者。甲丁與丁乙若丙巳與巳戊也。題言合之爲比例亦等者。甲乙與丁乙若丙戊與巳戊也。

論曰。如前論以甲丁、丁乙、丙巳、巳戊同任倍之爲庚辛、辛壬、爲癸子、子丑。二本篇 次別以丁乙、巳戊同任倍之爲壬寅、爲丑卯。即庚壬之倍甲乙。若癸丑之倍丙戊也。一本篇 而辛寅之倍丁乙。若子卯之倍

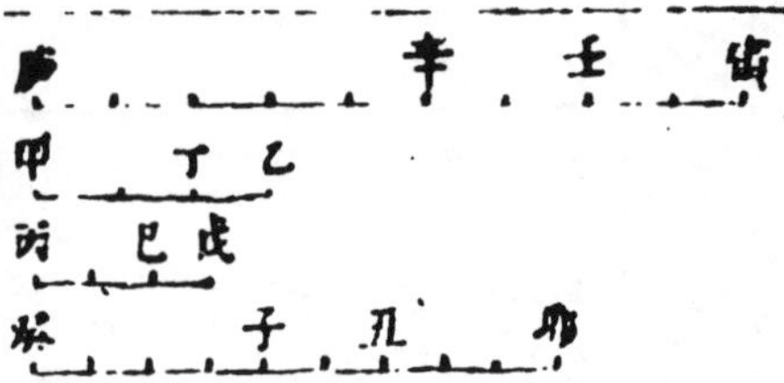

巳戊也。二本篇夫一甲丁與二丁乙。既若三丙巳與四巳戊。而一與三。二與四。各所倍者。即三試之。若一甲丁所倍之庚辛。小于二丁乙所倍之壬寅。即三丙巳所倍之癸子。亦小于四巳戊所倍之丑卯也。若等。亦等。若大。亦大也。本卷界說六如庚辛小于壬寅。而癸子亦小于丑卯。即每加一辛壬。子丑。其所并庚壬。亦小于辛寅。而癸丑亦小于子卯矣。依顯庚辛等壬寅。而癸子等丑卯。即庚壬等辛寅。而癸丑等子卯矣。庚辛大于壬寅。而癸子大于丑卯。即庚壬大于辛寅。而癸丑大于子卯矣。夫

庚 辛 壬 寅
甲 丁 乙
丙 巳 戊
癸 子 丑 卯

一甲乙所倍之庚壬與二丁乙所倍之辛寅皆三丙戊丁倍之癸丑與四巳戊所倍之子卯其等大小皆同類則甲乙與丁乙若丙戊與巳戊也（本卷界說六）

第十九題（其系為轉理）

兩幾何各截取一分其所截取之比例與兩全之比例等則分餘之比例與兩全之比例亦等

甲　戊　乙
丙　巳　丁

解曰甲乙丙丁兩幾何其甲乙全與丙丁全之比例若截取之甲戊與丙巳題言分餘戊乙與巳丁之比例亦若甲乙與丙丁

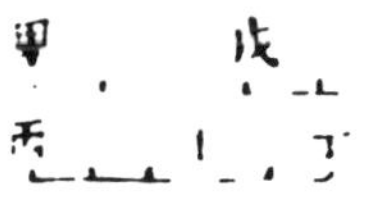

論曰甲乙與丙丁既若甲戊與丙巳試更之甲乙與甲

戊。若丙丁與丙巳也。（本篇十六）次。分。之。戊乙與甲戊。若
巳丁與丙巳也。（本篇十七）又。更。之。戊乙與巳丁。若甲戊
與丙巳也。（本篇十八）夫甲戊與丙巳。元若甲乙與丙丁。
則戊乙與巳丁。亦若甲乙與丙丁矣。
一系。從此迴。可。推。界。說。第。十。六。之。轉。理。如上甲乙與戊
乙若丙丁與巳丁。即。轉。推。甲。乙。與。甲。戊。若丙丁。與。丙。巳。
也。何者甲乙與戊乙。既若丙丁與巳丁。試。更。之。甲乙與
丙丁。若截取之戊乙與巳丁也。（本篇十六）即甲乙全與丙丁
全。又若分餘之甲戊與丙巳矣。（本題）又。更。之。則甲乙與甲
戊。若丙丁與丙巳也。（本篇十六）此轉理也。

注曰。凡連理。可施于同類之比例。不可施于異類若轉理。不論同異類。皆可用也。依此系。即轉理亦類更理爲用。似亦不可施于異類矣。今别作一論。不類更理。以爲轉理。明轉理可施于異類也。

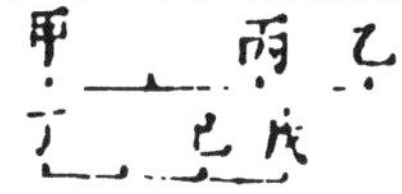

乙 丙 甲
戊 己 丁

論曰。甲乙與丙乙。若丁戊與己戊。即轉推中乙與甲丙若丁戊與丁己。何者。甲乙與丙乙。旣若丁戊與己戊。試分之。甲丙與丙乙。若丁己與己戊也。本篇十七。次反之。丙乙與甲丙。若己戊與丁己也。本篇四次合之。甲乙與甲丙。若丁戊與丁己也。本篇十八

第二十題 三支

有幾何。又有三幾何。相爲連比例。而第一幾何大于第[illegible]。則第四亦大于第六。第一或等或小于第三。則第四亦等亦小于第六。

甲 乙 丙 丁 戊 己 庚 辛

先解曰。甲、乙、丙、三幾何。丁、戊、己、三幾何。其甲與乙之比例。若丁與戊。乙與丙之比例。若戊與己。而甲大于丙。題言丁亦大于己。

論曰。甲既大于丙。即甲與乙之比例。大于丙與乙矣。本篇八。而甲與乙之比例。若丁與戊。即丁與戊之比例。亦大乎丙與乙矣。本篇十三。又丙與乙之比例。若己與戊。乙與丙。若戊與己。反之。則丙與乙。若己與戊。即丁與戊之比例。大于己與

戊。癸。是。丁。大。于。巳。也。本篇十

甲 乙 丙 丁 戊 巳

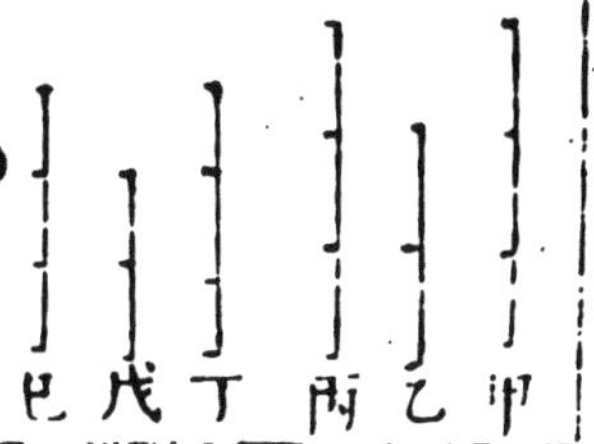

次解曰、若甲、丙、等。題言丁巳亦等。

論曰、甲、丙、既等。即甲與乙之比例。若丙與乙矣。七本篇而甲與乙之比例。若丁與戊。即丁與戊之比例。亦若丙與乙矣。十一本篇又丙與乙之比例。若巳與戊。反理即丁與戊之比例。亦若巳與戊矣。是丁巳等也。本篇九

甲 乙 丙 丁 戊 巳

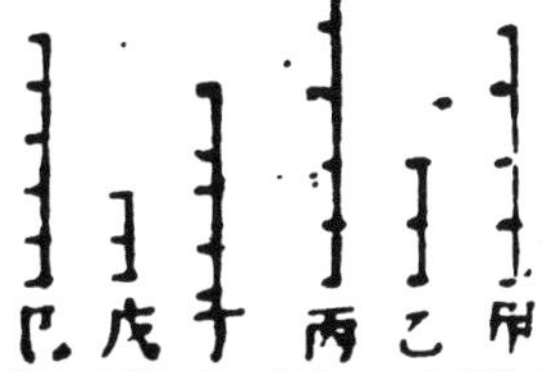

後解曰、若甲小于丙。題言丁亦小于巳。

論曰、甲既小于丙。即甲與乙之比例。小于丙與乙矣。八本篇而甲與乙之比例。若丁與戊。即

二二

丁與戊之比例亦小于丙與乙矣。又丙與乙之比例旣小于己與戊。卽丁與戊之比例小于己與戊矣。是丁小于己也。

第二十一題　三支

有三幾何。又有三幾何。相爲連比例而錯。以平理推之。若第一幾何大于第三。則第四亦大于第六。若第一或等或小于第三。則第四亦等亦小于第六。

甲　乙　丙　丁　戊　己

解曰。甲、乙、丙、三幾何。丁、戊、己、三幾何。相爲連比例不序。不序者。甲與乙。若戊與己。乙與丙。若丁與戊也。以平理推之。若甲大于丙丁六人門。

論曰。甲既大于丙。即甲與乙之比例。大于丙與乙。（本篇）而甲與乙。若戊與巳。即戊與巳之比例。亦大于丙與乙也。又乙與丙。既若丁與戊。反之。即丙與乙。亦若戊與丁也。（四本篇）則戊與巳。大于戊與丁也。是丁大于巳也。（十本篇）

次解曰。若甲、丙等。題言丁、巳亦等。

甲　乙　丙　丁　戊　巳

論曰。甲丙既等。即甲與乙之比例。若丙與乙。（七本篇）而甲與乙。若戊與巳。即丙與乙之比例。亦若戊與巳也。又乙與丙。既若丁與戊。反之。即丙與乙。亦若戊與丁也。（四本篇）則戊與巳。若戊與丁也。是丁、巳等。

也。本篇九

後解曰。若甲小于丙。題言丁亦小于巳。

論曰。甲既小于丙。即甲與乙之比例。小于丙與乙。本篇八而甲與乙。若戊與巳。即戊與巳之比例。小于丙與乙也。又乙與丙。既若丁與戊。反之。即丙與丁。若戊與丁。本篇四則戊與巳。小于戊與丁也。是丁小于巳也。本篇十

第二十二題平理之序

有若干幾何。又有若干幾何。其數等。相為連比例。則以平理推。

甲 庚　乙 壬　丙 子　寅　丁 辛　戊 癸　巳 丑　卯

解曰。有若干幾何甲、乙、丙。又有若干幾何丁、戊、巳。而甲與乙之比例。若丁與戊。乙與丙之比例。若戊與巳。題言以平理推之。甲與丙之比例。若丁與巳。

論曰。試以甲與丁。同任倍之。為庚為辛。別以乙與戊。同任倍之。為壬為癸。別以丙與巳。同任倍之。為子為丑。其一甲與二乙。既若三丁與四戊。即倍甲之庚。與倍乙之壬。若倍丁之辛。與倍戊之癸也。（本篇以）依顯一乙與二丙。既若三戊與四巳。即倍乙之壬。與倍丙之子。若倍戊之

甲庚
乙壬
丙子
寅
丁辛
戊癸
巳丑
卯

癸與倍巳之丑也是庚壬子三幾何辛癸丑三幾何又相爲連比例矣次三試之若庚大于子即辛必大于丑也本編二十若等亦等若小亦小也則倍一甲之寅倍三丁之辛與倍二丙之子倍四巳之丑等大小皆同類也是甲與丙若丁與巳也本卷界說六其幾何自三以上即更有丙與寅若巳與卯亦依顯甲與寅若丁與卯也何者上既顯甲與丙若丁與巳而今稱丙與寅若巳與卯卽以甲丙寅作三幾何以丁巳卯作又三幾何相爲

此例依上推論亦得甲與寅之比例若丁與卯也自此以上可至無窮依此推顯

第二十三題　半理之錯

若干幾何又若干幾何相爲連比例而錯亦以平理推

甲 庚　乙 辛　丙 癸　寅　丁 壬　戊 子　巳 丑　卯

解曰甲乙丙若干幾何丁戊巳若干幾何相爲連比例而錯者甲與乙若戊與巳乙與丙若丁與戊也題言以平理推之甲與丙之比例亦若丁與巳

論曰試以甲乙丁同任倍之爲庚辛壬別以丙戊巳同

甲 乙辛 丙癸 寅 丁 戊子 巳丑 卯

任倍之爲癸子丑卽甲與乙若所自倍之庚與辛十本篇五而用[illegible]乙既若戊與巳卽庚與辛亦[illegible]戊與巳十本篇一戊與巳又若所自倍之子與丑卽庚與辛亦若子與丑十本篇一依顯一乙[illegible]二丙既若三丁與四戊卽倍一乙之辛與倍二丙之癸若倍三丁之壬與倍四戊之子也四本篇是庚辛癸三幾何壬子丑三幾何又相爲連比例而錯矣次三試之若庚大于癸卽壬亦大于丑若等亦等若小亦小十本篇一則甲三丁所倍之庚壬與二丙四巳所倍之癸丑等大

比例四率也。是一甲與二丙。若三丁與四巳。（本卷一系論六）如三以上。既有甲與乙。若巳與卯。乙與丙。若戊與巳。又有丙與寅。若丁與戊。亦顯甲與寅。若丁與卯。何者。依上論先以甲與丙。若戊與卯。次丙與寅。又若丁與戊。即以甲丙寅作三幾何。丁戊卯作又三幾何。相爲連比例而錯依上論。亦得甲與寅。若丁與卯。四以上。悉依此推顯

第二十四題

凡第一與二幾何之比例。若第三與四幾何之比例。而第五與二之比例。若第六與四。則第一第五幷與二之比例。若第三第六幷與四

乙　甲　戊　丁

丙　巳

解曰。一甲乙與二丙之比例。若三丁戊與四巳。而五乙庚與二丙若六戊辛與四巳。題言一甲乙五乙庚幷與二丙若三丁戊六戊辛幷與四巳。

論曰。乙庚與丙既若戊辛與巳。反之丙與乙庚。若巳與戊辛也。本篇四 又甲乙與丙既若丁戊與巳而丙與乙庚亦若巳與戊辛。平之甲乙與乙庚若丁戊與戊辛也。本篇廿二 又合之甲庚全與乙庚若丁辛全與戊辛也。本篇十八 夫甲庚與乙庚既若丁辛與戊辛而乙庚與丙亦若戊辛與巳。平之甲庚與丙若丁辛與巳矣。本篇廿二

注曰。依本題論可推廣第六題之義作後增題。第六題增

幾倍。後增題不止言倍。其義稍廣矣。

增題。此兩幾何。與彼兩幾何。比例等。于此兩幾何。每截取一分。其截取兩幾何。與彼兩幾何。比例等。則分餘兩幾何。與彼兩幾何。比例亦等。

解曰。如上圖。甲庚、丁辛。此兩幾何。與丙、巳。彼兩幾何。比例等者。甲庚與丙。若丁辛與巳也。題言截取之甲乙與丙。若丁戊與巳。則分餘之乙庚與丙。亦若戊辛與巳。

論曰。甲乙與丙。既若丁戊與巳。即反之。丙與甲乙。若巳與丁戊也。本篇四 又甲庚與丙。既若丁辛與巳。而丙

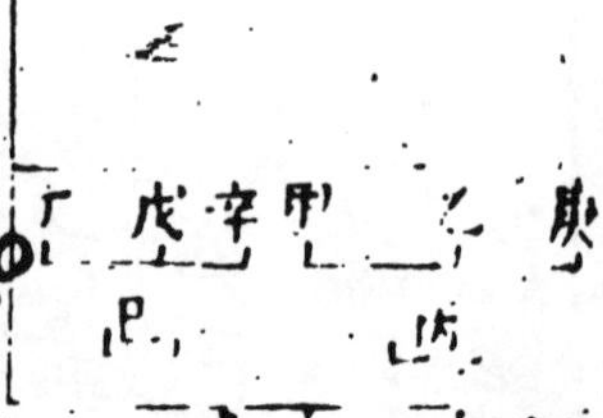

與甲乙。亦若己與丁戊。卽平之。甲庚與甲乙。若丁辛與丁戊也。廿本二篇又分之。乙庚與甲乙。若戊辛與丁戊也。十本七篇夫乙庚與甲乙。既若戊辛與丁戊。而甲乙與丙。若丁戊與己。卽平之。乙庚與丙若戊辛與己也。廿本三篇

第二十五題

兩幾何爲斷比例。則最大與最小兩幾何并。大于餘兩幾何并。

解曰。甲乙與丙丁之比例。若戊與己。甲乙最大。己最小。題言甲乙己并。大于丙丁戊并。

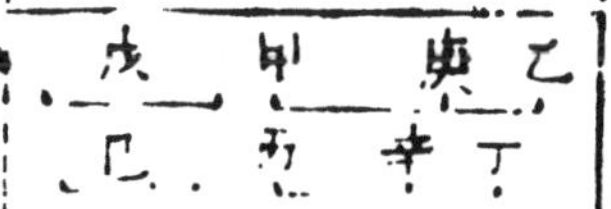

論曰。試于甲乙截取甲庚與戊等。于丙丁截取丙辛與巳等。卽甲庚與丙辛之比例若戊與巳也。亦若甲乙與丙丁也。夫甲乙全與丙丁全既若截取之甲庚與丙辛。卽亦若分餘之庚乙與辛丁也。本篇十九而甲乙最大。必大于丙丁。卽庚乙亦大于辛丁矣。又甲庚與戊。丙辛與巳。既等。卽于戊加丙辛。于巳加甲庚。必等。而又加不等之庚乙、辛丁。則甲乙巳弁。豈不大于丙丁戊弁。

第二十六題

第一與二幾何之比例。大于第三與四之比例。反之則第

二與一之比例小于第四與三之比例

解曰一甲與二乙之比例大于三丙與四丁題言反之二乙與一甲之比例小于四丁與三丙

論曰試作戊與乙之比例若丙與丁即甲與乙之比例大于戊與乙而甲幾何大于戊（本篇十）則乙與戊之比例大于乙與甲也（本篇八）反之則乙與戊之比例若丁與丙（本篇四）而乙與甲之比例小于丁與丙

丙 丁 甲 乙 戊

第二十七題

一與二之比例大于第三與四之比例更之則第一與三之比例亦大于第二與四之比例

丙——甲——
丁—　乙——
　　　戊———

解曰。一甲與二乙之比例。大于三丙與四丁。題言更之。則一甲與三丙之比例。亦大于二乙與四丁。

論曰。試作戊與乙之比例。若丙與丁。即甲與乙之比例。大于戊與乙。而甲幾何大于戊。十本篇則甲與丙之比例。亦大于戊與丙。八本篇又戊與乙之比例。既若丙與丁。更之。則戊與丙之比例。亦若乙與丁。十六本篇而甲與丙之比例。大于乙與丁矣。

第二十八題

第一與二之比例。大于第三與四之比例。合之。則第一第二幷與二之比例。亦大于第三第四幷與四之比例。

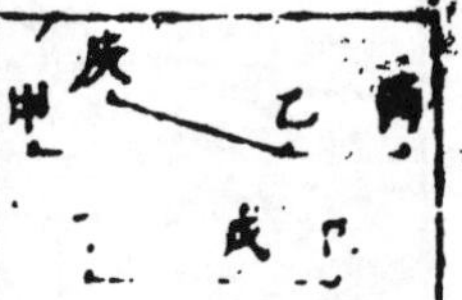

解曰。一甲乙與二乙丙之比例。大于三丁戊與四戊巳。題言合之。則甲丙與乙丙之比例。亦大于丁巳與戊巳。

論曰。試作庚乙與乙丙之比例。若丁戊與戊巳。即甲乙與乙丙之比例。大于庚乙與乙丙。而甲乙幾何大于庚乙矣。十本篇 此二率者。每加一乙丙。即甲丙亦大于庚丙。而甲丙與乙丙之比例。大于庚丙與乙丙也。八本篇 夫庚乙與乙丙之比例。既若丁戊與戊巳。合之。則庚丙與乙丙之比例。亦若丁巳與戊巳也。十八本篇 而甲丙與乙丙之比例。大于丁巳與戊巳矣。

第二十九題

第一合第二與二之比例。大于第三合第四與四之比例。分之則第一與二之比例。亦大于第三與四之比例。

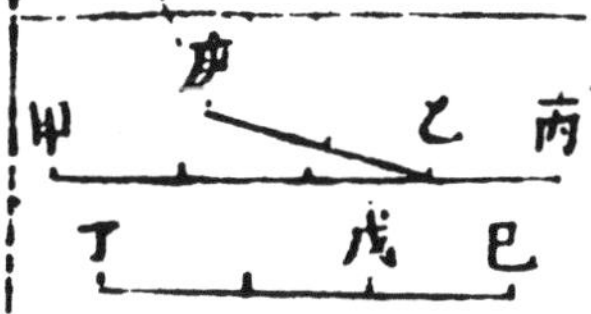

解曰。甲丙與乙丙之比例。大于丁巳與戊巳。題言分之。則甲乙與乙丙之比例。亦大于丁戊與戊巳。

論曰。試作庚丙與乙丙之比例。若丁巳與戊巳。即甲丙與乙丙之比例。亦大于庚丙與乙丙。而甲丙幾何大于庚丙矣。本篇十。此二率者。每減一同用之乙丙。即甲乙亦大于庚乙。而甲乙與乙丙之比例。大于庚乙與

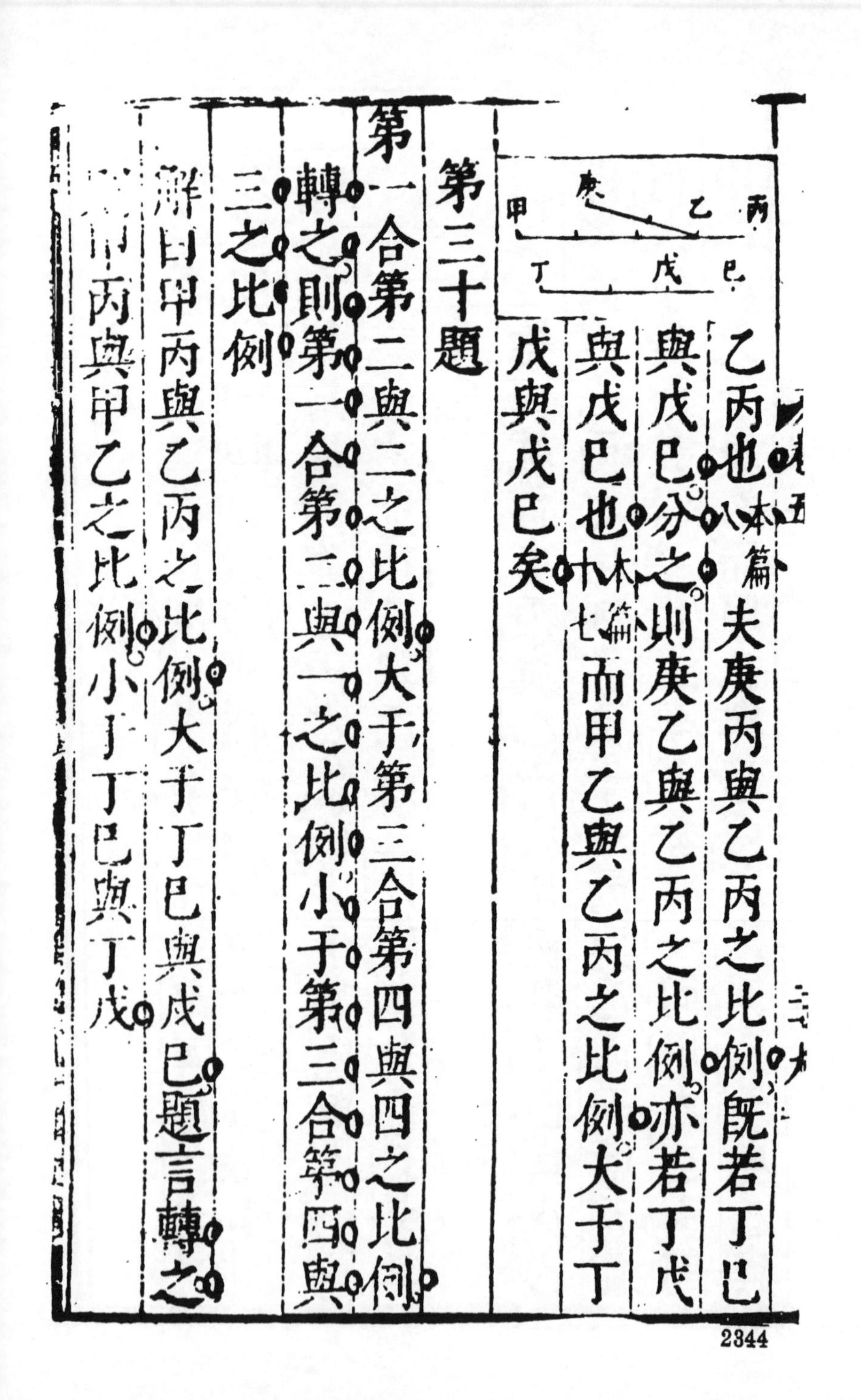

甲　庚　乙　丙

丁　戊　巳

乙丙也。（本篇八）夫庚丙與乙丙之比例。既若丁巳與戊巳。分之。則庚乙與乙丙之比例。亦若丁戊與戊巳也。（本篇十七）而甲乙與乙丙之比例。大于丁戊與戊巳矣。

第三十題

第一合第二與二之比例。大于第三合第四與四之比例。轉之。則第一合第二與一之比例。小于第三合第四與三之比例。

解曰。甲丙與乙丙之比例。大于丁巳與戊巳。題言轉之。甲丙與甲乙之比例。小于丁巳與丁戊。

[illegible]乙丙之比例既大于丁巳與戊巳分之。例甲乙與乙丙之比例亦大于丁戊與戊巳也。本篇廿九又反之乙丙與甲乙之比例小于戊巳與丁戊矣。本篇廿六又合之甲丙與甲乙之比例亦小于丁巳與丁戊也。本篇廿八

第三十一題

此三幾何彼三幾何此第一與二之比例大于彼第一與二之比例此第二與三之比例大于彼第二與三之比例如是序者以平理推則此第一與三之比例亦大于彼第一與三之比例

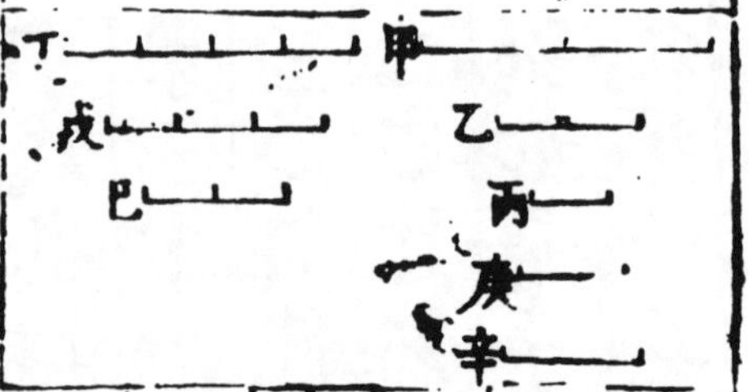

解曰。甲、乙、丙、此三幾何。丁、戊、巳。彼三幾何。甲與乙之比例。大于丁與戊。乙與丙之比例大于戊與巳。如是序者。題言以平理推。則甲與丙之比例。亦大于丁與巳。

論曰。試作庚與丙之比例。若戊與巳。即乙與丙之比例。大于庚與丙。而乙幾何大于庚。本篇十是甲與小庚之比例。大于甲與大乙矣。本篇八夫甲與乙之比例。元大于丁與戊。即甲與庚之比例。更大于丁與戊也。次作辛與庚之比例。若丁與戊。即甲與庚之比例亦大于辛與庚。而甲幾何大于辛。本篇十是七甲與丙之比例大于小辛與丙矣。本篇八 夫辛與丙之比例以平理推之若丁與巳也。本篇廿二 則甲與丙之比例大于丁與巳也。

第三十二題

此三幾何彼三幾何此第一與二之比例大于彼第二與三之比例此第二與三之比例大于彼第一與二之比例如是錯者以平理推則此第一與三之比例亦大于彼第一與三之比例

解曰甲乙丙此三幾何丁戊巳彼三幾何而甲與乙之比例大于戊與巳乙與丙之比例大于丁與戊如是錯

者題言以平理推則甲與丙之比例亦大于丁與巳

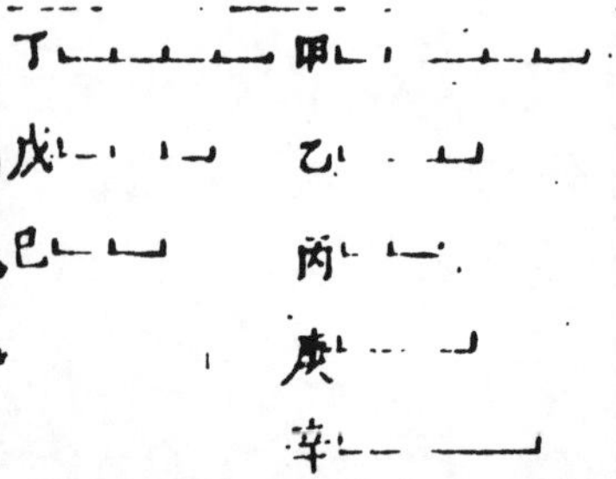

論曰試作庚與丙之比例若丁與戊即乙與丙之比例大于庚與丙而乙幾何大于庚本篇八是甲與小庚之比例大于甲與大乙矣本篇八大甲與乙之比例既大于戊與巳即甲與之比例逆大于戊與巳也次作辛與庚之比例若戊與巳即甲與庚之比例亦大于辛與庚而甲幾何大于辛本篇十是太甲與丙之比例大于小辛與丙矣本篇八夫辛與丙之比例以平理推之若丁與巳也本篇廿三則甲與丙

之比例大于丁與巳也。

第三十三題

此全與彼全之比例。大于此全截分。與彼全截分之比例。則此全分餘、與彼全分餘之比例。大于此全與彼全之比例。

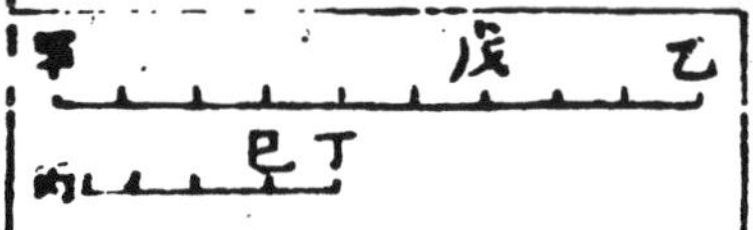

解曰。甲乙全與丙丁全之比例。大于兩截分、甲戊與丙巳。題言兩分餘戊乙與巳丁之比例。大于甲乙與丙丁。

論曰。甲乙與丙丁之比例。既大于甲戊與丙巳。更之。即甲乙與甲戊之比例。亦大于丙丁與丙巳也。

本篇廿九又轉之。甲乙與戊乙之比例。小于丙丁與巳丁也。本篇三又更之。甲乙與丙丁之比例。小于戊乙與巳丁也。本篇廿七戊乙與巳丁。分餘也。則分餘之比例。大于甲乙全與丙丁全矣。依顯兩全之比例。小于截分。則分餘之比例。小于兩全。

乙　　戊　　甲

丁　巳　丙

第三十四題　二支

若干幾何。又有若干幾何。其數等。而此第一與彼第一之比例。大于此第二與彼第二之比例。此第二與彼第二之比例。太于此第三與彼第三之比例。以後俱如是。則此并與彼并之比例。大于此末與彼末之比例。而小于

此幷減第一與彼幷減第一之比例而小于此第一與彼第一之比例

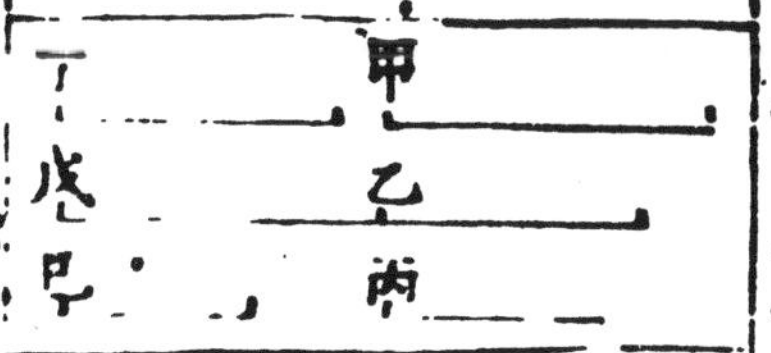

解曰。如甲、乙、丙、三幾何。又有丁、戊、己、三幾何。其甲與丁之比例。大于乙與戊。乙與戊之比例。大于丙與己。題先言甲乙丙幷與丁戊己幷之比例。大于丙與己。次言亦大于乙丙幷與戊己幷後言小于甲與丁

論曰。甲與丁之比例。旣太于乙與戊。更之。卽甲與乙之比例。大于丁與戊也。本篇十六又合之。甲乙幷與乙之比例。大于丁戊幷與戊也。本篇十八又更之。甲乙幷與丁戊幷之

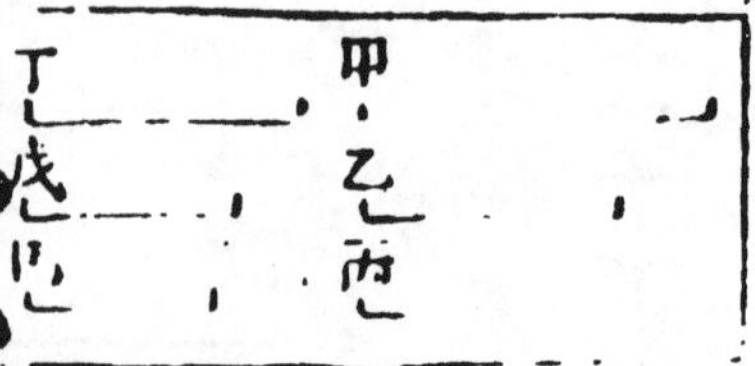

甲
乙
丙

丁
戊
巳

比例。大于乙與戊也。（本篇廿七）是甲乙全與丁戊全之比例。大于減并乙與減并戊也。既爾。即減餘甲與減餘丁之比例。大于甲乙全與丁戊全也。（本篇卅）依顯乙與戊之比例。亦大于乙丙全與戊巳全。即甲與丁之比例。更大于乙丙全與戊巳全也。又。更之。甲與乙丙并之比例。大于丁與戊巳并也。（本篇廿七）又。合之。甲乙丙全與乙丙并之比例。大于丁戊巳全與戊巳并也。（本篇廿八）又。更之。甲乙丙全與丁戊巳全之比例。大于乙丙并與戊巳并也。（本篇廿七）則得次解也。又甲乙丙全與丁戊巳全之比例。既大于減并乙丙與減并

甲 乙 丙 庚 丁 戊 巳 辛

戊巳。即減餘甲與減餘丁之比例。大于甲乙丙全與戊巳全也。本篇卅二則得後解也。又乙與戊之比例。既大于丙與巳。更之。即乙與丙之比例。大于戊與巳也。本篇廿十又。合之。乙丙全與丙之比例。大于戊巳全與巳也。本篇廿八又。更之。乙丙并與戊巳并之比例。大于丙與巳也。本篇廿七而甲乙丙并與丁戊巳并之比例。既大于乙丙并與戊巳并。即更大于末丙與末巳也。則得先解也。

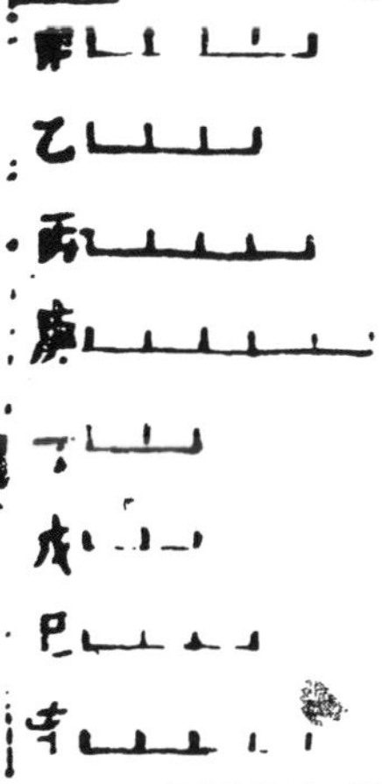

若兩率。各有四幾何。而丙與巳之比例。亦大。于庚與辛。即與前論同理。蓋依上文論乙與戊之比例。大

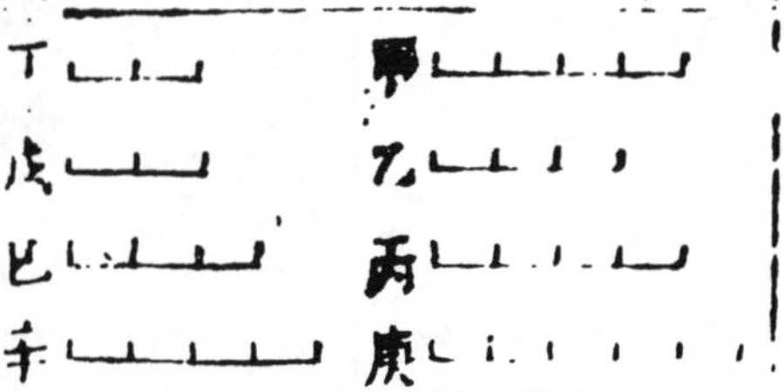

甲
乙
丙
庚

丁
戊
巳
辛

于乙丙庚幷與戊巳辛幷。即甲與丁之比例更大于乙丙庚幷與戊巳辛幷也。更之。即用與乙丙庚幷之比例。大于丁與戊巳辛幷也。本篇十八又合之。甲乙丙庚全與乙丙庚幷之比例。大于丁戊巳辛全與戊巳辛幷也。又更之。甲乙丙庚全與丁戊巳辛全之比例。大于乙丙庚幷與戊巳辛幷也。本篇十七則得次解也。又甲乙丙庚全與丁戊巳辛全之比例。既大于減幷乙丙庚與減幷戊巳辛。即減餘甲與減餘丁之比例。大于甲乙丙庚全與丁戊巳辛全也。本篇十九則得後解也。又依前論。顯乙丙庚幷與戊己辛幷之比例。既大于庚與辛。而甲乙丙庚全與丁戊己辛全之比例。大于乙丙庚幷與戊己辛幷。即更大于末庚與末辛也。則得先解也。自五以上至于無窮。俱倣此。論可顯全題之旨。

幾何原本第五卷終

幾何原本第六卷之首

泰西利瑪竇譯

吳淞徐光啓筆受

界說六則

第一界

凡形相當之各角等而各等角旁兩線之比例俱等爲相似之形

甲乙丙丁戊己兩角形之甲角與丁角等乙與戊丙與己各等其甲角旁之甲乙與甲丙兩線之比例若丁角旁之丁

戊與丁巳兩線而甲乙與乙丙若丁戊與戊巳甲丙與丙乙若丁巳與巳戊則此兩角形爲相似之形依顯凡平邊形皆相似之形如庚辛壬癸子丑俱平邊角形其各角俱等而各邊之比例亦等者是也四邊五邊以上諸形俱倣此

第二界

兩形之各兩邊線互爲前後率相與爲比例而等爲互相視之形

甲乙丙丁戊巳庚辛兩方形其甲乙乙丙兩邊與戊巳巳

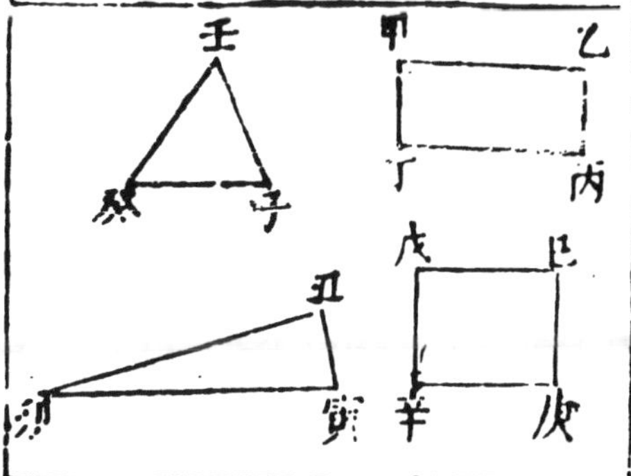

庚邊。相與爲比例等。而彼此互爲前後。如甲乙與戊巳。若巳庚與乙丙也。則此兩形爲互相視之形。依顯壬癸子。丑寅卯。兩角形之壬子與丑寅。若丑卯與壬癸。或壬癸與丑寅。若丑卯與壬子。亦互相視之形也。

第三界

理分中末線者。一線兩分之。其全與大分之比例。若大分與小分之比例。

甲乙線兩分之于丙。而甲乙與大分甲丙之比例。若大

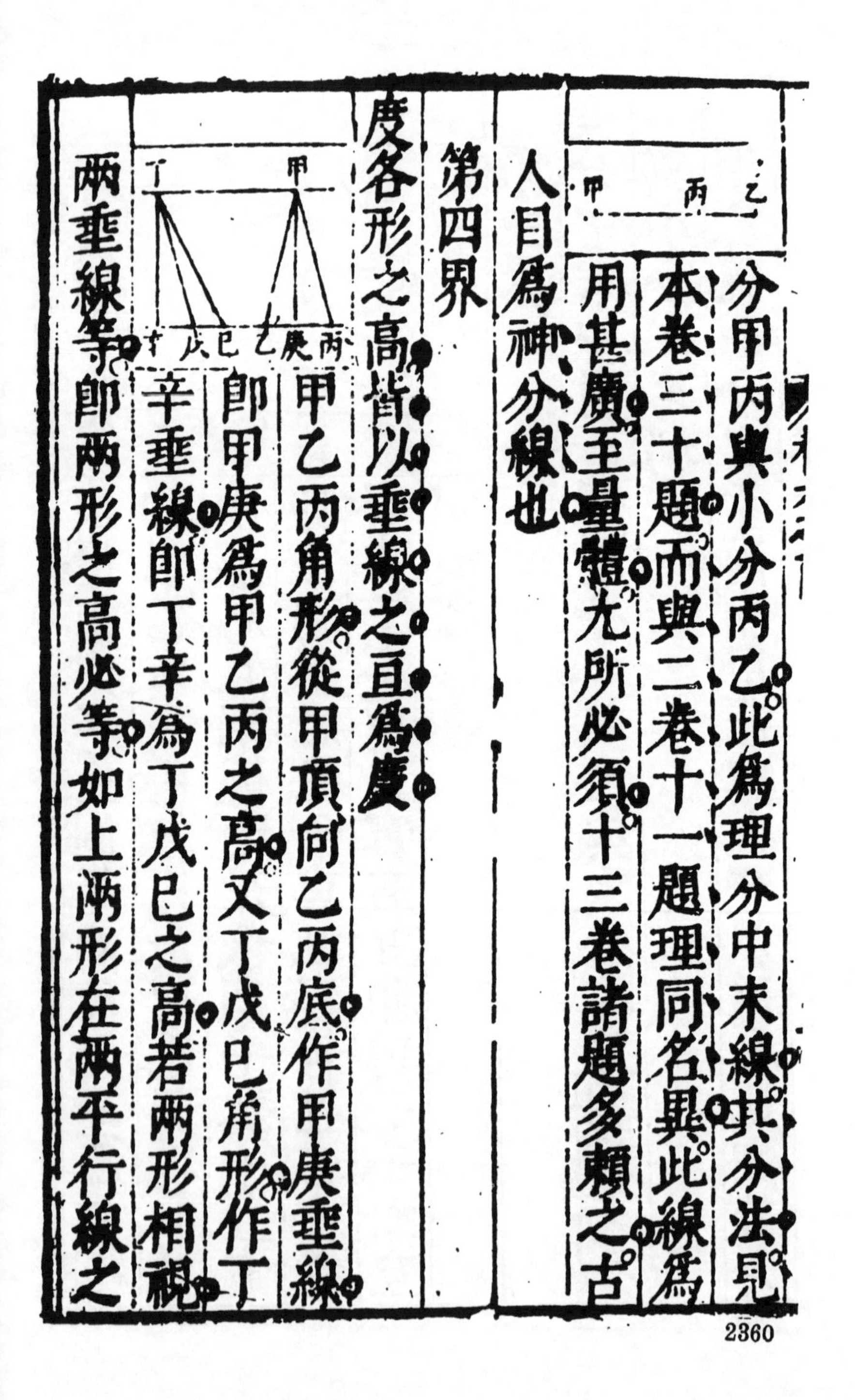
分甲丙與小分丙乙。此為理分中末線。其分法見本卷三十題、而與二卷十一題理同名異。此線為用甚廣、至量體尤所必須。十三卷諸題多賴之。古人目為神分線也。

第四界

度各形之高、皆以垂線之直為度。

甲乙丙角形、從甲頂向乙丙底作甲庚垂線、即甲庚為甲乙丙之高。又丁戊己角形、作丁辛垂線、即丁辛為丁戊己之高。若兩形相視、

兩垂線等、即兩形之高必等。如上兩形在兩平行線之

內者是也。若以丙巳為頂、以甲乙丁戊為底、則不等。自餘諸形之度、高俱倣此。

凡度物高、以頂底為界、以垂線為度。蓋物之定度止有一、不得有二。自頂至底、垂線一而已。偏線無數也。

第五界

比例以比例相結者、以多比例之命數相乘除而結為一比例之命數。

此各比例不同理、而相聚為一比例者、則用相結之法。合各比例之命數、求首尾一比例之命數也。曷為比例之命數、謂大幾何所倍于小幾何若干。或小幾何在大

幾何內若干也。如大幾何、四倍于小。或小幾何、為大四

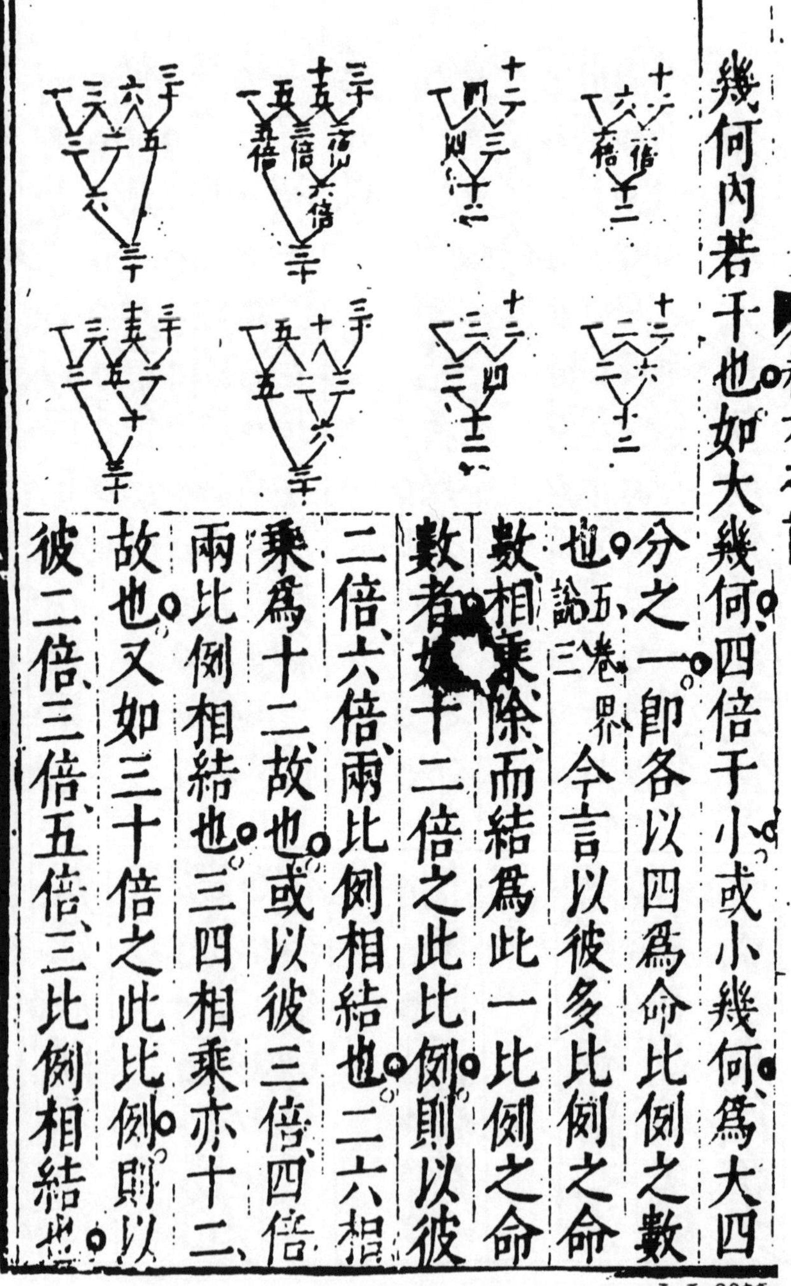

分之一。即各以四為命比例之數

也。五卷界說三 今言以彼多比例之命

數、相乘除而結為此一比例之命

數者、如十二倍之此比例。則以彼

二倍、六倍兩比例相結也。二六相

乘為十二故也。或以彼三倍、四倍

兩比例相結也。三四相乘亦十二、

故也。又如三十倍之此比例。則以

彼二倍、三倍、五倍三比例相結也。

二乘三為六。六乘五為三十。故也。
其曰相結者。相結之理。蓋在中率。凡中率為前比例之後。後比例之前。故以二比例合為一比例。則中率為轄合之因。如兩片合。此為之膠。如兩襟合。此為之紐矣。第五卷第十界。言數幾何為同理之比例。則第一與第三、為再加之比例。再加者。以前中二率之命數再加為前後二率之命數。亦以中率為紐也。但彼所言者多比例同理。故止以第一比例之命數累加之。此題所言。則不同理之多比例。不得以第一比例之命數累加之。故用此乘除相結之理。于不同理之中。求其同理。別為累加

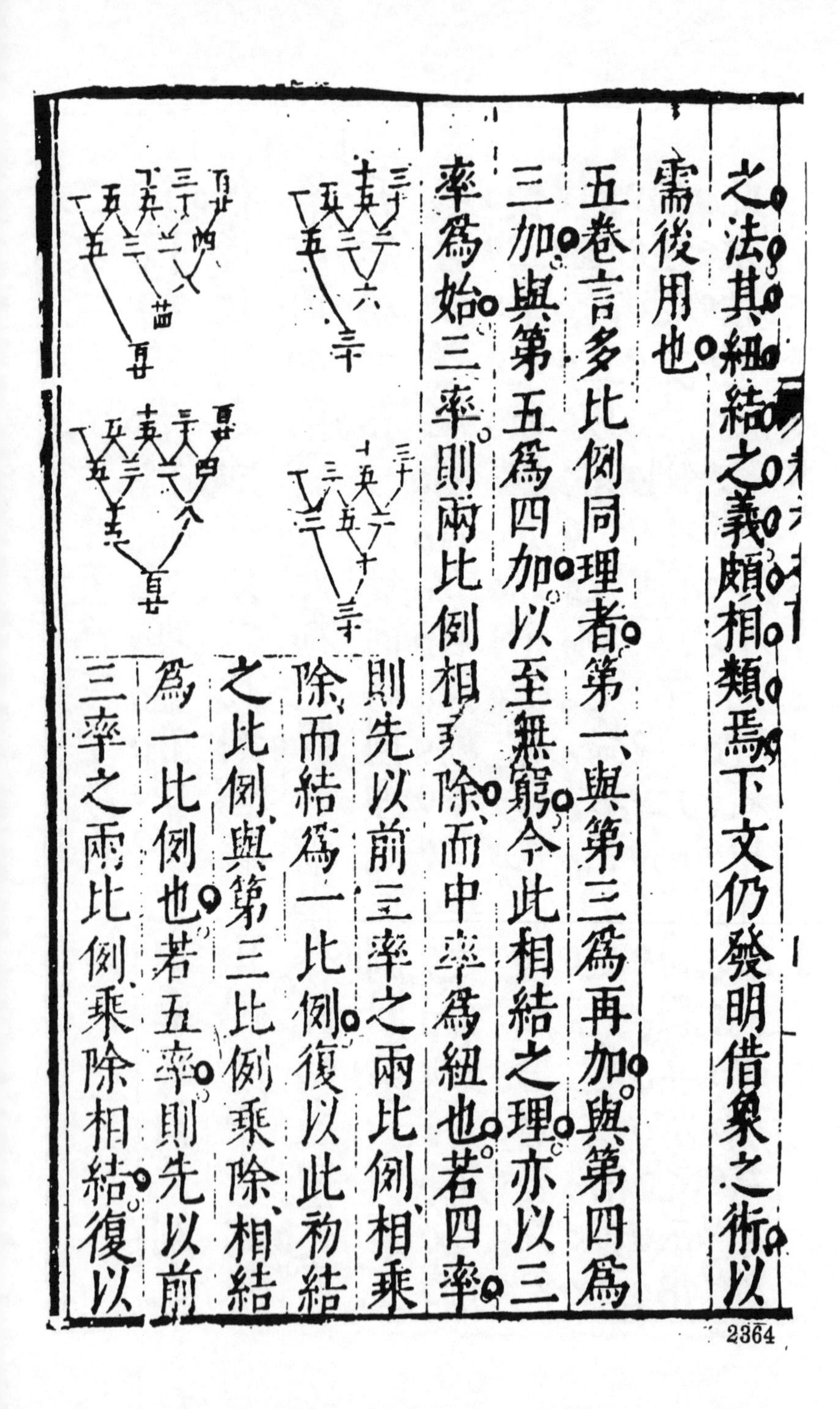

之法其紐結之義頗相類焉下文仍發明借象之術以需後用也

五卷言多比例同理者第一與第三爲再加與第四爲三加與第五爲四加以至無窮今此相結之理亦以三率爲始三率則兩比例相乘除而中率爲紐也若四率則先以前三率之兩比例相乘除而結爲一比例復以此初結之比例與第三比例乘除相結爲一比例也若五率則先以前三率之兩比例乘除相結復以

此再結之比例與第三比例乘除相結又以三結之比例與第四比例乘除相結為一比例也或以第一第二第三率之兩比例乘除相結以第三第四第五之兩比例乘除相結又以此二所結比例乘除相結而為一比例也自六以上倣此以至無窮

設三幾何為二比例不同理而合為一比例則以第一與二第二與三兩比例相結也如上圖三幾何二比例皆以大不等者其甲乙與丙丁為二倍大丙丁與戊己為三倍大則甲乙與戊己為六倍大二乘三為六也若以小不等戊己為第一甲乙

爲第三。三乘二亦六。則戊巳與甲乙。爲反六倍大也。甲乙與丙丁。既二倍大。試以甲乙二平分之。爲甲庚庚乙。必各與丙丁等。丙丁與戊巳既三倍大。而甲庚。庚乙。各與丙丁等。卽甲庚亦三倍大於戊巳。庚乙亦三倍大於戊巳。而甲乙必六倍大於戊巳。

乙 丙 丁 戊 巳

又如上圖。三幾何。二比例。前以大不等。後以小不等者。中率小于前後兩率也。其甲乙與丙丁。爲三倍大。丙丁與戊巳。爲反二倍大（反二倍大者丙丁得戊巳之半）卽甲乙與戊巳。爲等帶半。三乘半。得等帶半也。若以戊巳。爲第一。甲乙。爲第三。反推之。半除三。爲反等帶半也。

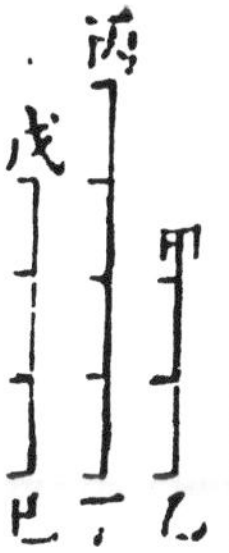

丙 戊 甲 乙 丁 己

又如上圖。三幾何二比例。前以小不等。後以大不等者。中率大於前後二率也。其甲乙與丙丁。爲反二倍大。甲乙得丙丁之半丙丁與戊己。爲等帶三分之一。即甲乙與戊己。爲反等帶半。甲乙得戊己三分之二何者。如甲乙二。即丙丁當四。丙丁四。即戊己當三。是甲乙二。戊己當三也。

後增。其乘除之法。則以命數三帶得數一爲四。以半除之得二。二比三。爲反等帶半也。若以戊己爲第一。甲乙爲第三。三比二。爲等帶半也。

甲　乙　丙　丁

設四幾何爲三比例，不同理，而合爲一比例，則以第一與二、第二與三、第三與四、三比例相結也。如上圖甲、乙、丙、丁、四幾何，三比例，先依上論以甲與乙、乙與丙、二比例相結爲甲與丙之比例，次以甲與丙、丙與丁、相結，即得甲與丁之比例也。如是遞結，可至無窮也。

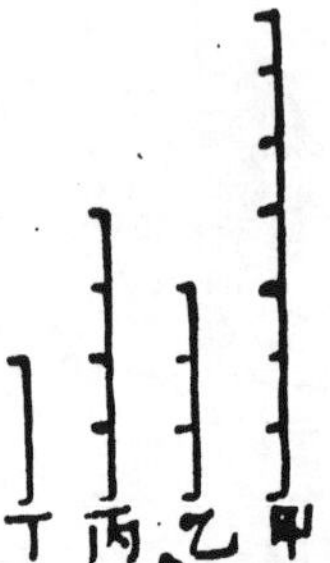

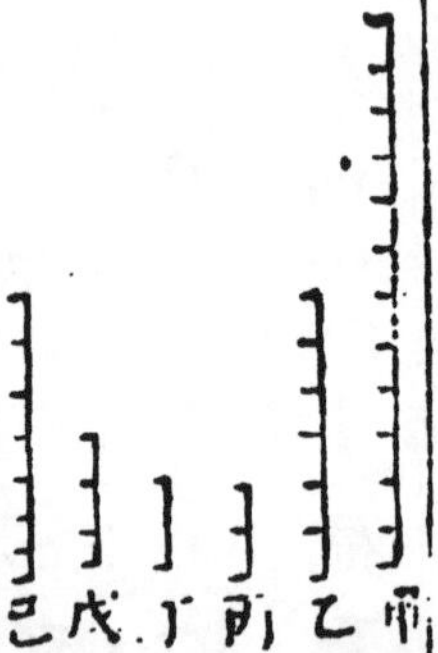

甲　乙　丙　丁　戊　己

或用此圖申明本題之旨，曰甲與乙之命數爲丁，乙與丙之命數爲戊，即甲與丙之命數爲己。何者，三命數以一丁、二戊相乘得三己，即三比例以一甲與乙、二乙與丙相乘得三甲與丙。

後增。若多幾何。各帶分。而多寡不等者。當用通分法。如設前比例、為反五倍帶三之二。後比例、為二倍大帶八之一。即以前命數三、通其五倍、為十五。得分數從之。為十七。是前比例為三與十七也。以後命數八。通其二倍為十六。得分數從之。為十七。是後比例為十七與八也。即首尾二幾何之比例、為三與八。得二倍大帶三之二也。

易謂借象之術。如上所說、三幾何、二比例者。皆以中率為前比例之後。後比例之前。乘除相結。畧如連比例之同用一中率也。而不同理。別有二比例與中率者。是不同理之斷比例也。無法可以相結。當于其所設幾何之外別立三幾何。二比例而同中率者。乘除相結。作爲儀式。以彼異中率之四幾何。二比例依倣求之。即得。故謂之借象術也。假如所設幾何。十六爲首。十二爲尾。卻云。

十六 八 廿四
三 九
二 九
十二 四 十八
十六 四 廿四
九 五四
六 五四
十二 二 十八

十六 六 廿四
九 三六
四 三六
十二 二 十八
十六 四 廿四
二 十二
六 十二
十二 九 十八

十六 六 廿四
二 八
四 八
十二 九 十八
十六 四 廿四
六 三六
二 三六
十二 一 十八

十六與十二之比例。若八與三及二與四之比例。八爲前比例之前。四爲後比例之後。三與二。爲前之後後之前。此所謂異中率也。

欲以此二比例乘除相結無法可通矣用是別立三數何二比例如其八與三二與四之比例而務令同中率如三其八得二十四爲前比例之前三其三得九爲前比例之後即以九爲後比例之前又求九與何數爲比例若二與四得十八爲後比例之後其二十四與九若八與三也九與十八若二與四也則十六與十二若二十四與十八俱爲等帶半之比例矣是用借象之術變異中率爲同中率乘除相結而合二比例爲一比例也其三比例以上亦如上方所說展轉借象遞結之詳見本卷二十三題筭家所用借象金法雙金法俱本此

第六界

平行方形不滿一線。為形小于線。若形有餘線不足。為形大于線。

甲乙線。其上作戊丁丙平行方形。不滿甲乙線。而丙乙上[illegible]形。即作巳乙線與丁丙平行。次引戊丁線。遇巳乙于巳。是為甲戊巳乙滿甲乙線平行方形。則甲丁為依甲乙線之有闕平行方形。而丙巳平行方形為甲丁之闕形。又甲丙線上作甲戊巳乙平行方形。其甲乙邊大于元設甲丙線之較為丙乙。而甲巳形大于甲丙線上之甲丁形。則甲巳為

依甲丙線之帶餘平行方形而丙巳平行方形為甲巳之餘形

幾何原本第六卷之首終

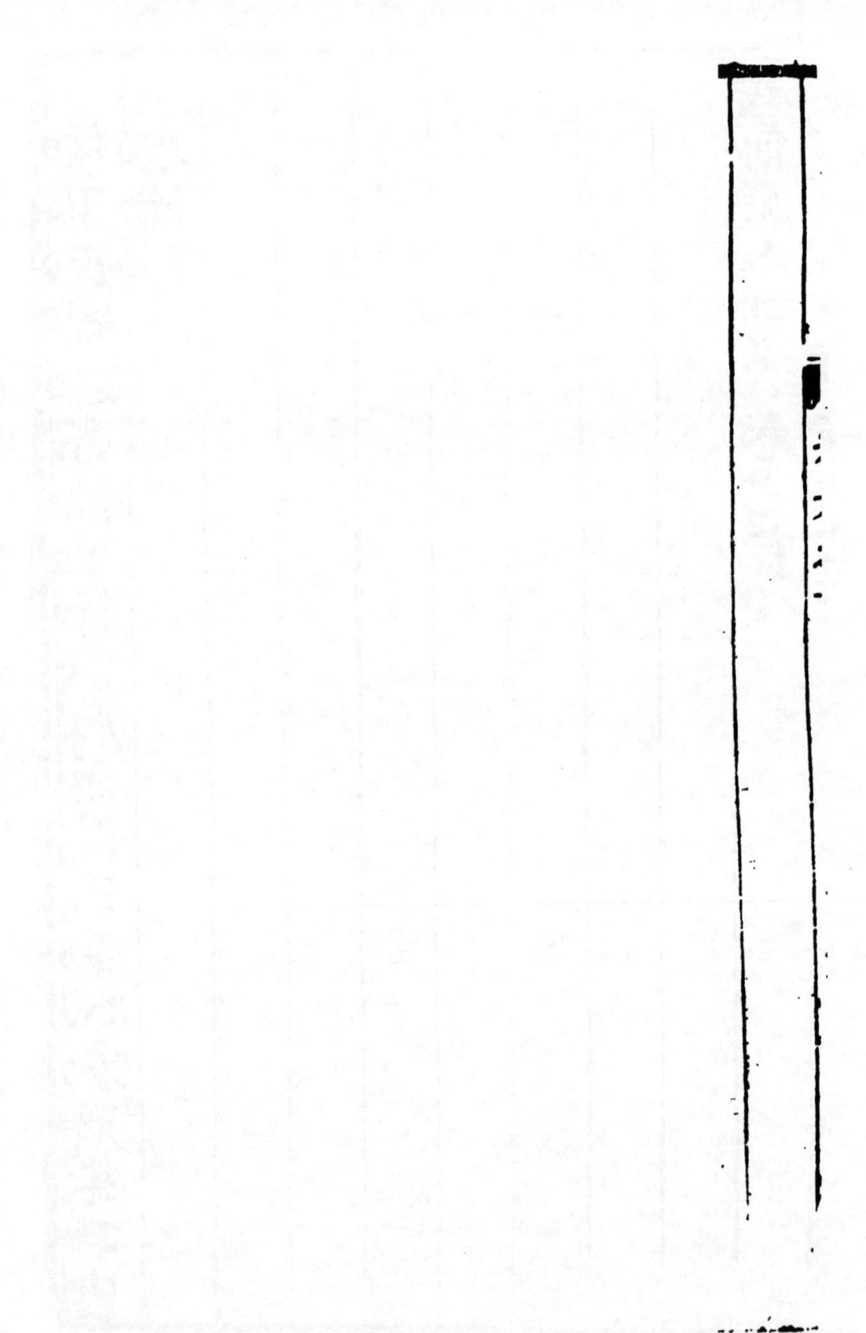

幾何原本第六卷

本篇論線面之比例　計三十三題

泰西利瑪竇口譯

吳淞徐光啓筆受

第一題

等高之三角形方形自相與爲比例與其底之比例等

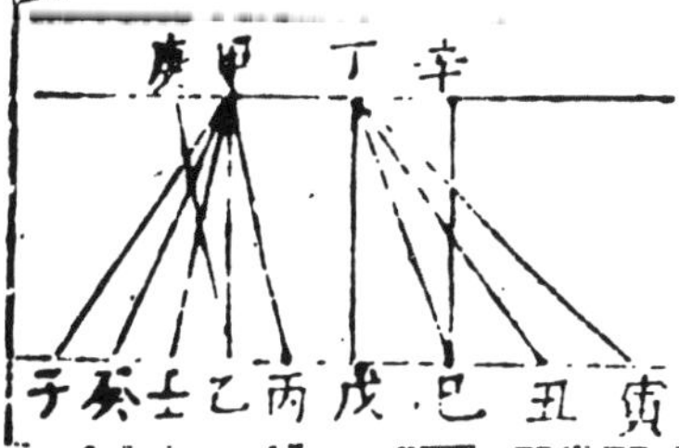

解曰甲乙丙、丁戊己兩角形等高其底乙丙、戊己。丙庚、戊辛[illegible]形等高其底乙丙戊己。題言甲乙丙與丁戊己之比例。丙庚與戊辛之比例皆若乙丙與戊己。

論曰試置四形于庚辛、子寅兩平行線內。凡形

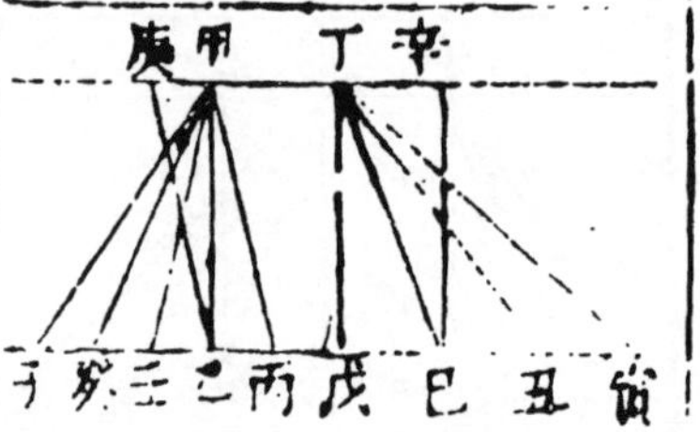

行頂至底作垂線。即本形之高。故等于乙子高者。必在平行線內。見本卷界說四

線內作數底線。各與乙丙等。為乙壬、壬癸、癸子。于巳寅線內作數底線。各與戊巳等。為巳丑、丑寅。次從甲、[illegible]作甲壬、甲癸、甲子、丁丑、丁寅諸線。其甲[illegible]丙、甲乙壬、甲壬癸、甲癸子四三角形。既等底。而在平行線內。即等。一卷三八依顯丁戊巳、丁巳丑、丁丑寅。三三角形。亦等。則子丙底線。大于乙丙若干倍。而甲子丙角形。大于甲乙丙。亦若干倍。依顯戊寅之倍戊巳。亦若丁戊寅之倍丁戊巳。底線分數。與形之分數等

次。即用三試法。若子丙底。大于戊寅底。則甲子丙形。亦

大于丁戊寅形也。若等亦等。若小亦小也。三卷一八則一乙丙所倍之子丙。三甲乙丙所倍之甲子丙與二戊己所倍之戊寅。四丁戊己所倍之丁戊寅。等大小皆同類也。而一乙丙底與二戊己底之比例。若三甲乙丙與四丁戊己矣。六卷五界又丙庚戊辛兩方形。各倍大于甲乙丙丁戊己兩角形一卷卅三而甲乙丙與丁戊己之比例。既若乙丙與戊己。即丙庚與戊辛[illegible]形之比例。亦若乙丙與戊己兩底矣。五卷十五或從壬癸子及丑寅各作直線與庚乙辛己平行。即依上論推顯。

增題。凡兩角形兩方形各等底。其自相與為比例若

兩形之高之比例

解曰甲乙丙與丁戊己兩角形甲庚乙丙與丁戊己辛兩方形其底乙丙與戊己等

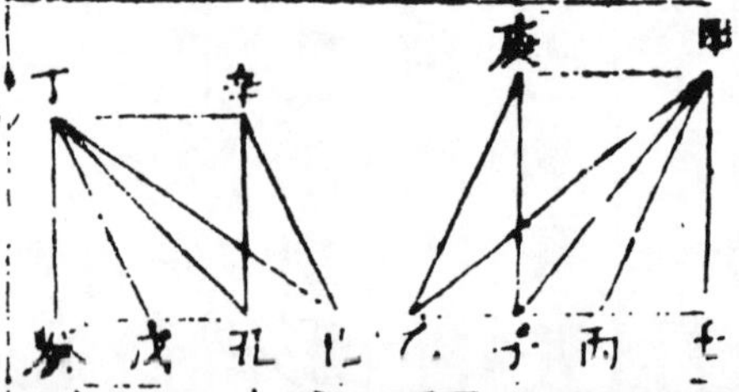

題言甲乙丙與丁戊己兩角形之比例甲庚乙丙與丁戊己辛兩方形之比例皆若甲壬與丁癸兩高

論曰試作子壬底線與乙丙等作丑癸底線與戊己等次作甲子丁丑兩線其甲壬子與甲乙丙兩角形等底又等高即等依顯丁癸丑與丁戊己兩角形亦等一卷三八即甲乙丙與丁戊己之比例若甲

壬子與丁癸丑也。（五卷十五）今以卯壬、丁癸為底，即甲壬子與丁癸丑兩角形之比例，若甲壬與丁癸兩底也。（本篇一）而甲乙丙與丁戊巳之比例，亦若甲壬與丁癸矣。又甲乙丙與丁戊巳兩角形之比例，既以倍大，故若甲庚乙丙與丁戊巳辛兩方形之比例（五卷十五），即兩方形之比例，亦若甲壬與[illegible]癸兩底也（五卷十五）。若作庚子、辛丑兩線，亦依前論推[illegible]

第二題 二支

三角形任依一邊作平行線，即此線分兩餘邊以為比例必等。三角形內有一線分兩邊以為比例而等，即此線

與○餘邊爲○平行○者

先解曰甲乙丙角形內○如作丁戊線○與乙丙平行○題言丁戊分甲乙甲丙于丁于戊以爲比例必等者○甲丁與丁乙○若甲戊與戊丙也○

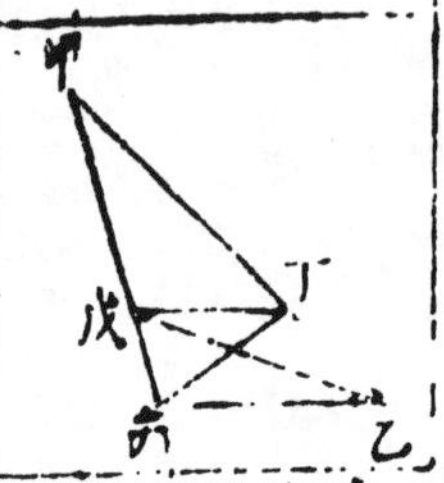

論曰試作丁丙戊乙兩線其[illegible]戊乙丁戊丙兩角形同以丁戊爲底○同在兩平行線內○即等○一卷三七而甲戊丁與丁戊乙兩角形之比例○若甲戊丁與丁戊丙矣○五卷七夫甲○戊○丁○與○丁○戊○乙○兩○角○形○亦○在○兩○平○行○線○內○若于戊點上作一線與甲乙平行即兩形在其內則甲戊丁與丁戊乙兩角形之比例○若甲丁與丁乙兩底也○本篇一依顯甲戊與戊丙兩底之比

例。亦若甲戊丁與丁戊丙兩角形也。兩形亦在兩平行線內故。是甲丁與丁乙兩線之比例。甲戊與戊丙兩線之比例。皆若甲。戊。丁。與。丁。戊。乙。也。或。與。丁。戊。丙。也。丁戊乙與丁戊丙等。則甲丁與丁乙。亦若甲戊與戊丙也。十五卷一

後解曰。甲乙丙角形內。有丁戊線。分甲乙、甲丙于丁、于戊。以為比例而等。題言丁戊與乙丙為平行線。

論曰。試作丁丙、戊乙、兩線。[illegible]甲丁與丁乙兩底之比例。若甲戊丁與丁戊乙兩角形也。在兩平行線內故見本篇一。而甲丁與丁乙之比例。若甲戊與戊丙。即甲戊丁與丁戊乙之比例。亦若甲戊與戊丙也。十五卷一又甲戊與戊丙兩底之

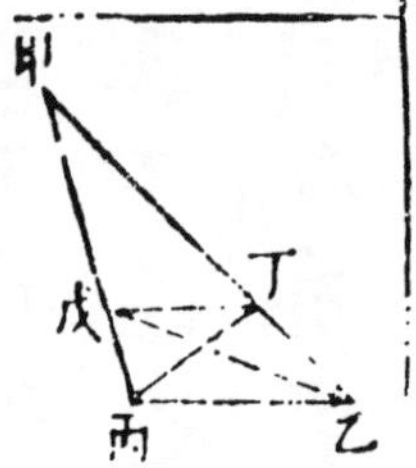

比例。既若甲戊丁與丁戊丙。在兩平行線內。故見本篇一。則甲戊丁與丁戊乙之比例。亦若甲戊丁與丁戊丙也。五卷十一。而丁戊乙與丁戊丙兩角形等矣。五卷九。兩角形同以丁戊為底而等。則在兩平行線內。一卷卅九。

第三題 二支

三角形。任以直線。分一角為兩平分。而分對角邊為兩分。則兩分之比例。若餘兩邊之比例。三角形分角之線所分對角邊之比例。若餘兩邊。則所分角為兩平分。

先解曰。甲乙丙角形。以甲丁線。分乙甲丙角為兩平分。

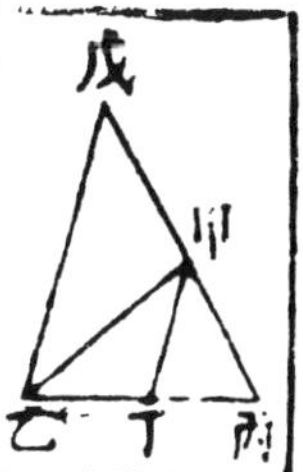

題言乙丁與丁丙之比例若乙甲與甲丙。

論曰試作乙戊線與甲丁平行次于丙甲線引長之至戊其甲乙戊與乙甲丁為平行線相對之兩內角等外角丁甲丙與丙角戊亦等一卷廿九今乙甲丁與丁甲丙又等即甲乙戊角與戊角亦等也而甲戊與甲乙兩腰亦等矣一卷六則戊甲與甲丙之比例若乙甲與甲丙也五卷七夫戊甲與甲丙之比例若乙丁與丁丙也本篇二則乙甲與甲丙之比例亦若乙丁與丁丙也五卷十一

後解曰乙丁與丁丙之比例若乙甲與甲丙題言甲丁線分乙甲丙角為兩平分。

論曰、依前作乙戊線、與甲丁平行、而引丙甲、線至戊、其與乙甲與甲丙之比例、既若乙丁與丁丙、甲丁線、又與戊乙進平行、而乙丁與丁丙之比例、若戊甲與甲丙、二本篇、即乙甲與甲丙之比例、亦若戊甲與甲丙、十五、一本、是戊甲與乙甲兩線等矣、九五卷、則甲乙戊角與戊角亦等也、五一卷、夫甲乙戊與乙甲丁、為平行線相對之兩內角等、而外角丁甲丙與內角戊亦等、廿一卷九、則乙甲丁、丁甲丙兩角必等、

第四題

凡等角三角形、其在等角旁之各兩腰線、相與為比例、必

等。而對等角之邊爲相似之邊

解曰。甲乙丙、丁丙戊兩角形等角者。甲乙丙與丁丙戊。甲丙乙與丁戊丙。乙甲丙與丙丁戊。每相當之各角俱等也。題言甲乙與乙丙之比。例若丁丙與丙戊。甲乙與甲丙。若丁丙與丁戊。甲丙與乙丙。若丁戊與丙戊。而每對等角之邊各相似。相似者。謂各前各後。各對本形之相當等角

論曰。試並置兩角形。令乙丙、丙戊兩底爲一直線而丁丙戊爲甲乙丙之外角。其甲乙丙、甲丙乙兩角既小于兩直角。一卷十七 丁戊丙與甲丙乙兩角又等。即乙戊兩角

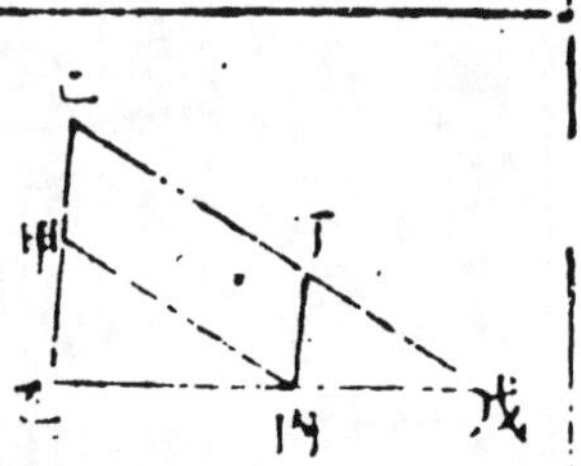

亦小于兩直角。而乙甲、戊丁、兩線。引出之。必相遇。（一卷界說十一）即作兩線。令遇于巳。其丁丙戊外角。與甲乙丙內角既等。即丁丙與巳乙爲平行線。（一卷廿八）依[illegible]甲丙乙外角。與丁戊丙內角既等。即甲丙與巳戊亦平行線。（一卷廿八）而甲巳丁丙爲平行線方形。則甲巳與丁丙兩線等也。甲丙與巳丁兩線等也。（一卷卅四）夫乙戊巳角形內之甲丙線。既與巳戊邊平行。即甲乙與等甲巳之丁丙之比例。若乙丙與丙戊也。（本篇二）更之。即甲乙與乙丙。若丁丙與丙戊也。（六卷十五）又乙戊巳角形內之丁丙線。既與巳乙邊平行。即乙丙與

丙戊之比例若第七丁之甲丙與丁戊也二本篇更之即

乙丙與甲丙若丙戊與丁戊也十五卷六甲乙與乙丙既若

丁丙與丙戊而乙丙與甲丙又若丙戊與丁戊平之即

甲乙與甲丙若丁丙與丁戊也廿五卷二

一系凡角形內之直線與一邊平行而截一分為角形

必與全形相似如上甲乙丙角形作丁戊直

線與乙丙平行而截一分為甲丁戊角形必

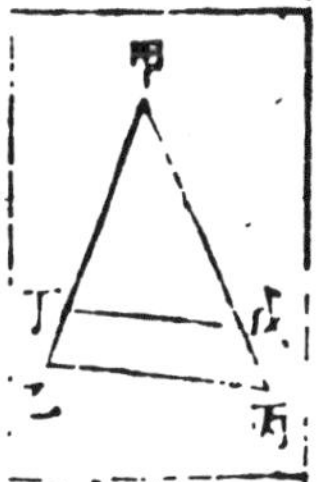

與甲乙丙全形相似何者甲丁戊外角與甲乙丙內角

等丙戊丁外角亦與甲丙乙內角等卅九卷一甲角又同即

兩形相似而各等角旁兩邊之比例等本題

增題。凡角形之內。任依一邊。作一平行線。于此邊任取一點。向對角作直線。則所分兩平行線比例等。

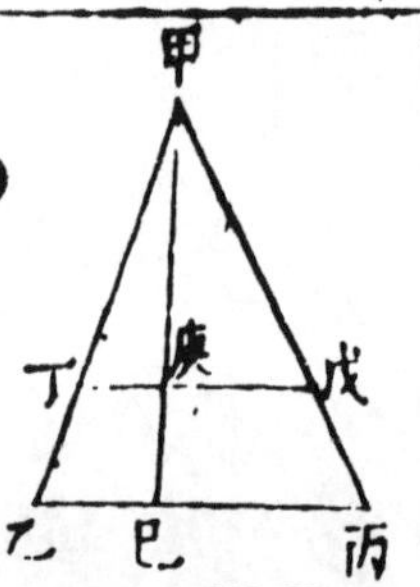

甲

丁　庚　戊

乙　巳　丙

解曰。甲乙丙角形內。作丁戊線。與乙丙平行。次于乙丙邊。任取巳點。向甲角作直線。分丁戊于庚。題言乙巳與巳丙之比例。若丁庚與庚戊。

論曰。甲巳乙。甲庚丁。兩角形既相似。本系卽甲巳與巳乙之比例。若甲庚與庚丁也。更之。卽甲巳與甲庚若巳乙與庚丁也。五卷十六依顯甲巳與甲庚若巳丙與庚戊也。則乙巳與丁庚。亦若巳丙與庚戊也。五卷十一更之

即乙巳與巳丙若丁庚與庚戊也。五卷十六

又論曰甲巳乙甲庚丁兩角形甲巳丙甲庚戊兩角形既各相似即乙巳與甲巳之比例若丁庚與庚甲也。系本依顯甲巳與巳丙亦若甲庚與庚戊也。平之即乙巳與巳丙若丁庚與庚戊也。五卷廿二

第五題

兩三角形其各兩邊之比例等即兩形爲等角形而對各相似邊之角各等

解曰甲乙丙丁戊巳兩角形其各兩邊之比例等者甲乙與乙丙若丁戊與戊巳而乙丙與甲丙若戊巳與丁

巳。甲丙與甲乙、若丁巳與丁戊也。題言此兩形爲等角形。而對各相似邊之角。甲與丁。乙與戊。丙與巳。各等。

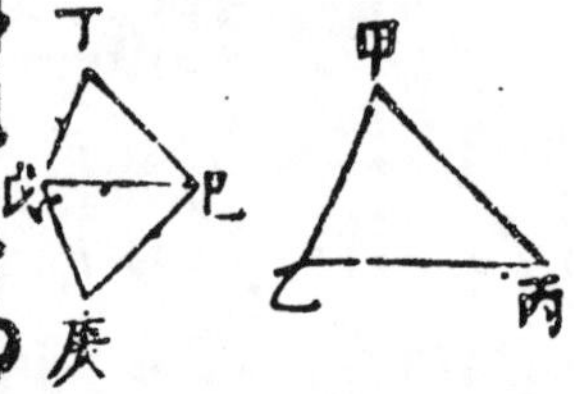

論曰。試作巳戊庚角。與乙角等。作庚巳戊角。與丙角等。而戊庚、巳庚兩線。遇于庚。即庚角與甲角等。（一卷三二）是甲乙丙、庚戊巳兩形等角矣。則甲乙與乙丙之比例。若庚戊與戊巳也。（本篇四）甲乙與乙丙。元若丁戊與戊巳。則庚戊與戊巳。亦若丁戊與戊巳也。（五卷十一）而丁戊與庚戊兩線必等。（五卷九）[illegible]例若戊巳與庚巳。（本篇四）而乙丙與甲丙。元若戊巳與丁巳。則戊巳與庚巳。亦若戊巳與丁巳也。五卷十一 而丁巳與庚巳兩線必等。六卷九 夫庚戊、庚巳、兩腰。既與丁戊、丁巳、兩腰、各等。戊巳同底。即丁角與庚角亦等。一卷八 其餘庚戊巳與丁戊巳、庚巳戊與丁巳戊、各相當之角俱等。一卷四 而庚角與甲角既等。即丁角與甲角亦等。丁戊巳角與乙角。丁巳戊角與丙角。俱等。

第六題

兩三角形之一角等。而等角旁之各兩邊比例等。即兩形為等角形。而對各相似邊之角各等。

解曰。甲乙丙、丁戊巳、兩角形。其乙與戊兩角等。而甲乙與乙丙之比例。若丁戊與戊己。題言餘角丙與己。甲與丁。俱等。

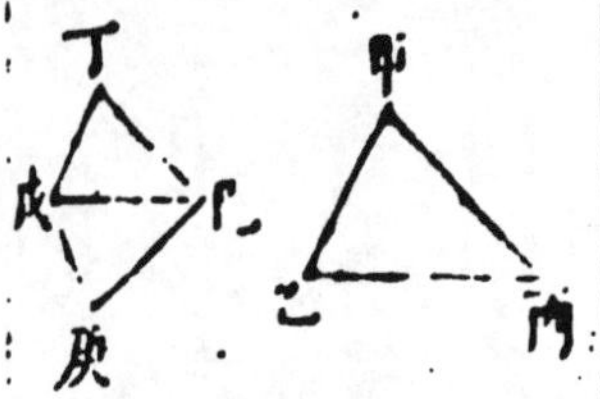

論曰。試作己戊庚角。與乙角等。作庚己戊角。與丙角等。而戊庚、己庚兩線遇于庚。依前論推顯甲乙丙、庚戊己兩形等角。即甲乙與乙丙之比例。若庚戊與戊己也。本篇四 甲乙與乙丙。元若丁戊與戊己。則庚戊與戊己。亦若丁戊與戊己也。五卷十一 而丁戊與庚戊兩線必等。五卷九 夫丁戊、庚戊兩邊既等。戊己同邊。庚戊己角與丁戊己角。又等。丁戊己角與乙角等兩己戊庚亦與乙等故 即其餘各相當之角俱等。一卷四 而庚角既與甲角等。庚己戊角既與丙角等。即甲角、丙角。與丁角、戊巳丁角、各等。而甲乙丙、丁戊巳、為等角形矣。

第七題

兩三角形之第一角等。而第二相當角各兩旁之邊比例等。其第三相當角。或俱小于直角。或俱不小于直角。即兩形為等角形。而對各相似邊之角各等。

解曰甲乙丙、丁戊巳兩角形。其一甲角、與一丁角等。而第二相當角。如甲丙乙、兩旁之甲丙、丙乙、兩邊。偕丁巳戊兩旁之丁巳、巳戊、兩邊。比例等。其第三相當角。如乙與戊。或俱小于直角。或

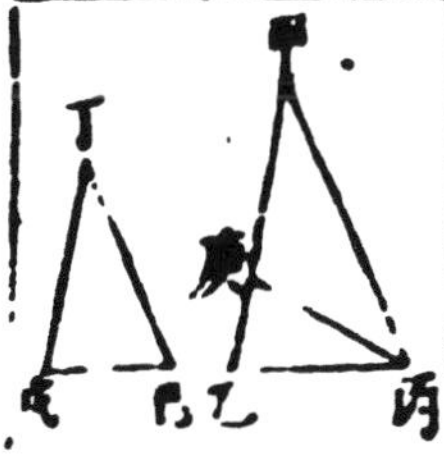

俱不小于直角。題言兩形等角者。謂甲丙乙角與巳等。乙角與戊等。

先論乙與戊俱小于直角者。曰。如云不然。而甲丙乙大于巳。令作甲丙庚角與巳等。即甲庚丙角宜與戊等。卅二一卷 甲庚丙與丁戊巳為等角形矣。即甲丙與丙庚之比例。宜若丁巳與巳戊也。四本篇 而先設甲丙與丙乙若丁巳與巳戊也。是甲丙與丙庚。亦若甲丙與丙乙也。五卷一 是庚丙與乙丙兩線等也。五卷九 丙庚乙與丙乙庚兩角亦等也。五卷一 夫乙既小于直角。即等腰內之丙庚乙亦小于直角。則較角之丙庚甲必大于直角也。丙庚則小戊乙、兩角等兩直角幷（一卷十三）。而丙庚甲既與戊等，則丙庚乙宜大于直角矣。其相等之乙角，何由得小于直角也。

後論乙與戊俱不小于直角者，曰：如云不然，依先論乙角與丙庚乙角等，即丙庚乙亦不小于直角。夫丙庚乙、丙乙庚同為角形內之兩角，乃俱不小于直角（一卷十七），何也。則甲丙乙不得不等于丙乙戊也。而其餘乙與戊角等矣（一卷卅二）。

第八題

直角三邊形，從直角向對邊作一垂線，分本形為兩直角三邊形，此兩形皆與全形相似，亦自相似。

解曰。甲乙丙直角三邊形。從乙甲丙直角。作甲丁垂線。題言所分甲丁丙、甲丁乙、兩三邊形。皆與全形相似。亦自相似。

論曰。甲乙丙、甲丁丙、兩形。既各以乙甲丙、甲丁丙為直角。而丙角又同。即其餘甲乙丙、丁甲丙、兩角必等。一卷三二則甲乙丙、甲丁丙、兩形。必為等角形。而等角旁之各兩邊。比例必等。等者。謂乙丙與甲丙。若甲丙與丙丁也。甲丙與甲乙。若丙丁與甲丁也。乙丙與甲乙。若甲丙與甲丁也。即甲丁丙角形。與甲乙丙全形相似矣。本篇四依顯甲丁乙角形。與甲乙丙全形。亦相似也。何者。丙甲乙、丁乙兩皆直角。而乙角又同。即其餘甲丙乙、丁甲乙兩角必等。卅一卷二甲乙丙、甲丁乙、兩形。必爲等角形。而等角旁之各兩邊比例必等。故也。依顯甲丁乙、甲丁丙、兩角形亦相似也。何者。兩形各與全形相似。即兩形自相似。

【六卷】

系。從直角作垂線。即此線爲兩分對邊線比例之中率。而直角旁兩邊。各爲對角邊與同方分邊比例之中率。何者。丙丁與丁甲之比例。若丁甲與丁乙也。故丁甲爲丙丁丁乙兩分邊比例之中率也。又乙丙與丙甲之比例。若丙甲與丙丁也。故丙甲爲乙丙丙丁之中率也。

乙丙與乙甲之比例若乙甲與乙丁也故乙甲為乙丙乙丁之中率也

第九題

一直線求截所取之分

法曰甲乙直線求截取三分之一先從甲任作一甲丙線為丙甲乙角次從甲向丙任作所命分之平度如甲丁丁戊戊己為三分也次作己乙直線末作丁庚線與己乙平行即甲庚為甲乙三分之一

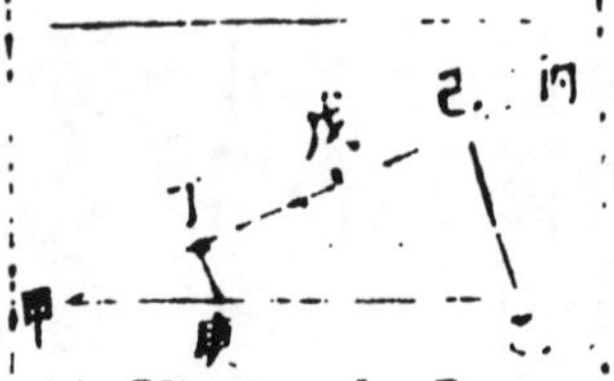

論曰甲乙己角形內之丁庚線既與乙己邊平行即己

丁與丁甲之比例若乙庚與庚甲也（本篇二）合之巳甲與巳丁若乙甲與庚甲也（五卷十八）而甲丁既爲巳甲三分之一卽庚甲亦爲乙甲三分之一也

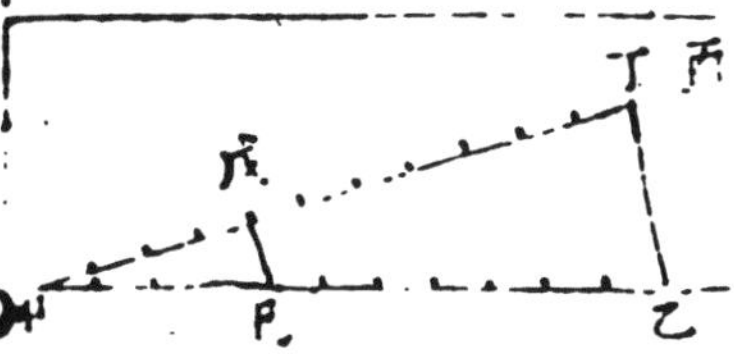

注曰。甲乙線欲截取十一分之四。先作甲丙線爲丙甲乙角。從甲向丙任平分十一分至丁。次作丁乙線。末從甲取四分得戊。作戊巳線與丁乙平行。自甲巳爲十一分甲乙之四。何者。依上論丁甲與戊甲之比例若乙甲與巳甲也。反之。甲戊與甲丁若甲巳與甲乙也（五卷四）甲戊爲十一分甲丁之四。則甲巳亦十一分甲乙之四

矣。依此可推不盡分之數。蓋四不爲十一之盡分故。

第十題 二

一直線。求截各分。如所設之截分。

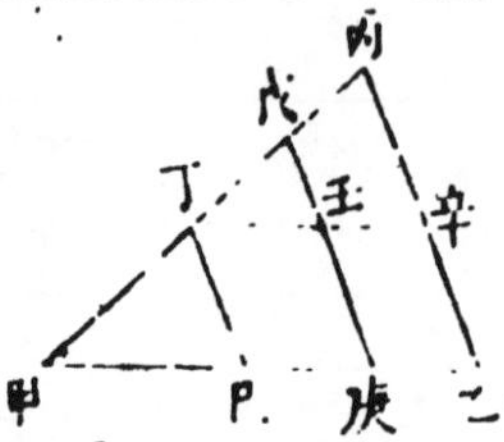

法曰。甲乙線。求截各分。如所設甲丙任分之丁、戊者。謂甲乙所分各分之比例。若甲丁、丁戊、戊丙也。先以甲乙、甲丙兩線相聯于甲。任作丙甲乙角。次作丙乙線相聯。末從丁從戊作丁己、戊庚兩線。皆與丙乙平行。卽分甲乙線于己、于庚。若甲丙之分于丁、于戊。

論曰。甲丁與丁戊之比例。旣若甲己與己庚。本篇二 卽甲已與巳庚。亦若甲丁與丁戊也。更作丁辛線。與甲乙平行。而分戊庚于壬。即丁戊與戊丙。若丁壬與壬辛也。亦若等丁壬之巳庚。卅一、四卷與等壬辛之庚乙也。一本篇則巳庚與庚乙。亦若丁戊與戊丙也。

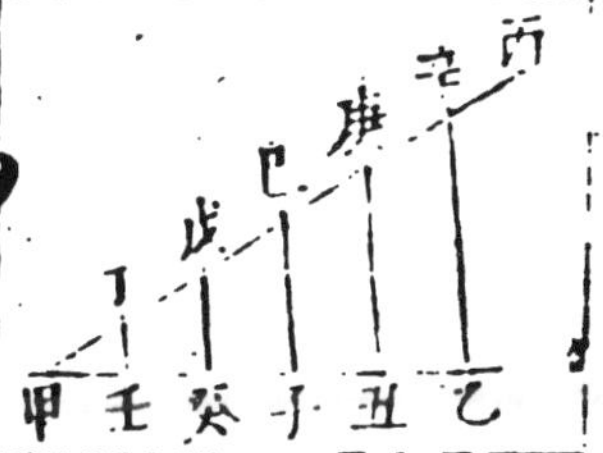

丙 辛 庚 巳 戊 丁

乙 丑 子 癸 壬 甲

從此題。作一用法。平分一直線為若干分。如甲乙線。求五平分。即從甲任作甲丙線。為丙甲乙角。[illegible]從甲向丙任作五平分為甲丁、丁戊、戊巳、巳庚、庚辛。次作辛乙直線相聯。末作丁壬、戊癸、巳子、庚丑、四線。皆與辛乙平行。即壬、癸、子、丑。分甲乙為五平分。其理依前論推顯。

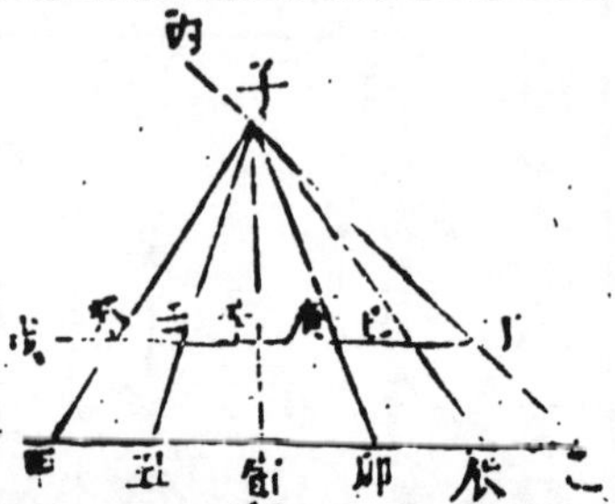

又一簡法。如甲乙線求五平分。即從丙任作丙乙線。爲丙乙甲角。次于乙丙任取一點爲丁。作丁戊線與甲乙平行。次從丁向戊任作五平分。爲丁巳、巳庚、庚辛、辛壬、壬癸。而丁癸線令小于甲乙。次從甲過癸作甲子線。遇乙丙于子。末從子作子壬、子辛、子庚、子巳四線。各引長之。而分甲乙于丑、于寅、于卯、于辰。爲五平分。

論曰。丁戊與甲乙既平行。即子壬癸與子丑甲兩角。子癸壬與子甲丑兩角各等。（一卷廿九）而甲子丑同角。

甲子丑。癸子壬。兩角形相似矣。則子癸與癸壬之比例。若子甲與甲丑也。（本篇卷十四）依顯子壬與壬辛。若子丑與丑寅也。又癸壬與壬辛等。即子壬與壬癸。若子壬與壬辛也。（五卷七）則子丑與丑甲。亦若子丑與丑寅也。而甲丑。丑寅。兩線等矣。（五卷十一）依顯寅卯。卯辰。辰乙。俱與甲丑等。則甲乙線為五平分。

又一簡法。如甲乙線。求五平分。即從甲。從乙。作甲丁。乙丙。兩平行線。次從乙任作戊巳庚辛。四平分。次用元度。從甲。作壬癸子丑。四平分。末作戊丑。巳子。庚癸。

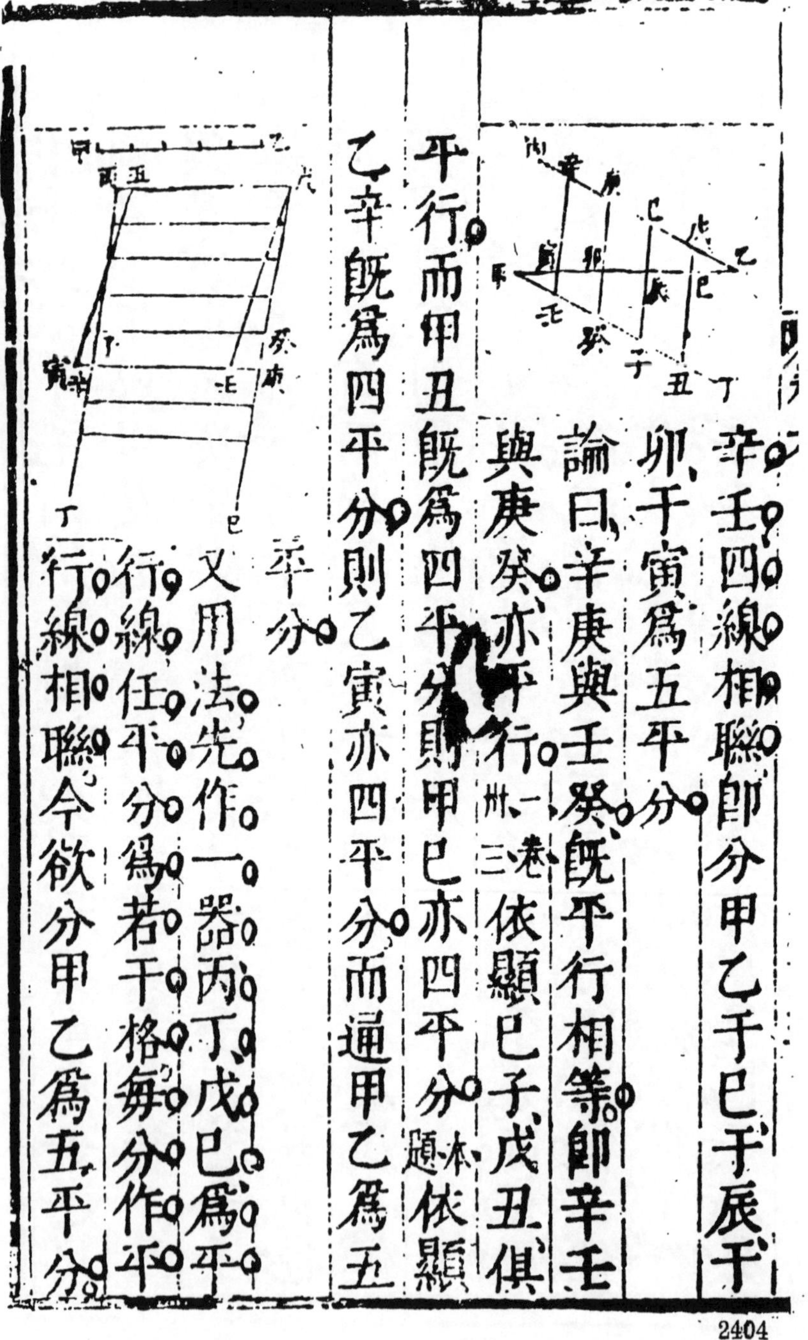

辛。壬。四。線。相。聯。即分甲乙于巳于辰于卯、于寅爲五平分。

論曰、辛庚與壬癸、既平行相等。即辛壬與庚癸。亦平行。卅一卷三依顯巳子、戊丑、俱平行。而甲丑既爲四平分。則甲巳亦四平分。本題依顯乙辛既爲四平分。則乙寅亦四平分。而通甲乙爲五平分。

又用法。先作一。器。丙。丁、戊。巳。爲。平。行。線。任。平。分。爲。若。干。格。每。分。作。平。行。線。相。聯。今欲分甲乙爲五。平分。

即規取甲乙之度以一角抵戊丙線而一角抵庚辛線如不在庚辛者即漸移之令至也既至壬即戊壬之分為甲乙之分

論曰庚癸與子辛既平行相等即癸子庚辛亦平行相等而丙丁戊巳內諸線俱平行相等戊庚為五平分（一卷卅三）即戊壬亦五平分矣（本題）戊壬之度既與甲乙等即自戊至壬諸格分甲乙為五平分也如戊丙線上取丑點而甲乙度抵庚辛之外若丑寅即從庚辛線引長之為庚寅而癸子諸線俱引長之其丑寅仍為五平分如前論若所欲分之線極小則製器宜密

分相稱焉。

增題。有直線。求兩分之。而兩分之比例。若所設兩線之比例。

甲　己　辛　庚　戊　乙　丁　丙

法曰。甲乙線。求兩分之。而兩分之比例。若所設丙與丁。先從甲任作甲戊線。而為甲角。次截取甲巳與丙等。巳庚與丁等。次作庚乙線。聯之。末作巳辛線。與庚乙平行。卽分甲乙于辛。而甲辛與辛乙之比例。若丙與丁。說見本篇二。

又增題。兩直線。各三分之。各互為兩前兩後。率比例等。卽兩中率。與兩前兩後率。各為比例。亦等。

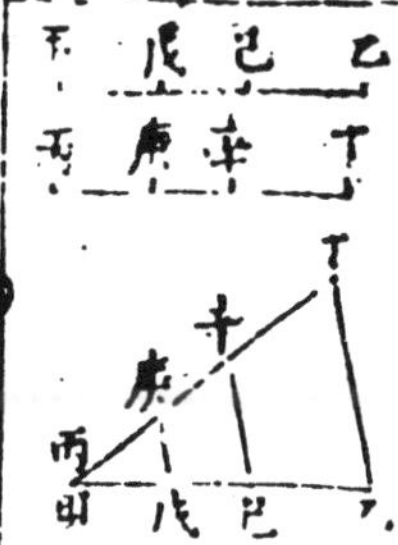

解曰甲乙、丙丁、兩線各三分之。于戊、于巳、于庚、于辛。各互爲兩前兩後率比例等者。甲、戊與戊、乙。若丙、庚與庚、丁。甲、巳與巳、乙。若丙、辛與辛、丁也。題言中率戊、巳、庚、辛各與其前、後率爲比例亦等者。甲、戊與戊、巳。若丙、庚與庚、辛。巳、乙與戊、巳。若辛、丁與庚、辛也。

論曰。甲、戊與戊、乙之比例既若丙、庚與庚、丁。卽合之甲、乙與戊、乙。若丙、丁與庚、丁也。而甲、巳與巳、乙。既若丙、辛與辛、丁。卽合之甲、乙與巳、乙。若丙、丁與辛、丁也。又反之巳、乙與甲、乙。若辛、丁與丙、丁也。夫巳、乙與甲

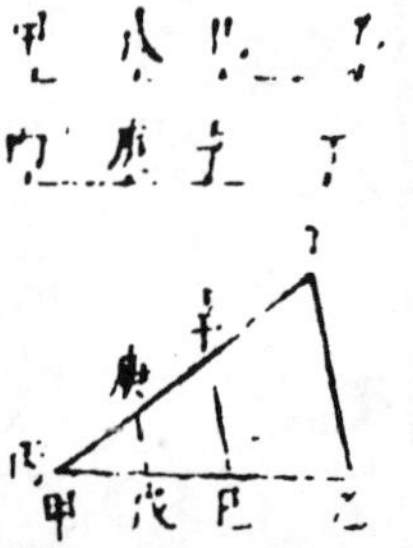

乙。既若辛丁與丙丁。而甲乙與戊乙。又若丙丁與庚丁。即平之。巳乙與戊乙。亦若辛丁與庚丁也。（五卷此二）又轉之。戊乙與戊巳。若庚丁與庚辛也。又分之。巳乙與戊巳。若辛丁與庚辛也。此後解也。又甲戊與戊乙。既若丙庚與庚丁。而戊乙與戊巳。又若庚丁與庚辛。即平之。甲戊與戊巳。若丙庚與庚辛也。此前解也。

又簡論曰。如後圖。聯甲于丙。作乙甲、甲丁、角。次作丁乙、辛、巳、庚、戊、三線、相聯。其甲戊與戊乙之比例。既若丙庚與庚丁。即庚戊與丁乙平行。（二本篇）甲巳與巳乙。既若丙辛與辛丁。即辛巳與巳丁乙平行。本篇二。而庚戊與辛巳亦平行。三卷一十。是甲戊與戊巳。若丙庚與庚辛也。巳乙與戊巳。亦若辛丁與庚辛也。本篇二。

第十一題 三

兩直線。求別作一線。相與爲連比例。

法曰。甲乙、甲丙。兩線。求別作一線相與爲連比例者。合兩線。任作甲角。而甲乙、與甲丙之比例。若甲丙與他線也。先于甲乙引長之。爲乙丁。與甲丙等。次作丙乙線相聯。次從丁作丁戊線。與丙乙平行。末于甲丙引長之。遇于戊。即丙戊爲所求線。如以甲丙爲前

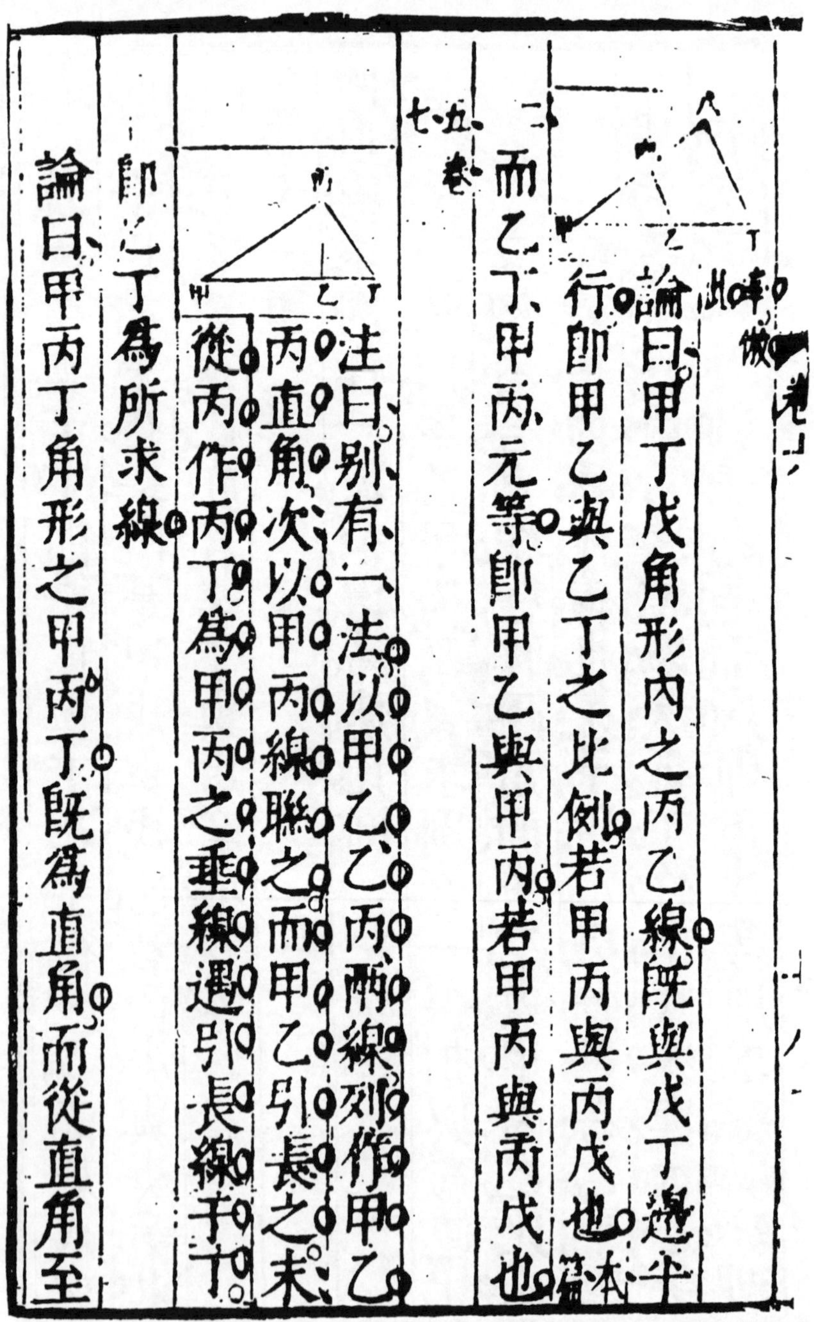

增題

論曰。甲丁戊角形內之丙乙線。既與戊丁邊平行。即甲乙與乙丁之比例。若甲丙與丙戊也。本篇二。而乙丁、甲丙元等。即甲乙與甲丙。若甲丙與丙戊也。五卷七

注曰。別有一法。以甲乙、乙丙兩線。列作甲乙丙直角。次以甲丙線。聯之。而甲乙引長之末。從丙作丙丁。為甲丙之垂線。遇引長線于丁。即乙丁為所求線。

論曰。甲丙丁角形之甲丙丁。既為直角。而從直角至

甲丁庚有丙乙垂線即丙乙爲甲乙乙丁比例之中率（本篇八之系）則甲乙與乙丙若乙丙與乙丁也既從一二得三即從二三求四以上至于無窮俱倣此

第十二題 四

三直線求別作一線相與爲斷比例

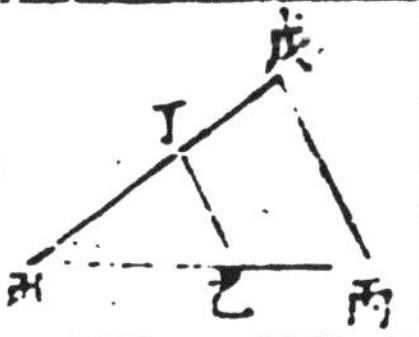

法曰甲乙乙丙丙甲三直線求別作一線相與爲斷比例者謂甲丁與他線之比例若甲乙與乙丙也先以甲乙乙丙作甲丙直線爲甲丙次以甲丁線合甲丙任作甲角次作丁乙線相聯次從丙作丙戊線與丁乙平行末自甲丁引長之遇丙戊于戊即丁

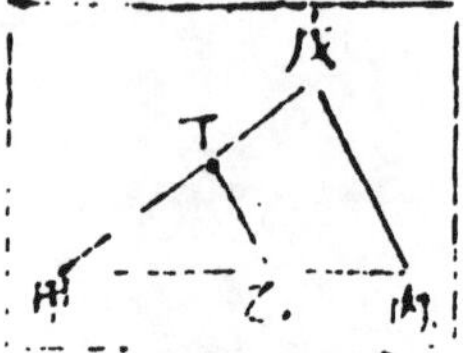

戊爲所求線。

論曰。甲丙戊角形內之丁乙線。既與丙戊邊平行。卽甲丁與丁戊之比例。若甲乙與乙丙。（本篇二）

第十三題　五

兩直線。求別作一線。爲連比例之中率。

法曰。甲乙、乙丙、兩直線。求別作一線爲中率者。謂甲乙與他線之比例。若他線與乙丙也。先以兩線作一直線。爲甲丙。次以甲丙兩平分于戊。次以戊爲心。甲丙爲界。作甲丁丙半圜。末從乙至圜界。作乙丁垂線。卽乙丁爲甲乙、乙丙之中率。

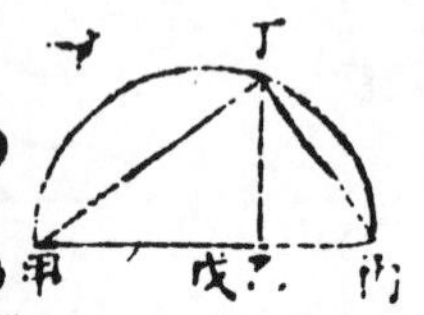

論曰試從丁作丁甲丁丙兩線即甲丁丙為直角（三卷卅一）丙直角所下乙丁垂線兩分對邊線甲丙其甲乙與乙丁若乙丁與乙丙也（本篇八之系）則乙丁為甲乙乙丙之中率

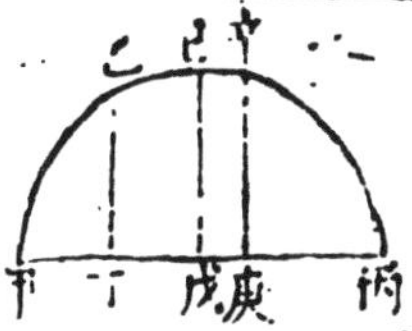

注曰依此題可推凡半圜內之垂線皆為兩分徑線之中率線如甲乙丙半圜其乙丁為甲丁丁丙之中率巳戊為甲戊戊丙之中率辛庚為甲庚庚丙之中率也何者半圜之內從垂線作角皆為直角（三卷卅一）故依前論推顯各為中率也

增題一直線有他直線大于元線二倍以上求分他

線。為兩分。而以元線為中率。

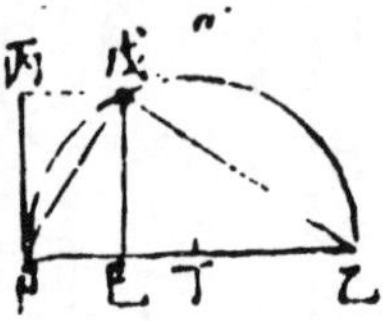

法曰。甲乙線大于甲丙二倍以上。求兩分甲丙乙而以甲丙為中率。先以甲乙。甲丙。聯為丙甲乙直角而兩平分甲乙于丁。次以丁為心。甲乙為界。作甲戊乙半圜。次從丙作丙戊線與甲乙平行。而遇半圜界于戊。末從戊作戊巳垂線。而分甲乙于巳。即戊巳為甲巳。巳乙兩分之中率。

論曰。試作戊甲。戊乙。兩線。依本題論。即戊巳為甲巳。巳乙之中率。而甲丙戊巳為平行方形。即丙甲與戊巳等。一卷卅四則丙甲亦甲巳。巳乙之中率也。

第十四題　二支

兩平行方形等。一角又等。則等角旁之兩邊為互相視之邊。兩平行方形之一角等。而等角旁兩邊為互相視之邊。則兩形等。

先解曰。甲乙丙辛。乙戊巳庚。兩平行方形等。甲乙丙、戊乙庚兩角又等。題言此兩角各兩旁之兩邊為互相視之邊者。甲乙與乙庚之比。例若戊乙與乙丙也。

論曰。試以兩等角相聯于乙。令甲乙、乙庚為一直線。其甲乙丙與戊乙庚既等角。則戊乙、乙丙亦一直線。一卷十五增。次從辛、丙、巳、庚各引長之。遇于丁。其辛乙、乙巳、兩平行方形既等。即辛乙與乙丁兩形之比例。若乙巳與乙丁也。五卷七。而辛乙。與乙丁。俱在兩平行線之內。等高。即辛乙與乙丁。兩形之比例。若其底甲乙與乙庚也。本篇一。依顯乙巳與乙丁。兩形亦若其底戊乙與乙丙也。則甲乙與乙庚。亦若戊乙與乙丙也。

後解曰。甲乙丙、戊乙庚等角。兩旁之各兩邊。為互相視之邊者。甲乙與乙庚。若戊乙與乙丙也。題言辛乙、乙巳兩平行方形等。

論曰。依上論。以兩等角相聯。其甲乙與乙庚之比例。既若戊乙與乙丙。而丙乙與乙庚兩底之比例。若平行等。而之辛乙與乙丁兩形。六卷戊乙與乙丙兩底之比例。若下行等。而之乙巳與乙丁兩形。則辛乙與乙丁。若乙巳與乙丁矣。而辛乙乙巳兩形。安得不等。九卷

第十五題二支

相等兩三角形之一角與一角等。則等角旁之各兩邊互相視。兩三角形之一角等。而等角旁之各兩邊互相視。則兩三角形等。

先解曰。甲乙丙乙丁戊兩角形等。兩乙角又等。題言等

角旁之各兩邊互相視者。謂甲乙、與乙戊之比例。若丁乙、與乙丙也。

論曰。試以兩等角、相聯于乙。令甲乙、乙戊、為一直線。其甲乙丙、丁乙戊、既等角。即丁乙乙乙丙、亦一直線。也、（一卷十增題）次作丙戊線相聯。其甲乙丙、乙丁戊、兩角形既等。即甲乙丙與乙丙戊之比例。若乙丁戊[illegible]乙丙戊也。（六卷一）夫甲乙丙、與乙丙戊兩等高形之比例。若其底甲乙與乙戊也。而乙丁戊與乙丙戊兩等高形。亦若其底丁乙與乙丙也。則甲乙與乙戊、若丁乙與乙丙。

後解曰。兩乙角等。而乙旁各兩邊甲乙與乙戊之比例若丁乙與乙丙。題言甲乙丙、乙丁戊、兩角形等。

論曰、依前列兩形、令等角旁兩邊各爲一直線、其甲乙與乙戊之比例、既若丁乙與乙丙、而甲乙與乙戊兩底、又若其上甲乙丙、乙丙戊、兩等高角形、丁乙與乙丙兩底、又若其上乙丁戊、乙丙戊、兩等高角形、則甲乙丙與乙丙戊之比例、若乙丁戊與乙丙戊矣、而甲乙丙與乙丁戊、豈不相等。九五卷

第十六題 二支

四直線爲斷比例、即首尾兩線、矩內直角形、與中兩線矩內直角形等、首尾兩線與中兩線兩矩內直角形等、即

四線爲斷比例。

先解曰。甲乙、巳庚、戊巳、乙丙、四直線爲斷比例者。謂甲乙與巳庚、若戊巳與乙丙也。而甲乙丙丁。爲甲乙乙丙首尾兩線矩內直角形。戊巳庚辛。爲戊巳巳庚中兩線矩內直角形。題言甲丙、戊庚、兩形等。

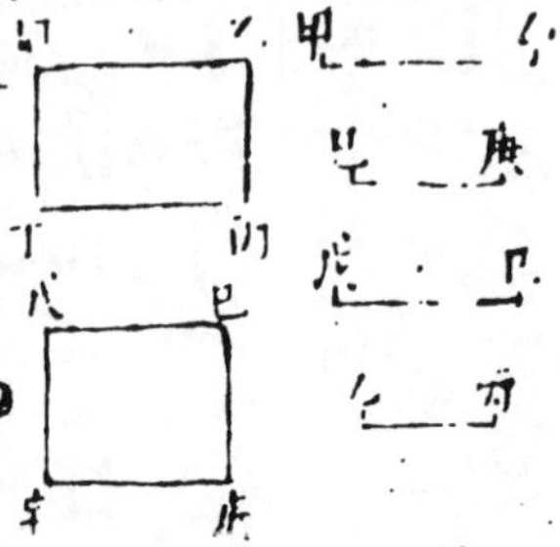

論曰。兩形之乙與巳既等爲直角。而甲乙與巳庚之比例。若戊巳與乙丙。是乙巳等角旁之各兩邊互相視。而甲丙戊庚。兩直角形必等。本篇十四

後解曰。甲丙戊庚。兩直角形等。題言四線之比例等者。

謂甲乙與巳庚。若戊巳與乙丙也。

論曰。甲丙、戊庚兩形之乙與巳。既等為直角。即等角旁之各兩邊互相視。而甲乙與巳庚之比例。若戊巳與乙丙也。六卷十四。則四線為斷比例矣。

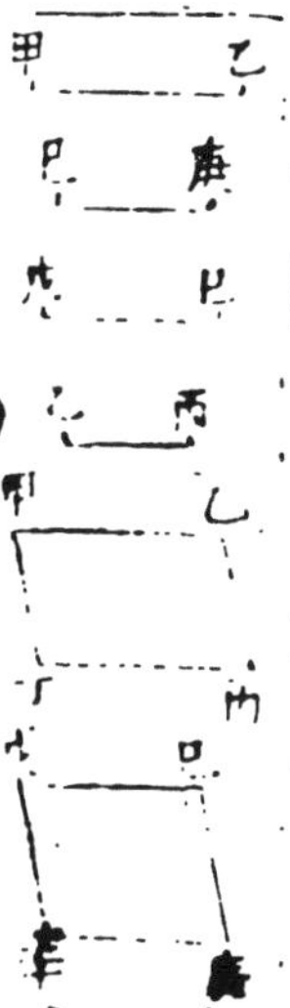

注曰。若平行斜方形。而等角。亦同此論。如上圖。

以上三題。即算家句股法。三數算法所賴也。

第十七題　二支

三直線為連比例。則首尾線矩內直角形。與中線上直角方形等。首尾線矩內直角形。與中線上直角方形等。

即三線為連比例

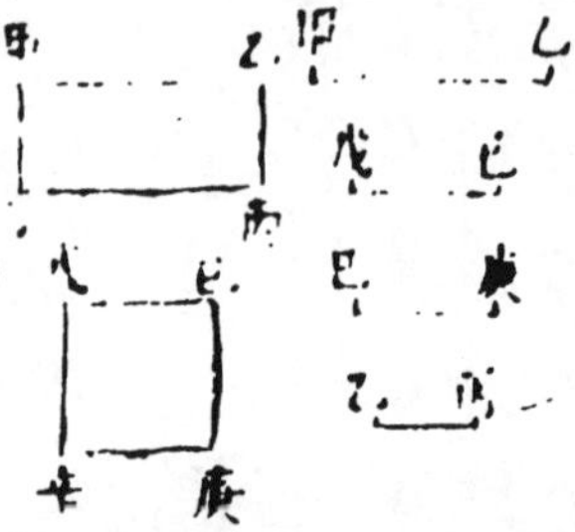

先解曰、甲乙、戊巳、乙丙、三線為連比例者。甲、乙與戊巳、若戊巳與乙丙也。而甲乙丙丁、為甲乙乙丙首尾線矩內直角形。戊巳庚辛、為戊巳上直角方形。題言甲丙、戊庚兩形等。

論曰、試作巳庚線。與戊巳等。即甲乙乙丙巳庚戊巳為比例等。等者、謂甲乙與戊巳、若巳庚與乙丙也。則戊巳巳戊矩內直角形。（即戊巳例此所加形）與甲乙乙丙首尾線矩內之甲丙形等矣。（本篇十六）

後解曰。甲丙直角形。與戊庚直角方形等。題言甲乙與戊巳之比例。若戊巳與乙丙。

論曰。甲丙戊庚既皆直角形。即甲乙與戊巳之比例。若巳庚與乙丙也。（本篇十六）而巳庚與乙丙。亦若等巳庚之戊巳與乙丙。（五卷七）則甲乙與戊巳。若戊巳與乙丙矣。

注曰。若平行斜方形而等角。亦同此論。如上圖。

系。凡直線上直角方形。與他兩線所作矩內直角形等。即此線為他兩線之中率。何者。依上後論甲乙乙丙矩內直角形。與戊巳上直角方形等。即可推甲乙與戊巳。

若戊巳與乙丙而戊巳為甲乙乙丙之中率故

第十八題

直線上求作直線形與所設直線形相似而體勢等

法曰如甲乙線上求作直線形與所設丙丁戊巳庚形相似而體勢等先于設形任從一角向各對角各作直線而分本形為若干角形如上設形則從巳向丙向丁作兩直線而分為丙丁巳丁巳戊丙巳庚三三角形也次于元線上作乙甲壬甲乙壬兩角與丁丙巳丙丁巳兩角各等其甲壬乙壬兩線遇于壬即甲壬乙與丙巳丁

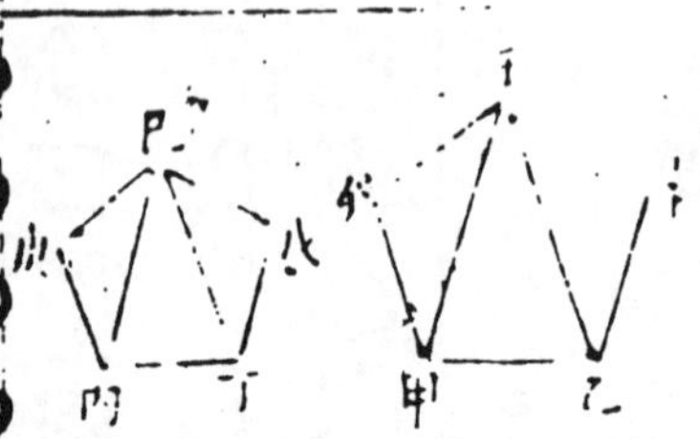

兩角亦等而甲壬乙與丙巳丁兩形爲等角形矣。
次作乙壬辛、壬乙辛兩角與丁巳戊、巳丁戊兩角各等。
其壬辛、乙辛兩線遇于辛、卽乙辛壬與丁戊巳兩角亦
等。而乙壬辛與丁巳戊兩形爲等角形矣。不依上作甲
壬癸與丙巳庚亦爲等角形。卽甲乙辛壬癸與丙丁戊
巳庚兩形等角。則相似而體勢等。凡設多角形俱倣此
論曰。壬甲乙角與巳丙丁角既等。而壬甲癸角與巳丙
庚角又等。卽乙甲癸全角與丁丙庚全角等。依顯甲乙
辛與丙丁戊兩全角亦等。而其餘各全角俱等。則甲乙
辛壬癸與丙丁戊巳庚爲等角形矣。又甲乙與乙壬之

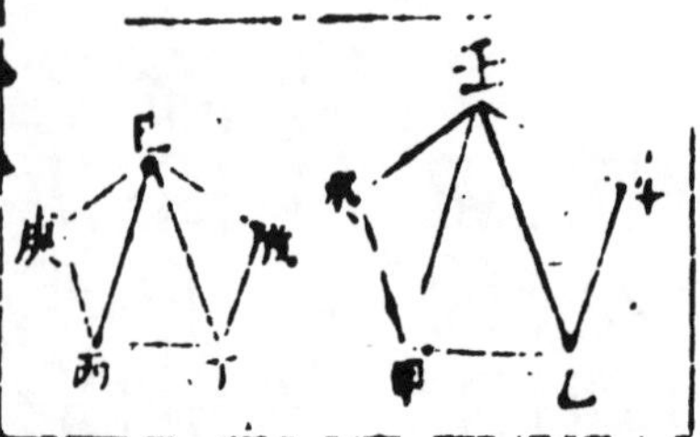

比例。既若丙丁與丁巳。而乙壬與乙辛。亦若丁巳與丁戊。（本篇四）平之。即甲乙與乙辛。亦若丙丁與丁戊也。（五卷廿二）則甲乙辛。丙丁戊兩等角旁各兩邊之比例等也。而辛戊兩等角旁各兩邊之比例亦等也。（兩形等角即等角旁各兩邊之比例等見本篇四）又辛壬與壬乙之比例。既若戊巳與巳丁。而壬乙與壬甲。亦若巳丁與巳丙。壬甲與壬癸。亦若巳丙與巳庚。平之。即辛壬與壬癸。亦若戊巳與巳庚也。（五卷廿二）則辛壬癸。戊巳庚兩等角旁各兩邊之比例等也。依顯餘角俱如是。則兩形為等角形。而各等角旁各兩邊之比例

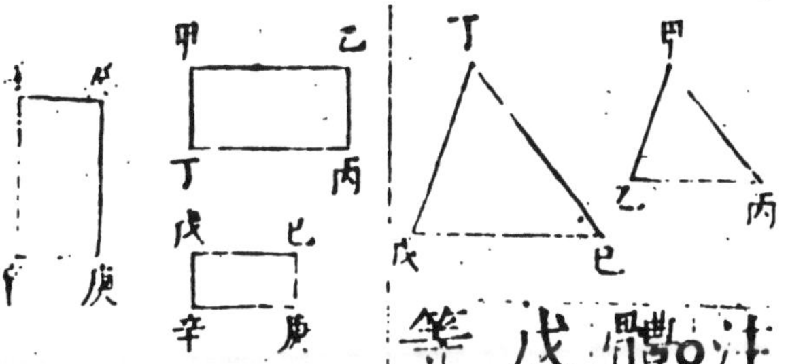

俱等。是兩形相似而體勢等。

注曰。凡線上形。相當之各角。等。即形相似而體。勢。等。如上甲乙丙、丁戊己兩角形。其乙丙、戊己線上之乙角、丙角。與戊角、己角。相當相等者是也。若兩形在乙丙、丁戊兩線上。則雖相似而體勢不等。又如上甲丙、戊庚兩直角形。其甲丁與丁丙之比例。若戊辛與辛庚。而餘邊之比例俱等。亦形相似而體勢等。若甲丙、壬庚兩直角形。雖角旁比例等。[illegible]。[illegible]。丁。丙。庚。辛。線。上。不。相。當。則。體。勢。不。等。

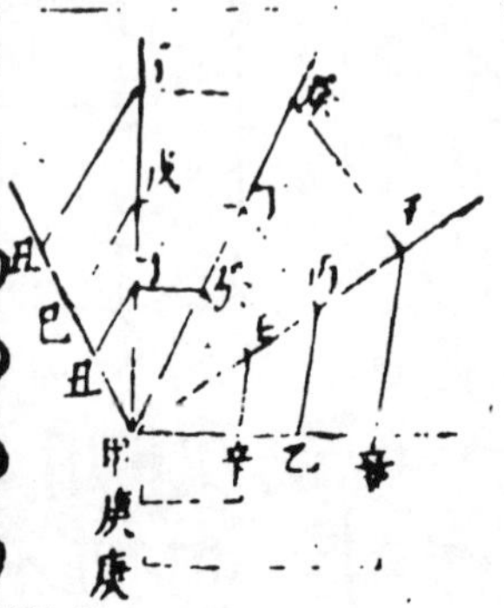

增。作本題。別有一簡法。如設甲乙丙丁戊巳直線形。求于庚線上作直線形。與相似而體勢等。先于甲角旁之甲乙、甲巳兩線。任引出之爲甲辛甲丑。次從甲向各角。各任作直線。爲甲壬甲癸甲子。次于甲乙線上。截取甲辛與庚線等。末從辛作辛壬線與乙丙平行。作壬癸與丙丁。癸子與丁戊。子丑與戊巳各平行。即所求。

論曰。兩形之甲角既同。甲乙丙、甲巳戊兩角與甲辛壬、甲丑子、兩角各等。而甲丙乙、甲丙丁、兩角與

甲壬辛、甲壬癸、兩角各等。即乙丙丁、與辛壬癸、兩全

角亦等。依顯丙丁戊、丁戊巳。與壬癸子、癸子丑、各全

角各等。則甲乙丙丁戊巳。與甲辛壬癸子丑。兩直線

形、為等角形矣。又甲辛壬、甲壬癸、甲癸子、甲子丑、四

三角形。與甲乙丙、甲丙丁、甲丁戊、甲戊巳、四三角形。

各相似。本篇四六系即甲乙與乙丙之比例。若甲辛與辛

壬也。而乙丙與丙甲。若辛壬與壬甲也。丙甲與丙丁。

若壬甲與壬癸也。平之。則乙丙與丙丁。亦若辛壬與

壬癸也。依顯餘邊俱如是。則兩形相似。而體勢等也。

第十九題

相似三角形之比例。爲其相似邊再加之比例。

解曰。如甲乙丙、丁戊己兩角形等角。其乙與戊、丙與己相當之角各等。而甲乙與乙丙之比例。若丁戊與戊己。題言兩形之比例。爲乙丙與戊己兩邊再加之比例。

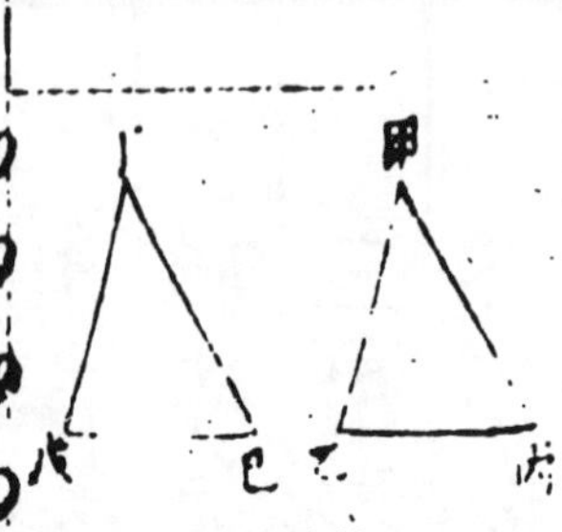

先論曰。若兩角形等。卽乙丙與戊己兩邊亦等。而各兩等邊爲相同之比例。卽兩形亦相同之比例。就令作再加之比例。亦未免爲相同之比例。則相等之兩形。卽可爲兩等邊再加之比例矣。

後論曰。若乙丙邊大于戊己邊。卽于乙丙線上截取乙

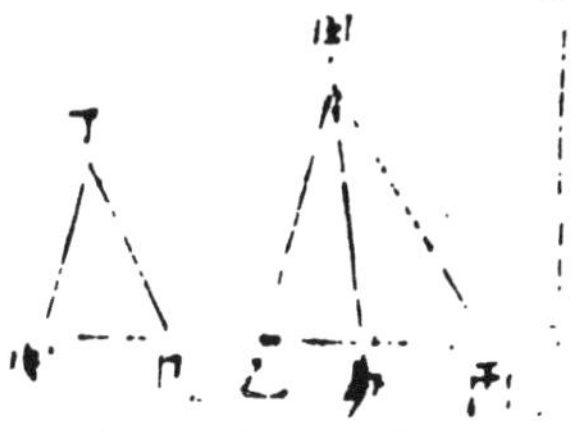

庚。爲。連。比。例。之。第。二。率。令乙丙與戊巳之比

例。若戊巳與乙庚也。十八、篇次作甲庚直綫。其

甲乙與乙丙之比例。若丁戊與戊巳。更之。卽

甲乙與丁戊。若乙丙與戊巳也。而乙丙與戊

巳。若戊巳與乙庚。則甲乙與丁戊。若戊巳與乙庚也。夫

甲乙庚與丁戊巳兩角形。有乙戊兩等角。而各兩旁之

兩邊又互相視。本篇十五卽兩形等。則甲乙丙形與丁戊巳

形之比例。若甲乙丙形與甲乙庚形矣。九、卷、又甲乙丙

與甲乙庚兩等高角形之比例。若乙丙底與乙庚底。本篇

則甲乙丙形與丁戊巳形之比例。亦若乙丙底與乙

庚底也既乙丙戊巳乙庚三線爲連比例則一乙丙與三乙庚之比例爲一乙丙與二戊巳再加之比例矣是甲乙丙與丁戊巳兩形之比例爲乙丙與戊巳再加之比例也

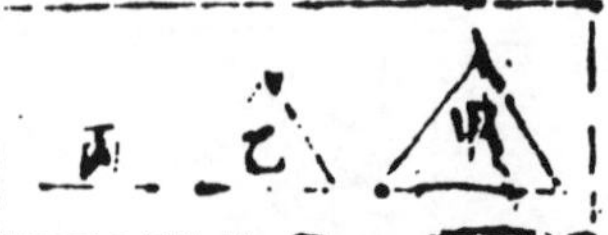

系依本題可顯凡三直線爲連比例卽第一線上角形與第二線上角形之比例若第一線與第三線之比例如上甲乙丙三直線爲連比例其甲與乙上各有角形相似而體勢等則一甲線與三丙線之比例若甲形與乙形也何者甲線與丙線之比例爲甲線與乙線再加之比例而甲形與乙形之比例亦

甲線與乙線再加之比例則甲形與乙形之比例若甲線與丙線矣依顯二乙上角形與三丙上角形相似而體勢等則二乙形與三丙形之比例若一甲線與三丙線

第二十題 三支

以三角形分相似之多邊直線形則分數必等而相當之各三角形各相似其各相當兩三角形之比例若兩元形之比例其元形之比例爲兩相似邊再加之比例

先解曰此甲乙丙丁戊彼巳庚辛壬癸兩多邊直線形

[illegible]戊庚巳癸兩角等餘相當之各角俱等而各等

角旁各兩邊之比例各等。題先言各以角形分之。其角形之分數必等。而相當之各角形各相似。

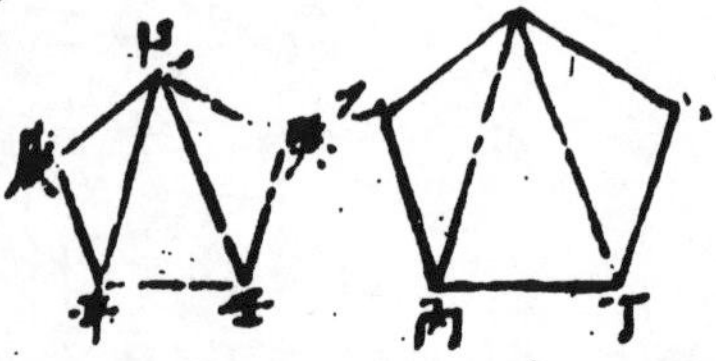

論曰。試從乙甲戊庚巳癸兩角向各對角俱作直線。爲甲丙、甲丁、巳辛、巳壬。其元形既相似。即角數等。而所分角形之數亦等。又乙角既與庚角等。而角旁各兩邊之比例亦等。即甲乙丙與巳庚辛兩角形必相似。（六卷六）乙甲丙與庚巳辛兩角。甲丙乙與巳辛庚兩角。各等。而各等角旁各兩邊之比例各等。（本篇四）依顯甲戊丁、巳癸壬、兩角形亦相似。又甲丙與丙乙之比例。既若巳辛與辛庚。而丙乙與丙丁。若辛庚與辛壬。(兩元形相似故)平之。卽甲丙與丙丁。若巳辛與辛壬也。(六卷之二)又乙丙丁角。既與庚辛壬角等。而各減一相等之甲丙乙角。巳辛庚角。卽所存甲丙丁角與巳辛壬角。必等。則甲丙丁與巳辛壬兩角形。亦等角形。亦相似矣。(本篇十六)

次解曰。題又言各相當角形之比例。若兩元形之比例

論曰。甲乙丙巳庚辛兩角形。既相似。卽兩形之比例。爲甲丙巳辛兩相似。遞再加之比例。(本篇十六)依顯甲丙丁。巳辛壬之比例。亦爲甲丙巳辛再加之比例。則甲乙丙與巳庚辛兩角形之比例。若甲丙丁與巳辛壬兩角形之

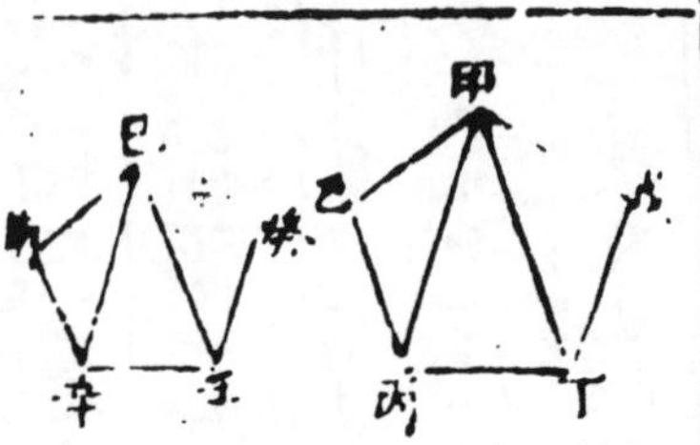

比例。依顯甲丁戊與己壬癸之比例。亦若甲丙丁與己辛壬之比例。則此形中諸角形之比例。若彼形中諸角形之比例。此諸形為前率。彼諸形為後率。而一前與一後之比例。又若并前與并後之比例。即此一角形與相當彼一角形之比例。若此元形與彼元形之比例矣。

後解曰。題又言兩多邊元形之比例。為兩相似邊再加之比例。

論曰。甲乙丙與己庚辛兩角形之比例。既若甲乙丙丁戊與己庚辛壬癸兩多邊形之比例。而甲乙丙與己庚

辛、兩形之比例。為甲乙巳庚兩相似邊再加之比例。本篇

十六、則兩元形亦為甲乙巳庚再加之比例。

十九、增題。此直線倍大于彼直線。則此線上方形。與彼線上方形。為四倍大之比例。若此方形與彼方形。為四倍大之比例。則此方形邊。與彼方形邊。為二倍大之比例。

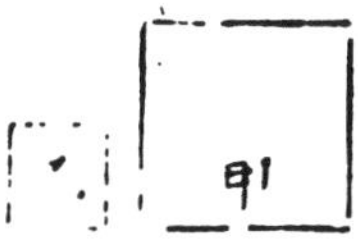

先解曰。甲線倍乙線。題言甲上方形。與乙上方形。為四倍大之比例。

論曰。凡直角方形。俱相似。（本卷界說）依本題論。則甲方形與乙方形之比例。為甲線與乙線再加之

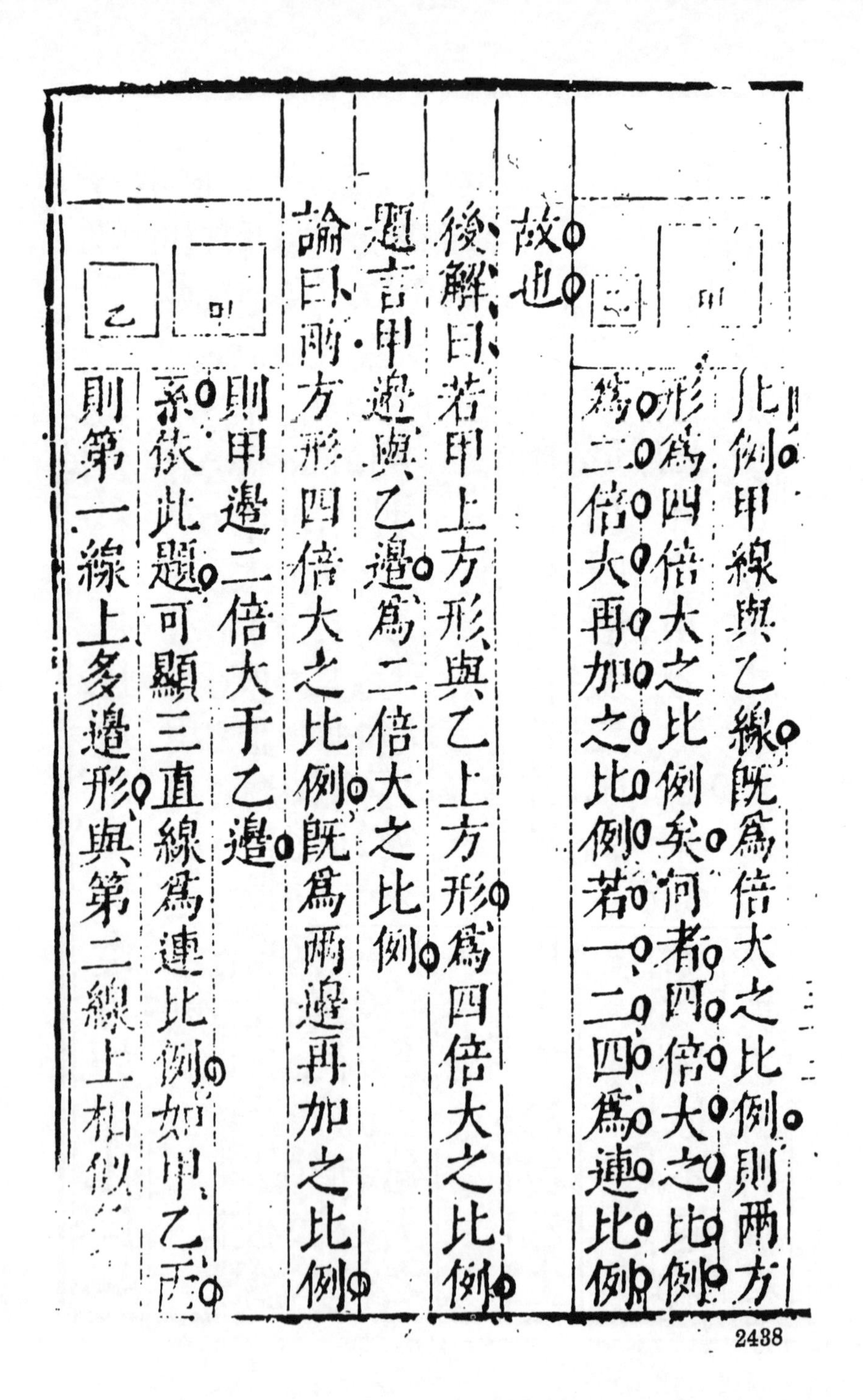

比例甲線與乙線。既爲倍大之比例。則兩方

形爲四倍大之比例矣。何者。四倍大之比例。

爲二倍大再加之比例。若一二四爲連比例。

故也。

後解曰。若甲上方形與乙上方形。爲四倍大之比例。

題言甲邊與乙邊。爲二倍大之比例。

論曰。兩方形四倍大之比例。既爲兩邊再加之比例。

則甲邊二倍大于乙邊。

系。依此題。可顯三直線爲連比例。如甲乙丙。

則第一線上多邊形。與第二線上相似

丙形之比例。若第一線與第三線之比例。

此系與本篇第十九題之系同論。

第二十一題

兩直線形。各與他直線形相似。則自相似。

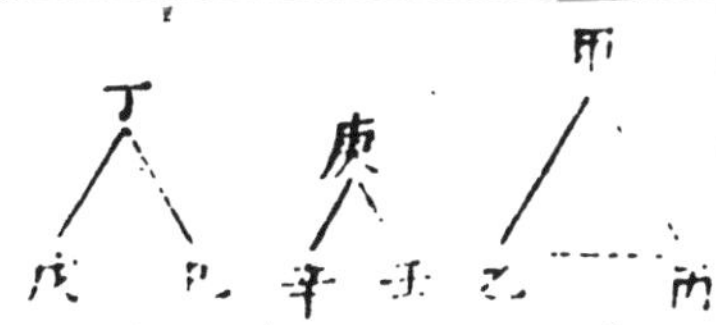

解曰。甲乙丙、丁戊巳兩直線形。各與庚辛壬形相似。題言兩形亦自相似。

論曰。甲乙丙形之各角。既與庚辛壬形之各角等。而丁戊己形之各角。亦與庚辛壬形之各角等。即兩形之各角自相等。論兩形之各角既等。則甲乙丙形與庚辛壬形。各等角旁各邊之比例等。

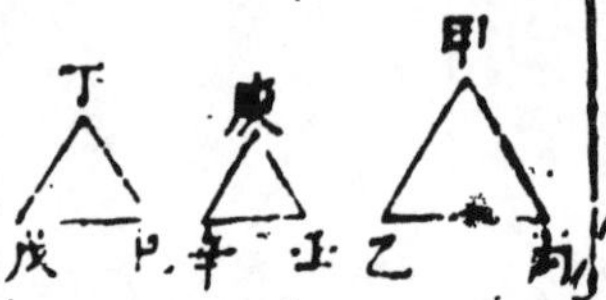

小而丁戊巳形與庚壬辛形各等角旁各邊之比例亦等也是甲乙丙形與丁戊巳形各等角旁各邊之比例亦等也各角既等各邊之比例又等即兩形定相似矣本卷界說一

第二十二題 二支

四直線為斷比例則兩比例線上各任作自相似之直線形亦為斷比例兩比例線上各任作自相似之直線形為斷比例則四直線為斷比例

先解曰甲乙丙丁戊巳庚辛四直線為斷比例者甲乙與丙丁若戊巳與庚辛也今于甲乙丙丁上各任作直

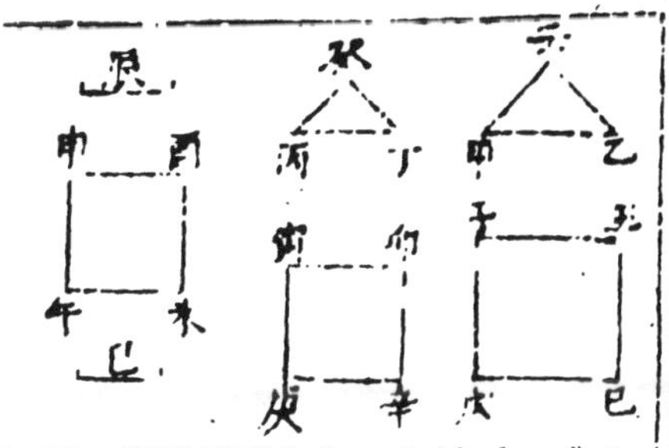

線形自相似。如甲乙壬丙丁癸、于戊巳庚辛上各任作直線形。自相似。如戊巳丑子庚辛卯寅。題言四形亦爲斷比例者。謂甲乙壬與丙丁癸。若戊丑與庚卯也。

論曰。試以甲乙丙丁兩線。求其連比例之末率線爲辰。本篇十一次以戊巳庚辛兩線求其連比例之末率線爲巳。平之。即甲乙與辰之比例若戊巳與巳也。五卷廿二夫甲乙壬與丙丁癸兩相似形之比例。若甲乙線與辰線。本篇十九及廿之系而戊丑與庚卯兩相似形之比例。若戊巳線與巳線。則甲乙壬與丙丁癸之比例亦若戊丑與庚卯矣。

後解曰。如前四形爲斷比例。題言甲乙、丙丁、戊巳、庚辛四線亦爲斷比例。

論曰。試以甲乙、丙丁、戊巳三線求其斷比例之末率線。爲午未。本篇十二次于午未上作直線形與戊丑相似而體勢等。爲午未酉申。本篇十八午酉與戊丑相似。即與庚卯亦相似。而甲乙與丙丁之比例既若戊巳與午未。依上論。即甲乙壬與丙丁癸兩形之比例若戊丑與午酉矣。夫甲乙壬與丙丁癸之比例元若戊丑與庚卯。則戊丑與午酉亦若戊丑與庚卯也。（五卷十五）而午酉與庚卯等也。（五卷十一）午酉與庚卯既等。又相似而體勢等。即兩形必在等線之上。而庚辛與午未必等。（見補論）今則戊巳與午未之比例。若戊巳與庚辛也。而戊巳與午未。元若甲乙與丙丁。則甲乙與丙丁。亦若戊巳與庚辛也。

補論曰。庚卯、午酉兩直線形。相等、相似而體勢等。即在等線之上者。何也。葢庚辛與午未。若云不等者。或言庚辛大于午未也。則辛卯宜亦大于未酉矣。（五卷十四）而庚卯形宜亦大于午酉形矣。何先設兩形等也。言小倣此。（補論）

舊本此未發。而論中無他論可證。故別作一論以足未備。

又補論曰。甲乙丙、丁戊己兩直線形。相等相似而並勢等。即相似邊如甲乙與丁戊必等者。何也。葢云不等者。或言甲乙大于丁戊也。即令以甲乙、丁、戊兩線。求其連比例之末率線。為庚。(第十一)則其甲乙與丁戊。既若丁戊與庚。而甲乙大于丁戊。即丁戊宜大于庚。即甲乙宜更大于庚矣。然甲乙與庚之比例。若甲乙丙形與丁戊己形。(本篇十九及廿之系)甲乙既大于庚。則甲乙丙宜大于丁戊己。何先設兩形等也。是甲乙不能大于丁戊矣。言小。倣此。

增論曰。本題別有簡論。今先顯四線之比例等。而甲乙

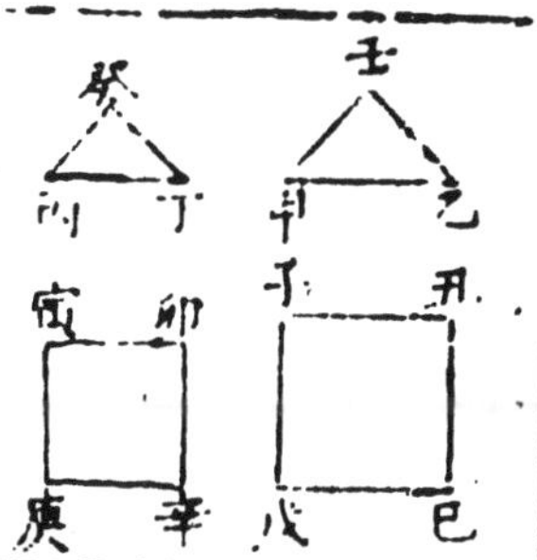

壬與丙丁癸兩形之比例。若戊丑與庚卯兩形者。益甲乙與丙丁之比例。若戊巳與庚辛。而甲乙壬與丙丁癸之比例。爲甲乙與丙丁再加之比例。本篇十九戊丑與庚卯之比例。亦爲戊巳與庚辛再加之比例。是甲乙壬與丙丁癸。若戊丑與庚卯也。

次增論曰。今顯四形之比例等。而甲乙與丙丁兩線之比例。若戊巳與庚辛兩線。若益甲乙壬與丙丁癸之比例。若戊丑與庚卯。而甲乙壬與丙丁癸之比例。爲甲乙與丙丁再加之比例。若戊丑與庚卯爲戊巳與庚辛丑加之比例。本篇十九則甲乙與丙丁之比例。若戊己與庚辛矣。

第十二題

等角兩平行方形之比例。以兩形之各兩邊兩比例相結。

解曰。甲丙、丙己兩平行方形之乙丙丁、戊丙庚兩角等。題言兩形之比例以各等角旁各兩邊之比例相結者。謂兩比例之前率在此形。兩比例之後率在彼形。如甲丙與丙己之比例。以乙丙與丙庚、偕丁丙與丙戊相結也。或以乙丙與丙戊、偕丁丙與丙庚相結也。

論小試以兩等兩排聯于內亦乙丙丙庚作一直線其

乙丙丁角既與戊丙庚角等即戊丙丙丁亦一直線一

次于甲丁巳庚各引長之遇于辛次任作一壬線

次以乙丙丙庚壬三線求其斷比例之末線為癸本篇

末以丁丙丙戊癸三線求其斷比例之末率線為己本篇

其乙丙與丙庚兩底之比例既若甲丙與丙辛兩形本篇

一 而乙丙與丙庚亦若壬與癸則甲丙與丙辛亦若壬

與癸也依顯丙辛與丙巳亦若癸與己也平之即

甲丙與丙巳若壬與子也 夫壬與子之比例元以

壬與癸癸與子兩比例相結 而壬與癸癸與子

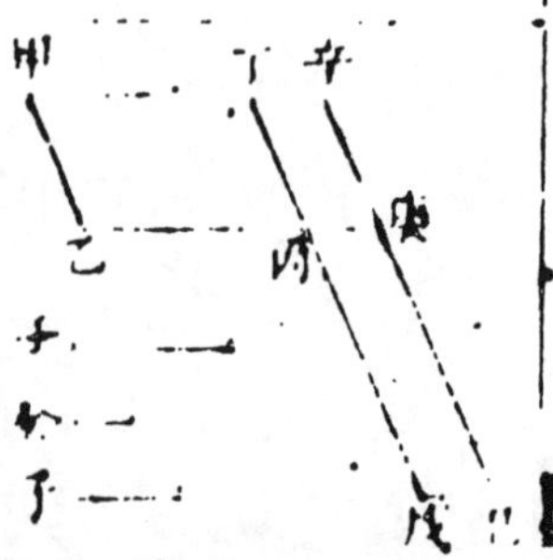

元。若乙丙與丙庚。丁丙與丙戊。則甲丙與

丙己之比例。以乙丙與丙庚。借丁丙與丙

戊兩比例相結也。其以乙丙與丙戊。借丁

丙與丙庚相結。則先以乙丙丙戊爲一直

綫。可依上推。然

後注曰。此不同理之比例也。兩形不相似。本篇十九又不

相等之形也。等角旁各兩邊不互相視。本篇四故必用

相結之理。必須借象之術。其法假虛形實。所以通此

例之窮也。以數明之。乙丙六十。丙庚二十。壬三。求得

癸一。丁丙四十。丙戊八十。癸一。求得子二。即甲丙之

實二千四百與丙巳之實一千六百若壬三與子二為等帶半之比例也其曰壬與癸癸與子兩比例相結者壬三倍大于癸癸反二倍大于子（反二倍者癸得子之半）三乘半得一五則壬與子為等帶半之比例也其曰借象者乙丙與丙庚丁丙與丙戊二比例既不同理又與中率故借壬與癸癸與子同中率而不同理之二比例以為象（本卷界說五）初作壬與癸若乙丙與丙庚次作癸與子若丁丙與丙戊（本篇十二）則癸為前率之後又為後率之前是為壬子首尾兩率之樞紐令相象之丙庚丁丙亦化兩率為一率為乙丙丙戊首尾兩

率之樞紐因以兩比例相結爲首尾兩率之比例雖不能使三率爲同理之兩比例而合爲一連比例亦能使兩不同理之比例首尾合而爲一比例矣自三以上可做此相借以至無窮也本卷界說五

第二十四題

平行線方形之兩角線方形自相似亦與全形相似

解曰甲乙丙丁平行方形作甲丙對角線任作戊巳庚辛兩線與丁丙乙丙平行而與對角線交相遇于壬題言戊庚巳辛兩角線方形自相似亦與全形相似

論曰。試依一卷廿九題推顯兩角線形等角。又庚甲戊與乙甲丁同角。而甲戊壬外角與甲丁丙內角等。甲庚壬外角與甲乙丙內角等。戊壬庚外角與乙巳壬內角等。乙巳壬外角又與乙丙丁內角等。則戊庚形與甲丙全形等角矣。依顯巳辛形亦與全形等角矣。今欲顯兩形與全形相似者。試觀甲庚壬與甲乙丙兩角形。甲戊壬與甲丁丙兩角形。既各等角。（一卷廿九可推似 見本篇四之系）卽甲乙與乙丙之比例。若甲庚與庚壬。而庚乙兩角旁各兩一之比例等也。（四六系）又乙丙與丙甲之比例。若庚壬與[illegible]。丙甲與丙丁之比例。若壬甲與壬戊。平之。卽乙丙丁若庚壬與壬戊也（六卷廿二）則乙丙丁庚壬戊兩角旁各兩邊之比例等也依顯各角旁各兩邊之比例皆等是兩兩角線方形自相似亦與全形相似

第二十五題

兩直線形求作他直線形與一形相似與一形相等

法曰甲乙兩直線形求作他直線形與甲相似與乙相等先于求相似之甲形任取一邊如丙丁于丙丁邊上作平行方形與甲等為丙戊（一卷四四四五）次于丁戊邊上作平行方形與乙等而戊丁庚角與丁丙己

等。爲丁辛。其丙丁庚巳戊辛。俱爲直線也。（一卷四五可推）次作。一壬癸線。爲丙丁丁庚之中率。（本篇十三）末于壬癸上作子。形與甲相似而體勢等。（本篇十八）即子形與乙等。

論曰。丙丁、壬癸、丁庚三線。既爲連比例。即依本篇二十題之系。可顯一丙丁、與三丁庚之比例。若一丙丁上之甲與二壬癸上之子。兩形相似而體勢等者之比例也。又丙丁與丁庚之比例。若丙戊與丁辛。兩等高平行方形之比例也。（本篇一）則丙戊與丁辛。若甲與子矣。夫丙戊與丁辛。元若甲與乙也。（丙戊與甲等。丁辛與乙等）則甲與乙之比例。若甲與子也。（五卷十一）而乙形與子形等矣。（五卷九）

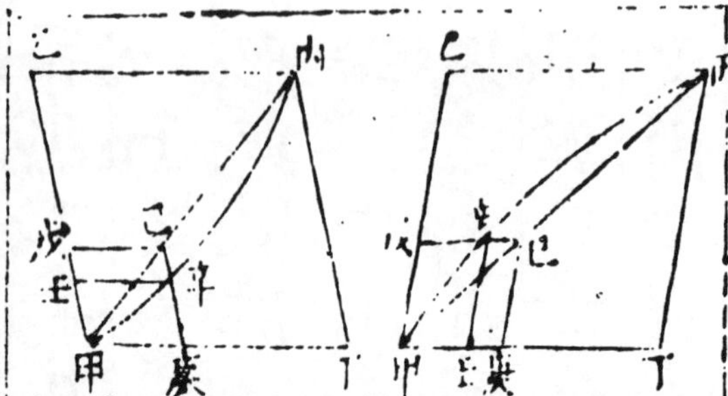

第二十六題

平行方形之內。減一平行方形。其減形與元形。相似而體勢等。又一角同。則減形必依元形之對角線。

解曰。乙丁平行方形之內。減戊庚平行方形。元形減形。相似而體勢等。又戊甲庚同角。題言戊庚形。必依乙丁形之對角線。

論曰。試作甲巳、巳丙、對角、兩線。若兩線爲一直線。即顯戊庚形。依甲丙對角線矣。如云甲巳、巳丙、非一直線。令別作元形之對角線。而分戊巳邊于辛。即作辛壬線。與巳庚平行。其乙丁、戊壬、兩平行方形。既同依甲辛丙一直對角線。則宜相似而體勢等矣。本篇廿四是乙甲與甲丁之比例。宜若戊甲與甲壬也。夫乙甲與甲丁。元若戊甲與甲庚。元設形相似而體勢等今若所云。則戊甲與甲庚。亦若戊甲與甲壬矣。五卷十一而甲壬分與甲庚全。亦等矣。五卷九可乎。若云甲辛丙分巳庚于辛。即令作辛壬與巳戊平行。依前論駁之。

第二十七題

依直線之有闕平行方形。不滿線者。其闕形與半線上之闕形相似而體勢等。則半線上似闕形之有闕依形。

必大于此有闕依形

解曰甲乙線平分于丙于半線丙乙上任作丙丁戊乙平行方形其對角線乙丁次作甲乙戊辛滿元線平行方形即甲丁爲甲丙半線上之有闕依形丙戊爲丙乙半線上之闕形論曰六卷界此兩形相等相似勢體又等題言甲乙線上凡作有闕依形不滿線者其闕形與丙戊相似而體勢等即甲丙半線上之甲丁有闕依形必大于此有闕依形

論曰試于乙丁對角線上任取一點爲庚從庚作巳庚

壬線。庚癸線。與甲乙。乙戊。各平行。即得甲庚。爲依甲乙元線之有闕平行方形。而癸壬爲其闕形。此癸壬闕形。既依乙丁對角線。則與丙戊闕形相似。而體勢等。（本篇廿四）夫丙庚庚戊兩餘方形既等。（一卷四三）若每加一癸壬角線方形。即丙壬與癸戊。亦等也。又丙壬與丙巳。俱在兩平行線內。底等。即兩形等。（一卷三六）而丙巳與癸戊兩形亦等。若每加一丙庚形。是甲庚平行方形。與子丑磬折形。亦等也。丙戊平行方形。函子丑磬折形之外。尚有庚丁形。則丙戊形必大于子丑磬折形。而等丙戊之甲丁形。（丙戊甲丁同在兩平行線內。又等底。故。見一卷三六）必大于等磬折形之甲庚形矣。

依題凡依乙丁對角線作形與丙戊相似者
其有闕依形俱小于甲丁也爲其必有庚丁
之較故也

又論曰丁必大于甲庚曰巳丁丁壬兩平行
方形同在兩平行線內又底等即兩形等（一卷卅六）而庚戊
爲丁壬之分則丁壬大于庚戊較餘一庚丁形其大于
丙庚亦如之（庚戊丙庚兩餘方形等故見一卷四三）即等丁壬之巳丁形
其大于丙庚亦較餘一庚丁形也次每加一丙巳形則
甲丁必大于甲庚矣
又解曰若庚點在丙戊形外即引乙丁對角線至庚從

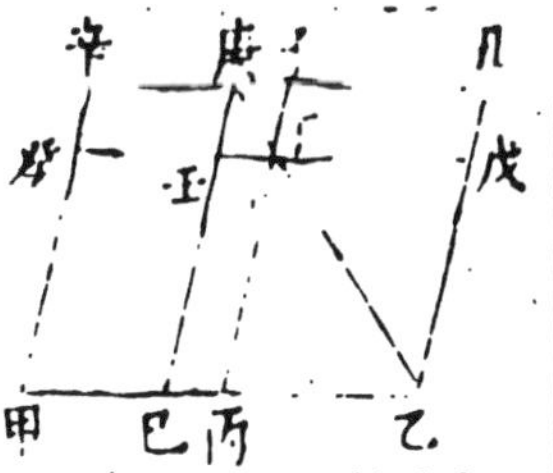

庚、作辛、丑、線。與癸、戊、平行。次引甲、癸、線、至壬。引乙、戊、線、至丑。而與辛、丑、線、遇、于、辛、于、丑。未、作庚、巳、線。與辛、甲、平行。即得甲、庚。為依甲、乙。元線之有闕平行方形。又得巳、丑。與丙、戊。相似。而體勢等者。兩形同依乙庚對角線故。見本篇卅四為其闕形也。題言、甲、丁、形、亦、大、于、甲、庚、形。

論曰。試于丙、丁、線引出之、至子。即辛子、子丑、兩線等。一卷卅四而辛丁、丁丑、兩形亦等。一卷卅六其丁丑、巳丁、兩餘方形既等。即巳丁與辛丁亦等。夫辛丁大于辛壬。既較餘一庚丁形。則巳丁之大于辛壬。亦較餘一庚丁形也。此兩

率者。每加一甲壬平行方形。則甲丁大于甲庚者。亦較
條一庚丁形矣。依題凡乙丁對角線引出丙戊形外。依
而作形與丙戊相似者。其有闕依形。俱小于甲丁也。爲
其必有庚丁之較故也。

第二十八題

一直線。求作依線之有闕平行方形。與所設直線形等。而
其闕形與所設平行方形相似。其所設直線形。不大于
半線上所作平行方形與所設平行方形相似者。

法曰。甲乙線。求作依線之有闕平行方形。與所設直線
形丙等。而其闕形。與所設平行方形丁相似。先以甲乙

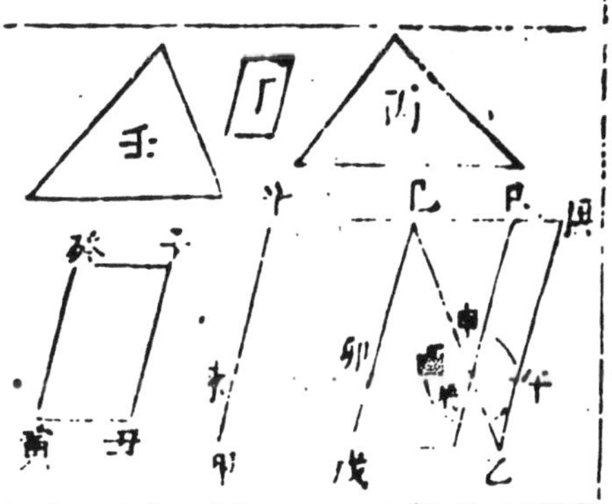

線兩平分于戊次于戊乙半線上作戊巳庚乙平行方形與丁相似而體勢等本篇廿八次作甲辛庚乙滿元線平行方形若甲巳平行方形與丙等者本篇廿五卽得所求矣若甲巳大于丙者題言甲巳小卽不可作見本篇廿七卽等甲巳之戊庚亦大于丙也則尋戊庚之大于丙幾何假令其較爲壬兩直線形不等相減之較法見一卷四三卽作癸子丑寅平行方形與壬等又與戊庚形似而體勢等本篇廿五則戊庚平行方形與丙直線形及癸丑平行方形并等而戊庚必大于癸丑矣夫戊庚與

卷六

四十三

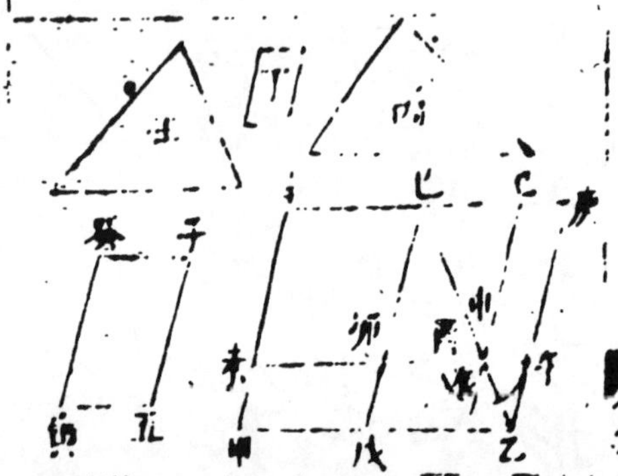

癸丑既相似。即戊巳與巳庚兩邊之比例。若寅癸與癸子也。而戊庚既大于癸丑。即戊巳巳庚兩邊。亦大于寅癸癸子也。次截取巳巳。巳卯。與癸子。子寅等。而作巳巳。巳辰。卯平行方形。必與癸丑形相等相似而體勢等矣。又卯巳形既與戊庚相似而體勢等。必同依乙巳對角線也。本篇廿六次丁巳。辰線引出。抵甲乙元線于卯。辰兩界各引出。作午未線。即甲辰為依甲乙線之有闕平行方形。與丙等。而其闕形乙辰。與戊庚相似。本篇廿四即亦與丁相似。

論曰。辰庚與辰戊兩倚方形既等（四一三術）。每加一乙辰[illegible]。

線方形即乙巳與戊午亦等。而與等戊午之戊未[illegible]等。

（戊午、戊未同在平行線內。[illegible]庚辛等故也。一卷卅六。）乙巳與戊未既等。又每加一

戊辰方形即甲辰平行方形與申酉磬折形亦等。夫

申酉磬折形為戊庚二形之分。而戊庚與丙及癸丑等。戊

[illegible]丙[illegible]去之卯巳又與癸丑等。則申酉磬折形與丙等。

[illegible]丙甲辰亦與丙等也。

第二十九題

一[illegible]求作依線之帶餘平行方形與所設直線形等。而

其餘形與所設平行方形相似。

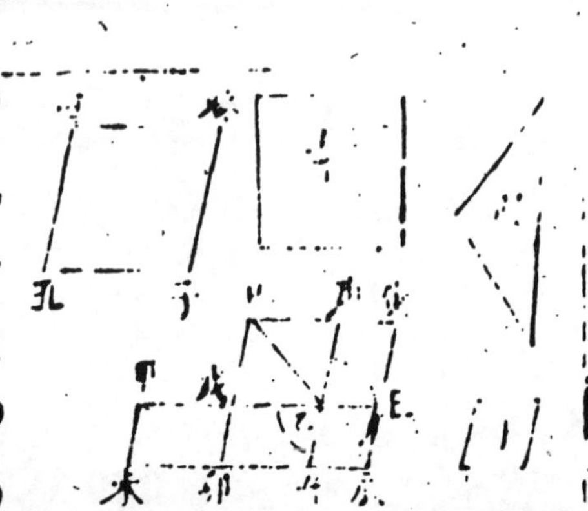

法曰。甲乙線求作依線之帶餘平行方形。與所設直線形丙等。而其餘形與所設平行方形丁相似。先以甲乙線兩平分于戊。次于戊乙半線上作戊己庚乙平行方形。與丁相似而體勢等。本篇十八次別作一平行方形。與丙及戊庚形等。為辛。十二[illegible]次別作一平行方形。與辛等。又與丁相似而體勢等。為壬癸子丑。本篇廿五其丑癸既與辛等。即大于戊庚。而丑癸既與戊庚相似。即丑壬與壬癸兩邊之比例。若戊己與己庚也。而丑壬與壬癸兩線必大于戊己與己

庚也。[illegible]次下已。戊引之。至卯。與壬。丑等。于

巳。庚。引之。至寅。與壬。癸。等。而。作。卯。寅。平行方形。即卯寅[illegible]

與丑癸。同依辰巳對角線而等。[illegible]又與戊庚相似而

體勢等矣。次下。甲。乙引之。至巳。庚。乙引之。至午。于。午。卯。

引之。至未。未末作甲。未線。與巳。卯平。行即得甲辰帶餘平

行方形。依甲乙線與丙等而巳午為其餘形。與戊庚形

相似而體勢等。[illegible]即與丁相似而體勢等。

論甲卯、戊午、兩形既等。[illegible]戊午與乙寅。兩餘方形

又等。[illegible]則甲。卯。與乙。寅。亦等矣。而每加一卯。巳。形則

辰平行方形與戊辰寅磬折形亦等矣。夫戊辰寅磬

析形元與丙等〔[illegible]每加一戊庚即磬折形與丙等〕即甲辰

亦與丙等

第三十題

直線求作理分中末線

法曰甲乙線求理分中末先于元線作甲乙丙丁直角方形次依丁甲邊作丁巳帶餘平行方形與甲丙直角方形等而甲巳爲其餘形又與甲丙形相似〔[illegible]〕即甲巳亦直角方形矣〔與甲直角方形相似〕則戊巳線分甲乙于辛爲理分中末線也〔本卷三界〕

論曰丁巳與甲丙兩形既等每減一甲戊形即所存甲

巳辛丙兩形亦等矣。此兩形之甲辛巳、戊辛乙兩角既等。所謂兩止即兩角旁之各兩邊線為互相視之線也。本篇四十而等戊辛之甲乙線與等辛巳之甲辛線其為比例也。若甲辛與辛乙也。是甲辛乙線為理分中末也。

又論曰：甲乙、甲辛、辛乙凡三線，而第一、第三矩內之辛丙直角形與第二甲辛上直角方形等。即三線為連比例。本卷十一而甲乙與甲辛若甲辛與辛乙矣。

又法曰：甲乙線求分于丙，而甲乙偕丙乙矩內直角形與甲丙上直角方形等。十一卷二即甲乙之分于丙為理分中末線。蓋甲乙、甲丙、丙乙三線為連比例故。不論大小。

第三十一題

三邊直角形之對直角邊上一形，與直角旁邊上兩形，若相似而體勢等，則一形與兩形并等。

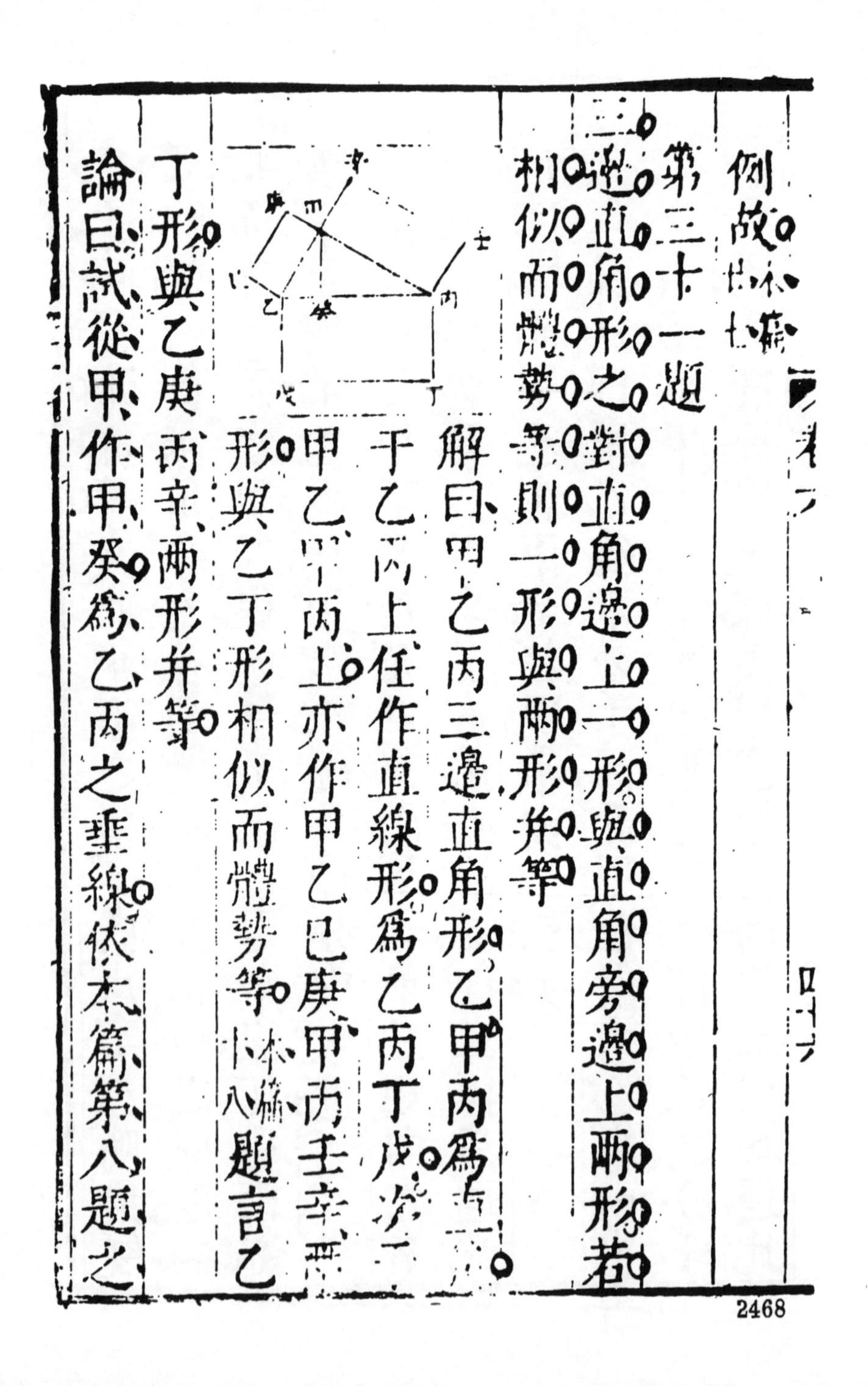

解曰：甲乙丙三邊直角形，乙甲丙為直角。于乙丙上任作直線形，為乙丙丁戊。次於甲乙、甲丙上亦作甲乙己庚、甲丙壬辛兩形，與乙丁形相似而體勢等（本篇十八）。題言乙丁形與乙庚、丙辛兩形并等。

論曰：試從甲作甲癸，為乙丙之垂線，依本篇第八題之系即乙丙與丙甲兩邊之比例。若丙甲與丙癸兩邊。則一乙丙邊與三丙癸邊之比例。若一乙丙上之乙丁形。與二甲丙上之丙辛形也。本篇六九題二十之系反之。則丙癸與乙丙、兩邊之比例。若丙辛與乙丁兩形也。依顯乙癸與乙丙、兩邊之比例。若乙庚與乙丁兩形也。乙丙、乙甲、乙癸三邊爲連此依故。見本篇八之系夫一丙癸與二乙丙之比例。既若三丙辛、與四乙丁。而五乙癸、與二乙丙之比例。亦若六乙庚與四乙丁。則一丙癸五乙癸并。與二乙丙之比例。若三丙辛六乙庚并。與四乙丁也。既一丙癸五乙癸并與二乙丙等。則三丙辛六乙庚并與四乙丁亦等。五卷二四

又論曰。甲乙丙、與癸甲丙兩角形既相似。而甲乙丙角形。其乙丙與丙甲之比例。若癸甲丙角形之丙甲與丙癸。本篇八即乙丙與丙甲兩邊相似。則癸甲丙與甲乙丙兩角形之比例。為丙甲與乙丙再加之比例。本篇十九而丙辛與乙丁兩形之比例。亦為丙甲與乙丙再加之比例。本篇十九二十則癸甲丙與甲乙丙兩角形之比例。若丙辛與乙丁兩形也。五卷十一依顯癸乙甲與甲乙丙兩角形之比例。若乙庚與乙丁兩形也。是一甲癸丙與二甲乙丙之比例。若三丙辛與四乙丁也。而五癸乙甲與二甲乙丙之比例。若六乙庚與四乙丁也。即一甲癸丙、五癸乙甲、幷。與二甲乙丙之比例。若三丙辛、六乙庚幷、與四乙丁也。（五卷廿四）既一甲癸丙、五癸乙甲、幷。與二甲乙丙等。則三丙辛、六乙庚幷。與四乙丁亦等。

又論曰、一甲丙上直角方形。與二乙丙上直角方形之比例。若三丙辛形。與四乙丁形。（此兩形之比例皆甲丙與乙丙再加之比例見本篇十九、二十）又五甲乙上直角方形。與二乙丙上直角方形之比例。若六乙庚形。與四乙丁形。即一甲丙上五甲乙上兩直角方形幷。與二乙丙上直角方形之比例。若三丙辛、六乙庚兩形幷。與四乙丁形。（五卷廿四）既甲丙甲乙上兩直角方形并。與乙丙上直角方形等。一卷四七則丙辛乙庚兩形并。與乙丁形等。

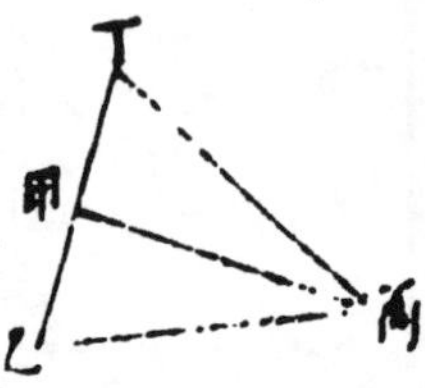

增題。角形之一邊上一形。與餘兩邊上兩形。相似而體勢等者。其一形與兩形并等。則餘兩邊內角必直角。

解曰。甲乙丙角形。于乙丙上任作一直線形。與甲乙甲丙上兩形。相似而體勢等。其一形與兩形并等。題言乙甲丙必直角。

論曰。試作甲丁。爲甲丙之垂線。與甲乙等。次作丁丙線。其丙甲丁既直角。即于丁丙上作一形。與乙丙上形相似。其丁丙上形。與丁甲、甲丙上相似而體勢等之兩形。并等矣。（[illegible]本）又甲丁與甲乙等。其上兩形亦等。即丁丙上形。與甲乙、甲丙上兩形并。亦等。而乙丙上形元與甲乙、甲丙上兩形并等。則丁丙、乙丙上兩形亦等。而丁丙與乙丙兩線亦等。（本篇卌 二[illegible]論）夫甲丙丁角形之甲丁與甲乙丙角形之甲乙等。甲丙同邊。其底乙丙、丁丙又等。即丁甲丙與乙甲丙兩角必等。丁甲丙既直角。則乙甲丙亦直角。

第三十二題

兩三角形。此形之兩邊與彼形之兩邊相似。而平置兩形

戊。外角。若各相似之各兩邊各平行。則其餘各一邊相聯為一直線。

解曰。甲乙丙、丁丙戊兩角形。其甲乙甲丙邊與丁丙、丁戊邊相似者。謂甲乙與甲丙之比。例若丁丙與丁戊也。試平置兩形。令相切。成一甲丙丁外角。而甲乙與丁丙、甲丙與丁戊。各相似之兩邊各平行。題言乙丙丙戊為一直線。

論曰。甲乙與丁丙既平行。即甲角與丙相對之甲丙丁等。一卷廿九。依顯丁角亦與丙相對之甲丙丁等。則甲丁兩角等。而甲乙丙與丁丙戊兩角形之甲、丁兩角所旁各兩遞比例又等。即兩形爲等角形。而乙角與丁丙戊角必等。相稱 六 次于乙角。加甲角。于丁丙戊角。加等甲之甲丙丁角。即乙甲兩角幷。與等甲丙丁、丁丙戊兩角幷之甲丙戊角等。次每加一甲丙乙角。即甲乙丙形之內三角幷。與甲丙乙、甲丙戊兩角幷等。夫甲乙丙形之內三角。等兩直角。一卷卅二 則甲丙乙、甲丙戊幷。亦等兩直角。而爲一直線。一卷十四

第二十三題

等圓之乘圓分角。或在心。或在界。其各相當兩乘圓角之比例。皆若所乘兩圓分之比例。而兩分圓形之比例。亦

若所乘兩圜分之比例。

解曰甲乙丙戊巳庚兩圜等。其心為丁為辛。
兩圜各任割一圜分。為乙丙為巳庚。其乘圜
角之在心者。為乙丁丙巳辛庚。在界者。為乙 
甲丙巳戊庚。題先言乙丙與巳庚兩圜分之
比例。若乙丁丙與巳辛庚兩角。次言乙甲丙
與巳戊庚兩角之比例。若乙丙與巳庚兩圜
分。後言乙丁丙兩腰。偕乙丙圜分。內乙丁丙分圜形。
與巳辛庚兩腰偕巳庚圜分。內巳辛庚分圜形之比
例。亦若乙丙與巳庚兩圜分。

先論曰。試作乙丙、丙巳、庚丙、兩線。次作丙壬合圜線。與乙丙等。作庚癸、癸子、兩合圜線。各與巳庚等。四卷一其丙壬既與乙丙等。即乙丙與丙壬兩圜分亦等。三卷廿八而乙丁丙與丙丁壬兩角亦等。三卷廿七依顯巳庚、庚癸、癸子、三圜分。巳辛庚、庚辛癸、癸辛子、三角俱等。則乙丙壬圜分倍乙丙圜分之數。如在心乙丁壬角。或乙丁壬內地。倍乙丁丙角之數。而巳庚癸子圜分倍巳庚圜分之數。如在心巳辛子角。或巳辛子內地。倍巳辛庚角之數。何者。乙丁壬、巳辛子、兩角。或兩地內之分數。與乙丙壬、巳庚癸子、兩圜分內之分數各等。故也。然則乙丁壬角與地。若等。

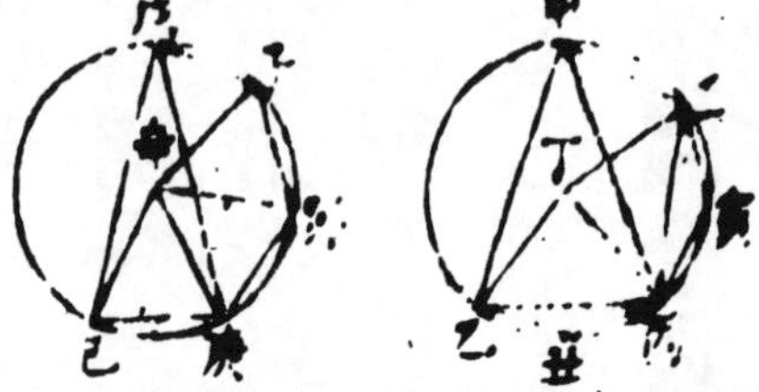

于巳辛子角。與地。即乙丙壬圜分。必等于巳庚癸子圜分矣。若大亦大。若小亦小矣。是一乙丙所倍之乙丙壬。三乙丁丙所倍之乙丁壬。偕二巳庚所倍之巳庚癸子。四巳辛庚所倍之巳辛子。等大小皆同類也。則一乙丙與二巳庚之比例。若三乙丁丙與四巳辛庚也。九卷界說六

次論曰。乙丁丙角。倍大于乙甲丙角。而巳辛庚角。亦倍大于巳戊庚角。三卷二十即乙丁丙與巳辛庚兩角之比例。若乙甲丙與巳戊庚兩角矣。五卷十五則乙甲丙與巳戊庚

在界乘圜之兩角。亦若乙丙與巳庚兩圜分也。五卷十若

作甲壬戊癸子直線。亦可用先論推顯。用此當角說見三卷廿增題

後論曰。試于乙丙圜分內作乙丑丙角。次于丙壬圜分

內作丙寅壬角。此兩角所乘之乙甲壬丙與丙乙甲壬

兩圜分既等。三卷廿七即兩角亦等。而乙丑丙與丙寅壬兩

圜小分亦相似。亦相等。乙丙與丙丁壬兩合圜線等故也。三卷廿四次每加一。

相等之乙丁丙丙丁壬角形。即乙丁丙丙丁壬兩分圜

形等。一卷四則乙丁壬分圜形倍乙丁丙分圜形之數如

乙丙壬圜分倍乙丙圜分之數依顯巳辛子分圜形倍

巳辛庚分圜形之數亦如巳庚癸壬圜分倍巳庚圜分

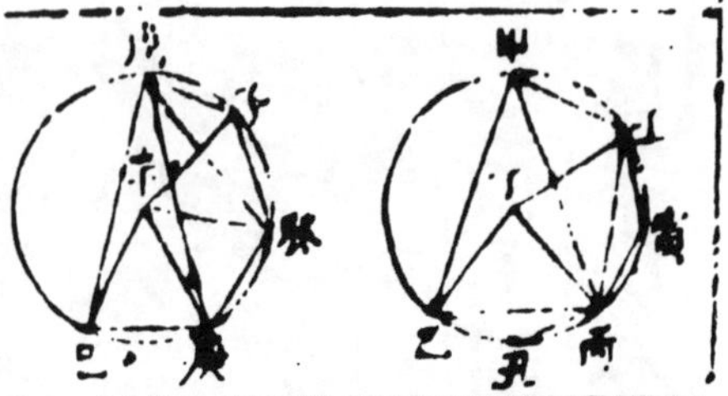

之數。然則乙丙壬圜分。若等于巳庚癸子圜分者。卽乙丁壬分圜形。亦等于巳辛子分圜形矣。若大亦大。若小亦小矣。五卷界說六是乙丙壬圜分之倍一乙丙圜分。乙丁壬分圜形之倍三乙丁丙分圜形。倍巳庚癸子圜分之倍二巳庚圜分。巳辛子分圜形之倍四巳辛庚分圜形。等、大、小、皆同類也。則一乙丙圜分與二巳庚圜分之比例。若三乙丁丙分圜形與四巳辛庚分圜形也。五卷界說六

一系。在圜心兩角之比例。皆若兩分圜形。

二系。在圜心角。與四直角之比例。若圜心角所乘圜分。與全圜界。四直角與在圜心角之比例。若全圜界與圜心角所乘之圜分。

按丁先生言。歐几里得六卷中。多研察有比例之線。竟不及有比例之面。故因其義類。增益數題。用補闕如左云。竊復增一題。竊弁于首。仍以題旨從先生舊題。隨類附演。以廣其用。俱稱今者。以別于先生舊增也。

今增題。圜與圜。為其徑與徑再加之比例。

解曰。甲乙丙。丁戊己。兩圜。其徑甲丙。丁己。題言甲乙丙與丁戊巳。爲甲丙與丁巳再加之比例。

論曰。如云不然。當言甲乙丙圜。與小于丁戊巳之庚辛壬圜。或大于丁戊巳之癸子丑圜。爲甲丙與丁巳再加之比例也。五卷界說

十

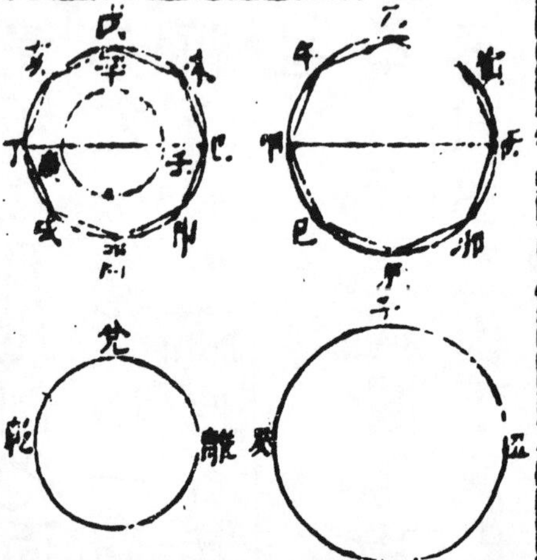

若言庚辛壬是者。試置庚辛壬圜于丁戊巳圜內。爲同心。次于外圜內作丁亥戊未巳申酉戌多邊切形。其多邊爲偶數。又等。而全不至內圜也。四卷十六補題次于甲乙丙圜內。作甲午乙寅丙卯辰巳多邊切形。

與丁戊巳圜內切形相似（四卷十六補題可推）其兩圜內兩徑上有丁亥戊未巳與甲午乙寅丙相似之兩多邊形則爲兩相似邊再加之比例也（卷篇二十）而甲丙與丁巳兩線爲兩形之相似邊據如彼論即甲午乙寅丙與丁亥戊未巳兩形甲乙丙與庚辛壬兩圜同爲甲丙與丁巳兩線再加之比例也甲乙丙半圜大于甲午乙寅丙形將庚辛壬半圜亦大于丁亥戊未巳形乎則分大于全乎若言癸子丑是者亦如前論甲午乙寅丙與丁亥戊未巳兩形甲乙丙與癸子丑兩圜同爲甲丙與丁巳兩線再加之比例也反之即癸子丑

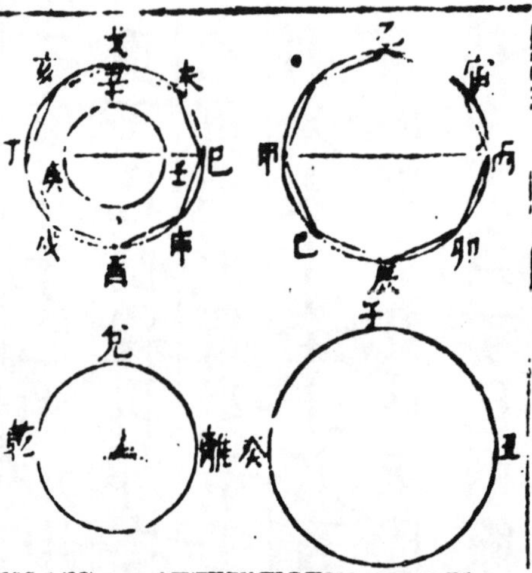

與甲乙丙兩圜之比例。爲丁巳與甲丙兩徑再加之比例也。試設他圜乾兌離。令癸子丑與甲乙丙之比例。若丁戊巳與乾兌離。五卷界說增則丁戊巳與乾兌離兩圜。亦宜爲丁巳與甲丙兩徑再加之比例也。癸子丑既大于丁戊巳。即甲乙丙亦大于乾兌離。而丁戊巳與小于甲乙丙之乾兌離兩圜。能爲丁巳與甲丙兩徑再加之比例乎。前已駁有兩圜。其第一與他圜之小于第二者。亦得第一元圜兩徑再加之比例夫甲乙丙。不得與圜之大于丁戊巳者。小于丁戊巳者。爲甲丙與丁巳再加之比例。則止有元兩圜爲其元兩徑再加之比例。

一系。全圜與全圜。半圜與半圜。相當分與相當分。任相與爲比例。皆等。蓋諸比例皆兩徑再加之比例。故

二系。三邊直角形。對直角邊爲徑所作圜。與餘兩邊爲徑所作兩圜幷等。半圜與兩半圜幷等。圜分與相似兩圜分幷等。本篇卅一可推

三系。三線爲連比例。以爲徑。所作三圜。亦爲連比例推此可求各圜之相與爲比例者。又可以圜求各圜之相與爲比例者。本篇十九二十之系可推

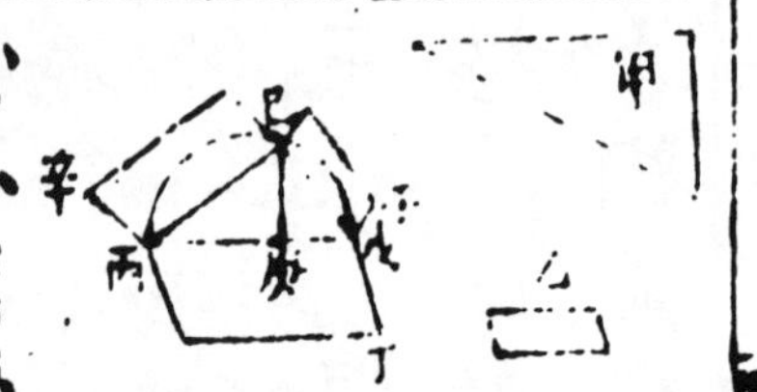

一增題。直線形求減所命分其所減所存
各作形與所設形相似而體勢等
法曰如甲直線形求減三分之一其所減
所存各作形與所設乙形相似而體勢等
先作丙丁形與甲等與乙相似而體勢等
本篇廿五。次任于其一邊如丙戊上作丙己戊半圓次分
丙戊於三平分而取其一庚戊次從庚作己庚爲丙
戊之垂線本篇[illegible]次作己丙己戊兩線末于己丙己戊
上作己辛己壬兩形各與丙丁相似而體勢等本篇十八
即所求

論曰。丙巳戊角形。既負半圜爲直角。（三卷卅一）即丙丁直線形。與巳辛巳壬相似之兩形并等。（本卷卅一）而壬等甲之丙丁形。減巳壬存巳辛。兩形各與丙丁相似而體勢等。則與乙相似而體勢等。今欲顯巳壬爲丙丁三分之一者。試觀丙庚巳丙巳戊兩角形既相似。（本篇八）即丙庚與庚巳之比例。若丙巳與巳戊也。（本篇八）夫丙庚庚巳庚戊三線爲連比例。即丙庚與庚戊爲丙庚與庚巳再加之比例。（本篇八之系）而巳辛與巳壬兩形亦爲丙巳與巳戊兩相似邊再加之比例。（本篇二十）即丙庚與庚戊兩線之比例。若巳辛與巳戊兩形也。（兩比例爲兩同理比例之所加故合之則丙戊與庚戊之比例若等巳辛巳壬兩形并之丙丁與巳壬矣丙戊三倍于庚戊則丙丁亦三倍于巳壬而巳壬為等甲之丙丁三分之一

若直線形求減之不論所減所存何形其法更易如甲形求減三分之一先作乙丙平行線形與甲等四一率次分乙丁為三平分而取其一戊丁末從戊作巳戊線與丙丁平行即戊丙形為等甲之乙丙形三分之一本篇

今附若于大圜求減所設小圜則以圜徑當之邊除

法同前、如上圖、

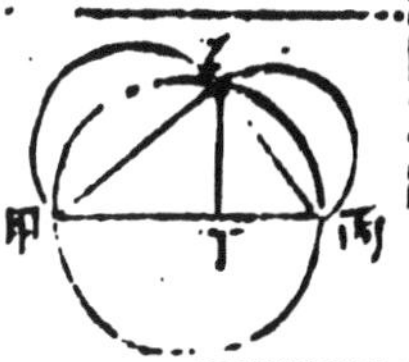

又今附依此法。可方一初月形（方初月形者。謂作直角方形與初月形等）如甲乙丙丁圜。其界上有附圜四分之一之乙壬丙戊初月形。而求作一直角方形。與初月形等。先從乙丙作甲乙丙丁內切圜直角方形。（三卷六）次用方形法四平分之。即其一爲所求方形。與初月形等。何者。甲乙丙半圜。與甲乙、乙丙、上兩半圜并等。（本增題之八附）甲乙、乙丙、附線自相等。即其上兩半圜亦自相等。而庚乙、壬丙、分圜形爲大半圜之半。即與乙巳丙戊小半圜等。此

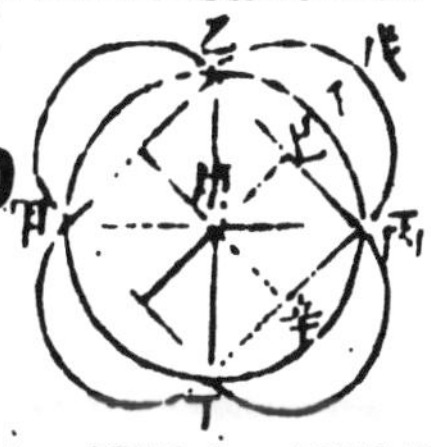

兩率者。各減一。同用之。乙巳丙壬圜小分

其所存乙壬丙戊初月形。與庚乙丙角形

等。而庚巳丙辛直角方形。與庚乙丙角形

亦等。則與乙壬丙戊初月形亦等。依顯甲乙丙丁直

角方形。與大圜界上四初月形并等。

二增題。兩直線形。求別作一直線形。爲連比例。

法曰。甲與乙丙丁。兩直線形。求別作一直

線形。爲連比例。先作一戊己庚直線形。[illegible]

甲等。與乙丙丁相似。而體勢等。本篇五次[illegible]

兩形相似之各一邊。如戊己乙丙爲前中率線。求

其連比例之末率線爲辛壬（本篇十一）求于辛壬上作辛壬癸形與兩形相似而體勢等（本篇十八）卽所求

論曰戊巳乙丙辛壬三線旣爲連比例卽其上三形相似而體勢等者亦爲連比例（本篇廿二）

今附有兩圜求別作一圜爲連比例則以圜徑當形邊依上法作之

三增題三直線形求別作一直線形爲斷比例

法曰一甲乙丙丁戊三巳庚辛三三直線形求別作一直線形爲斷比例先作壬癸子丑形與甲等與乙丁相似而體勢等（本篇廿五）次以三形之任各一邊如壬

癸乙丙。巳庚。爲三率。求其斷比例之末

率線。爲寅卯。本篇十二。末于寅卯上作寅卯

辰形。與巳庚辛相似而體勢等。本篇十八。即

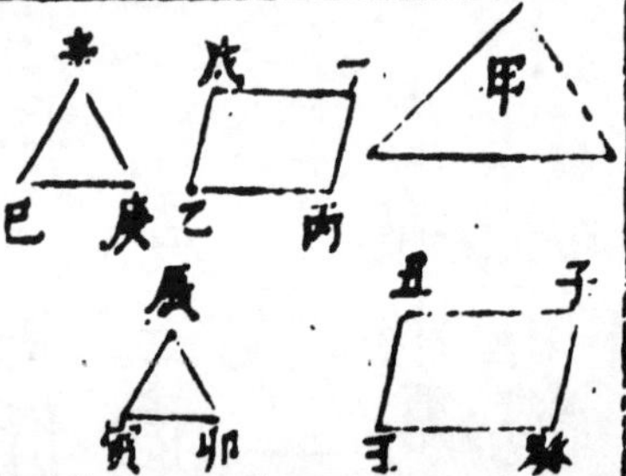

所求

論曰。四線既爲斷比例。即其線上形相

似而體勢等者。亦爲斷比例。本篇廿二。

今附。有三圜。求別作一圜。爲斷比例。亦以圜徑當形

邊。依上法作之。

四增題。兩直線形。求別作一形。爲連比例之中率

法曰。甲與乙丙丁。兩直線形。求別作一形。爲連比例

之中率。先作戊巳庚直線形。與甲等。與乙丙丁相似而體勢等。廿五本篇次求戊巳乙丙兩直線連比例之中率。為辛壬。本篇廿三末于辛壬上作辛壬癸形。與戊巳乙丙上形相似而體勢等。十八本篇即所求。

論曰。戊巳、辛壬、乙丙、三線既為連比例。即各線上戊巳庚、辛壬癸、乙丙丁、三形。亦為連比例。本篇二十

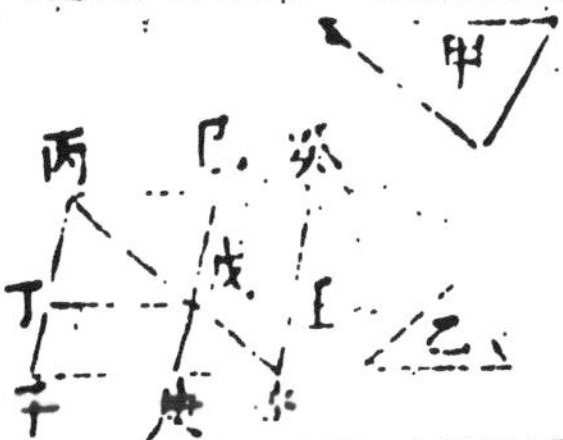

又法曰。甲、乙、丙、兩直線形。求別作一形為連比例之中率。先作丁丙巳戊平行線形。任

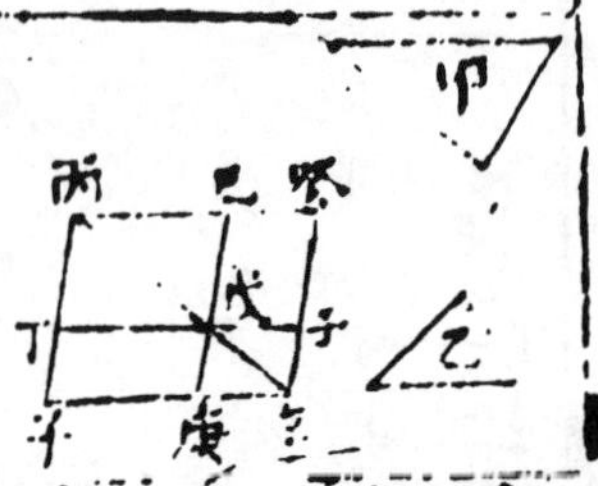

甲 乙 癸 巳 丙 子 戊 丁 辛 庚 壬

直斜角與甲等。次作庚戊壬辛平行

線形與乙等與丁巳形相似而體勢等。

次置兩平行線形以戊角相聯而丁戊、

戊壬為一直線卽庚戊戊巳亦一直線。

末從兩形引長各邊成丙子辛癸平行線形卽

兩餘方形俱為丁巳庚壬兩形之中率。

論曰丁巳庚壬兩形既相似而體勢等卽丁戊與巳

戊之比例若戊壬與戊庚也更之卽丁戊與戊壬若

巳戊與戊庚也夫丁戊與戊壬兩線之比例亦若丁

巳與戊癸兩形巳戊與戊庚兩線之比例又若[illegible]

與庚壬兩形則戊癸爲丁巳庚壬之中率矣

又論曰丁巳庚壬兩形既相似而體勢等即同依丙辛對角線本篇卅六而子戊戊癸兩餘方形自相等則丁巳與戊癸兩形之比例若子戊與庚壬兩形何者此兩比例皆若丁戊與戊壬也則子戊戊癸皆丁巳庚壬之中率也

今附若兩圜求作一圜爲連比例之中率亦以圜徑當形遞依上前法作之

五增題一直線形求分作兩直線形俱與所設形相似而體勢等其比例若所設兩幾何之比例

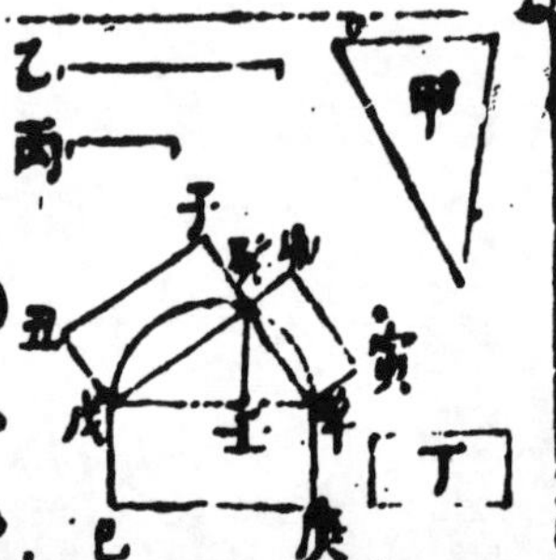

法曰。甲直線形。求分作兩直線形。俱與所設丁形相似而體勢等。其比例。若所設兩幾何。如乙線與丙線之比例。先作戊巳庚辛直線形。與甲等。與丁相似而體勢等。本篇廿五次任用其一邊。如戊辛。兩分之于壬。令戊壬與壬辛之比例。若乙與丙也。分法。先以乙、丙兩線聯爲一直線。次截戊壬與壬辛。若乙與丙。本篇十次于戊辛上作戊癸辛半圜。次從壬作癸壬爲戊辛之垂線。次作戊癸、癸辛線相聯。末于戊癸、癸辛上作戊丑子癸、癸卯寅辛兩形。與戊庚形俱相似而體勢等。本篇十八卽此兩形幷與甲等。又各與丁相似。而體勢等。其比例又若乙與丙。

論曰。戊癸辛既負半圜爲直角。（三卷卅一）則戊子癸寅兩形并與等戊庚之用等。（本篇卅二）又戊壬與壬癸之比例。若戊癸與癸辛。（俱在直角旁故見本篇四）戊壬壬癸壬辛三線爲連比例。即戊壬與壬辛爲戊壬與壬癸再加之比例。（本篇八之系）而戊子與癸寅兩形。亦爲戊癸與癸辛兩相似邊再加之比例。（本篇二十）則戊壬與壬辛之比例。亦若戊子與癸寅也。（兩比例爲兩同理比例之再加故）夫戊壬與壬辛元若乙與丙也。則戊子與癸寅。亦若乙與丙也。

今附。若一圜。求分作兩圜。其比例若所設兩幾何。亦

以圜徑當形邊依上法作之

六增題一直線形求分作兩直線形俱與所設形相似而體勢等其兩分形兩相似邊之比例若所設兩幾何之比例

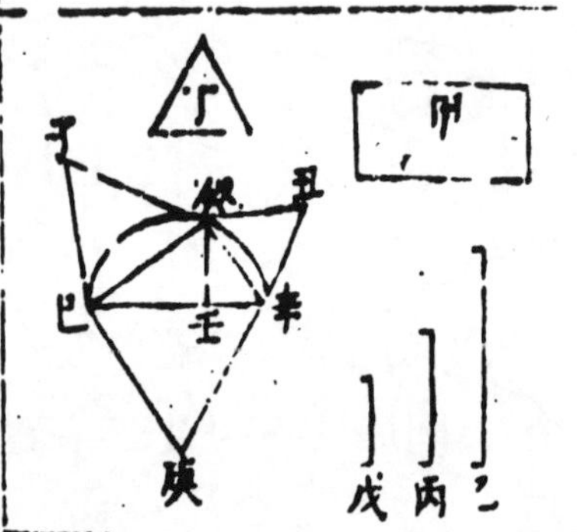

法曰甲直線形求分作兩直線形俱與所設丁形相似而體勢等其兩分形兩相似邊之比例若所設兩幾何如乙線與丙線之比例先以乙與丙兩線求其連比例之末率為戊十本一篇次作巳庚辛直線形與甲等與丁相似而體勢等次

任用其一邊。如巳辛。兩分之于壬。令巳壬與壬辛之比例。若乙與戊也。（本篇十）次于巳辛線上。作巳癸辛半圜。次從壬作癸壬。爲巳辛之垂線。次作巳癸、癸辛。兩線相聯。末于巳癸、癸辛上。作巳子癸、癸丑辛。兩形。俱與丁相似而體勢等。即此兩形。幷。與等甲之巳庚辛等。而巳癸、癸辛。兩相似邊之比例。若乙與丙。

論曰。巳癸辛既負半圜。爲直角。（三卷卅）即巳子癸、癸丑辛。兩形。幷。與等巳庚辛之甲等。（本篇卅一）又巳壬與壬癸之比例。若巳癸與癸辛。（俱在直角兩旁故見本篇卅）巳壬、壬癸、壬辛、三線。爲連比例。即巳壬與壬辛。爲巳壬與壬癸再

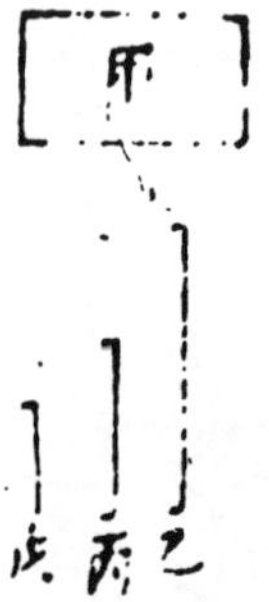

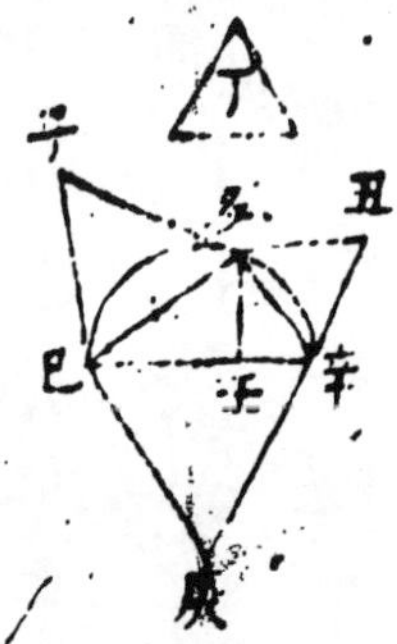

加之比例。本篇八之系夫巳壬與壬癸之比例。既若巳子癸、癸丑辛、兩形相似邊之巳癸與癸辛。而乙與戊。元若巳壬與壬辛。乙與戊。元爲乙與丙再加之比例。則巳癸、癸辛之比例。若乙與丙。

今附。若一圜。求分作兩圜。其兩圜徑之比例。若所設兩幾何。倣此。

七增題。兩直線形。求幷作一直線形。與所設形相似而體勢等。

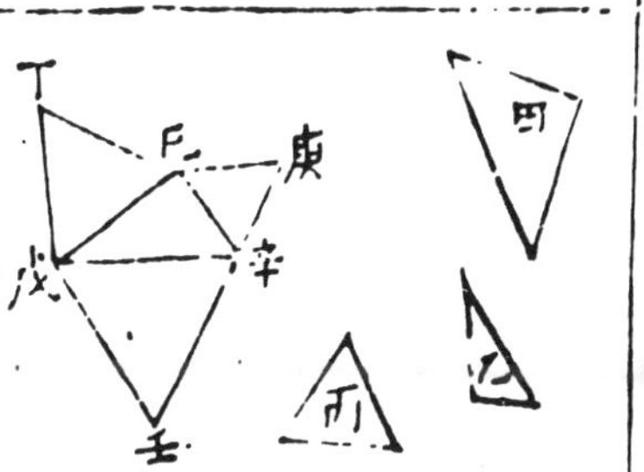

法曰。甲、乙兩直線形。求幷作一形。與所設丙形相似而體勢等。先作戊丁己形。與甲等。作己庚辛形。與乙等。又各與丙相似而體勢等。本篇卅一次置兩形。令相似之戊己、己辛、兩邊聯爲直角。次作戊辛線相聯。末依戊辛線作戊辛壬。與丙相似而體勢等。卽與上兩形幷等。本篇卅一如所求。

又法曰。作一平行方形。與甲、乙兩形幷等。一卷四五次作戊辛壬角形。與平行方形等。又與丙相似而體勢等。卽所求。

今附若兩圓求并作一圓。亦以圓徑當形邊。依上法作之。

八增題。圓內兩合線。交而相分。其所分之線。彼此互相視。

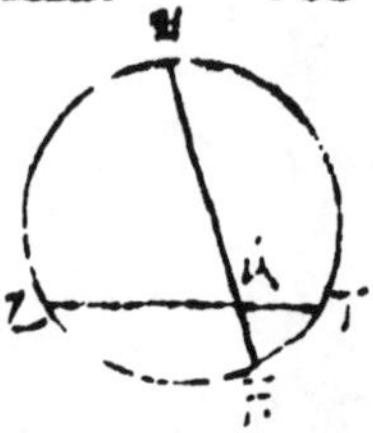

解曰。甲乙丙丁圜內。有甲丙乙丁兩合線。交而相分于戊。題言所分之甲戊戊丙乙戊戊丁。為互相視之線者。謂甲戊與戊丁。若乙戊與戊丙也。又甲戊與乙戊。若戊丁與戊丙也。

論曰。甲戊偕戊丙。與乙戊偕戊丁。兩矩內直角形等。（三卷卅五）即等角旁之兩邊。為互相視之邊。（本篇十四）

九增題。圜外任取一點。從點出兩直線。皆割圜至規內。其兩全線與兩規外線。彼此互相視。若從點作一切圜線。則切圜線為各割圜全線與其規外線之各中率。

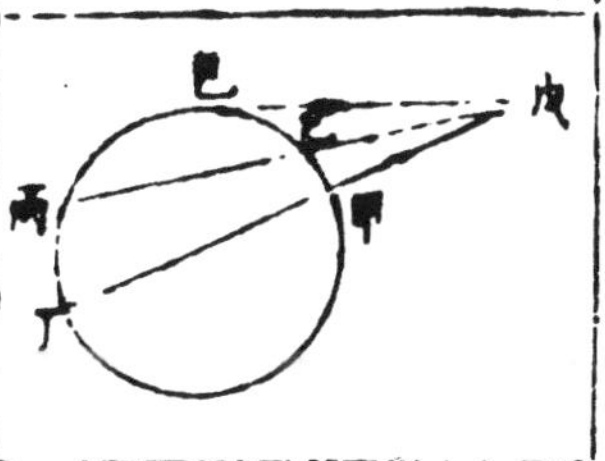

解曰。甲乙丙丁圜外。任取戊點。從戊作戊丁、戊丙兩割圜至規內之線。遇圜界于甲、于乙。題言戊丙、戊乙、戊丁、戊甲互相視者。謂戊丙與戊丁。若戊甲與戊乙也。又戊丙與戊甲。若戊丁與戊乙也。

論曰。試從戊作戊己線切圜于己。即戊丙偕戊乙矩

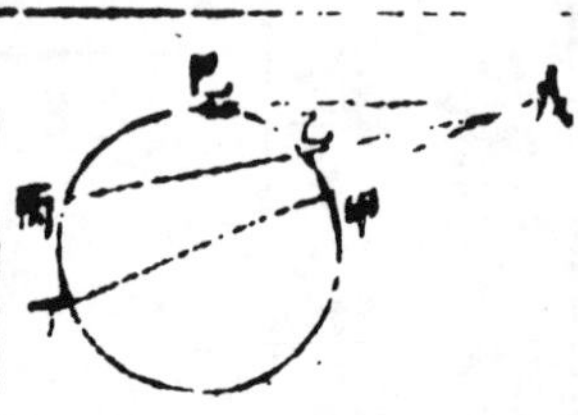

內直角形與戊巳上直角方形等三卷卅六又戊丁偕戊甲矩內直角形與戊巳上直角方形亦等即戊丙偕戊乙與戊丁偕戊甲兩矩內直角形自相等而等角旁之兩邊為互相視之邊本篇十四又戊丙偕戊乙戊丁偕戊甲兩矩內直角形各與戊巳上直角方形等三卷卅六即戊丙戊巳戊乙三線為連比例戊丁戊巳戊甲三線亦為連比例而戊巳為各全線與其規外線之各中率本篇十七

十增題兩直線相遇作角從兩線之各一界互下垂

線而毎方為兩線一自界至相遇處一自界至垂線則各相對之兩線皆彼此互相視

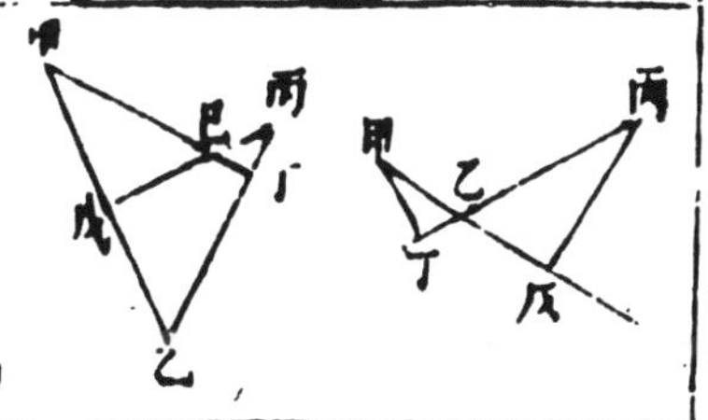

解曰甲乙丙乙兩線相遇于乙作甲乙丙角從甲作丙乙之垂線從丙作甲乙之垂線若甲乙丙為鈍角即如前圖兩垂線當至甲乙丙乙之各引出線上為甲丁為丙戊其甲戊丙丁交而相分于乙也若甲乙丙為銳角即如後圖甲丁丙戊兩垂線當在甲乙丙乙之內交而相分于巳也題言兩圖之甲乙乙戊丙乙乙丁皆彼此互相視者謂甲乙與乙丙若丁乙與

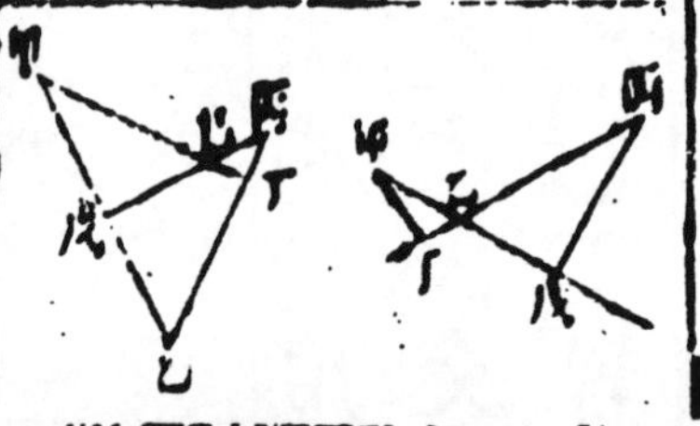

乙戊也。又甲乙與丁乙。若乙丙與乙戊也。

論曰。甲乙丁角形之甲乙丁。甲丁乙兩角。與丙乙戊角形之丙乙戊。丙戊乙兩角。各等。兩為直角。兩于前圖為交角。于後圖為同角。故卽兩形為等角形。而甲乙與丁乙。若乙丙與乙戊也。四本篇更之。則甲乙與乙丙。若丁乙與乙戊也。

又論曰。依前圖。可推後圖之甲丁丙戊。交而相分于巳。其甲巳巳丁。丙巳巳戊。亦彼此互相視。蓋甲巳戊丙巳丁。既為等角形。卽甲巳與巳戊。若丙巳與巳丁也。四本篇更之。則甲巳與丙巳。若巳戊與巳丁也。

十一增題平行線形內兩直線與兩邊平行相交而分元形為四平行線形此四形任相與為比例皆等

解曰甲乙丙丁平行線形內作戊巳庚辛兩線與甲丁丁丙各平行而交于壬題言所分之戊庚庚巳乙壬壬丙四形任相與為比例皆等

論曰戊壬與壬巳兩線之比例既若戊庚與庚巳兩形一本篇又若乙壬與壬丙兩形即戊庚與庚巳亦若乙壬與壬丙也五卷十二依顯乙壬與戊庚亦若壬丙與庚巳也

十二增題。凡四邊形之對角兩線交而相分。其所分四三角形。任相與爲比例。皆等。

解曰。甲乙丙丁四邊形之甲丙、乙丁兩對角線。交相分于戊。題言所分甲戊丁、乙戊丙、甲戊乙、丁戊丙、四三角形。任相與爲比例。皆等。

論曰。甲戊與戊丙兩線之比例。若甲戊丁與丁戊丙兩角形。又若甲戊乙與乙戊丙兩角形。六一綸即甲戊丁與丁戊丙兩角形。亦若甲戊乙與乙戊丙也。依顯甲戊乙與甲戊丁。亦若乙戊丙與丁戊丙也。

十三增題。三角形。任于一邊。任取一點。從點求作一

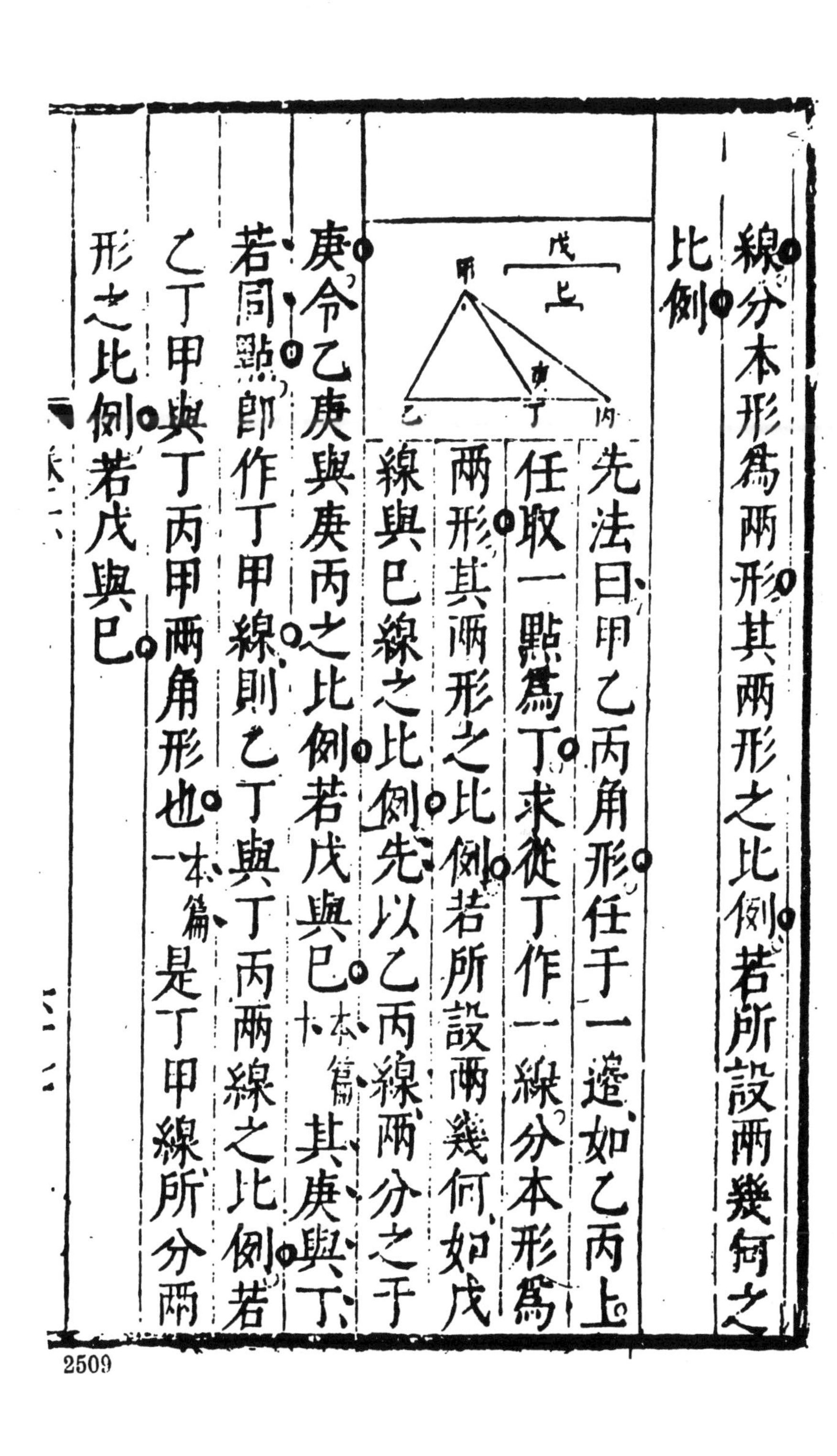
線分本形為兩形其兩形之比例若所設兩幾何之比例

先法曰甲乙丙角形任于一邊如乙丙上任取一點為丁求從丁作一線分本形為兩形其兩形之比例若所設兩幾何如戊線與巳線之比例先以乙丙線兩分之于庚令乙庚與庚丙之比例若戊與巳十本篇其庚與丁若同點即作丁甲線則乙丁與丁丙兩線之比例若乙丁甲與丁丙甲兩角形也一本篇是丁甲線所分兩形之比例若戊與巳

次法曰、若庚在丁丙之內、亦作丁甲線、次從庚作庚辛線、與丁甲平行、次作丁辛線相聯、即丁辛線分本形為兩形、其比例若戊與巳者、謂乙丁辛甲無法四邊形、與丁丙辛角之比例、若乙庚與庚丙也、亦若戊與巳也、

論曰、試作庚甲線、即辛庚甲、庚辛丁兩角形等、一卷卅七次每加一丙庚辛角形、即丙庚甲、丙辛丁兩角形亦等、則甲乙丙全形、與丙庚甲角形之比例、若甲乙丙與丙辛丁也、五卷七分之、則乙庚甲角形、與丙庚甲角形之比例、若乙丁辛甲無法四邊形、與丙辛丁角形

也。（五卷六比）乙庚甲與丙庚甲兩角形之比例。既若乙庚與庚丙。（本篇一）則乙丁辛甲無法四邊形與丙辛丁角形之比例。亦若乙庚與庚丙也。則亦若戊與巳也。

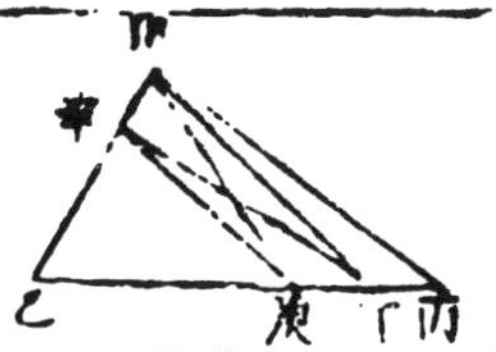

後法曰。若庚在乙丁之內。亦作丁甲線。次從庚作庚辛線。與丁甲平行。次作丁辛線相聯。即丁辛線分本形為兩形。其比例若戊與巳者。謂乙丁辛角形與丁丙甲辛無法四邊之比例。若乙庚與庚丙也。亦若戊與巳也。

論曰。試作庚甲線。如前推顯辛庚甲。庚辛丁。兩角形等。（一卷卅七）次每加一乙庚辛角形。即乙庚甲與乙辛丁兩角形。亦等。則甲乙丙全形。與乙庚甲角形之比。例若甲乙丙。與乙辛丁也。五卷七分之。則丙庚甲角形。與乙庚甲角形之比。例若丁丙甲辛無法四邊形。與乙辛丁角形也。五卷七反之。則乙庚甲角形。與丙庚甲角形之比。例若乙辛丁角形。與丁丙甲辛無法四邊形也。乙庚甲。與丙庚甲之比也。若乙庚。與庚丙。本篇則乙丁辛角形。與丁丙甲[illegible]法四邊形之比。例亦若乙庚。與庚丙也。則亦若戊[illegible]巳也。

系。凡角形。任于一邊。任取一點。從點求減命分之二。

如前法。作多倍大之比例。即得。其所作倍數。每少于命分之一。如求減四分之一。即作三倍大之比例。減五分之一。即作四倍大之比例也。則全形與所減分之比例。其倍數。若命分之數也。

十四增題。一直線形。求別作一直線形。相似而體勢等。其小大之比例。如所設兩幾何之比例。

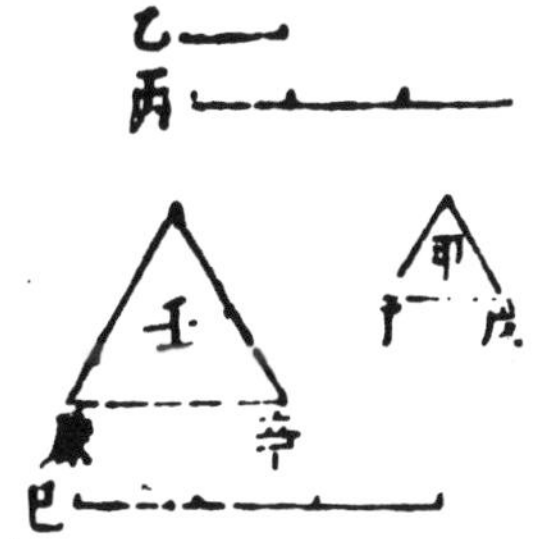

法曰。甲直線形。求別作直線形。相似而體勢等。其甲形。與所作形。小大之比例若所設兩幾何。如乙與丙兩線之比例。先以乙丙。及任用甲之一邊如丁戊三

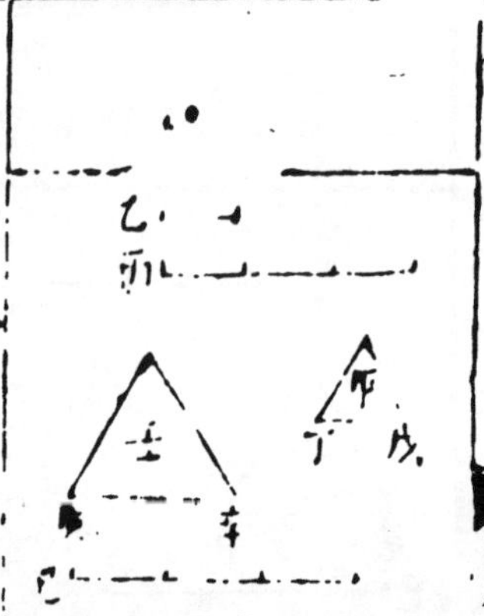

線。求其斷比例之末率為巳。小本作次率

丁戊及巳之中率線為庚辛。小本三線未從

庚辛上作壬直線形。與甲相似而體勢等。即甲與壬之比例。若乙與丙。

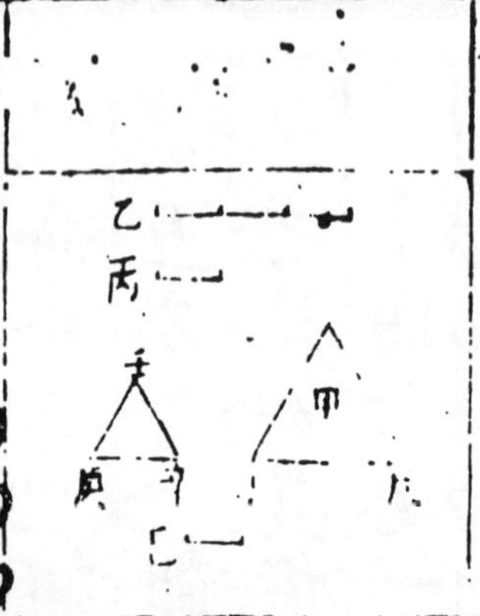

論曰。丁戊、庚辛、巳三線為連比例。即一丁戊與三巳之比例。若相似而體勢等之甲與壬。本篇[illegible]

[illegible]

若先設大形。求作小壬。若乙與丙。其法同如上圖。

用此法。可依此直線形。加作兩倍大。三倍四五倍大。

以至無窮之他形亦可依此直線形減作二分之一三分四五分之一以至無窮之他形其此形與他形皆相似而體勢等

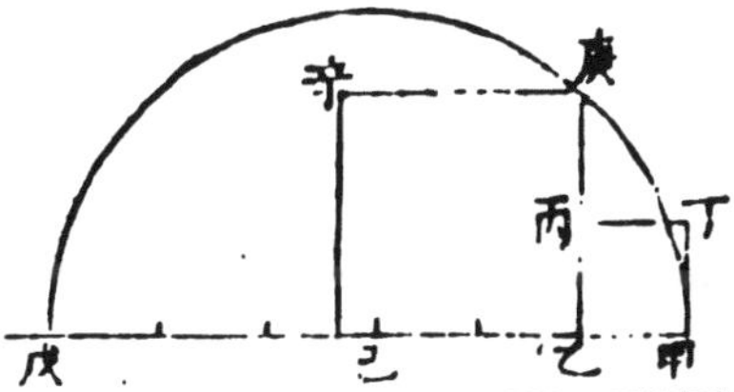

有用法作直角方形平行線形及各形之相加相減者如甲乙丙丁直角方形求別作五倍大之他形先以甲乙線引長之以甲乙為度截取五分至戊令乙至戊五倍大于甲乙也次以甲戊兩平分于巳次以巳為心甲戊為界作甲庚戊半圜其乙丙線直行遇圜界于庚即乙庚為所求方形之一邊也

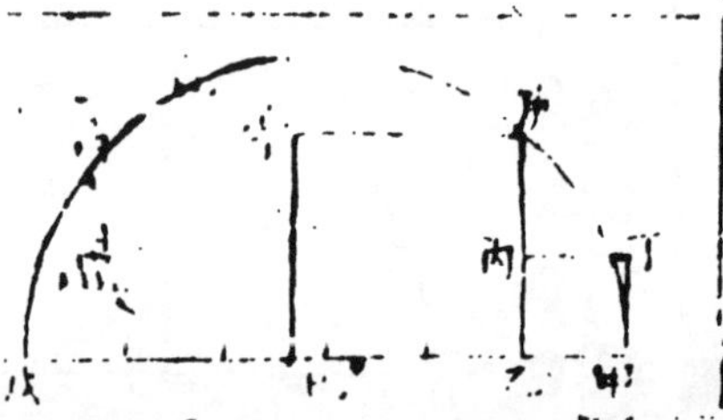

末作乙庚辛巳直角方形即五倍大于甲丙何者乙庚既為戊乙之乙甲之中率線（本篇十三之系）即一戊乙與三乙甲之比例若二庚乙上直角方形與三甲乙上直角方形之比例也（本篇二十之系）戊乙既五倍于乙甲則乙辛亦五倍于甲丙若戊乙為乙甲之六倍則乙辛亦甲丙之六倍若戊乙為乙甲三分之一則乙辛亦甲丙三分之一相加相減倣此以至無窮如

甲乙丙丁平行直角形求別作二倍大之他形相似而體勢等先以甲乙線引長之以甲乙為度截取二

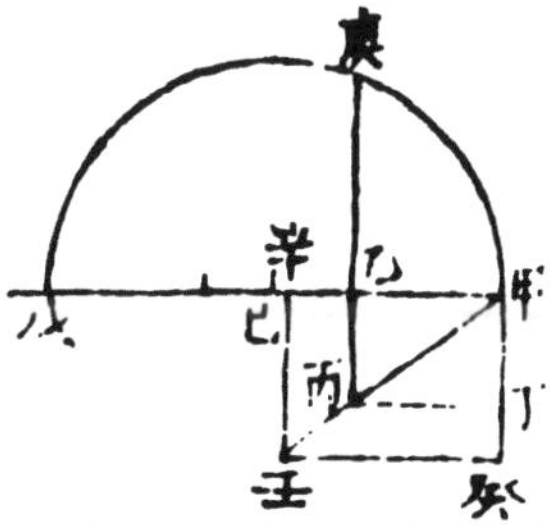

分至戊。令乙至戊。二倍大于甲乙也。次以甲戊兩平分于巳。次以巳爲心。甲戊爲界。作甲庚戊半圜。其丙乙線。直行。遇圜界于庚。即乙庚爲所求直角形之一邊也。次于甲戊線上。截取甲辛與乙庚等。從辛作辛壬線。與乙丙平行。次作甲丙對角線。引長之。與辛壬線遇于壬。末作丁癸、癸壬。成甲辛壬癸平行直角形。即二倍大于甲丙。又相似而體勢等。何者。戊乙、乙庚、乙甲、三線既爲連比例。本篇十三之系如前論。一戊乙。與三乙甲之比例。若二等乙庚之甲辛、上平行直角形甲壬。與壬甲乙上平行直角形甲丙也。本篇二十之系戊乙既二倍于甲乙。則甲壬亦二倍于甲丙。用此法。凡甲。乙。上。不。論。何。等。形。與。乙。庚。上。形。相。似。而。體。勢。等。者。其。乙。庚。上。形。皆。二。倍。大。于。甲。乙。上。形。相。加。相。減。俱。倣。此。以。至。無。窮。今。依。若。用。前。法。作。圜。則。乙。庚。徑。上。圜。亦。二。倍。大。于。甲。乙。徑。上。圜。相。加。相。減。倣。此。以。至。無。窮。以上用法、與本篇無異。從此用法。隨作隨得中率線。不須尋求。次第簡易耳。

十五增題、諸三角形。求作內切直角方形。

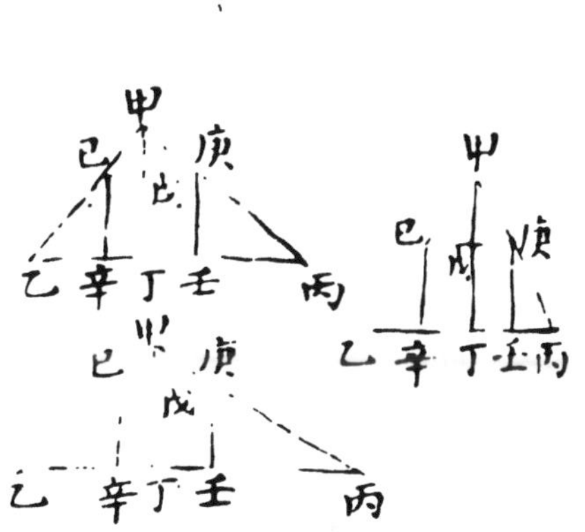

法曰如甲乙丙銳角形求作內切直角方形先從甲角作甲丁為乙丙之垂線次以甲丁線兩分于戊令甲戊與戊丁之比例若甲丁與乙丙（本篇十增題）末從戊作巳庚線與乙丙平行從巳從庚作巳辛庚壬兩線皆與戊丁平行即得巳壬形如所求若直角鈍角形則從直角鈍角作垂線餘法同（如第二第三圖是）

論曰巳戊庚線既與乙丙平行即乙丁與丁丙若巳戊與戊庚也（本篇四之增題）合之即乙丙與丁丙若巳庚與

戊庚也又丁丙與甲丁若戊庚與甲戊（甲丁丙與甲戊庚爲等角形故見本篇四之系）平之即乙丙與甲丁若巳庚與甲戊也又甲丁與乙丙若甲戊與戊丁平之即乙丙與乙丙若巳庚與戊丁也乙丙與乙丙同線必等即巳庚與戊丁必等而巳庚與辛壬又等（一卷卅四）戊丁與巳辛庚壬亦等則巳庚庚壬壬辛辛巳四邊俱等又戊丁辛既直角即巳辛丁亦直角（一卷廿九）其餘亦皆直角而巳壬爲直角方形

甲 丁 戊 乙 巳 丙

又法曰若直角三邊形求依乙角作內切直角方形則以垂線甲乙兩分于丁令甲丁與丁乙之比例若甲乙與乙丙（本篇十）次從丁作丁戊直線與乙丙平行從戊作戊巳直線與甲乙平行即得丁巳形如所求

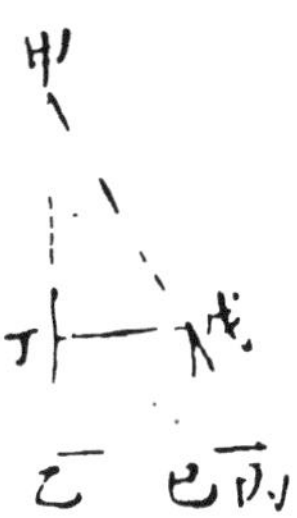

論曰乙丙與甲乙既若丁戊與甲丁（甲乙丙甲丁戊為等角形故見本篇四之系）而甲乙與乙丙又若甲丁與丁乙平之即乙丙與乙丙若丁戊與丁乙也乙丙與乙丙同線必等即丁戊與丁乙必等而丁巳為直角方形

今附如上三邊直角形依乙角作內切直角方形其

方形邊必爲甲丁巳丙兩分餘邊之中率何者甲丁與丁戊若戊巳與巳丙故本篇四之系